U0113920

中国社会科学院老学者文库

求 索 集 （一）

殷玮璋　曹淑琴◎著

中国社会科学出版社

图书在版编目（CIP）数据

求索集：全二册／殷玮璋，曹淑琴著．—北京：中国社会科学出版社，
2023.1

（中国社会科学院老学者文库）
ISBN 978 – 7 – 5227 – 1120 – 1

Ⅰ.①求…　Ⅱ.①殷…②曹…　Ⅲ.①文物—考古—中国—文集
Ⅳ.①K870.4 – 53

中国版本图书馆 CIP 数据核字（2022）第 230807 号

出 版 人	赵剑英	
责任编辑	郭　鹏	
责任校对	刘　俊	
责任印制	戴　宽	

出　　版	中国社会科学出版社	
社　　址	北京鼓楼西大街甲 158 号	
邮　　编	100720	
网　　址	http://www.csspw.cn	
发 行 部	010 – 84083685	
门 市 部	010 – 84029450	
经　　销	新华书店及其他书店	

印　　刷	北京君升印刷有限公司	
装　　订	廊坊市广阳区广增装订厂	
版　　次	2023 年 1 月第 1 版	
印　　次	2023 年 1 月第 1 次印刷	

开　　本	710×1000　1/16	
印　　张	62.5	
字　　数	813 千字	
定　　价	368.00 元（全二册）	

凡购买中国社会科学出版社图书，如有质量问题请与本社营销中心联系调换
电话：010 – 84083683

目　　录

一　考古学理论与方法

二　先秦考古研究

三　科技史与年代学

序（第一册）

出于对考古的兴趣，我们两人先后走进考古这一科学殿堂。

考入北京大学选择考古专业的时候，我们对它知之甚少。能有机会在一个上好的大学求学，有名师讲授专业课程，我们感到幸运。

那个时候，老师讲课没有讲稿。新鲜的知识，有趣的内容，在我们的心中扎下了根。两次实习让我们体会到考古的辛劳与魅力。还未听够老师们的教诲，五年学习期满，匆匆踏入社会，开始了人生的征途。

中国科学院考古研究所是当年唯一的考古学研究机构。据说这里门槛高，要求严，还常年在外发掘，但图书丰富，积累的资料多，研究基础较好。分配进所是我们的共同愿望。

我俩师出同门，相同的专业基础与兴趣爱好，构建起共同的理想与追求。婚后她留在所内工作，先在学术秘书处任秘书，后从事《殷周金文集成》的筹备、搜集、整理、编纂工作。我则如同候鸟一般：迎着春秋的阳光飞往野外，酷暑寒风时节返回鸟巢。

1959年秋我到安阳工作，本想在此驻足进取，却发现志愿与理想的实现当以服从工作需要为前提。冬天回到考古所，所领导通知我明年去偃师二里头遗址主持发掘。从此，开始了在野外探索课题的征程：70年代去了大冶铜绿山；80年代又到北京琉璃河遗址；90 年代参与"夏商周断代工程"。一次次变换工作任务，让我经历了夏商周三个王朝不同课题的探索研究。在边学边干的过程中，开始了与各色土壤的对话；在处理各种遗迹现象中，频频叩问三代文明。在漫漫人生路上，成了令人好奇又有点神秘的考古人。

淑琴原来的兴趣在史前考古。被指派参与重点课题《殷周金文集成》的工作之后，对青铜器及其铭文的兴趣大增，于是我们二人都把三代考古的选题作为主攻方向。

我俩在校时都挖过的史前遗址，使我们一直怀有不舍的情愫。关心史前考古的发掘与研究状况，关注其研究方法，把它与三代考古联系起来思考，为我们从宏观与微观的结合中，有序地分析、判断提供了宽阔的视野，促使我们思考学科发展中一些深层次问题。尤其是考古学理论与方法方面的问题，帮助我们去思辨与探究。其中的认识因不同课题的推进而不断加深，对发掘与研究中坚持正确的思路，按科学规程操作等方面，起到很好的鞭策。

虽然我俩承担的具体任务不同，课题目标的重点也不一样，但研究方向一致，使互补的空间大增。面对一些具体问题，共同的语言与共性诉求，容易找到化解的合力。宏观着眼，微观入手，踏实肯干，勤于思索，是我们二人的共同秉性。对分配的各种任务，我们都想方设法去努力完成。从工作中追寻快乐，在相互勉励中享受收获的情趣。

淑琴的工作围绕《殷周金文集成》一书的编纂而展开，白天勤奋工作，晚上开展青铜器及其铭文的研究，生活相对稳定一些。我因一再接受新的任务，时常在新环境下为打开局面而奔忙；为积累资料破解课题而蹲点发掘；为应对课题出现的状况而调整思路；为任务紧迫而组织攻关；还时不时为临时派遣的任务而调整步伐。在各种不同的任务面前，我们不时在总结与反思中力求有正面的回馈，以确保探索路上尽可能地少走弯路。

年轻时生活的那个时代，各方面条件比较艰苦。但即便在三年困难时期，为了完成任务，也会克服浮肿而带来的疲惫，在体力透支的情况下想方设法地努力工作。在探索的道路上，我们不断地向自己提出问题，又努力地寻求答案。在一生中用相互鼓励迎接挑战，在总结与反思中自觉调整，在总结正反两方面的经验中鼓励自己踏实前行。

诚然，世事不可预测。我们虽以勤补拙，虚心学习，潜心钻研，还是留下不少憾事。如今回顾往事，深感人生苦短，许多事竟还没有做好。

回顾半个多世纪的考古生涯，我们的研究工作主要涉及以下几个阶段：

一 六十年前为探索夏文化而开展早商文化的研究

1959 年夏到所报到之时，正值徐旭生教授在豫西开展"夏墟"调查之际。他看到偃师二里头遗址规模巨大、堆积丰厚，年代比二里岗期遗存早，提出它是汤都西亳遗址的假说。在这种情况下，夏文化探索被正式提上日程。

当年冬天回所，牛兆勋副所长通知我明年去偃师二里头遗址主持发掘。春节过后，他递给我一张 15 人的名单，要我团结大家开展大面积发掘，力争尽快把夏文化解决。

由此我开始了一个全新课题的探索。

面对 300 余万平方米的大遗址，我们踏察了三天。考虑到此前发现的骨料坑、陶窑等遗存，决定从了解布局入手，寻找遗址的核心区。遂将遗址按井字形分为九个区，逐步追寻。

此前试掘的骨料坑、陶窑等遗存分别在规划的 Ⅱ 区和 Ⅵ 区。

于是在Ⅳ、Ⅷ区选点试掘，发现了铸铜、制作石器的遗存。

当年秋冬全县农民都去兴建水库，找不到民工。全体成员决定一齐动手，对位处遗址中央的Ⅴ区进行普探。经过两个多月的努力，发现了1万平方米的夯土台基，编号为1号基址。在雪花纷飞中结束的探沟试掘，证明它是比二里岗期更早的商代早期遗存。这是当年所见年代最早、规模最大的宫殿基址。不久，所领导将二里头遗址报请国务院列为全国重点文物保护单位。

为了对二里头遗址开展文化分期与文化属性的探究，我一有机会就对发掘的遗存进行分析、比较，积累了大量文字与绘图资料。洛阳站内图书不多，我有空就去新华书店阅览选购，首选哲学、经济学书籍，希望从阅读中找到破解课题的钥匙。

1963 年冬，所领导通知我去山东黄县农村进行劳动锻炼。为了对前段发掘作一小结，我写了《地层学与器物类型学》和《二里头文化探讨》两篇小文，于 1964 年初从黄县寄回北京。夏鼐所长阅后回信说："稿件已转交《考古》编辑部。"

1977 年出席登封王城岗龙山城址现场会之前，《考古》编辑部决定在 1978 年第 1 期发一组二里头文化遗存的简报。夏所长要我写一篇文章，于是发表了《二里头文化探讨》。1982 年出席在檀香山召开的商文化国际研讨会，提交了《二里头文化再探讨》一文，对前一篇文章的内容作了补充与扩展。

这两篇文章既是我在二里头遗址发掘八个季度工作与学习的小结，也是对早商文化研究与夏文化探索的一种认识。我认为夏文化探索应在夏族活动地域内、在早于早商文化的非商文化中探寻，首要的任务是确认早商文化，文中用第一手材料论证其第三、四期遗存是早商文化。

离开二里头工地之后一直挂念课题的进展。在 1977 年的登封会上，我做了"夏文化探索必须解决如何探索"的专题发言。1983 年召开中国考古学会第四次年会后，应文物出版社总编之约，写了《有关夏文化探索的几个问题》。

在理论指导下对材料进行梳理，就学科中提出的问题作深层次的思考，是涉及学科建设的大问题。《地层学与器物类型学》的写作是对这两种方法进行思辨后的心得体会。与苏秉琦先生合写《关于考古学文化的区系类型问题》之后，我和淑琴合写了《长江流域早期甬钟的形态学分析》《早期甬钟的区系型研究》《从青铜乐钟的类型谈中国南方青铜文化的相关问题》等文章，对文化区系类型等问题作了分析与诠释。

此外，围绕二里头遗址、郑州商城、大洋洲商墓等夏商周时期的遗存，就它们的年代、文化属性等方面的问题进行探讨，提出自己的看法。

二　对铜绿山古铜矿的发掘与中国科技史的探索

1973 年，在湖北大冶发现的铜绿山古矿冶遗址，是我国第一次发现古铜矿遗址。1979 年，生产单位计划在铜绿山Ⅶ号矿体进行露天生产作业，国家文物局与冶金部商定，先停产一年，让考古人进行抢救性发掘。所领导支持这一决策并让我率队出征。

抵达遗址现场时，生产单位已把Ⅶ号矿体上部的山体削去40米，地表影影绰绰地看到残破的井巷及其支护用木桩。我们承接了Ⅶ号矿体 1 号点的发掘与研究。

在失去地层的情况下，我们采用"无隔梁发掘法"逐层清理井巷，在第二层遗存中找到完整的井巷组合。次年，又在Ⅺ号矿体的冶炼遗址选点发掘。研究表明：两个地点都是春秋时期的遗存。

矿场的工程技术人员对发掘表现出浓厚兴趣。鉴于Ⅶ号矿体 1 号点的矿石含铜品位在 1% 上下，他们提出：按当时的冶炼水准，这种低品位矿石不存在冶炼的可能。

这向我们提出一个严峻的问题：如果这样的矿石不能冶炼，为什么会在这里开拓密集的竖井和平巷？如果这些井巷是为冶炼提供原料，那么当时的冶炼水准如何突破这一瓶颈？

为此，我们在解剖古炼炉、了解其性能特点之后，筑了两个实验用冶炼炉，用当地的原材料进行了一次仿古模拟实验。

结果证明：用这种炼炉冶铜，只要风量充足，木炭充分燃烧，炉内保持足够的温度，是可以完成氧化矿还原冶炼的。无论是高品位还是低品位的矿石，都可以进行。加入熔剂之后，炉渣的流动性能明显改善，渣样呈薄片状。证明遗址地表堆积的片状古炉渣是加入熔剂的结果，说明当时的冶炼工艺已经相当进步。

Ⅶ号矿体 1 号点的井巷纵横交错，竖井底部有平巷，巷底还有盲井。特别是成组井巷的发现，为探索当时的采掘工艺提供了重要素材。各种遗存的出土，表明当时在采掘过程中已经很好地解决了提升、通风、排水等技术。

鉴于这类工业遗址十分稀少，Ⅶ号矿体 1 号点的井巷保存良好，所领导报请国务院原地永久保护。现已作为遗址博物馆公开展出。

铜绿山古铜矿遗址的发掘与研究成果，填补了中国冶金史上的一个空白。

科学技术是推进社会发展的生产力。从科技的视角审视历史的进程，更能说明历史是怎么前进的。为弥补先秦时期科技史研究的空白状态，我与淑琴合作撰写了《中国远古暨三代科技史》一书。

在几十年的考古生涯中，经常思考青铜工具在我国商周时期究竟起到怎样的作用？2013 年在《矿冶考古四十年的辉煌成果》一文中，用事实说明青铜工具在我国商周时期的发展中起到第一生产力的作用。这一观点对青铜工具在青铜时代不能像铁器那样发挥重要作用的传统说法作了修正。

这期间还主编了《考古工作手册》，合作编著了《新中国的考古发现与研究》和《中国大百科全书·考古卷》，应约为《人民日报》撰写了《近几年来的考古发现与研究》。

淑琴同志在《殷周金文集成》的筹备与搜集、整理中也取得了初步成果，收集万余件有铭铜器，还合著了《中国考古学文献目录 1949—1966》《新出土金文分域简目》《中国考古学文献目录1971—1982》等书籍。

三　琉璃河遗址的发掘促成铜器研究的新思路

铜绿山古矿冶遗址的资料整理不久，恰逢北京市文物队（今北京市文物研究所的前身）领导到所提出合作发掘琉璃河遗址的意向。所领导同意合作意向，命我放下手头工作，奔赴琉璃河遗址主持发掘。

夏所长提出："对琉璃河遗址的年代有争议，要尽早解决这个问题；接纳新到所同仁到工地发掘，让来自不同高校学生掌握我所制定的考古操作规程。"

在和北京文物队联合组建考古队之后，我们对黄土坡村西的墓地进行了大规模发掘，探索墓地布局；搞清城垣的范围并测绘遗址地形图；用考古方法对遗址进行分期，确认遗址年代的上下限；对 20 世纪 70 年代发现的 1193 号大墓进行发掘，从出土有铭铜器证明城址与周王"封召公于燕"的史事相关，是西周初期所封燕国的都邑。这一结论把北京建城的历史从 800 年前的金代向前推至 3000 年前的西周早期，成了世上建城年代最早的首都。

这期间，我们对商周时期发掘的大中型墓的随葬制度作了探讨，找到随葬品中存在组合的埋放规律。将这一规律用于传世铜器，用组合分析法可把数千件有铭传世铜器的价值重新发掘出来，找到了青铜器研究的新思路。

我们用这种方法撰写了《亚疑铜器及相关问题》《寿县朱家集铜器群研究》《周初太保器综合研究》《光国（族）铜器群初探》《灵石商墓与丙国铜器》《商周时期龙龚铭铜器及相关问题》《天黾铜器群初探》等一组文章。为了做科学普及，还接受了院领导组织撰写《青铜器史话》的任务。

此外，我发表了《新出太保器及其相关问题》《记琉璃河遗址出土的西周漆器》《琉璃河遗址与北京建城年代》《琉璃河燕都遗址的地理特点》《关于铜钲的形态学分析》等文章。淑琴发表了《记我们看到的一批传世商周铜器》《商中期有铭铜器初探》《关于伯矩铜器群研究》《铜铎的形态学分析》《噩器初探》等文章。

关于这方面的思考与探索，将在本书（二）的自序中介绍。

四　“夏商周断代工程”的实施
与三代年代研究

我国有纪年的历史只能上溯到公元前 841 年，此前的夏、商与西周早中期的年代成了历史谜团。

为了改变这一情况，时任国家科委主任的宋健同志提出以人文社会科学与自然科学相结合，用多学科协作、联合攻关的形式对夏商周的年代开展研究，寻求突破。1996 年 5 月 16 日启动的“夏商周断代工程”，是我国第一个由人文社会科学与自然科学相结合进行年代学研究的重大科研项目，目标是制定一个有科学依据的夏商周三代年表。

“夏商周断代工程”由历史、考古、天文和物理学的专业人员组成，设置相关课题进行联合攻关：历史学家就相关文献的可信性提出研究报告；天文学家对文献记载的天象记录进行计算；考古学家提供夏、商、西周时期诸遗址的分期研究成果并提供系列样品；物理学家将这些含碳标本进行碳十四测年，提出与分期序列一致的碳十四年代序列；再经树轮校正曲线拟合使碳十四年代转化为日历年代。

作为"工程"专家组成员，我参与全程活动，并负责"商后期年代学研究"课题的组织工作。后任出版小组组长，为《夏商周断代工程1996—2000年阶段性成果报告》及相关书籍的编辑与出版做了一些工作。

"商后期年代学研究"课题的实施，除用殷墟的文化分期提供的一批含碳样品进行碳十四测年外，天文学家对甲骨卜辞中武丁时期的五次月食所作的计算结果，为论定商王武丁的年代作出了贡献。用两种不同的方法给出的研究成果十分接近，商王武丁的年代由此而被锁定。这为商后期乃至三代年代框架的架构，提供了一个重要的支点。

课题组架构的商后期年代框架，因与"商前期年代学研究""武王伐纣年代学研究"和"西周年代学研究"诸课题组的研究成果自然衔接，表明它的结论是合理的。

这期间，我发表了《三代年代学研究的新突破》《三代年代学研究的新进展》《郑州商城的年代问题》《武丁年代的确定对古史研究的意义》等文章。

淑琴同志沉浸在商周金文的释读、隶定、分析、辨伪、对重、分期、分组等工作之中。经过全组同行的共同努力，终于在1984—1994年间陆续出版《殷周金文集成》，完成了考古研究所领导安排的任务。全书共18册，总计收器11983件。

在此基础上，她坚持用考古方法对有铭铜器群进行研究，在分期基础上开展的组合分析法，继续为商周青铜器的研究拓宽道路。这期间，她发表了《西周员器初探》《商周时期的杞国》《北国铜器初探》《金文叔字铭考辨》《蔡公戈研究》《浅谈古越阁藏

青铜兵器》《庚国（族）铜器初探》《臣辰诸器及相关问题》等
文章。

此外，合作编著了《中国考古学·两周卷》。我们还出版了
《青铜器史话》《百年考古之谜》，发表了《关于长江流域青铜文
明的几个问题》等文章。

五　关于考古研究思路与方法的反思与探索

中国考古学的发展离不开基础理论与方法的建设。

考古学以古代的物质文化遗存为研究对象，在研究中理应从
发掘的物质文化遗存中提取证据，经论证给出结论。但夏文化探
索中出现了"以文献为主，让考古材料去证明文献中的商代都邑
的地望，进而推论商代早期文化"的做法，这是"倒果为因"的
错误之举。

"夏商周断代工程"实施过程中，围绕偃师二里头遗址、郑州
商城、偃师商城的年代与性质问题争论不断。在"夏商周断代工
程"结束之后，人们认识到考古研究的探索之路，必须坚持科学
的思路与方法，才能推进学科的发展。

1998年，我在哈佛大学人类学系开设的专题课中，讲到考古
研究中一些违背科学方法论的内容，受到学生欢迎。信息回馈到
考古所之后，所领导要我在研究生院考古系开设"考古学理论与
方法"课程。我接受了这一任务，指出过去的探索研究中存在的
弊病，多与违背科学认识论的基本原则及对考古学理论与方法的
认知存在盲区有关。

2006年秋，有同学鼓励我著文发表，让更多年轻朋友一起反
思与总结。为此给《河北学刊》送上《夏文化探索中的方法问
题》一文，从不同视角对以往的探索从正反两个方面作了检查。
这是对自身研究过程的检验，旨在探讨正确的思路与方法对课题

研究的重要性。

本着唯物史观坚持物质第一性、意识第二性，存在决定意识的原理，指出预设观点、再为证而据的做法违反了上述原理。研究必须遵循以证据为本，经论证给出观点的法则；同时还应遵循逻辑思维的相关规律，按科学规程操作，才能确保研究的科学性。

从正反两个方面阐述了考古学理论与方法，让学生掌握与应用科学认识论的原理与规律，对他们未来的研究与探索是有帮助的。这是我接受任务，十几年间与学生接触、切磋的原因。在总结与反思中找出一条科学的探索之路，对今后的课题研究与探索具有积极意义。

这期间，我还发表了《再论早商文化的推定与相关问题》《考古研究必须按科学规程操作》《考古学在史学研究中的地位》《把对象置于特定条件下考察》《铜绿山古铜矿采矿方法的反思》等文章。

在世纪之交，我应邀在《人民日报》发表了《中国考古的百年回顾》；我俩还合作发表了《在反思中前行》《"析子孙"铭研究》等文章。

考古是我们终身从事的一项工作。追寻新发现的过程，让我们从中找到营养与喜悦。

考古是积累性科学，投入越多，收获越丰。勤于叩门会让你开启入门的通道，入门后也会感悟到它的崎岖不平。劳累会陪伴终身，但追忆过往的经历时，你会发现考古学是绚丽多彩、引人入胜的。

想当年三代人住在两间小屋，一张桌子只能优先让给孩子。感谢岳母为照看两个儿女付出很多心血；也感谢孩子聪明懂事，生活学习能自觉遵守。我们几乎每天晚上都到办公室内看书学习，收资料，写文章。天智不敏，只能以勤补拙，夜深人静之时，才让劳累转化为平静。

　　我们二人是同事、同志，也是伴侣、挚友。直面人生与工作的每一个难题，五十余年间相濡以沫、结伴而行。牵手形成的合力，成了寻求突破的推力。志同道合加上相互鼓励，激发我们努力付出以求有所收获！

　　回头望去，飞速流逝的光阴中留下了一个个脚印。虽在腿脚起落时力求平实，深浅不匀的痕迹仍记录了路径的曲折多变。这多半为学科的性质决定，与人生的起伏当也不无关系。

　　路途漫漫，上下求索！五十余年间不平静的经历，在无悔无怨的行走中留下这些文章。人的认识与思维活动不可能超越时代的制约；受研究素材、研究手段、思想认识的局限，决定了我们对这些课题的认识是不完美的。

　　如今虽年事已高，仍为课题与教学操劳。手持教鞭又笔耕不止，既是为了弥补缺憾，也是为了事业传承。

　　本书所收的文章，不是出类拔萃的精品，只反映我们学习、工作时对一些问题进行思考与论证后的一些认识。权当我们探索过程中收获的一束麦穗，奉献给同行友人和爱好考古的朋友们！

　　我们相信：中国考古学将在一代代的传承中，迎来大发展的美好时代！

殷玮璋　曹淑琴写于北京

2016 年 9 月

一

考古学理论与方法

地层学与器物形态学

考古学属于历史科学。考古学和利用文字记载研究历史的狭义历史学一样，担负着真实地恢复历史、科学地揭示历史发展规律的任务。它们都要求以马克思主义的理论为指导，用马克思主义的立场、观点和方法去进行研究。

然而，每个学科由于研究的对象不同，具体的研究方法也各有差异。对于考古工作者来说，为了发掘古代遗址，打开面前的往往是无字可查而价值很高的"地书"，揭示古代历史的面貌，必须运用一套独特的科学方法，包括田野发掘和室内整理的方法。许多事例已经说明，只要方法对头，即使发掘的只是一个遗址或它的局部，也犹如打开了一扇历史的窗户，从中可以窥见古代社会的真实一角，甚至能揭示某些规律性的东西；但若方法不对，工作做得再多，给人看到的如果不是歪曲的，也将是若明若暗的图像。

不能把熟练的技术同科学的方法混为一谈。虽然考古工作的质量与考古技术的熟练程度有一定的关系，但这是两个不同的概念。考古工作从获取资料到整理研究，自有其科学的程序，应该把全部工作置于正确的理论和综合研究的指导之下。每项发掘工作应具有明确的学术目的，按科学的规程和方法进行。

开展对考古学方法论的研究，无论对考古工作的正常进行，还是对本学科的发展，都具有毋庸置疑的意义。考古学方法论涉及的范围广泛，在一篇短文中是难以阐述清楚的，本文仅就地层学和器物形态学这两种常用的方法谈一些粗浅的看法，不当之处，请同志们指正。

一

人们对居住地的选择总有一定的要求。这种要求的共同特性，使不同时代的居民常常选择同一个地点为居住地，因而在这个遗址内常常包含若干不同时代的文化层堆积。考古工作者在发掘古遗址时，遇到的首要任务，就是要确切地区分不同时期的文化层堆积，辨明各层的遗迹遗物，准确地判定它们的时代。考古学上称为地层学或层位学的，指的就是地层堆积的层位上下、堆积时代的相对迟早关系的研究。

如果说地层学是考古发掘工作最基本的一个环节，这绝非过分。田野发掘中揭露的任何遗存，一般来说，都须借助地层关系以确定其时代。如果失却地层依据或层位关系混乱，就会使出土的遗存无法判断其年代，使发掘工作失去其应有的科学价值。

一个时期以来，由于受极"左"路线的干扰，有些地方的发掘工作不按科学的规程操作，往往对层位关系交代不清，致使揭露的遗存失却客观的地层依据。

有的同志在主持发掘时，以为开了一两条探沟，地层情况已经了解，进一步挖掘其他探方时就可不必注意地层了。这是很不对的。一个遗址内各层的堆积既不是水平的，它们的厚度也不会一致。不同探方的相应层次未必属于同时；同一层中的不同遗迹甚至一个房基上的不同层次，也可能有时间早晚。

另有一些同志错误地认为只要挖出"珍宝"，就做出了成绩。于是在田野考古工作中出现了很多不恰当的做法，甚至发生了见

"宝"就挖、非"宝"就丢、不讲地层、一味找"宝"的现象。必须指出，出土物的珍贵，只说明古代劳动人民的智慧和创造才能，并不说明今天的考古工作水平。真正表明工作水平的，是工作方法是否科学。一件遗物的科学价值，也绝非世俗的价值观念所能衡量。考古学以研究和恢复历史为其任务，出土物的价值高低自应由它在解决历史问题方面所起的作用来决定。从这个意义上说，出土的每一件物品都有其特定的价值，都应作为科学标本妥善地予以处理。

三十年来，我们在考古发掘中获得了大量资料，解决了不少历史问题，但是还有不少学术课题已经提上工作日程等待我们去研究。例如，有关新石器时代早期的文化，目前知道的还不多；有关我国农业、畜牧业、制陶业和金属冶炼业的起源等问题，都需要依靠新的资料去逐一说明。每一个学术课题的探索，要求我们付出巨大的劳动，也要求我们运用正确的方法。每一个课题的解决，需要我们提出各方面的证据，其中少不了地层学方面的证据。过去在工作中曾经发现一些很重要的线索，往往因缺乏可靠的地层依据而弄得真假莫辨、是非难断。这是应该记取的教训。

田野考古中使用地层学的方法，大致经历了三个阶段。最初是以深度划分土层，即每隔若干厘米分为一层。这种方法之不科学是显而易见的，目前已为人们所摒弃。以后，依据土层的颜色、质地并结合出土物去区分地层。这是比较准确的方法，目前仍为人们所运用。再后，由于注意到一层堆积所跨越的实际年代可能相当长，于是在同一层中依据遗迹（如灰坑、墓葬）的打破关系进一步区分时间的早晚。甚至没有打破关系的墓群，也能从墓葬排列的规律（结合器物特征所包含的信息）中找出先后的关系。这个过程，反映了中国考古学作为一门独立的学科，正越来越趋向成熟。

无论是依据土层的不同颜色、质地并结合层内的包含物划分地层，还是依据遗迹的打破关系来区分早晚，都是一项认真细致的工作，要求我们亲自动手，仔细从事。在划分地层时，除了辨明各层的差别、变化外，还应对不同堆积层形成的过程及遗迹现象废弃的原因等一并加以考虑，做出正确的解释。每一个遗址都有比较典型的堆积层，及时掌握该遗址的典型地层，对指导发掘具有重要的意义。

除非遗址内的地层堆积已遭破坏，因而不得不求助于其他手段外，一般的发掘工作都须在严格区分地层的情况下逐层地、有条不紊地进行。即使为配合基本建设而进行的发掘工作，也应要求参加工作的同志及时了解发掘对象在学术上的价值，按科学的操作规程进行。

同时，应该把发掘工作与专题研究、综合研究结合起来。要在深入研究的基础上指导发掘，不断地提出问题和解决问题，以确保学术课题最终获得解决。如果从这样一个高度去认识，那么在田野发掘中要求层位关系清楚、出土标本不乱，是为探索某一特定课题而进行的工作程序的最基本环节和起码要求。科学地运用地层学，对于每一个考古工作者，都是必须掌握的基本功。

我们研究的每一种文化以至每一件遗物，既属于某一特定的历史时期，又属于某一特定的社会。我们应该既有时间的观念，又有空间的观念。这是互相区别又互相统一的两个方面。对地层学的认识和理解，也必须注意到这样两个方面。

地层学所反映的上下两个叠压层次之间有时间早晚，确切地说，仅仅是对这两个有叠压关系的层次而言。假如这两个叠压层分属不同的考古学文化，譬如说，甲、乙两个文化（型）各包含早、中、晚三期遗存，揭露的地层关系仅是甲文化（型）的早期堆积被乙文化（型）的晚期堆积所压，那么是否能说甲文化（型）一定比乙文化（型）早呢？显然还需作具体分析。这里可以有以下两种可能：一是前者确实比后者要早，二是两者同时并存或平行而略有交错。在后一种情况下，完全不排除在另一地点发现甲文化（型）的晚期遗存压在乙文化（型）的早中期遗存之上的可能。在讨论仰韶文化的半坡类型与庙底沟类型的早晚关系时发现的两种相反的叠压层次，应是对后一种情况的很好的说明。有关后岗类型与大司空村类型、半山类型与马厂类型文化间的关系，除了考虑它们之间可能存在时间早晚外，似也应考虑同时并存或平行而略有交错的可能。

若把上述情况放到古代社会中去考察，可能更易于理解。有理由认为，在新石器时代，我国的广阔土地上散布着为数众多的族的共同体。虽然考古学文化与族的共同体能否等同尚可讨论，但这两者具有同一性当无疑问。一个族的共同体活动的地域与一种考古学文化分布的范围应有其一致的方面。如果一种文化确是代表一个族的共同体，它的分布绝不会限于一个墓地或一处居址的。族的共同体活动于一个特定的地域内，它的遗迹也将分布于这一地区内的若干地点。

同时，不同的族的共同体相互依存于特定的社会之中，它们之间绝不是静止的、不相往来的。马克思早就指出，人们彼此间生产物的交换，首先是在诸共同体接触的地方发生的，事实上，不同的共同体之间除了交换以外，彼此的交往可追溯到很早以前，他们在文化上有所接触和交流是不可避免的。

除正常情况下的交换和交往外，在非正常情况下出现的争斗，由种种原因引起的各共同体力量的消长和迁徙等，都可以使共同体活动的地域发生变动。有时，这些因素交织在一起，出现极其错综复杂的情形。这是我们观察、研究古代历史时不能不考虑到的。

说仰韶文化、大溪文化、河姆渡文化和大汶口文化等是同时存在或平行而略有交错的几种考古学文化，一般是容易接受的。但在较小的范围内是否存在类似的平行而略有交错的考古学文化呢？已有的线索表明，在一个较小的地域内同时存在两种以上文化（或类型）也不是不可能的。

既然一种考古学文化有它独特的面貌和一定的分布地域，那么只要进行精细的发掘和深入的调查，当不难找出它的范围。它的中心和边沿地区也可加以区分。同时并存的不同文化（或类型）和它们之间的交汇地区也因此而得以了解。如果我们已经掌握各文化的分期，那么还可以考察各文化在发展过程中出现的变迁等情况。

当然，实际情况可能更加复杂。因为即使进入文明时代，中原地区还存在"华戎杂错"的情景，更何况原始社会中氏族林立、部落纵横。民族学材料告诉我们，一些少数民族对居住地的选择，还有垂直分布的现象：有的住高山，有的住平地，有的住半山腰。这种现象在新石器时代是否也有，也可以探索。

有些同志总是希望把他所在的那个地区的古代文化排出一个前后（早晚）的序列，而且力图说明它们之间存在直接的发展关系。诸如仰韶文化—庙底沟二期文化—河南龙山文化—二里头文化—商代文化这样的序列，据说后一种文化都是由前一种文化发展而来，一条重要的理由是它们之间有直接叠压的"地层依据"。

我们不准备对这样一种具体的看法进行讨论。作为一种看法，可备一说。但是，类似这样一些地层叠压关系能否构成两种文化间存在继承、发展关系的依据，却是需要讨论的。

研究某一个考古学文化，不仅要确定其时间属性，推定它是某一特定时期古代先民创造的物质遗存；而且对当时人们的社会生活、经济形态，以及不同的考古学文化间的关系，不管是横向的平行关系还是纵向的发展关系，都应作多方面的分析比较。任何过于简单的理解或解释，都是不可取的。

也许是受了上面那种单线的直接发展论的影响，近年有些简报中常常舍弃通用的文化名称，将遗址中包含的不同文化一概以

"第一期文化""第二期文化"……来称呼。我们认为，目前通用的文化名称既已约定俗成，如果认为某一名称不确切，自可提出讨论，如果随意更动，实为不妥。"文化"和"时期"是两个不同的概念，应该加以区别，否则会引起思想上的混乱。[①]

对于不同文化（型）之间的关系，应基于对原始材料的分析而具体地、逐一地进行探讨。例如，关于仰韶文化和龙山文化的关系，早在50年代就曾进行过讨论。但从各地不断发现的新资料看，有关它们之间的关系的探讨，出现了比原来的设想复杂得多的情况。对这两种文化的类型、分期的研究工作，都还有深入进行的必要。就以龙山文化而言，虽然冠以"河南""山东""陕西"等名称而加以区别，但这几种文化（型）之间到底存在什么样的关系？它们是同源还是各有源头？像河南龙山文化，在不同的地区之间，文化面貌存在明显的差异，这些差异又意味着什么呢？这些问题都需要我们具体地进行探索。

但是，地层学凭借文化层的叠压，虽然提供了判断它们之间的相对早晚的依据，而在考察两种文化之间是否存在继承和发展关系时，过分强调地层叠压关系是没有必要的。探索不同文化间的关系，主要应借助于器物形态学，从文化内涵中去分析与探究。

如果有的遗址的不同文化层间确实提供了可探讨两种文化间存在继承关系的线索的话，那么对这种地层的划分给予特别关注是完全必要的。因为这种层次的划分是否科学，将直接影响有关内涵的揭示，涉及结论的准确性。一般地说，当两种文化遗存叠压时，上层堆积中包含少量下层遗物是常见的。造成这种情形的原因很多：有的是前一代的器物遗留到了后代；或者因后来的居民在那里活动时扰乱下层堆积而混入，有的是因发掘工作做得不细而混入，或者与层位划分不当有关。分析各层的文化内涵时，

---

① 夏鼐：《关于考古学上文化的定名问题》，《考古》1959 年第 4 期。

必须把遗留或混入的那部分东西加以识别和剔除，作一番去伪存真的工作。选用或参照堆积比较单纯的同类遗存进行排比，将有助于这项工作的进行。决不可不加区别地使用那些未经剔除的材料，更不能把相混的层位划为单独的层次，把本来相混的东西说成是既有下层文化因素，又有上层文化因素的"过渡形态"，作为甲乙两种文化之间有直接发展关系的"地层依据"。

以上对地层学所做的讨论，是试图对它在考古工作中的功用作尽可能合理的评价，以便更好地发挥其作用。应该说，地层学作为田野工作中判断相对早晚关系的一种基本方法，即使在运用自然科学手段测定年代的方法日益广泛的今天，它的作用也并未削弱。

以碳十四测定年代的方法而论，它被用于考古学，对史前考古年代学的建立起到了重要的作用。可是它也离不开考古工作中正确划分地层的工作。事实上，即使测出的数据精确度很高，但若地层混乱，不同时代（或时期）的遗存纷然杂糅，那么这些数据也很难起到应起的作用。反之，田野工作中层位关系越清楚，基于地层学所做的考古分期越准确，在推定年代方面提供的条件也越好。《洛阳中州路》对东周墓葬的分期，每期所跨的时限只有几十年，就是一个很好的实例。至于人们常常指出某个碳十四数据有误，也大多由于与标本的出土地层相背。这样的事例正说明地层学在实际工作中具有很重要的价值。

二

器物形态学，又称标型学或型式学。这是考古工作者在室内整理资料、进行比较研究时常用的一种方法。有一个时期，器物形态学被认为是"资产阶级"的，是"烦琐哲学"。其实作为一种手段，它并不具有阶级性。对这种方法有必要进行总结和研究，以便在实际工作中更有效地发挥它的作用。

诚然，我们注意到过去一些学者在运用器物形态学时曾经出现过一些偏差。例如有的研究者片面强调两种形制不同的实物在一起发现，必定有一种形制恰居另一种之前。这就难免把排比器物以确定时间早晚和器物形制变化序列的工作绝对化，甚至为做到这一点而加进主观臆测的成分，使这种方法表现出神秘而烦琐的倾向。不过，这在今天并不是主要的倾向。

准确地说，器物形态学是比较研究时常用的一种方法。它运用的范围并不局限于对器物形态作比较研究。诸如居址、墓葬或其他遗迹的形制，都可以进行排比研究，从中寻找各种物质文化成分在历史进程中变化的线索。器物形态学则顾名思义，是对不同时代、不同文化或同一文化的不同阶段、不同地区的器物就其形态进行排比，探索其变化规律的。无论陶器还是铜、铁、瓷、石等类器物，都可以采用这一方法进行比较研究。

陶器是古代先民日常使用的器物，在遗址中出土的数量最多，变化也比较快，从形制、纹饰以至陶色、陶质等方面，都易于反映不同时代、不同阶段或不同地区间的差异，能较突出地反映某一文化的特征。所以，陶器可以成为我们识别不同地区、不同时期及不同类型文化遗存的可靠而有力的科学依据。在掌握了它的形制变化规律之后，就为与它共存的其他遗物的研究提供了方便，在地区的差异、年代的区别上，都起着标兵的作用。[①] 尤其是其中一些常见的、特征明显的器形，在掌握了它的变化规律之后，可以像标准化石那样使用。因此，对陶器的形态学研究给予适当重视，在考古工作中是完全必要的。

但是，如何科学地运用器物形态学，使之有效地为考古学研究工作服务，还有总结和探讨的必要。

---

① 尹达：《新石器时代考古工作的回顾与展望》，《考古》1963 年第 11 期。

　　目前讨论这个问题存在一定困难，因为有关的论述文章并不多。有的报告中虽也提到某器"发展""演变"为另一器，或者说某器为另一器的"祖型"等，但往往未予详述，使人难以评说其是非。

　　不过，首先要指出的是，不能把器物形制的变化理解为如生物进化那样，存在什么自身演化发展的必然性或有什么量变到质变的规律，等等。因为两者是完全不同的事物。生物的生存、发展和变化受自然条件（生态学）的制约，外因通过内因而起作用，表现出演变的内在规律性，表现出由量变到质变的过程。器物则不同，它们按人们的需要而被制造。每个时代生产什么器物，当然也受到某种条件的限制，主要是受各时代的技术条件的限制。一般地说，器物的形制、款式，取决于人们生产、生活的需要，部分地受意识形态的影响。但即使同一用途的器物，形制也可以有一定的差异。在特定的情况下，只要人们喜爱，外来的或古代的东西也可以被仿造。因此，器物的制造、旧器形的淘汰、新器形的出现，等等，与一个时期人和社会的因素直接相关，而与器物本身或自然界的因素未必有直接关系。正确区分以上两种不同性质的事物，揭示器物形态学的科学性，使这种方法免受庸俗进化论的影响，有助于在实际工作中充分而有效地发挥它的作用。

　　我们也认为器物形制的变化是有规律可寻的。只是对器物形态的考察不能仅仅停留在器物的表面，而应与人的、社会的因素结合起来。人们在生产或生活中的活动都是有目的的活动，是社会性的活动。人们依据自己的需要而制造的器物，它们的形制虽然存在差异，但是因人们需求的一致性而表现出来的共同性却是主要的方面。对任何一个考古学文化来说，在一个时期内制造的器物，它们的形制相对稳定并具备共同的特点。不同的文化（型）之间，则因创造这些文化的人们的生产方式、生活方式有别，器物在形制方面必然有所不同。

不同的共同体，是在各自的自然环境内，发现不同的生产资料和不同的生活资料的。所以，它们的生产方式、生活方式和生产物是不尽相同的。[①] 鉴于族的共同体与考古学文化有其同一性，我们正可从认识考古学文化入手，去探索它们所代表的族属及其历史。不过，首要的工作是确切地分析和认识考古学文化本身的特点，诸如分析代表该文化的独具特征的器物群、它们在各发展阶段上出现的形制变化，等等。揭示了文化面貌上的特点，我们就能将不同时代的或不同的考古学文化区分开来。

由于制造器物的工艺技术不断改进，或由于社会的变革，人们的生产、生活方式发生变化，以及地方性差异等原因，在不同的考古学文化之间或各文化的不同时期、不同地区之间，出土的器物形态也会出现差异和变化。这些都是用器物形态的比较研究能够认识和鉴别的。

这是器物形态学能够发挥作用的原因和根据。

我们对出土物形制进行排比研究，是为了从差异和变化中探求规律性的东西。由于一个时期内的器物在形制方面可能存在差异，假如着眼于少数几种器形的比较研究，所揭示的变化规律可能难以具备代表性。变化规律应从数量众多、经常出现、有代表性的那些器物中去探求。只有这样，归纳出来的特征才相对的比较真实，作为分期的依据也比较准确。借标型学进行考古分期，在横的方面要顾及共存的器物群中（尤其在那些有代表性的器物上）有关特征的一致性；在纵的方面也要在同类器中找到相应变化的一致性。

运用器物形态学进行分期断代，必须以地层叠压关系或遗迹的打破关系为依据。一般可从典型单位的出土物着手，在同类器中进行排比。排比时，除注意器形外，器物的纹饰、色泽以至铭

---

① 马克思：《资本论》第 1 卷，人民出版社 1956 年版，第 423—424 页。

刻的作风等，都应在考察、比较的范围之内，并要尽可能联系制造工艺。这里，分类、分型的工作很重要。一定要选择那些形制一致的同类、同种器（尽可能地选用完整器），而不能按同名器归类排比。名同者未必形同、器同，用以排比，难免谬误。

对于不同考古学文化间关系的考察，器物形态学能发挥独到的作用。因为全面的分析排比使我们比较容易地发现不同文化之间的异同（大同小异、小同大异或完全不同），在这个基础上有可能对这些物质文化遗存作由表及里、由此及彼的研究。不过，考察不同文化（型）的关系与进行考古分期，要求是不同的。在运用这种方法时，侧重点也应有所不同。一般地说，分期工作主要是从不同时期器物形态的差异中寻找反映变化的特征，在某种意义上，是从不同层次和单位的出土物中寻找能代表时间早晚的标尺，所以若能在若干种常见的器物上找到变化的特征，就可以作为分期立论的依据。但在区分不同文化（型）并探讨其间的关系时，既要着眼于常见器物群的特征，也要注意那些虽不常见却很有特色的器物及其特征。因为这些器物，如与礼制有关的器物或反映意识形态的特征的器物，往往是很说明问题的。

当然，即使在进行考古分期时，对各层的出土物作全面的分析比较也是完全必要的。这样做的结果，将使我们有可能洞察各期堆积中器类、器形的兴衰变化，发现其间是否出现了新器形或新的文化因素。后一种情况，对探讨该文化与其他文化的关系，会提供富有说服力的资料。

假如考察的是某一特定的考古学文化，那么还要考虑到该文化在不同地区间可能存在的差异。通过器物形制的排比研究，能够找到这种差异。对地方性特点的研究，有可能为区分该文化的不同类型找到基本的素材。

总之，器物形态学作为考古学研究工作的一种手段，是室内整理研究时一个很重要的环节。大量的、零乱的原始素材因分类排比、进行形态学研究而系统化、条理化，并因分期断代、确定文化属性以及与其他文化的关系等方面所做的分析，而成为可供进一步研究的价值很高的资料。

因此，考古工作者必须亲自动手，将发掘所得资料仔细排比、反复验证，使对发掘品本质特点的概括更深入、更准确。切不可以为这是单纯的技术工作而由他人代做，更不要以为用别人制作的卡片进行排比即能奏效。

经过科学发掘，对可靠的资料做过整理研究以后，还应把遗址的文化面貌及其基本特征客观地报道出来。目前有些发掘简报把报道的重点放在已被认识的那些器物上，似乎借此推定了遗址的年代（商、西周……）或文化属性（仰韶文化、龙山文化……）之后，任务就完成了。结果把许多很有特色的、能代表遗址文化面貌的类型品忽略了，造成了不必要的损失。这是很值得注意的。

人们对事物的共性的认识，基于对个性的认识，因为共性寄寓于个性之中。我们研究考古学文化，最好是从剖析某一个遗址的内涵着手，积若干个同类遗址的材料，对其中的共性因素进行科学的概括。某一文化的特征应是从同类遗址的文化内涵中得出的共性因素；但对其他文化来说，又应是特殊的、属于个性的东西。因此应尽量排除那些在一定发展阶段上往往是先民们共同发明、共同使用的东西。例如人们曾认为陶质支垫是河姆渡文化或裴李岗文化的富有特征的类型品，可是类似的支垫在不同地域的不同文化中多次发现，再把它列为某一文化的特殊类型品就不大妥当了。其次，还应把生产技术的改进在器物形态上反映的某些共同性特征也排除在外。例如制陶技术由手制变为慢轮加工或由慢轮加工变为快轮加工等变化，使一些陶器的器形出现某些特色，这在不同的族的共同体内往往表现出类似的或相同的特征。这也是共性的因素。

关于个性、共性等问题比较复杂，限于篇幅，这里就不作更多论述了。

近代考古学由于建立了它的基本理论而成为独立的学科，这个时间可以追溯到19世纪下半叶。近代考古学正是运用了地层学和器物形态学这两种方法，才把埋在地下的无字"地书"打开，并把它分出"篇目"和"章节"来。中国考古学出现的时间虽然较晚，发展却很迅速。由于队伍的发展跟不上学科发展的需要，也由于其他原因，中国考古学在发展过程中出现了某些不平衡的现象。在研究方面，对方法论的研究显得比较薄弱。有一个时期，在一些地方出现了把地层学简单化、把器物形态学形式化的倾向。

现在，随着我国考古事业的发展和学术探讨的不断深入，强调对考古学方法论的研究显然是必要的。过去积累的丰富经验和今后在这方面进行的总结和探索，一定会使我国的考古学方法论更加完善。我们相信，在大家的共同努力下，我国的考古事业将在科学的轨道上获得更加稳健的发展。

原刊《文物》1982年第4期

关于考古学文化的区、系、类型问题

考古学文化的区、系、类型问题，是我国考古学，特别是新石器时代考古学的一项基本任务。

1979 年 4 月，在西安召开的全国考古学规划会议上，我们曾经提出这个问题，目的在引起各地的同志们在今后的工作中予以重视，并适当地把它列入今后的工作计划之中。这里，我们对这个问题再作些探讨，以期与同志们进一步讨论。

＊   ＊   ＊

关于我国考古学文化的区、系、类型的划分，是我国考古工作获得飞跃发展后提到我们面前的一个新课题。

近代考古学在中国出现的时间并不长，但这一学科获得的发展却相当迅速。特别是中华人民共和国成立以来，考古发现无论从上下所跨的时代或涉及问题的广度来说，都是空前的。很多空白已被填补，不少重大的课题被提到我们的面前。我国的考古学已经初步建立起自己的体系。这一切都表明我国考古学的发展已经进入新的阶段。

这是我们今天提出探讨区、系、类型这一课题的前提。

以新石器时代考古来说，中华人民共和国成立前的工作主要局限于黄河流域的少数几个地点，而且工作很不深入。例如仰韶文化或龙山文化，对它们的特征、分期、分布、时代等都不是很清楚。中华人民共和国成立以来，全国发现了大批新石器时代遗址，不少遗址已经试掘或正式发掘。已被命名的考古学文化有数十种之多，其中有些文化的内涵、分期、年代等都了解得比较清楚。碳十四测定年代的方法和其他自然科学手段应用于考古学，为建立比较可靠的史前时期的编年起到重要的作用，从而使这一时期的研究工作置于可靠依据的基础之上。在这种情况下，作一些基础性的研究，组织并推进一些重大的学术课题的研究，将有助于我们事业的发展。

在我国辽阔的国土上，迄今发现的新石器时代遗址有 6000 处之多。它们的时代绝大多数是距今 7000—4000 年间的遗存，就其文化面貌来说也诸多差异。这些差异与变化意味着什么呢？在已经命名的数十种考古学文化中，除了一部分可能存在前后承继的关系外，其他各种考古学文化溯其渊源又是什么关系呢？

过去有一种看法，认为黄河流域是中华民族的摇篮，我国的民族文化先从这里发展起来，然后向四处扩展；其他地区的文化比较落后，只是在它的影响下才得以发展。这种看法是不全面的。

在历史上，黄河流域确曾起到重要的作用，特别是在文明时期，它常常居于主导的地位。但是，在同一时期内，其他地区的古代文化也以各自的特点和途径在发展着。各地发现的考古材料越来越多地证明了这一点。同时，影响总是相互的，中原给各地以影响，各地也给中原以影响。在经历了几千年的发展之后，目前全国还有 56 个民族，在史前时期，部落和部族的数目一定更多。它们在各自活动的地域内开发祖国，在同大自然的斗争中创造出丰富多彩的物质文化，这是可以理解的。

目前还有这样一种倾向：即把某种考古学文化与文献上的某个族人为地联系起来，把它说成是 XX 族的文化。从长远来说，进行这样一项工作可能是研究工作的一个方面；但是现在，在对各地的考古学文化的内涵、特征、与其他文化的关系以及上下的源流等的认识还很不充分，还不具备做这种探索或考订的时候，似应先做些基础性的研究，积累起必要的原始素材，以备为进一步的研究工作打下牢固的基础。

为了进行考古学文化的区、系、类型的划分，各地同志应立足于本地区的考古工作，着力于把该地区的文化面貌及相互间的关系搞清楚。要选择若干处典型遗址进行科学的发掘，以获取可资分析的典型材料。然后，在准确划分文化类型的基础上，在较大的区域内以其文化内涵的异同归纳为若干文化系统。这里，区是块块，系是条条，类型则是分支。经过一段时间的努力之后，有关区、系、类型的课题必将会出现突破并取得重要成果。

*　　　　　*　　　　　*

迄今为止，我国已有 24 个省、市、自治区发现了旧石器时代的遗存。这说明，早在一万年前，我国很多地方已经适合于人类的生存、繁衍，因而留下了他们进行生产劳动的踪迹。

到了新石器时代，人们活动的领域更加广阔了，他们在征服自然界，进行物质资料的生产方面跨出了重要的一步。假如我们拿这一时期的遗址分布图与今天的人口分布图加以对照，那么不难发现：我国今天的人口稠密区恰恰也是古遗址分布比较密集的地区。这种情况是耐人寻味的。

不过，人们所在活动地域的自然条件不同，获取生活资料的方法不同，他们的生活方式也应该是各有特色的。这样，表现在他们的产品，即我们今天接触到的生产工具、生活用器以至其他遗存所表现出的差异，也就可以理解了。当时，人们以血缘为纽带，并强固地维系在氏族、部落之中。这样，不同的人们共同体所遗留的物质文化遗存有其独有的特征也是必然的。今天我们恰可根据这些物质文化面貌的特征去区分不同的文化类型；同时，通过文化类型的划分和文化内涵的深入了解以及它们之间相互关系的探索，以达到恢复历史原貌的目的。

由于各地区考古工作的发展水平很不平衡，要在今天对全国的考古学文化进行区、系、类型的详细划分，难度是相当大的。不过，假如我们以已公布的材料为依据，以典型的发掘材料为骨干，借助于调查试掘的材料，那么我们在目前的人口稠密地区内，依各地区文化内涵的差异和特点，它们的发展道路（阶段性和规律性），及其源流等方面，可以划分的区域当不下十块之多。这里，我们试对这些地区的文化面貌作一些简单的分析，跟同志们一起讨论。

一　陕豫晋邻境地区

这个地区是历史进入文明时代以来我国的腹心地区，也是仰韶文化的主要分布区。这里工作做得较多，材料比较丰富，但问题也不少。不过，就我们所要讨论的这个问题而言，有些现象是很重要的。

例如丁村遗址中的出土物，与山西境内其他不同时期的旧石器时代遗存在文化面貌上有不少共同之处。有趣的是，丁村遗址（汾河西岸）中也有细石器，层位关系清楚，距今二万六千年以上，是迄今发现最早的细石器。它与沁水下川的细石器遗存，在文化面貌上也有连续性。尤其值得注意的是，无论中条山北侧的西阴村，还是南侧的东庄村、西王村以及垣曲境内发现的仰韶文化遗存中，除其他特征有相似之处外，都含有细石器。这或可说明山上山下的文化之间具有承继关系，应在今后的工作中注意探寻。

至于仰韶文化，虽然武安磁山、新郑裴李岗和华县老官台都发现了距今七八千年的较早遗存，为探讨仰韶文化的起源提供了线索，但是迄今只有宝鸡北首岭遗址的下层遗存，从地层与器物两个方面提供了较直接的可资讨论的资料。

众所周知，半坡类型与庙底沟类型文化都是各有特点并经历了很长一个阶段的古文化遗存。华县泉护村、元君庙和临潼姜寨等地的发掘，则进一步揭示了它们的内涵。在这两种类型的遗存中，都有小口尖底瓶（它们的形制各有特点）和彩绘的装饰花纹（主要是鱼、鸟、花卉，多为黑彩）。它们各为这两种类型的代表性器物，并在阶段性变化中各具特征而可以排出序列来。但从北首岭下层到中、上层的材料中看到，这两种不同形制的小口瓶却是共生平行发展的。不过，在经历了一段时间之后，约在庙底沟类型的后期，两者又逐渐统一起来，而为另一种新的文化类型所代替。

在豫北、冀南地区，被称为后岗类型和大司空村类型的两种遗存，也不排除在半坡、庙底沟类型文化发展过程中出现的类似情况。问题在于它们本身的发生、发展（分期）与相互关系等，都缺乏必要的材料可以说明。更不能因磁山、裴李岗在这一地区，就简单地把它们说成是这两种类型的前身，因为还缺乏如宝鸡北首岭那样的材料。

南阳、襄阳地区的仰韶文化遗存也有特色。典型器物中的罐形釜不饰绳纹；高颈小口瓶的变化与庙底沟类型相似，但自有特点；鼎、圈座自成序列；彩陶花纹中的阴阳三角纹、叶瓣纹也自成序列。镇平也发现了与裴李岗类似的早期遗存，可以推断该地区的古代文化有其源流，并经历了独特的发展过程。

二　山东及邻省一部分地区

围绕泰山发现的被人们称为大汶口文化和龙山文化的遗存比较密集，这一地区也是我国一个重要的古文化中心。有一个时期，因为工作做得不多，认识不深，出现了孤立地对待这两种文化的情况。在两者的关系方面，概念也很含糊。就它们的范围来说，被不恰当地夸大了。近几年来新发现的材料，使我们对大汶口—龙山文化的认识逐步明确了。它们分布的范围基本上围绕着泰山，并且自成一个系统。

大汶河上游的新泰，曾经发现过旧石器地点。但是这方面的工作做得太少，所以对大汶口、龙山文化的起源还很不清楚。不过，兖州西桑园等地发现了新石器时代较早的遗存，为我们最终解决这个问题缩短了距离。特别是近年在大汶河北岸、兖州王因和滕县北辛这三个遗址的发掘，证明它们的遗存可以相互补充。北辛是类似磁山、裴李岗那样的单独存在的代表；王因遗址的下层则类似北首岭下层那样提供了两者间衔接关系的线索；而在大汶河北岸遗址则找到了王因—大汶口（专指已发表报告的河南岸遗址）两者间衔接关系的线索，这样就可以把大汶口文化的上限推至距今七千余年。

我们从器物的形态上看到，北辛的典型器类如堆纹带腰釜跟王因等大汶口文化中的釜形鼎的发展序列互相衔接。这种鼎一直延续到大汶口文化的后期，是大汶口文化中的代表性器物之一。北辛发现的三足杯，不仅与王因遗址的三足杯可以衔接，近年的工作成果还表明，大汶口文化中的三足杯和它后期出现的高脚杯，都与龙山文化中常见的黑蛋壳陶杯连接起来。至于鬶的变化，是从实足变为空足和袋足。在大汶口文化的中晚期，这三种器形曾共存过一段时间；后来，尤其到了龙山文化中，鬶的器形才变为空足和袋足两种。由于在几种器类上都能看到这样一些变化，因而使这两种文化之间本来很模糊的关系逐渐清楚了。

不过，综合这一地区的文化遗存，可以看到两者的活动中心并不完全一致。大汶口文化的分布以泰山为中心。龙山文化最初发现的蛋壳陶虽然是在历城的城子崖，但它的老家却在鲁东南的临沂、昌潍地区。

大汶口—龙山文化的特征十分突出。除了陶器以外，生产工具中以出土大量石铲而引人注目。这里出土的石铲从早到晚，由厚变薄，越做越精。

但是，山东境内的新石器时代遗存并非仅此一个系统。胶东半岛的古文化遗存就另有特色。虽然这一带的考古工作比较少，材料比较零散，但从半岛顶端的荣成到黄县的沿海一侧遗址中看到，农耕工具很少出土，陶器中筒式的夹砂陶使用类似铆钉状附件作把手，甚至到了铜器时代还保留了这种传统痕迹……在同类器上加有泥饼。假如把长岛的出土物与辽东半岛上旅顺郭家村和长海广鹿等地的出土物加以比较，却可发现两者有很多相似之处。例如，在长岛缺乏农耕工具，而大量使用鲍鱼壳作工具，甚至打制或磨制的石刀，形制也与鲍鱼壳相似。这种工具既利于切割，也便于刮削。此外，辽东半岛的两处遗址虽似缺乏用鲍鱼壳制作的工具，但是大量出有类似前者的石刀。这种情况，应与当时的生活方式有关。

不能低估这一地区的生产力发展水平。山东发现的商周青铜器地点，以胶东一带为最多。烟台地区十七个县市中，有十三个出有商周青铜器。不过，与偃师二里头、郑州二里岗相似的早商遗存却只在济南一带发现。这或可说明，山东及其邻近地区的古文化发展是经历了独特道路的。

三　湖北和邻近地区

这里的考古学文化以它们的特征和变化情况及分布地域大致可分为三块：汉水中游地区、鄂西地区、鄂东地区。

属汉水中游的南阳、襄阳地区的仰韶文化，上面曾经提到过，它们的特征是很突出的。这里是仰韶文化的边缘地区，处于长江与黄河两大流域的联结点上，是很值得重视的。

宜昌及其周围的地区，新石器时代文化的面貌也很有特色，并有其自己的渊源。命名为大溪文化的巫山大溪及县城下压的遗址就有时代较早的遗存，而宜都红花套、枝江关庙山等遗址所包含的不同时期的文化层，表明它们经历了很长时期并且自成系统。例如：盂篡器、盘豆类器都具有高、低圈足两种；支座、圈座、器盖的形制富于变化；器物上压印有点、圆圈、方格等几何纹样，彩绘的陶索纹从早到晚自成系列。

鄂城周围的鄂东地区是尤为重要的一块。虽然过去在几个地点（京山屈家岭、黄冈螺蛳山、武昌放鹰台、天门石家河等）做过一些工作，但材料较少，本身分层分期有困难，它们的相互关系缺乏深入分析的条件。不过，如参照其他两个地区的材料也可以看出它曾经历过同它们大致类似的几个阶段。如富有特色的细泥薄胎光面陶杯、碗、高颈壶、彩绘纺轮等，器表的彩绘纹样中圆点和罗网纹的变化都有规律可寻。

这三个区域的文化遗存既有区别又有联系。从物质遗存的比较研究中可以发现，一个区域与另外两个区域的相互影响、渗透比较清楚。距今约五千至四千年期间，鄂东这一块文化的发展，对其他两块的影响给人以深刻的印象。这里迄今出有商周青铜器地点和遗址，多在洞庭湖周围和古云梦泽的东侧（即在屈家岭文化分布区的东南侧）。无论是新石器时代的遗址还是商周时期的古文化遗址在这里都相当集中。特别值得一提的是，近年在这一地区发掘的大量春秋时期楚墓所出随葬陶器组合中，有颇具特色的高颈壶与高脚"鼎—鬲"或称"楚式鬲"（在鬲的三个实脚外再附加柱状脚构成似鼎的鬲）。前者可以追溯到屈家岭文化，后者可以追溯到商周以前的同类器，说明这一地区文化的源远流长。

四　长江下游地区

过去对这一地区的历史发展状况认识不足。近十多年来的工作，使人们认识到这里也是我国重要的古文化中心之一。从这一地区古文化面貌的差异及其分布的情况来看，似可分为三个区域：宁镇地区、太湖地区、宁绍地区。当然，它们之间既有差别，也有联系。

1. 太湖地区的材料较多，对它的重要性认识也比较清楚。先后发掘的几批材料，揭示了这一地区独特的文化面貌和它们的变化情况。

对这一地区古文化遗存认识的过程与黄河流域下游的情况很相似。这里也是先认识时代较晚的良渚文化，后认识时代较早的马家浜文化。吴县草鞋山、张陵山等地提供的地层关系以及后来在桐乡罗家角的发掘，证明这里的早晚关系为马家浜文化—良渚文化—青铜文化，而且它们之间有很密切的关系。以溧水神仙洞为代表的洞穴堆积，为探索这一地区新石器时代早期遗存提供了线索。至于早至距今七千年前的以及晚至四千余年的新石器时代文化面貌和它们的变化情况也粗知轮廓。马家浜文化中的陶器自有其组合，如宽平檐腰带的釜、有类似腰带的鼎、豆、壶以及大穿孔石斧（钺），等等。中期阶段可以青浦崧泽遗址的主要遗存为代表，再后是良渚文化。

围绕太湖附近，古文化遗址的分布相当密集。它们在各个不同阶段中分布情况是否有规律，当然也需要考虑。我们注意到包括马家浜文化—良渚文化的多层堆积遗址集中分布在太湖东北侧，在太湖东南侧则良渚文化比较发达，位于太湖东南侧的浙江嘉兴地区则发现商周青铜器的地点较多，有的出在良渚文化—几何印纹陶遗址附近（多数出在几何印纹陶遗址附近）。这类遗址多是几何印纹硬陶与釉陶或原始瓷共生，青铜器具有当地铸造的特征，釉陶或原始瓷的特征更为明显。

2. 宁绍平原的早期遗存以余姚河姆渡下层为代表，时间与马家浜文化相当。它的文化特征明显，如陶器组合中缺乏鼎、豆，使用的炊器多为有子母口的圆底釜（有支垫），水器为带流的盉。这些器物都各有其变化的系列。生产工具也很有特色，如骨耜和小型的石凿、石锛等。马家浜文化中多见的大石斧钺，这里仅在后期出现。这种文化可能自有渊源。种种迹象表明，在稍后阶段，这里与太湖地区古文化的关系更加密切。这一地区也有良渚文化和几何印纹陶的遗存，而且越到后来，两者的关系也越密切。

3. 宁镇地区：南京北阴阳营遗址的出土物很有特色。陶器中有滩式鼎、带把鼎、盉、盂、盘、豆等，它们也自成组合。生产工具中的有肩石铲、有肩石斧、新月形石刀等与其他地方的同类器有明显的差异。虽然还没有发现比它更早的遗存，但当不排除有其自成系统的可能。在发展过程中也有类似崧泽那样的阶段。最近在安徽潜山薛家岗遗址发现了相当于北阴阳营这一阶段的遗存，特征也多相近，表明该文化类型的分布，西北部已到达今安徽省境。北阴阳营上层有几何形印纹软陶、硬陶和釉陶等，突出的是还出有类似偃师二里头、郑州二里岗时期的陶鬲和镞、刀等小件青铜器。这或许跟它处于南北通道有关。类似这样一种现象在鄂中、湘西也能看到。

五　以鄱阳湖—珠江三角洲为中轴的南方地区

这一地区从现在提供的情况看也可分为三块：

1. 赣北地区已知时代较早的有万年仙人洞遗址。它有上下两层堆积，典型器物的变化序列反映了这一地区新石器时代较早的两个阶段。它的特征主要是几何印纹陶的萌芽，下层只出单一的夹砂陶。时代当在距今七千年以前。

修水山背、清江筑卫城与吴城等地的遗存，在年代上不能与万年仙人洞遗址相衔接，但估计其间的差距是工作上的缺环，而不是实际上的空白。因为在这一地区的东、西、南三面都有距今七千至五千年间的遗存。筑卫城的几何印纹陶相当发达，一直晚至商周时代，陶器上盛行的印纹包括三类：一是圆点、圆圈、重圆圈；二是方格、菱形、回纹、重菱形、米字形纹；三是平行曲折线纹和雷纹等。这三类花纹都有其变化的规律。几何印纹在距今五千至三千年间是最发达的阶段，以后或趋于简化，或立体化了。大约在距今四千年前后，这里也进入青铜时代。

2. 北江流域也有类似万年仙人洞下层的堆积，如在始兴玲珑岩发现了在胶结层中包含单一夹砂陶和打制石器的遗存。马坝石峡发现的稍晚的遗存，特征明显，有阶段性变化。工具中有肩、有段的锛、镈、铲等自成系列；陶器组合上，盘形鼎、带盖豆、平底圈足或平底三足盘等都很有特色，并且自成系列。在石峡还能见到晚至商周时代的遗存，其中的青铜靴形斧尤为突出。

3. 珠江三角洲一带也有新石器时代较早的遗存，南海西樵山是一处很有希望的大遗址，可能包含旧石器时代晚期和新石器时代早晚不同时期的遗存。打制、琢制的石器大量存在，可惜缺乏进一步分析的条件。佛山河宕遗址的时代约与石峡相当，但没有看到时间较早的青铜器。可是汕头地区的饶平发现了相当于早商时代的铜戈、玉戈、石戈，还有釉陶尊。韶关地区和汕头地区出土的石戈，从最原始的无阑戈到有阑戈，其发生发展的过程是中原所没有见到的。

六　以长城地带为重心的北方地区

这里由东向西可分为：以昭盟为中心的地区、河套地区，以陇东为中心的甘青宁地区。

在昭盟，历年来发现的两种新石器时代文化遗存与两种青铜文化遗存有交错存在的情况，使我们对这一地区的认识比较清楚了。这是了解我国北方地区的古文化面貌及其发展的一把钥匙。

红山文化与富河文化的交错地带在老哈河和西拉木伦河一带。这两种文化在这一带有早晚之分，但从分布来说，红山文化向西南延伸，富河文化则向东北方向延伸。虽然红山文化与仰韶文化有关，但各有渊源，不能混为一谈。它的较早阶段跟半坡、庙底沟类型的时间差不多；更早的遗存，在沈阳新乐等地的发现给我们提供了线索。但是，真正足以代表红山、富河两种新石器文化的早期或其原始阶段的遗址是什么样子，还有待今后的工作予以回答。

这里发现的两种青铜文化——夏家店下层文化与夏家店上层文化——也在赤峰附近交错。近期在赤峰附近的小河沿、石棚山这两个遗址的发掘，提供了红山文化后期可能与夏家店下层文化相衔接的线索。那么，富河文化是否也有可能与夏家店上层文化衔接呢？就这两种文化的分布范围和时间来说也不无可能。这只能留待今后工作中给予解决。比较清楚的是：敖汉旗大甸子遗址清理的大批夏家店下层文化墓葬，所用的彩绘陶器具有礼器的特征，彩绘的图案自成系列，表明这是该地区土生土长的一种文化。出土的青铜器标志这一文化已经进入青铜时代，而且物质文化的发展达到了较高的水平。这一文化实际所跨的时间比目前碳十四测定的两个年代数据要长。

河套地区，巴盟、乌盟曾发现出有旧石器的地点多处，其中最重要的一处是位于呼市东郊的大窑村。这多处出有旧石器的地点属旧石器时代的不同阶段。有一种龟背形刮削器，它的器形和加工方法有其特色。大窑村遗址土坡下属全新世的土层中出有细石器——石刀、柱状石核、刮削器、尖状器等，它们与新石器时代的细石器很相似，同当地黄土层底部角砾层的旧石器文化晚期遗存可能有渊源关系。这种堆积情况也同晋南地区的丁村汾河西岸相似。

新石器时代遗址发掘得不多。现已发现两种含彩陶的新石器时代遗址和两种不含彩陶的晚期新石器文化遗址邻近，并有交错的现象。前者的代表性遗址，一在乌盟的清水河，出有花叶纹、鱼形纹彩陶和壶形口、双唇小口尖底瓶；一在乌盟的托克托，出方格网纹、锯齿纹彩陶，无小口尖底瓶。后者（两种不含彩陶的晚期新石器文化）的代表性遗址，一在伊盟准旗，典型陶器组合是鬲、盆、高领罐；一在伊盟的伊金霍洛旗，代表性的陶器组合是斝、鬲、豆、单耳罐、双耳罐等。鬲的特征是在扁平鋬着壁处加铆钉状小泥饼，还有铜锥同出。晚期还出有青铜刀和早期商式鬲共生。近年在晋西北、陕东北邻近黄河的地带发现出商周青铜器的地点多处，大多有过去所谓"鄂尔多斯式"特征。这说明，该地区出现青铜器的时代也比较早。

对该地区的文化遗存虽然要注意它与中原同时期文化有类似的一面，但对其独特的一面应给予更多的重视，不能简单地把该地的文化理解为从中原传过去的。

以陇东为中心的甘青宁地区，近几年来有不少重要的发现。在秦安发现的典型堆积层次，表明这里有和宝鸡北首岭下层类似的较早遗存和包括仰韶文化不同时期的层次，而且看到了仰韶文化后期与马家窑文化衔接的线索。至于马家窑文化诸类型的关系，其细节还有不清楚的地方。应该看到：陇山（六盘山）东西两侧古文化的发展道路是有差异的。在东侧，继仰韶文化之后发展起来的是以客省庄二期为代表的新石器晚期文化。在西侧，继仰韶文化之后发展起来的则是马家窑文化和有关诸类型以及齐家文化的遗址。因此，在考虑陇山两侧古文化的渊源时，如果简单地归为同源显然并不妥当，应在积累更多的科学资料的基础上再予推定。这一地区青铜文化的类型更加复杂，详细情况这里不再叙述。但要指出的是，这里进入青铜时代的时间并不晚于商代。根据现有的线索，倒可以认为它是我国又一个较早发明青铜器的地区。

在对我国人口密集地区古代文化的区、系、类型作了以上探讨之后，我们还应补充以下几点：

假如从昭盟地区看富河文化、夏家店上层文化的分布和影响，我们看到的线索是：它们向东北三省的西侧和内蒙古的东三盟方向延伸，北边可以到贝加尔湖地区。辽东、辽西的文化面貌有接近之处，但区别也很大。在西边的甘青地区，沿河西走廊到新疆东部一带，古文化面貌也有很多相似之处，可以把这里出现的细石器和彩陶看作是甘青地区古文化的延伸。近年在西藏的林芝、墨脱和昌都的卡若等地发现的遗存，它们的文化面貌各有特点，但又有与陇东一带古文化接近的因素。就文化关系来说，陇东地区与其东、西北、西南三面的文化都有关系，似处于三岔路口。至于河套地区（包括晋西北与陕东北沿黄河一带），如果从出土的青铜器看，它既有与中原青铜文化相似之处，也与西伯利亚的青铜文化（如斯基泰文化）有联系，它正处于南北的通道上。

在南方地区，有段石器的分布地域可以延伸到南太平洋、新西兰；而几何印纹陶的分布地域则遍及整个东南亚地区。有趣的是，如果我们把我国的版图分为面向内陆和面向海洋两部分的话，那么还可以看到这样一种情况：面向内陆的部分，多出彩陶和细石器；面向海洋的部分则主要是黑陶、几何印纹陶、有段和有肩石器的分布区域，民俗方面还有拔牙的习俗。

当然，要强调指出的是，在这广大的地域内，古代劳动人民从很早的时候起就有着交往活动，越往后这种交往活动就越密切。这个问题在此不再详述。

在我们结束这篇文章时，作这样一个说明或许是必要的：我们这里所做的有关新石器时代考古文化区、系、类型的探讨，只是基于现有资料所做的探索，说不上是对各地区工作成果的概括。何况我国的面积那么大，古文化面貌又那样丰富多彩，要在一篇不长的文章中把这样一个重大的课题阐述清楚，实在是件力不从心的难事。

但是这个问题的确很重要，既有理论意义，也有现实意义。我们认为，这项工作还是大家来做。如果由于大家的协同努力，在不太远的时间内能在这方面出现新的突破的话，那么我们或可以说这篇短文起到了抛砖引玉的作用。

原刊于《文物》1981 年第 5 期

长江流域早期甬钟的形态学分析

青铜乐钟在古代中国有它特定的地位。它与青铜礼器一样，在古代社会中曾经起到相当重要的作用。商周时代的青铜乐钟，历来出土的数量十分可观。它们的形制不尽相同，人们通常将它们分为甬钟、纽钟、镈钟三大类。

近年来，音乐史工作者对古代乐钟进行的测音等研究工作，重新敲响了沉睡两三千年之久的古代乐钟，引起人们对它们的注意和重视。尤其是围绕曾侯乙编钟进行的多学科合作，使用多种手段测试和研究，把音乐史研究向前推进了一大步，使人们对古代中国在音乐方面取得的杰出成就有了新的认识。由于乐钟对音色、音质有较严格的要求，所以任何一套高质量的青铜乐钟的出现，都成了探讨古代铸造工艺水平的重要对象，因而也为冶金史工作者所重视。诚然，要研究古代中国音乐领域中的各种问题，进行多学科的合作是十分必要的。若从考古学的角度，在把分散的铜钟资料集中起来的同时进行形态学研究，并就它们的源流、发展系列、年代等问题作些探讨，或许对综合开展音乐史研究能有所帮助。

不过，无论是甬钟，还是纽钟或镈钟，它的数量都不少，需要讨论的问题也较多。所以，本文只想就青铜甬钟中的早期部分（我们称它为早期甬钟），而且仅就其中的一个支系进行分析。

一

要对早期甬钟进行研究，还需就甬钟及其各部名称的命名先作些讨论，因为在这个问题上人们的认识很不一致。

本文称为早期甬钟的乐钟，是指晚商时期出现的一种打击乐器。在一些书刊中，有人称为铙[1]，有人称作铎[2]，也有人称之为钲[3]、镛[4]或钟[5]的。最近有同志主张将中原所出的小型者称铙，西周初年的有乳枚的中等形制者称钲，南方所见大型的"大铙"叫镛[6]。

《说文》："钟，乐钟也。"这与出土乐钟中自名为钟者相符。《古今乐录》云："凡金为乐器有六，皆钟之类也：曰钟、曰镈、曰镎、曰镯、曰铙、曰铎。"这说明古人将这六种用青铜铸造的乐器，以钟作为它们的总称。钟和镈已有自铭者证之，镯、铙则未被铭文资料证实。不过，《说文》曰："钲，铙也、似铃"；"铙，小钲也"；"镯，钲也"；"铎，大铃也"，等等。许慎当年已经钲、铙互训，说明早在汉代已经分不清它们之间的差异了。显然，今天若拘泥于《说文》的说法，讨论它们之间的异同恐也难有收获。

《周礼·地官·鼓人》云："以金镎和鼓、以金镯节鼓、以金铙止鼓、以金铎通鼓。"若此说不误，则这些不同名称的乐钟主要是按不同用途而分别定名的。不过，我们不想用太多的笔墨去讨论它们之异同和以什么名称定名为合理等。我们认为，使用早期甬钟的名称，可能更确切地反映其本质特点。

为了便于讨论，下面就钟的各部名称稍加讨论。

关于钟的名称，《考工记》凫氏为钟一章记得比较详细。程瑶田还做了凫氏为钟章句图说。应该说，有关钟的铣、于、钲、舞、甬、衡、篆、枚等名称及其部位，历来学者们的认识比较一致。但对鼓、隧、旋、干的部位，人们的认识就很不一致了。有人将悬钟之钩称为旋或干的；有的学者用纪侯钟的甬上贯干的圆环称作旋的，如王引之、容庚和梅原末治等人皆主张这一说法。[7]唐兰则认为，"甬中间均突起似带，周环甬围，其位置正与《考工记》合，是所谓旋也。于旋上设虫形之柄，故谓之旋虫，即所谓干。"[8]按唐氏所说是正确的。但容庚把于上雕镂花纹的地方称作隧，两侧敲击处称为鼓，在《殷周青铜器通论》中附图标明两者的位置，[9]他的说法与测音的结果相一致。夏鼐先生在《沈括和考古学》[10]一文中依据宋代《博古图录》与发掘出土的实物，指出了旋、干、隧、鼓的位置，说得比较全面。

过去，人们把长安普渡村长甶墓出土的三件钟列为最早的甬钟。我们认为，目前被称作铙、钲、铎、执钟、镛、大铙等不同名称的晚商周初乐钟，与西周中期以后被称作甬钟的乐钟，它们的形制及其特点基本上是一致的。如钟体均作合瓦形，上窄下宽；侈铣，于微弧，有圆柱甬等。测音结果表明，它们每一件钟的隧部和鼓部，在受到敲击时都能发出两个频率不同的音［多为基音，可分别称为隧音（正鼓音）和鼓音（侧鼓音）］。据对钟体所做的激光全息干涉振型检测证明，它们具有对应于编钟截面长短轴呈正反两种对称的基频振动模式，因而构成了一种形成双音的必要条件。[11]但两者也确有一定差别。这些差别主要在甬长与体长的比例不同，有枚、无枚或枚的数量多少不等，有些钟的钲、篆部尚未分化出来，等等。但排比的结果说明，它们之间自有其一脉相承的联系。它们的差异，恰可视为甬钟的早期形态。所以，我们认为用早期甬钟称呼之，既可反映它们之间的内在联系，又能表示其年代较早和具有若干原始性的状况，以便与定型后的甬钟有所区分。

据我们初步统计，已知的早期甬钟（包括出土器和传世品），其总数不下三百件之多。从出土地点看，包括黄河中下游和长江中下游的十几个省，地域相当广阔。从钟的形制看，以河南安阳为中心的中原地区所出早期甬钟与长江中下游出土的明显有别，当非一个系统。本文讨论的长江中下游各省所出的早期甬钟，拟就它们的形制、组合、发展阶段与年代等作些探讨。但长江中下游的地域也是很大的，在这个地域的不同地区，出土乐钟的形制、花纹也不尽相同。如源于湖南地区的早期甬钟即与本文讨论的对象很不一样，拟另外讨论。为叙述方便，本文讨论的早期甬钟，暂以江型钟称呼之。

江型钟大多出自丘之坡或川泽之滨的窖藏坑中，多为单个埋藏，很少有其他器物陪出，更不见成编同坑的现象。窖藏坑附近也绝少同时期的遗存。这种情况使我们无法借地层和共存物推断其年代。

不过，我们认为器物形制的变化是有规律可寻的。"人们在生产或生活中的活动都是有目的的活动，是社会性的活动。人们依据自己的需要而制造的器物，它们的形制虽然存在差异，但是因人们需求的一致性而表现出来的共同性却是主要的方面。"[12]日常使用的一般用具和器物是如此，青铜乐器则更是如此。因为任何一件乐钟都不是随意之作，而是按设计者对钟体预期的音响效果的要求铸造的。钟的结构越合理，它的音频、音响效果也越好，演奏时也越能达到预期的要求。乐钟从它的原始型变为规范化和定型化的过程，是钟体结构越来越合理，它的音频和音响效果越趋改善的过程。此外，铸造过程中陶范型腔的规范化程度和合范过程中的准确性等，也可使音频发生变化。乐钟本身对钟体结构等方面的严格要求，表明每一件钟的形制都有其规定性。不合设计要求或达不到预期的音响效果的铜钟，当被熔化后重新铸造，一般来说它们绝少被流传下来。每一件钟的形制结构、大小、高矮、厚薄、各部的比例等既然受各时期乐师们设计水平的限制，那么，每一时期所铸的铜钟，它们的形制必表现出相对稳定性而自有其一致性。从这个意义上说，对乐钟进行形态学研究是可以找出其前后变化的规律的。需要注意的是区分哪些变化具有普遍意义，哪些变化并不具备普遍意义，并将它们排除在外。为此，我们强调应尽可能多地占有资料，并将每一型（式）的划分，都以相当数量的铜钟作为分析的基础。或者说，有关各型（式）的划分所揭示的变化是否具有规律性，只有在大量占有资料的基础上才能总结出来。另外，每一时期的铜钟形制既然有一致性，那么，我们可以借助已知年代的同型钟来推定其年代。

二

我们收集的江型早期甬钟共有 100 余件。按它们的形制与花纹的差异变化，可分为五个型：

Ⅰ型：已知出土地点的有江苏江宁的塘东村[13]，湖北阳新的刘荣山[14]，浙江余杭的徐家畈[15]和安徽潜山[16]等地所出的钟。其中除阳新刘荣山同出两件外，余均单件。另外还有四件为传世品，三件著录在《博古图》26 卷（42，2；44、45）；一件现藏美国，见《欧精华》158。

此型钟的主要特征为圆柱甬，无旋无干，铣距大于桀长，故钟体的纵剖面呈扁梯形。铣侈，于微弧，均有稍凸起的隧，无篆部，钲部多未分化出来。有的出现钲部，但很狭窄。多以小圆圈纹为地纹，并用它组成边框。体部饰粗细卷云纹并和两个凸起的乳状枚构成兽面图案（枚上均有细云纹或圆涡纹）。多数钟的甬部和钟体四周素面。有的则通体布满粗细云纹。舞部多饰云纹。

Ⅱ型钟的铣距仍大于桀长，所以钟体的纵剖面仍为扁梯形，但较Ⅰ型钟稍高一些。钲部已分化出来，较窄长。多通体云纹并与菱形目（枚）构成兽面图案。与Ⅰ型钟明显不同的是甬上出现了旋，上饰 C 形纹。

这一型钟中，1973 年在湖南宁乡黄村的三亩地[17]曾出土一件，现藏湖南省博物馆。有趣的是，它与《博古》26.42.1著录的一件及藏于美国纽约 Wacker 处的一件钟，它们的形制、花纹都相同，唯大小有别。安阳等地的同时期墓葬中常有三件或五件成编的乐钟组合，我们自然也会联想到这三件钟原来很可能是成编的。不过，这三件钟的大小分别为（通高）66.3厘米、77.2厘米、76厘米，间距不很规律。这究竟属著录的尺寸有误，还是另有原因，尚未可知。

此外，《博古图》26.41著录的一件钟，与上述三件钟的形制十分相近，也属此型。唯双目（枚）与上三件略异。著录在《殷青》112、收藏在美国博特兰艺术博物馆的一件钟，形制与上述各钟也基本一致，装饰花纹却很有特色。通体以细云纹为地，钟体中线两侧上部有凸起的卷曲蚕纹作眉，下部为鸟首倒置、足部正立的鸟形突起于云纹地之上，鸟体下中是两个圆涡纹目（枚），由蚕鸟图形与两个圆涡形目（枚）构成了一个兽面图案。这件钟的纹样装饰，构图新颖别致，无论正放还是倒置，鸟图形均为正向。

Ⅲ型钟共有15件，其中出土器10件，传世品5件。多数钟的铣距仍大于栾长，少数钟的铣距与栾长几乎相等，个别钟则栾长略大于铣距，钟体进一步变高。圆柱甬有旋，钟体两面各有18个乳状枚，枚上有乳丁和涡纹。钲窄长，篆部已分化出来。装饰花纹为较规整的云纹，两栾和钲部为纵向排列，体上部边缘和篆部为横向排列，鼓部则纵向、横向排列兼用。也有饰变体兽面纹的。甬部除饰云纹外，有的饰乳丁。旋部除云纹外，有的为凸起的 C 形纹和乳丁。

出土地点有浙江长兴的上草村[19]和长兴中学[20]，福建建瓯杨泽村北的黄料山[21]，江西新余的邓家井和家山大队[22]，湖南醴陵[23]等地。传世器中，有两件流入日本，见《日精华》285和出光美术馆《开馆十五周年纪念展图录》1079。上述出土的乐钟中，长兴所出的两件，出土地很近，两者的形制、花纹也都一样，只是大小不同，一件通高 51.4 厘米，另一件通高 28.5 厘米，可能是成编者中的两件。只是大小差距较大，当有遗失者（即此编可能有三件或三件以上）。据介绍，江西新余出土的两件钟的形制、花纹也都相同，通高分别为 36.9 厘米和 35 厘米，重量分别为 17.5 千克和 18 千克。这两件是否同编，尚未可知。福建建瓯出土的一件钟，通高 76.8 厘米，重 100.35 千克，是江型早期甬钟中最大、最重的一件。

此型中有一部分钟的铣长与铣距相等或略大于后者，这一变化是很重要的。因为后来的甬钟铣长均大于铣距，形体变成修长，纵剖面呈长梯形。Ⅲ型与Ⅱ型钟均以云纹作为主要的装饰纹样，采用平雕手法，线条流畅，粗细匀称。但Ⅲ型中有的仅在篆、隧部饰云纹，或用小圆圈纹框边，布局严谨而富于变化。篆已经分化出来，钟体两面各有排列整齐的 18 个枚。这说明早期甬钟发展到Ⅲ型时，它的形制更接近后来的甬钟，填补了定型后甬钟间的空缺。所以Ⅲ型钟的上述特点，可视为由原始型的Ⅰ、Ⅱ型钟向趋于定型的Ⅳ和Ⅴ型钟变革的重要环节。

Ⅳ型，共有 30 余件，见于报道的出土器有江西新余界水东南主龙山山坡[24]，靖安县林科所北山山背[25]，清江山前街[26]，泰和县[27] 等。以上各地的窖藏坑中均单件出土。出自湖南的 7 件，有 6 件出土地失录，1 件出自株洲昭陵的黄竹山[28]。另外还有 8 件为传世品。

此型钟的铣长均大于铣距，钟体开始变长。而且两侧的 36 个枚也变高（高出钟面约 1.5 厘米），但形状尚不固定，有乳丁状、圆柱状等，有的出现平头或二层台的形状，接近双叠圆台状。纹饰以云纹、小圆圈纹和 C 形纹为主，云纹多施于篆、隧、舞等部位，小圆圈纹和 C 形纹则多用作边框和旋部装饰。有关甬钟的甬、旋、钲、篆、栾、枚、隧、鼓、铣等均已分化出来，唯旋虫（干）尚未出现。

此型中，湖南宋阳夏家山、株洲头坝、长沙板乔、衡阳北塘木皂、广西灌阳钟山等地出土的铜钟另有一些特色。传世器中具有相同特色的有《博古图》23.14、23·23、24.6收录的三件，《考古学报》1956年第3期图版13左和图版15.4收录的两件，《湖南考古辑刊》二图版9.2和4，32页图2、1所收的三件等。这些铜钟与Ⅳ型中前面提到的那些钟的形制基本一致，但装饰纹样有所不同。如篆部花纹均为整齐的雷纹，旋上的C形乳丁纹作上下对应排列而与前面各钟的左右排列有别。一些钟的栾部或鼓部有爬虫类装饰，不少钟的钲部有数道竖直的凸棱（一般三、四道，最多的有九道）。这些特点，可能是地方性因素的反映。

Ⅴ型钟流传下来的数量较多，见于著录的有80余件，分布的地域也较大，但以湖南、陕西出土的最多。

此型钟的主要特点是圆柱甬较长，有旋有干（旋虫），但干较细而多样：有绳索状的，有圆条状的，也有扁平状的，以绳索状占多数。栾长均大于铣距，钟体较Ⅳ型更长。侈铣，于部弧度也较前稍大，隧部微凸起，钲、篆、枚等与Ⅳ型钟基本相同，唯钲部更宽些，枚也更高，多作双叠圆台状。纹饰有乳丁纹、云纹、同心圆纹、蝉纹和回首曲尾的夔龙纹等。

此型的早期甬钟，若从装饰纹样分析（形制基本上是一致的），还可看到一定的差异。

有些钟在钲、篆部四周均用凸起的乳丁作界边，篆、隧、舞部多饰云纹或云雷纹，旋上通常也饰有云雷纹或乳丁纹。它们的出土地有湖南的宁乡、浏阳、湘乡、湘潭、衡阳，广西的宾阳、北流、忻城、横县，陕西的长安、宝鸡、扶风，江西的萍乡，浙江的萧山、鄞县等。

上述各地出土的钟中，长安普渡村长甶墓和宝鸡茹家庄一号墓所出的都是三件成编的组合。前者三件钟的形制和花纹均同，通高分别为48.5厘米、44厘米、38厘米；后者三器的大小也依次有序，"形制、花纹类似长甶墓所出"之钟。此外，扶风庄白一号窖藏出土的三件钟，有两件的器形和花纹都一样；长安马王村窖藏所出四件钟，据说其形制也都一样；江西萍乡彭家桥社员从河中捞出的两件钟的形制完全相同，或许也是成编的。

有些钟以云纹作主体装饰纹样，篆部施以云纹或三角云纹（多为较粗的阴刻云纹）。庄白窖藏出土的两件钟[36]，长安马王村出土的三件[37]，湘潭洪家峭出土的两件[38]都属此式。据介绍，它们的形制花纹都一样，很可能也是成编的组合。

也有一些钟在钲、篆部的边缘或它的上下部用细线阳纹的同心圆作界边，篆间及隧部用细线阳纹的三角云纹或云雷纹做装饰。如马王村窖藏中有两件[39]，1976年庄白的一处窖藏中出土的四件钟[40]都以同心圆作边框，但两件的旋上有乳丁，舞部饰粗云纹，篆部饰细线云雷纹，另两件的篆部饰三角云纹。

有的钟在钲间饰蝉纹，篆、隧部也多以细线云纹或云雷纹做装饰。如扶风王郡西村一处窖藏出土的一件钟[41]和山东海阳观阳古城出土的一件钟[42]均属此。

V型钟的形制可说已定型了，作为甬钟的各个部位都已齐全了。上述乐钟中至少有10件在有干的一面的右鼓部有立鸟图形（现藏湖南省博物馆6件，扶风出土的3件，藏美国波士顿美术馆的1件）。据研究，钟体上的立鸟图案与鼓部的音质有关。"凡使用鼓音的，其打击部位都有一个独立的鸾鸟或卷云纹。凡是鼓上没有这个标记的，其鼓音与整个音阶不相谐或与后一钟的隧音相通，因而在其音阶中没有实际的使用价值。"[43]可见钟的形制越趋规范，效果也越好。

此型中有的钟上出现了符号或文字。如1976年扶风庄白的白家一号窖藏中出土的两件钟，形制和花纹均同（一大一小），钲部都有相同的符号。1978年扶风上宋东渠村出土的一件钟[44]，钲间也有符号，与上两件所见近似。类似符号在传世器中也有，如

《愙斋》1.1.1. 收录的 1 件钟，钲部符号与上述三件也相似。过去有人将它列入仿器，但由上述三件出土物可知，《愙斋》所录之钟未必是伪器。它们的形制花纹一致，年代或也相当。若此，它们或为成编也未可知。有刻铭的钟以庄白一号窖藏所出的兴钟最重要，共有 103 个字，分别置于两枚和钲间，每字都在方格之内。另一件现藏丹麦国家博物馆，钲部有铭 10 字左右，因未见拓本，确切的字数和内容不详。但从照片上可以看到钟、用、孝、享等字[45]。

三

对长江下游产生和发展起来的江型早期甬钟的形制所做的划分虽然是初步的，但变化的脉络是很清楚的。它们之间的差异和变化，既有时间早晚的意义，又反映了它们从原始型逐渐定型化的发展过程，因而它们的变化是有规律性的。每一型之间出现的变化，应理解为阶段性的变化。

（一）形态学研究的经验告诉我们：器物形制的变化，凡是具有规律性的，它们的变化特征往往赋予阶段性的寓意，可以作为分期的依据。这是由于这样的变化必须经过一定的时间才能发生。在上述五个型中，Ⅰ型钟虽然未必是我国最早的乐钟，但与其他四型钟相比，它的形制明显地表现出原始性。Ⅴ型钟则已定型，与目前大家公认的西周中期甬钟相一致。因此，Ⅰ型钟的年代比Ⅱ至Ⅴ型钟都早。Ⅴ型钟则较其他四个型都晚。Ⅱ、Ⅲ、Ⅳ型钟的年代应介于Ⅰ型与Ⅴ型之间。其中Ⅲ型钟的出现应晚于Ⅱ型而早于Ⅳ型钟。关于它们的年代系列，大致可推定为以下顺序：

以本文所定之Ⅰ型钟与安阳出土的早期甬钟相比，不难发现它们的形制基本上是相同的。均有圆柱甬、无旋无干、侈铣、于微弧，铣距大于栾长，故纵剖面均为扁梯形，钲、篆部均未分化出来。妇好墓所出五件成编者，以凸旋纹为装饰，时间当属武丁晚期，其装饰纹样与Ⅰ型不合。但殷墟西区699号墓出土的中字铭的三件钟，钟体用兽面纹做装饰，与本文Ⅰ型钟的纹样较为一致。699号墓的年代属殷墟后期。可知本文所分Ⅰ型钟的年代应与之相当。

关于Ⅴ型钟的年代，因长安普渡村长由墓的年代比较明确，被认为是西周穆王时期之墓葬，所以该墓所出的三件钟的年代可以断定。另外，兴钟被认为是恭王时所做器，那么Ⅴ型钟的年代定在西周的穆王、恭王时期恐无大错。

鉴于Ⅰ型钟和Ⅴ型钟的年代可以确定，那么，Ⅱ、Ⅲ、Ⅳ型钟出现的时间必在殷墟后期至西周穆王之间。具体地说，Ⅱ型钟出现的时间约当商末周初，Ⅲ型钟的出现约当西周早期的前段，Ⅳ型钟则可推定在西周早期的后段或当康昭之世的遗物。

上面推定的年代系指各型钟出现的时间。它们实际使用当有交错的情形。因为新形制的钟出现以后，原来使用的乐钟仍可使用，甚至还在铸造。这种现象是普遍的，是可以理解的。

（二）上述五型的划分，使我们看到了江型钟的变化规律。它们的变化脉络可以概括为以下诸方面：第一，从整体看，甬钟由原始形态到定型化的演变是由矮宽变为瘦长。这在钟的体部看得最清楚，即从铣距大于栾长（Ⅰ、Ⅱ型），变为两者相等（Ⅲ型），再变为栾长大于铣距（Ⅳ、Ⅴ型）。第二，从细部还可看到，Ⅰ型钟无篆、无钲，Ⅱ型以后都有钲，Ⅲ型以后都有篆。钲部的变化是Ⅱ型的窄长，以后逐渐变宽。第三，枚的数量由少变多，即从Ⅰ、Ⅱ型的4个变为Ⅲ型以后的36个。枚的形态则由矮变高，即从较矮的乳状枚（Ⅲ型），变为稍高的乳丁状、圆柱状（Ⅳ型），至Ⅴ型时变为双叠圆台状而定型了。第四，甬部的变化主要表现在Ⅰ型钟无旋无干，Ⅱ型以后都有旋，但Ⅱ至Ⅳ型钟的旋上尚未出现旋虫（干），至Ⅴ型才出现干。干的出现，使甬钟可以侧悬而演奏了。

（三）应该指出：甬钟从原始型向定型化演变的过程中，Ⅲ型钟的出现是关键性的。这不仅表现在桀长与铣距的比例出现了前者大于后者的变化，使钟体变长，而且钟体两面出现了排列规整的 36 个枚。

从测试可知，枚作为钲部负载，在钟体受到敲击时，能使高频振动加速衰减，起到阻尼和消音的作用。因此，它的数量由少变多、从矮变高，在乳状枚的基础上改变为乳丁状、圆柱状，后又铸成双叠圆台状，不应视为装饰附件的一般性变化，而是改进乐钟的音质，获得好的音响效果的变革措施。在这些变革的后面，包蕴了古代乐师们为改进甬钟的素质而倾注的大量心血。中原地区的早期甬钟在商末周初突然消失，没有留下类似本文Ⅲ型钟的形制，或许与未能取得类似的突破有关。

由于不符合乐师预期要求的乐钟会被熔化后重铸，以获得满意的铸件，所以当时的乐师们为获得更佳效果曾经做了哪些努力，我们已很难寻觅这些遗物进行分析了。不过，我们注意到在为数众多的早期甬钟中有三件器的形制比较特殊。它们或可从一个侧面反映在Ⅲ型钟出现前后，古代乐师们为改进乐钟而确曾做过反复试验。这三件钟为：湖南湘乡金石公社黄马寨出土的一件和现藏瑞典斯德哥尔摩的一件钟，它们均为无旋（如Ⅰ型）而有36个枚，枚的形态作乳状或乳丁状。钟的形体也与上述Ⅲ型钟相同。另一件也出自湖南，但出土地点失录。该钟的铣距大于桀长，钟体较矮，甬部有旋，以雷纹为装饰，但钟体两侧有40个枚（每侧20个），比已知的Ⅲ—Ⅴ型钟每侧的18个枚要多。枚的排列也异于常者：每侧两组，每组分为4排，靠近鼓部的两排各3枚，靠近舞部的两排各2枚（通常每组3排，每排3枚）。它的形制也属Ⅲ型。这3件钟与其他100余件钟相比，其特殊之处是显而易见的。它们的数量尽管很少，却给我们以这样的启示：乐师们为获得本文所划分的Ⅲ型钟前后，钟体上应设 36 个枚还是 40 个枚，甬部是否设旋等，显然曾经考虑并做过实验。这种在今天看来可称作特异形的甬钟之所以很少流传下来，或许正说明它们是不理想的产品而最终被淘汰了。

（四）从本文的排比中还可知道，江型钟在使用时，也有成编的。过去，人们多认为江南所出的这类钟是单个使用的，这或与它们出土时大多单件出现有关。不过，在我们把有关资料收集起来，经过对重和排比以后发现，有不少钟原是成编的。如年代较早的Ⅱ、Ⅲ型钟，即有三件或两件形制、花纹相同而仅大小有别的乐钟。Ⅴ型钟中出自长安普渡村长由墓和宝鸡茹家庄 1 号墓的三件为编的组合也可证明。联系到妇好墓中即有五件为编的乐钟组合，说明乐钟出现后不久就是成编使用的（当然也有单个使用的）。这或与甬钟的性质有关。作为乐器，它只有具备若干不同音频的乐音，才能成乐。

（五）本文排比的结果还说明：西周中期被公认的甬钟，并非由安阳等地出土中原型早期甬钟发展而来，因为这类早期钟在周初就从历史舞台上消失了。甬钟的渊源应是本文所列为Ⅰ型钟者，它的发源地应在长江下游的江浙等省。本文从早期甬钟的形态变化中不仅可以看到源于长江下游的Ⅰ型钟逐渐演变为Ⅴ型钟，而且从地域上看到了江型钟的流传路线。至于Ⅴ型钟有相当数量出自陕西，则与关中地区在西周时期所处的政治、经济、文化中心这一特定的地位是分不开的。对此我们不再赘述了。但江型钟的流传情况，也从一个侧面反映了商周时期长江流域和黄河流域在文化方面的交融情况，这也是很有意义的。

注释

[1] 罗振玉：《贞松堂集古遗文》1，24。

[2] 郭沫若：《青铜时代》，科学出版社 1957 年版。

［3］容庚：《商周彝器通考》上，第185—486页。

［4］陈梦家：《西周铜器断代》五，《考古学报》1956年第3期。

［5］A. 李纯一：《关于殷钟的研究》，《考古学报》1957年第3期。

B. 马承源：《商周青铜双音钟》，《考古学报》1981年第1期。

［6］高至喜：《中国南方出土商周铜铙概论》，《湖南考古辑刊》二，第128页。

［7］王引之：《经义述闻》卷九。容庚、张维持：《殷周青铜器通论》，文物出版社1985年版，第74页。

［8］唐兰：《古乐器小记》，《燕京学报》第14期，第69页。

［9］容庚、张维持等：《殷周青铜器通论》，文物出版社1985年版，第73页。

［10］夏鼐：《沈括和考古学》，《考古》1974年第5期。

［11］李纯一：《关于殷钟的研究》，《考古学报》1957年第3期。

贾陇生等：《对曾侯乙墓编钟的结构探讨》，《江汉考古》1981年第1期。

［12］苏秉琦、殷玮璋：《地层学与器物形态学》，《文物》1982年第4期。

［13］南波：《介绍一件青铜铙》，《文物》1975年第8期。

［14］咸博：《湖北省阳新县出土两件铜器铙》，《文物》1981年第1期。

［15］王士伦：《记浙江发现的铜铙、釉陶钟和越王石矛》，《考古》1965年第5期。

［16］陈梦家：《西周铜器断代》五，《考古学报》1956年第3期。

［17］高至喜：《湖南省博物馆藏西周青铜乐器》，《湖南考古辑刊》二，第129页，图版5：1。

［18］陈梦家：《西周铜器断代》五，《考古学报》1956年第3期。

［19］浙江省文化馆：《浙江长兴县出土的两件铜器》，《文物》1960年第7期，第48页图。

［20］长兴县文化馆：《浙江长兴县的两件青铜器》，《文物》1973年第1期。

［21］王震镛：《福建建瓯县出土西周铜钟》，《文物》1980 年第 11 期版 8.1—2。

［22］余家栋：《江西新余连续发现西周甬钟》，《文物》1982 年第 9 期。

［23］高至喜：《湖南省博物馆藏西周青铜乐器》，《湖南考古辑刊》二，第 29 页，图版 9.1。

［24］薛尧：《江西出土的几件青铜器》，《考古》1963 年第 8 期，第 417 页，图 2。

［25］严霞峰：《江西靖安出土西周甬钟》，《考古》1984 年第 4 期，第 375 页，图 1。

［26］黄冬梅：《清江县发现西周甬钟》，《江西历史文物》1981 年第 3 期。

［27］李家和、刘诗中：《吉安地区岗土的几件铜钟》，《江西历史文物》1980 年第 3 期。

［28］高至喜：《湖南省博物馆藏西周青铜乐器》，《湖南考古辑刊》二，图版 7.3。

［29］蔡德初：《湖南耒阳县出土西周甬钟》，《文物》1984 年第 7 期，第 49 页附图；熊传新：《湖南新发现的青铜器》，《文物资料丛刊》五，图版 8.3，第 104 页，图 2。

［30］冯玉辉：《衡阳博物馆收藏三件周代铜器》，《文物》1980 年第 11 期，图版 8.4。

梁景津：《广西出土的青铜器》，《文物》1987 年第 10 期，第 93 页，图 1。

［31］陕西省文管会：《长安普渡村西周墓的发掘》，《考古学报》1957 年第 1 期，图版 2.1。

［32］宝鸡茹家庄西周墓发掘队：《陕西省宝鸡市茹家庄西周墓发掘简报》，《文物》1976 年第 4 期。

［33］陕西省考古所等：《陕西出土商周青铜器》二，73、74，文物出版社。

［34］西安市文管处：《陕西长安新旺村、马王村出土的西周铜器》，

《考古》1974 年第 1 期，图 7.1。

　　[35] 薛尧：《江西出土的几件青铜器》，《考古》1963 年第 8 期，第 417 页，图 3。

　　[36] 陕西省考古所等：《陕西出土商周青铜器》二，71、72，文物出版社。

　　[37] 西安市文管处：《陕西长安新旺村、马王村出土的西周铜器》，《考古》1974 年第 1 期，图 7。

　　[38] 湖南省博物馆：《湖南省博物馆新发现的几件铜器》，《文物》1966 年第 4 期，第 3 页，图 5－8。

　　[39] 西安市文管处：《陕西长安新旺村、马王村出土的西周铜器》，《考古》1974 年第 1 期，图 7.3。

　　[40] 陕西省考古所等：《陕西出土商周青铜器》二，73、74，文物出版社。

　　[41] 罗西章：《扶风出土的商周青铜器》，《考古与文物》1980 年第 4 期，第 10 页，图 4.6。

　　[42] 山东省文管处等：《山东文物选集》，文物出版社 1959 年版，第 106 页。

　　[43] 马承源：《商周青铜双音钟》，《考古学报》1981 年第 1 期。

　　[44] 罗西章：《扶风出土的商周青铜器》，《考古与文物》1980 年第 4 期，第 10 页，图版 2.1；第 19 页，图 17。

　　[45] 日本甲骨学会编：《甲骨学》第 12 号，1980 年。

　　[46] 高至喜：《湖南省博物馆藏西周青铜乐器》，《湖南考古辑刊》二，第 29 页，图版 9.1。

　　[47] *The Museum of Far Eastern Antiquouities*，21 卷第 19 页，图版 37。

　　[48] 高至喜：《湖南省博物馆藏西周青铜乐器》，《湖南考古辑刊》二，第 29 页，图版 9.1。

早期甬钟的区、系、型研究

　　乐器在中国古代有其特定的重要位置。自进入文明时代以后，礼器与乐器作为相辅的两个方面，成为礼仪制度的主要内容。

　　关于乐器的起源，人们多将它与诗歌联系在一起。自人们创作了诗歌后，最初的诗歌是不入乐的，以后为配合诗歌的旋律，有了乐器的制作。这样，诗歌缘乐器的配合而有了合度的节拍，乐器也因诗歌而充实了内容。以后，乐师们在演奏实践中不断地完善和发展乐律。

　　根据文献记载，古代乐器的制作，按其所用材料的不同，曾有八音之称，即金、石、匏、土、丝、竹、革、木八种。商周时代使用的乐器，已知有玉石制作的磬，陶土烧制的埙，青铜铸造的钟，木制的上配丝弦的琴瑟，木框革面的鼓，以及竹制的篪、笙、排箫，等等。其中，琴、瑟、篪、笙、排箫等仅在东周时代的墓葬中出土。就数量和重要性来说，铜钟在古代乐器中的地位是最引人注目的。

　　铜钟在各地的商、周墓葬（主要是大、中型墓葬）和窖藏中多有出土，前后所跨的时间达1000余年。就地域来说，东起江浙，西至川陕，南自两广，北至晋冀；就国别而论，除商周王室直接控制的地域外，齐、鲁、秦、楚、吴、越、郑、芮、纪、虢、曾、邾、应、许、蔡、宋、都等诸侯国，达数十个之多，发掘品和传世品达数百件，其中成编的钟也有数十套之多。

铜钟存在的时间跨度既长，涉及的国别又多，它们的形制、花纹、铭文及其风格等方面各有什么差异和特色呢？其发生、发展阶段又是如何呢？在这样广阔的地域内出土的铜钟，是否属于同一系统呢？凡此等等，都是需要加以探索的。

由于铜钟的资料十分丰富，要在一篇文章中全面地讨论十分困难。本文拟仅就早期甬钟的形制进行形态学分析，以期对早期甬钟的发展及其支系情况展开讨论，并探讨其相互关系和兴衰变化等问题。把这些情况搞清楚，西周中期以后定型化的甬钟的缘起，就可能比较明朗了。

一　关于甬钟及其各部位名称的定名

在考古报告中，人们通常按铜钟的形态，将它们分作甬钟、纽钟和镈钟三类。从铜钟的铭文知道，有称作林钟、和钟、铃钟、歌钟、行钟的，但都可统称为钟。

《说文·金部》："钟，乐钟也。"这与出土器中自名为钟者相符。《古今乐录》云："凡金为乐器有六，皆钟之类也。曰钟，曰镈，曰錞，曰镯，曰铙，曰铎。"这说明古人将这六种用铜铸造的乐器都以钟作其总称。其中，钟和镈因出土物中皆有自名者，已得到证实，镯、铙等则迄未获得铭文资料的证实。

应该指出，铙、铎、钲等的定名，历来存在不同的说法。例如《说文·金部》又云"铙，小钲也"。宋人在《博古》中则称之为钲。罗振玉在《古器物识小录》中认为："钲与铙，不仅大小异，形制也异。钲大而狭长，铙小而短阔；钲柄实，故长，可手执；铙柄短，故中空，须续以木柄，乃便执持。"唐兰力主罗氏之说，容庚则主张沿用宋人之说，认为改钲称铙，不如"从《博

古》所定钲的名称"[①]。他在《颂续》中力驳罗氏的铜铙说，指出
"南疆钲"口在下而柄在上，与罗氏所说的"铙与钲皆柄在下而
口向上"的意见不合。也有人称铙为执钟，大型的口向上而植甬
于座的叫镛。有人则主张小型者叫铙，大型者称作大铙，如常见
的象纹大铙等。铎，《说文》中说是"大铃也"。宋人有以钲为
铎，清人则有以铙为铎，但这些说法似都没有说对。

任何器物的出现，既是被人们所使用的，其形制就必是依人
们使用时的实用要求而设计的。不同用途的器物，一般地说，它
们的形制是不相同的。当然，用途或功能相同的器物，在不同地
区也可制成完全相同的形状；同一种器物也会因人们不断改进其
功用而改变其形制。青铜乐器的规范化程度较高，但也不免有这
样的情形。

诚然，乐钟与鼎、鬲等礼器或其他器物在使用时有较大的区
别。人们使用它时主要在于所发出的乐音。不同形制的乐钟可以
发出不同频率的乐音，形制相同而形体大小、器壁厚薄不同者，
往往也能获得相同或接近的音响效果。所以，若因乐音的高低、
音量的大小等差异而分别命名之，则不同名称的乐钟之间在形制
方面究竟能有多大差异呢？（如大提琴与小提琴那样）《周礼·地
官·鼓人》云："以金錞和鼓，以金镯节鼓，以金铙止鼓，以金铎
通鼓。"按此说，则这些不同名称的乐钟，或是按使用时的不同效
果而区分的。

早期乐钟的功用虽非单一，但器类毕竟比较简单。随着时代
的前进，乐律不断发展、完善，乐钟的分类越细，名称也越多。
因此，避免用晚出的乐器名称套用于早期乐钟之上，是应该加以
注意的一个方面。我们主张尽可能采用铭文中的自铭来称呼它们。
这样做，当然就能比较正确。

---

① 《通论》，第72页。

铙这种乐钟在《周礼·地官·鼓人》中有"以金铙止鼓"的记载，被认为是"如铃无舌，有秉，执而鸣之"。马王堆三号墓的55号竹简上有"四人击鼓、铙、铎"等文字记载，说明铙这种乐器最晚在西汉时已经存在。1976 年出土的山东诸城前凉台村孙琮墓的画像石上，后排左三人为手持铙者，皆作铙口朝上，另一手持锤击铙的形象。[2] 有人指出，汉魏六朝的军乐的鼓吹乐器，包括鼓、铙、箫、笳四种。[3] 有关铙的形象，在成都羊子山的画像砖墓和东方 3 号墓[4] 中都能看到。铙这种乐钟出现的时间可能比较晚。在大量的商周铜器（包括铜钟）的铭文中，迄今未见到自名为铙者。至于铎这种乐钟，在春秋时期的乐器中有自名者，有的有舌，形制与本文讨论的早期钟不同。钲的形制由自名者可知，它的形制也跟本文讨论的早期钟有别。

《说文·金部》云："钲，铙也，似铃"，又说"铙，小钲也"，"镯，钲也"。这说明许慎对钲、铙、镯等乐钟间的差异或已分不很清了。今天，我们若拘泥于许慎的说法，想必也难以获得正确答案。这里，不拟就乐钟的命名问题做过多的论述，主要对乐钟的形制、变化规律进行讨论，以期对古代乐钟的发生、发展及其支系等方面能得到进一步的了解。如果在这方面能理出头绪，对乐钟的分类、命名等问题的解决，或许会有所帮助。

我们看到，目前被普遍称作铙、铎、钲、执钟、镛、大铙等名称的晚商早周乐钟，与西周中期以后被称作甬钟的形制，基本上是一致的，即钟体均作合瓦形，上窄下宽，于微弧，有甬。测音证明，每件钟的隧部和鼓部在敲击时都能发出两个频率不同的乐音（基本上是基音）；差别主要在甬和体的比例不同，有枚、无枚或枚的数量不同等。排比的结果表明，前者的一些特点，正是甬钟的早期形态的表现。所以，本文将它们统称为早期甬钟。鉴于它们的年代较早，又表现出早期钟的明显特点，所以加上"早期"二字，以便与定型后的甬钟区别之。

　　关于铜钟的制作与属名，《考工记》说得很详细，专门列了"凫氏为钟"一节。程瑶田作《凫氏为钟章句图说》（见《通艺录·考工创物小记》五），根据实物绘图说明钟体各部分名称和它们之间的比例关系。他绘制了"凫氏为钟命名图"和"凫氏为钟命分图"，并在《图说》中云：

　　　　（古钟羡而不圜。有两边为）两栾，为之铣。（两边之）间谓之于。于上（击处）谓之鼓，鼓上（正体）谓之钲。钲上（钟顶）谓之舞。舞上（出于顶为笛）谓之甬。甬上（平处，对于言之）谓之衡。钟县（与甬相含）谓之旋。（含旋之物，在甬上者为）旋虫（以管之）谓之幹（字当为斡）。钟带（设于钲者）谓之篆，篆间（为乳）谓之枚。枚（上隆起有光）谓之景。于上之撅（弊处）谓之隧。

　　　　十分其铣，去二（得八）以为钲（其二，鼓也），以其钲（八）为之铣间。去（铣间之）二分，（得六）以为之鼓间。以其鼓间（六），为之舞脩。去（舞脩之）二分，（得四）以为舞广。以其钲之长（即钲八）为之甬长。以其甬长（八），为（甬）之围。三分其（甬）围，去一以为衡围。参分其甬长（八），二在上，一在下，以设其旋。……大钟十分其鼓间（六），以其一为之厚。小钟十分其钲间（五又十分之六），以其一为之厚。……（鼓中洼下）为隧，六分其（钟之）厚，以其一为之深而圜之。

　　由于"凫氏为钟"记述颇详，加上程瑶田的《图说》有关钟的铣、于、钲、舞、甬、衡、篆、枚等部位的名称，历来的认识比较一致。但是对钟的鼓、隧、旋、干的定名，因人们的了解不同，所指部位常常出现分歧。有人将围绕甬下部的凸起部分称作旋，有人以为旋即悬钟之钩，也有人将悬钟之钩称作干的。有些学者以纪侯钟解释凫氏的"钟县谓之旋"说，认为"县，钟之环也。环形旋转，故谓之旋"（王引之：《经义述闻》卷九）。他说的旋系指纪侯钟上贯干的圆环，即所谓"正圜之环"。容庚和日本学者滨田耕作、梅原末治等也同意此说（参见《通论》和《泉屋清赏别集》）。唐兰不同意此说。他指出："据记文三分甬长以设旋，则知旋必着于甬，旋义为环，今目验古钟甬中间均突起似带，周环甬围，其位置正与《考工记》合，是所谓旋也。于旋上设虫形之柄，故谓之旋虫，即所谓干。旋虫与旋，本相联系，故名相袭。"（《古乐器小记》，载《燕京学报》14 期 69 页）唐兰对旋、干的解释是正确的。容庚等对鼓、遂的解释是对的。他把于上常雕镂有花纹的地方称作鼓，在《通论》73 页附图中标明了两者的位置。夏鼐先生在《沈括与考古学》[5]一文中介绍沈括对古器物研究的成果时，依据宋代《博古》和近年出土实物，就甬钟各部位名称做了说明。他的说法是较全面的。

我们在接触到数百件钟的实例中看到，大部分钟的甬下仅三分之一的地方均有突起的带周环甬围，应称为旋。而纪侯钟的甬上贯干而悬的圆环，实为罕见之孤例。至于旋虫（干），也已为不少出土物和传世器所证实，它的上面常有正卧的爬虫样装饰。凫氏所称"于上（击处）谓之鼓"，应在隧的左右两侧无花纹的地方。如今，隧、鼓的部位已被测音的结果所证实。一部分钟在使用鼓音的位置上往往有立鸟形标记。曾侯乙编钟在隧部和左右鼓部（多在右鼓部）多记有音节名，可以作为旁证。

本文所述有关甬钟各部的名称，即采用上引夏鼐先生文中的说法（图一）。

各考古书刊所收的甬钟、纽钟和镈钟，无论哪一类，数量都相当大。本文仅就甬钟中年代较早的那一部分，结合出土地点，讨论其区、系特点和各自变化过程。不同区、系的命名，暂按同一类中年代最早的那些标本所在的省、区称呼之，将它们分为中

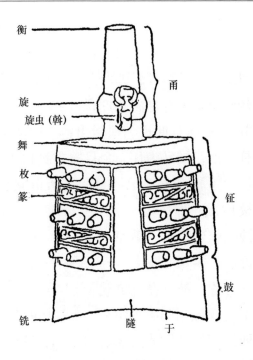

衡

甬

旋

旋虫（榦）

舞

枚

篆

钲

鼓

铣

隧　于

图一　甬钟各部的名称

原、江浙和湖南这样三个区、系，各区、系皆有自成体系的形态特点，这三个区、系，实际是表示了早期甬钟发生、发展过程中出现的三个不同支系。

下面分别就中原、江浙和湖南类型早期甬钟的形态变化过程进行分析。

二　中原类型早期甬钟的形制与特点

近数十年来，在安阳殷墟曾出土不少早期甬钟。同时期的甬钟，在河南温县、山东惠民等地也有出土。这里暂以"中原"来称呼这一地区。这一地区的早期甬钟可分为三型，下文称为中原Ⅰ型、中原Ⅱ型、中原Ⅲ型，总称为中原类型。

（一）中原 I 型

共 41 件。大部分是传世品，12 件是近 30 年来出土的。主要特点是圆柱甬较短，仅占体长的 1/2，甬的末端稍粗，且微微凸起。甬上尚未出现旋。体部两铣的距离大于栾长，故钟体较矮，其纵剖面呈扁梯形。侈铣，于微弧。于内沿处凸起，形成一道凸棱。隧部微凸起呈方形或长方形。钟体四周近边缘处饰 1—2 道凸棱（有人将此棱称作回纹）。

中原 I 型钟有铭者不少。铭文以 1—2 字的居多，3—5 字的较少。多刻在隧部、甬末端的微凸部分，有的则刻在隧内侧、舞部内侧及甬上。

此型钟多以 3 件成编，也有 5 件为一编的。成编的各钟，都按大小依次编列。

已知此型钟的材料如下。凡成编各钟，不管是否著录在不同的书刊中，皆按原编列情况来成组介绍。

1.《三代》18.9.4—18.10.3 著录 3 件钟的铭文，图见《宋续》图 104—106。在隧部及舞部内侧有铭三字：𣄮、𡥀、𡥀，3 件钟成编。

2.《三代》18.10.4 著录 3 件，其中两件的图见《冠斝》中 41 和 42，铭文均为"鱼正乙"，皆刻在隧内侧的同一部位，可知原为成套编钟。

3.《三代》18.6.5—7 著录 3 件，图见《邺中》初上 5—7，铭文𡥀，3 件成编。

4. 怀履光《古代中国的青铜文化》一书中著录 3 件，藏于加拿大多伦多皇家安大略艺术博物馆，甬末端各有一"鸢"字铭文，也是 3 件成编。

5.《邺中》二上 1 和 2 各著录 1 件，均有"亚疑"二字铭文。若按 3 件成编计，尚缺 1 件。

6. 《三代》18.7.2 著录 1 件，又见《小校》9.91.4，但图未见。铭文为一"子"字，故或称为子铙。容庚在《通考》（215页）中认为，"罗振玉先生著《贞松堂集古遗文》如子铙……诸器皆新刻而误收"。但瑞典首都远东古物馆所藏钟，甬部所刻铭文与此相同，铭文位置也一样。据《远东》21.17.3 所印该钟图像，可知圆柱状甬的末端略粗，侈铣，于微弧，通体印有席文。此器不伪，但《三代》18.7.2 所录之钟大小规格不详。远东古物馆收藏的钟，通高 17.8 厘米。

7. 《颂续》114—116 著录 3 件，通高分别为 10.6 厘米、9.9厘米、8.6 厘米，铣距 10.2 厘米、7.9 厘米、6.9 厘米，应为一套编钟。《颂续》116 云"三钲一组出于安阳"。

8. 《颂续》119 著录 1 件，通高 12.5 厘米，铣距 9.9 厘米。该书云"出于安阳"。

9. 《殷墟妇好墓》的 5 件钟，形制、花纹一致，大小基本依次递减，甬均中空与内腔通，甬内有朽木痕。它们的通高依次为 14.4厘米、11.5 厘米、11.7 厘米、9.8 厘米、7.7 厘米；甬长为 5.7 厘米、4.3 厘米、4.8 厘米、3.6 厘米、3.4 厘米；铣距为 10.3 厘米、9.2 厘米、8.7 厘米、8 厘米、5.2 厘米；重量分别为 0.6 厘米、0.4厘米，约 0.4 千克、0.2 千克、0.15 千克。前两件钟的口内均有"□"二字铭文，余 3 件因锈蚀严重，尚未见到铭文。第 4 件钟体一侧有席的印痕。这是迄今所知早期甬钟中数量最多的一套编钟，年代也较明确（图版八：1）。

10. 《三代》18.6.2—4 著录 3 件，图像见《邺中》初 2—4，隧部各有铭文。皆藏清华大学图书馆。通高分别为 20.8 厘米、18 厘米、13.9 厘米。三器是一套编钟。

11. 《十二家·贮》2 著录 1 钟，《分域续》卷 9 第 33 页云"河南安阳出土"，内顶有铭为一"贮"字。甬上有一方孔。《三代》18.7.7 亦收录。

此外，故宫博物院收藏 1 钟，铭文与上一件同，唯为阴刻有别。此钟通高 12.5 厘米，铣距 10.8 厘米，重 0.46 千克。

这 2 钟铭文相同，有可能是一套编钟中的 2 件。

12. 《三代》18.7.4 著录 1 钟，图见《通论》286，铭为"亚疑"合文。圆柱甬末端有两个半圆钮，与它器略异（图版一二：5）。

13. 《三代》18.9.1 著录 1 钟，图像见《十二家·贮》1，铭文"□□"二字。通高 19.1 厘米，铣距 17.5 厘米（图版一一：1）。

14. 1957 年安阳薛家庄一墓出土 3 钟，大小相次成编。见《文参》1958 年第 12 期。

15. 山东省惠民县麻店公社大郭大队一座商墓中出土 1 钟，见《考古》1974 年第 3 期第 208 页图 1：10，同出的还有鼎、方彝、瓠、爵、戈、矛等。

16. 《颂续》117、118 著录 2 件，通高分别为 16.5 厘米、11.9 厘米，铣距为 13.9 厘米、9.9 厘米，《颂续》118 云"二钲为一组，出于安阳"。

17. 1968 年 8 月河南省温县城关公社小南张大队一墓出土 3 件，形制和花纹均同。圆柱甬中空。通高分别为 19.5 厘米、16 厘米、13.5 厘米。同墓出的尚有方鼎、斝、爵各 1 件，均有一"徒"字铭文，还有无铭的瓿、爵、刀各 1 件，瓠、戈各 2 件。见《文物》1975 年第 2 期（图版八：2）。

18. 《时代》391.20 著录 1 件，高 12 厘米，钟体表面四周有一凸棱，较特殊的是凸棱中间有一个四瓣花纹。无铭。这种纹样，在中原Ⅰ型中只此一例（图版一二：6）。

（二）中原Ⅱ型

形制与Ⅰ型基本一致，主要差别在于钟体表面Ⅰ型以简单的凸棱为装饰，Ⅱ型则都以兽面纹做装饰。兽面由眉、目、口、鼻等部组成，形态基本相同，变化主要在眉部，即大部分眉部作横卧的 C 形，少数的眉部呈"一"字形，并稍上挑。

此型钟共收集到 45 件，以传世品为主，但发掘品对分析研究有重要意义。成编的也不少，编列情形与中原Ⅰ型钟一致。

此型钟也多有刻铭者，其字数及所刻部位与中原Ⅰ型钟相同。

中原Ⅱ型钟的成组情况为：

1. 安阳西区 M699 出土 3 件，形制、纹样、纹饰均同，大小依次成序。通高分别为 21 厘米、18 厘米、14.3 厘米；铣距为 15 厘米、12.3 厘米、10 厘米。甬中空，甬端微凸起部分各有一"中"字铭文。见《考报》1979 年第 1 期（图版八：3）。

传世器中还有 1 件"中"字铭钟，《三代》18.5.2 著录，字体与 M699 所出者相同。由全形拓本可知其形制、花纹也与上面 3 件一致。如兽面有耳，眉作"一"字形，眉梢上挑，"中"字铭文也在甬端的凸起部分（拓本一一：4）。由于这些相同之处，不能排除它们原为一套编钟的可能。妇好墓的出土物已表明商代有 5 件一套的编钟。"中"字铭的甬钟既有 4 件，很可能还遗缺 1 件。

2. 安阳大司空村 M312 出土 3 件，大小依次有序。大者通高 18 厘米，铣宽 14.3 厘米，壁厚 0.4 厘米；小者高 13.9 厘米，铣宽 11.1 厘米，壁厚 0.2 厘米。三器甬部均中空，内缘各有相同的铭文"亚儿朋母"四字。见《考报》九册（1955 年）（拓本八：4）。

3. 日本黑川古文化研究所藏 1 件，通高 16.3 厘米，甬端有一"畐"字铭文，见《中国古代青铜器展观》图版 3.36 图 6.36。

又有与此钟的形制、花纹和铭文全同的另 1 件，现藏荷兰万孝臣处，见万氏《中国古代的青铜器》（Willen Van Hensden, Ancient chinese Bronges）。《汇编》9.1405 收录此器铭文拓本，此钟通高 11.9 厘米。这两件钟原来应同属一套。

4. 分藏于上海博物馆和故宫博物院的两件钟，铭文均为一"史"字，字体风格相同，可能原属一套。前者传出自安阳，尺寸、重量不明，由图像可知铣外侈的角度较小。后者通高18.7厘米，铣距13.9厘米，重量为1.12千克。

5.《邺中》三上1著录1钟，现藏故宫博物院。通高18.7厘米，铣距14.3厘米，重1.32千克。有铭文二字"亚勗"，阳文。

6.《邺中》三上2著录1件，铭文一字在甬端，作商周之际常见的四瓣花纹之上伸出枝叶状。该书误将铭文拓本倒置（图版一一：2）。

7.《邺中》三上3著录1钟，现藏中国历史博物馆。通高15.3厘米，铭文为"亚夫"二字。

8.《三代》18.7.5著录1钟，图像见《西清续鉴》甲17.30，称"周召夫钟"。器高10.3厘米，铣距9.3厘米，重0.88千克，铭文为"亚盍夫"三字合文。《续鉴》所绘之图在甬上有兽面之物，很可能是后人加绘的。

9.《邺中》三上4著录1钟，铭文在隧部和鼓部，至少有五个字，多不可识，仅知末二字为"比辛"。

10.《三代》18.6.1著录1钟，由铭文可知即《贞松》1.22—23所录者。《贞松》云"不知谁氏藏，据潘氏滂喜斋拓本入录"。有铭一字，"鸢"。上海博物馆收藏1钟亦有此铭，但铭文被认为是后刻的。潘氏所藏器中华人民共和国成立后几乎都归上博，《贞松》所录与上博之鸢钟很可能是同一件器。在中原Ⅰ型钟中介绍过的加拿大多伦多皇家安大略艺术博物馆所藏的3件一套编钟也有"鸢"字铭文。

11. 现藏美国的1件钟，甬末端有铭，为苦字，中国社会科学院考古研究所收藏资料。

12.《汇编》8.1082著录1钟，现藏美国纽约大都会艺术博物馆。隧部有铭，亚形中有字。

13.《时代》389.1 收录 3 件，形制和花纹全同，大小依次编列。通高分别为 18.3 厘米、15.8 厘米、13.7 厘米。各有铭文三字："考见册"。

14.《三代》18.8.2—3 著录 1 件，图像见《尊古》1.11。口内有铭四字："亚日壬虫"。甬端也有一铭，为"左"字。此钟的兽面，两眉作横卧之 C 形，眉梢略细。

15.《三代》18.7.8—18.8.1 著录 1 钟，现藏上海博物馆。甬部两侧有铭，一为"亚醜"、一为"嫡"。此钟兽面的双眉较细，眉梢上挑。

16. 上海博物馆收藏 1 钟，甬较短，末端不粗，铭文为"夫册"二字。

17. 台北的"故宫"所藏 1 钟，形制、花纹均与上述上博收藏的 1 钟相近，高 15.8 厘米，重 0.88 千克。有铭四字，为"亚万父己"。见《故宫铜器图录》下 182，又见《善彝》图 18（图版一二：9）。

上述 16、17 两钟的形制和纹样装饰甚有特色。兽面纹均为细线条阳文，用单线条勾勒出兽面和钟体的边框，与前面浅浮雕的作风明显不同。

18. 传河南安阳出土、现藏故宫博物院的 2 件钟，1 件高 19.2 厘米，铣距 15.2 厘米，重 1.9 千克；1 件高 14.5 厘米，铣距 10.3 厘米，重 0.54 千克。两钟均有一阳文"著"字铭，从拓本看，应在隧部内侧。它们应原为一套，疑缺中间一件。

19.《颂续》图 108—110 著录 3 件，原为容庚旧藏。大小依次有序，通高分别为 18.5 厘米、15.5 厘米、13.5 厘米；铣距分别为 15.5 厘米、12.2 厘米、9.9 厘米。《颂续》图 110 云：三器"一组出于安阳"。甬中空与内腔通。

20. 1935 年安阳西北冈 M1083 出土 3 件编钟，形制、花纹相同，大小依次有序。见《考报》第 7 册。

21.《颂续》图 111、112 著录 2 件，均圆柱甬中空。通高为 16.1—14.5 厘米，铣距为 13.9—11.6 厘米。《颂续》112 云："二铚一组，缺一小，出于安阳。"

22.《日精华》284 收录 3 钟，现藏日本。通高分别为 18.2 厘米、15.5 厘米、13.5 厘米，3 件成编。各钟的铣皆外侈较小，形制与上海博物馆收藏的两件"史"字铭钟接近。

23. 现藏日本京都大学的 2 件钟，由冈内三真赠给社科院考古所的照片，可知两者的形制、花纹全同，唯大小有别。应是一套编钟中的 2 件，疑遗缺 1 件。

24.《颂续》图 113 著录 1 件，甬中空，内有朽木痕。高 16.2 厘米，铣距 12.5 厘米。该书谓"出于安阳"。

25. 大英博物馆所藏 1 件，高 19.7 厘米。见《沃森》（Watsan）PL. 68b。

26. 上海博物馆所藏 1 件，见《考报》1981 年第 1 期图版 21.2。兽面纹的眉部稍上挑，与安阳殷墟西区 M699 所出 3 件"中"字铭钟一样。

27.《欧精华》161 著录 1 件，现藏瑞典，通高 35 厘米，铣距 27 厘米。此器的兽面纹颇有特色，其体部中线两侧的双目似围以云纹，由云纹组成的 C 形眉，与其他横卧的 C 形眉的方向相反，眉端向上弯曲。体部的云纹装饰与后面将要介绍的湖南 I 型钟的特点相近，但钟的形制和花纹的主体部分仍具中原型的特色。钟上仿刻有"兮中钟"铭文，但器似不伪。（图版一二：4）

（三）中原Ⅲ型

仅 1 件，即《通论》285 著录的"毕铚"，原为容庚收藏并命名，通高 9.6 厘米，铣距 10.2 厘米，甬中空与内腔通。钟上的兽面纹与Ⅱ型钟一样。但甬的长度比钟体长约 1/3，在这一时期的甬钟中仅此一见，当年容庚力驳罗振玉所说铣柄较短之不足据，即以此器为据。另外，这一件甬钟已经出现旋，是与前面所列Ⅰ、Ⅱ型各器不同的又一特点。此钟有铭，各家虽加著录，但未尽释。细审拓本，铭为阳文，除"毕"字外，其右下、右上方各有1个"子"字和"父"字（图版一一：3）。此钟亦出于安阳。现藏广州市博物馆。

在后面讨论的江浙类型和湖南类型钟的甬上多有带旋者，但中原的早期甬钟仅此1件有旋。

此外，还收集到10余件钟，但皆未见图像，无法分型，只得从略。

从上述中原型钟的组合和形式分类中，可以提出以下几点看法：

中原Ⅰ型钟共有41件，分属18个单位。其中5件成编者1，3件成编者11（包括遗失1件者3），单件者6。

中原Ⅱ型钟共45件，分属27个单位。5件成编而遗失1件者1，3件成编者10（包括遗失1件者5），单件者16。

中原Ⅲ型钟仅见1件。

上述统计结果，可能并不一定准确反映出原来的成编情况。因为迄今所见出自墓中的中原型钟，绝大多数都是3件成编，一套为5件成编的。因此，上述3个型的23个单件中，有的可能原为成编，因遗失较多而仅存单件。不过，山东惠民的一座商墓中只出1件早期钟的情况，说明当时应有单个使用的。

上述23组成编的早期钟的形制、花纹和铭文全都一致，只是各钟的甬长、体高、铣距的尺寸，一般都依次渐小，厚度却相对增大。不过，成编各钟间的大小比例，不如西周中期以后的编钟那样有规律，并不是等比例缩小的。如妇好墓的5件亚弜钟，第2件的铣距比第3件的略大（9.2、8.7厘米），通高和甬长却小于第3件钟，重量则几乎相等。钟的形制与发音规律的关系是体大壁薄者音低，体小壁厚者音高，但大小相近而壁厚不等，也可以击出不同的乐音。这套编钟测音的结果是，音高大约相当于：G、A、C、F（?）、C，可构成四声音阶序列，第2钟的音高便低于第3钟。[6]可见钟体大小与音高的配合情况，比西周中期以后的要原始些。上述统计情况还表明，绝大多数成编各钟的形体是按大小编列的。若就通高、铣距的数值而论，通高的间距在1.9—3.5厘米之间，以2.5厘米左右的为多；铣距的间距在0.5—2.8厘米之间，以1.1—2.3厘米的为常见。

这里归纳出的数值范围，对判断成组编钟的遗缺情况来说是有参考价值的。如容庚曾凭其经验在《颂续》118下指出所录的2件钟分别为通高16.5厘米和11.9厘米的数值来考虑，间距为4.6厘米，超过上述最大间距为3.5厘米的参数，可进一步证明容氏所说"两钲为一组，缺中"的说法是正确的。

另外，在上述的墓葬出土情况中可以看到，3件或5件成编是基本的，而以3件成编者为主。传世的22个单件甬钟中有多少是原为成编而仅遗存1件者，现在当然不可能搞清楚，但从分散的传世品中确也找到不少3件成编的组合。这说明早期甬钟至迟在出现后不久，很大一部分即以编钟的形式而使用着。这应当是由乐钟本身的性能所决定的。可以想象，离开了若干不同频率的基音，就难以构成旋律，敲不出合度的节拍，甬钟就只能像一件大型铜铃。

应该指出，妇好墓所出5件为编的乐钟，虽然仅见一例，但提供了编钟数量可能与使用者身份有关的启示。妇好是王室成员，商王及其他王室成员使用5件为编的乐钟，当非仅此一例。若从音乐发展史的角度来考虑，还可认为5件成编的钟在当时是具有代表性的。

在发掘资料中还可看到，无论是Ⅰ型还是Ⅱ型，由出土地及共存器物来判断，皆属商代晚期遗物。但它们是否有早晚之别？为数不少的传世品中是否还有年代更早或更晚的呢？可以注意到：

（1）在已知的发掘资料中，中原Ⅰ型和Ⅱ型钟绝无同出一墓或两者搭配成套的现象。

（2）无论是Ⅰ型或Ⅱ型钟，已知的出土地点，集中在安阳殷墟，此外仅河南温县和山东惠民各一见。但分别出有Ⅰ型或Ⅱ型钟的墓葬，尚未发现有相互打破关系的。

（3）Ⅰ型和Ⅱ型钟的形制基本相同，均无旋；Ⅲ型则有旋。Ⅰ、Ⅱ型的突出差异仅是钟体表面的装饰花纹不同。

（4）Ⅰ型钟的铭文较少，仅1—2个字，字体则具有较早的作风，如亚字四边不出头，或虽出头而其延长线相交时呈正方形。Ⅱ型钟的铭文则或多至3—5个字，字体作风也有差别，如亚字四边多出头，延长线相交时四框成长方形，亚框中填字的现象也多见。Ⅲ型钟仅一例，有3个字。

（5）从共存器物看，Ⅰ型的亚弜钟出自妇好墓，年代明确。有亚疑铭文的2套编钟由同组的其他器物可知，与妇好墓的年代相当，属殷墟前期。Ⅱ型钟有中字铭的编钟（出于殷墟西区的M699）和大司空村墓中所出之钟，由共出的礼器可知属殷墟后期。

上述情况说明Ⅰ型与Ⅱ型的差异应有时间早晚的寓意。但两者的形制一致，仅装饰纹样有所不同，又表明相距的时间跨度不会很长，而且有交错并存的可能。Ⅱ型钟能否早到殷墟二期，尚无直接资料作证明，但其中的亚夫、亚宪夫等铭文字体与Ⅰ型钟的铭文特点一致，具有较早的作风。Ⅰ型钟也有沿用至殷墟后期的，如温县商墓出Ⅰ型钟，同出的其他随葬品则属殷墟晚期。Ⅲ型钟的甬部已经出现旋，在中原的早期甬钟中，年代应是最晚的。

大体说来，Ⅰ型钟出现的时间应较Ⅱ型钟为早，流行于殷墟前期，沿用至殷墟后期。Ⅱ型钟盛行于殷墟后期。Ⅰ、Ⅱ型钟曾经交错并存过。迄今尚无资料说明Ⅰ型钟的年代上限可至二里岗期。Ⅱ型钟的下限似不晚于商末，而Ⅲ型钟的年代则约在商末周初。

三　江浙类型早期甬钟的变化序列

把这类早期钟叫作江浙类型，是由于此类钟中年代最早的几件均出自江苏、浙江及其邻近之省。为叙述方便，可简称江型。随着时间的推移，后来有很多江型钟出自江西、湖南、广西、陕西等省、区。这一类早期钟的数量很多，特征明显，自成系列。我们在《长江流域早期甬钟的形态学分析》一文中作了专题讨论[7]。为读者方便，这里就江浙类型甬钟所分的五个型的特点再作一概述。

（一）江Ⅰ型

共9件。主要特征为：圆柱甬，无旋无干。甬中空，有的与内腔相通，有的则不通。铣距大于栾长，故钟体纵剖面呈扁梯形。铣侈，于微弧，均有稍凸起的隧，无篆部。钲部多未明显分化出来。有的出现了钲部，但很狭窄。纹样以云纹为主，有卷云纹、三角云纹等。有的以小圆圈纹为地纹，并用它组成框边。体部饰粗细卷云纹，并和每面2个微凸起的乳状或近似乳状的枚构成兽面（枚上均有细云纹或圆涡纹）。多数钟的甬部和钟体四周素面。有的则通体布满粗细云纹，个别器的内壁也有花纹。舞部多饰云纹。技法有平雕，也有浮雕。往往在浮雕部分再加上阴刻花纹（图版九：1，为江苏江宁许村大队塘东村所出）。

（二）江Ⅱ型

共5件。此型钟的铣距仍大于栾长，所以钟体的纵剖面仍为扁梯形，但较Ⅰ型钟稍高一些。钲部已分化出来，较窄长。多通体云纹并与菱形目（枚）构成兽面图案。Ⅱ型钟与Ⅰ型钟明显不同的是甬上出现了旋，上饰C形纹（图版九：2所录的1件Ⅱ型

钟为《考古学报》1956 年 3 期著录者，现藏纽约；图版一二：3
所录为《殷墟青铜器の玉》112 著录者，收藏于美国博特兰艺术
博物馆）。

（三）江Ⅲ型

共 15 件。此型中多数钟的铣距仍大于栾长，少数钟的铣距与
栾长几乎相等，个别钟则栾长略大于铣距，故钟体的纵剖面呈扁
梯形或方梯形。圆柱甬上有旋。体部每面各有排列整齐的枚 18 个
（每组 3 排，每排 3 枚）。钲窄长。篆部已分化出来。装饰花纹为
较规整的云纹：两栾和钲部为纵向排列，体上部边缘和篆部为横
向排列，鼓部则纵向、横向排列兼用，也有饰变体兽面纹的。甬
部除饰有云纹外，有的还装饰有乳丁。旋部除饰云纹外，有的为
突起的 C 形纹和乳丁（图版九：3 收录者，为浙江长兴所出的 2
件形制相同之钟的 1 件）。

（四）江Ⅳ型

共 38 件。此型钟与Ⅲ型钟的形制基本相同，唯其栾长均大于
铣距，钟体纵剖面成了长梯形。钟体变长。钟面两侧的 36 个枚也
变高了（平均高约 1.5 厘米左右），但形状尚不固定，有乳丁状、
圆柱状等。相当一部分出现平头或二层台的形状，为下一阶段更
高的双叠圆台状枚的出现开了先河。纹饰也以云纹、小圆圈纹和
C 形纹用作边框和旋部装饰。篆间饰三角云纹者较少见。本文开
头指出的甬钟各部位，如甬、旋、钲、篆、枚、栾、隧、铣都已
经分化出来，唯旋虫（干）尚未出现（图版九：4 为 1981 年湖南
株州昭陵黄竹山出土）。

此型钟尚可细分为 A、B 二式。在已发表的那篇文章中未能详
述，这里稍作补充。

A 式钟的篆间纹样装饰以云纹为主，另外还有小圆圈纹和 C

形纹等，但旋上的 C 形纹均作左右对应，中间一个乳丁（·）。钲部无装饰纹样。枚多作圆柱状，不少钟的枚已出现平头或二层台，形态已接近双叠圆台状，为Ⅲ式乳状枚向双叠圆台状枚过渡的中间形态（图版一二；7）。

B 式的花纹多以阳文组成的雷纹为主，甬上旋部多饰上下对应的 C 字形纹，中间一个乳丁形成ᴄ形。另外，约有 2/3 的钟的钲部有数道（一般是 3—4 道，最多的 9 道）竖直凸棱。枚以乳丁状居多。它是在Ⅲ式乳状枚之上再做成尖状的乳头隆起，一般高约 1.3 厘米，有的钟的枚接近 A 式。一部分钟的栾或鼓部有爬虫类装饰，很有特色（图版一二：8）。

上述江Ⅳ型钟的 A、B 二式，A 式的数量比 B 式多。

（五）江Ⅴ型

共 83 件。主要特点是圆柱甬较长，有旋有干。但新出现的干均较细，形状也不一致，有做绳索状的，有做圆条状或扁平条状的，以前者为多。与Ⅳ型钟相比，此型钟的形体更长，栾长均大于铣距，侈铣，于的弧度较前稍大，隧部不凸起，钲变宽，枚也更高了，多作双叠圆台状（或称多台景）。此型钟的各个部位均已齐全，可以说是定型化的甬钟了。纹饰主要有乳丁纹、云纹、同心圆纹、蝉纹和回首曲尾夔龙纹等（图版九：5 为陕西扶风县出土）。

就装饰花纹而言，Ⅴ型钟既有阴刻，又有阳纹。前者以较粗的云纹为主，后者均为细线阳纹。这两种纹饰有的单独使用，有的则同时施行，如篆、隧部饰细线阳纹，舞部则饰较粗的阴刻云纹。这两种纹饰在江Ⅰ型钟上就有见，与小圆圈纹一样，存在了相当长的一段时期。

关于江浙类型甬钟的形态变化规律的概括，各型年代的推断及它们原来的编列组合等也都在前述的文章中作了讨论，此处一并从略。这里就江浙类型钟的传布情况再作些补充。

若从出土地考察，江Ⅰ型钟多出自江苏、浙江北部及安徽南部等长江下游的三角洲地区，有2件出自赣鄂交界处的阳新县。江Ⅱ型多为传世品，失掉了可供分析的出土地点。江Ⅲ型钟虽然仍有出自浙江北部的，但更多的出自江西和湖南的北部，以鄱阳湖周围和赣江流域、洞庭湖周围及湘江流域为最集中。江ⅣA型钟的出土地域与江Ⅲ型基本一致。但江ⅣB型钟一些钟栾部或鼓部有爬虫类装饰；钲部有3—9道竖直的凸棱者，可能反映了地方性因素。它们多出自湖南和广西东北部。江Ⅴ型钟则以湖南、陕西出土的最多。广西东北部也出有多件。上述情况说明，江浙类型乐钟在其发展过程中，其重心是从东往西，即从长江下游向长江中游并向关中地区逐渐转移的。至西周中期时，江型钟（江Ⅴ型）的重心已经移向关中地区。这应与关中在西周时期是政治、经济、文化的中心有着密切的关系。但应看到：由于在关中或中原地区，周人灭商以前的遗物中，迄今未发现有早期甬钟（无论是中原型还是江浙型钟均未有出土者）。虽然不能因此而断定周族先人不使用乐钟（因为周墓中的大中型墓发掘的数量不多），但若与安阳发掘的同类型墓相比，灭商之前或周初墓中，迄今不见用乐钟随葬的现象，实在是耐人寻味的。所以，长甶墓和茹家庄1号墓出土成编的江Ⅴ型甬钟，以及在陕西的其他地点频繁出土同型甬钟的情况，从一个侧面反映出长江中下游地区的文化，在那个时候对中原的周代文明曾经产生了明显的影响。

江浙类型甬钟，已知出土地的为数不少，但江Ⅰ型至江Ⅳ型钟已知出土地点的，除江西省新余县罗坊公社陈家大队邓家井的1件据说出自木椁墓外，其余的几乎都是出自窖藏坑中。窖藏坑周围多无同时期的其他遗存。如湖北阳新刘荣山出土的两件Ⅰ型钟的地点，本文作者之一曾在出土后不久前往调查过，出土地附近未见到与这两件钟有关的遗物。这种情况，使今天的研究者在探索其原因时，被笼罩上一层神秘的色彩，不少人怀疑它与当时祭祀山川等活动有关。但到了周穆王时期，江Ⅴ型钟如长由墓或茹家庄1号墓等，都出土了成编的乐钟，且多以3件为编。此后，特别是西周中期以后贵族墓中，也经常用成编的甬钟随葬。这与贵族生活中崇尚燕乐有关。但不难看出，它与中原型甬钟在殷都及其附近的贵族墓中用于随葬，也多用3件为编的情况是一致的。这在某种程度上或许可理解为是周人接受了商文化中某些因素的又一例证。

四　湖南类型早期甬钟的形制和特点

这里所说的湖南类型（简称湘型）早期甬钟，是指湖南出土的，与上述中原、江浙类型不同的另一类甬钟。从出土地点看，似以洞庭湖周围及湘江流域为中心。其数量并不很多，但很有特色。依其形制差别，又可分为两个亚型。

（一）湘Ⅰ型

共3件，均为传世器，形体与江型近似，铣距大于栾长，整体较矮，纵剖面为扁梯形，圆柱甬，侈铣、于微弧，隧部微凸起，无钲、篆之分，旋、干也未出现。通常以阳刻的细云纹为地，施于钟体中央。鼓部和枚上、隧、舞及栾部则有阴刻的细云纹。同时，又以体中部为界，两侧饰以对称凸起的粗壮勾连云纹，与两个圆形乳状构成兽面。这种兽面图案亦与中原所见的同类纹样神情相异，无狰狞可怖之感（图版一：3）。

1.《饶斋》2著录，藏于德国。其圆柱甬稍短，上饰两周小圆圈纹，体饰凸起粗壮之云纹。

2. 收藏者同于上一件钟，见《饶斋》1。通高64.5厘米，器高39厘米，甬长25.5厘米，铣距30.9厘米，重82.5千克。形制、花纹与上一器基本相同，唯甬上的小圆圈纹带在甬与舞的相交处。圆柱甬中空与内腔相通（图版一〇：1）。

3. 形制、花纹与上一器同，高 66 厘米，铣距 48.5 厘米，略大于上器，现藏故宫博物院，见《文物》1966 年第 5 期。

2、3 这两件钟的形制、花纹完全相同，仅有规格大小之差，原来很可能同属一套。

（二）湘Ⅱ型

共 18 件，大多数为湖南出土器。形制与湘Ⅰ型基本相同。装饰纹样母题亦为凸起的粗壮勾连云纹，与湘Ⅰ型钟一样。二者的区别，仅仅在于此型的甬上出现了旋，而湘Ⅰ型无旋。

1—3. 即通常所说的象纹大铙。2 件于 1959 年在湖南宁乡老粮仓杏村湾师古寨山顶的坑中出土，现藏湖南省博物馆；另 1 件为故宫博物院于 1958 年征集。3 件之中，以故宫的那件为高，惜其甬部自旋以上已残失，现存残高 68.9 厘米，器高 49.7 厘米，甬残高 19.2 厘米，铣距 56.5 厘米，重量不明。它以细云纹为地，体施凸起粗壮的勾连云纹，隧部有二象相向而立。师古寨出土的 2 件，1 件完整无损，通高 70 厘米，器高 44 厘米，甬长 26 厘米，铣距 46.2 厘米，銮长 44 厘米，比上一钟低 5 厘米，铣距和銮长也小于前者，但重达 67.25 千克，可知前一器还要更重些。此器圆柱甬上之旋饰凸起的 C 形乳丁纹，钲部的左、右、下三方边缘饰有虎 6、鱼 6 和乳钉 11，隧部有兽面装饰，其鼻梁作牛首状，两侧为夔龙纹。左右鼓部各有一卷鼻之象，头向外侧而立，除舞部为素面外，全身满布云纹，并由粗壮勾连云纹与双目组成兽面，双目也填以细线云纹（图版一〇：2）。另 1 件钟的形制、花纹与此基本相同，卷鼻之象的位置也一样，但组成兽面的线条扁平，钲部左右和下方边缘无虎、鱼图案，乳丁也只有 9 枚。以上 3 件钟见《故宫》1958 年第 1 期封面，《文物》1966 年第 4 期 2 页图 3：

4，《文物》1960 年第 10 期 58 页图 4。

4—7 出自湖南宁乡老粮仓，以虎纹装饰为特点。其中，4、7 也出自师古寨山顶，5、6 则于 1978 年在望北峰山麓出土，出土时两器相距仅 5 米。这 4 件钟现均藏于湖南省博物馆，著录于《文物》1960 年第 11 期 57 页图 2，1978 年第 6 期 42 页图 16，《光明日报》1979 年 1 月 24 日三版，《辑刊》二图版 5：4。5、6 钟形体高大，其一通高 89 厘米，重 109 千克，口沿内侧铸卧虎 4。另一甬部残缺，残高 84 厘米，重 154 千克，形制和花纹均同，在同一部位上也有卧虎 4。二者原来或许在一套编钟之中。4 通高 70 厘米，重 55.75 千克，左右鼓部各饰有卷尾张口的立虎。7 通高 69.5 厘米，重 71.5 千克，左、右鼓部也有同样的立虎，隧部由相向的夔龙纹组成的兽面也与 4 相似，此钟旋上为凸起的 C 形纹，与上述 3 钟施以小兽面纹不同。

8. 上海市文管会从废铜中拣选而得，通高 66 厘米，甬长 24 厘米，形体和花纹与 7 相似，见《文物》1959 年第 10 期 33 页。

9—12 形制和花纹相同，体部为凸起的粗壮勾连云纹，四周为细线云纹，旋上饰小兽面。4 器分别出自岳阳黄秀桥公社费家河边窖藏、宁乡老粮仓师古寨山顶、望城县高塘岭公社高冲大队、湘乡县狗头坝等遗址。通高分别为 74、66.7、48、44 厘米。重量分别为 82、67、18.75、18 千克。见《文资丛》5 图版 8.1—2，《辑刊》二图版 6：2，5：2，5：3。

13. 宁乡唐市公社陈家湾附近楚江岸边出土，通高 71.8 厘米，重 85.75 千克。隧部饰兽面纹，施 C 形纹，其他部位的纹样均同前 4 件钟。见《辑刊》二图版 6：3。

14. 加拿大多伦多皇家安大略艺术博物馆所藏，通高 67 厘米，除隧部为细线云纹外，余全同 13。见《断代》五，《考报》1956 年第 3 期，图版 12.3。

15—18.《博古》26：36，26：23，26：39—40，26：46，形

制和花纹大致相同：旋上饰兽面纹，隧部细云纹，甬上饰云纹或雷纹。其中 17 通高 109.56 厘米，重 150 千克，是目前已知铜钟中最高的一件，重量仅略次于宁乡老粮仓所出的重达 154 千克者。16 通高 88.11 厘米，重 127 千克。15 通高 58.74 厘米，重 31.50 千克。18 通高 56.76 厘米，重 22.50 千克。

湘 I 型与湘 II 型钟的形制、花纹和装饰纹样的技法都很一致，明显具有共同特色。区别主要在于 I 型无旋，II 型有旋。形体都较矮，铣距大于栾长。但体积庞大，器壁厚重，不仅为中原型钟所不见，在江型钟中也很少见。它们以粗壮的勾连云纹作为钟体装饰纹样的母题，并与高出钟体 1—2 厘米的两个凸起的圆枚构成兽面。这种兽面给人以庄重典雅之感，亦和中原型钟上面的不同，当是吸收了中原地区兽面纹样并加以改造的产物。这种粗壮凸起的勾连云纹，表现出强烈的湘型钟的特有风格，成为区别于其他两个类型早期甬钟的明显特点。

此外，湘型钟的栾、鼓、隧等部位所饰的虎、象、鱼、夔龙等图形，在中原类型钟上根本不见，在江浙类型钟上也是少见的。它们的形体扁宽，钲、篆部始终没有分化出来。其出土地点，集中于洞庭湖和湘江流域的宁乡、湘乡、岳阳、望城一带，又几乎都是出于山川之滨的窖穴之中，无一出自墓葬者。

所有湘型钟均未见到年代明显的共存物品。如作形态比较，则可见湘 I 型、湘 II 型钟与中原 II、III 型钟和江 I、II 型钟具备共同的形体特点，年代应该是相当或相近的。而且，有的还可知道是出自相当于商代的遗址（如湘乡狗头坝）中，或是附近有相当于商周时期的遗址（如宁乡黄材），这就可以大体推知湘型钟主要是相当于商代晚期的遗物，其中，湘 II 型钟的年代下限或可至西周初年。

最后，还应指出，进入周初后，湘型钟就从历史舞台上消失了，在湘江流域及周边地域内，江浙类型钟（III、IV、V）填补了它消失后出现的空白。

五　三大区早期甬钟的共性和差异性

中原类型、江浙类型和湖南类型的早期甬钟，代表了早期甬钟的三大支系。它们之间的相互关系又是怎样的呢？

首先，可以看到三者之间有相当的共同点。

1. 无论是中原型，还是江型、湘型，其形体均作合瓦形。这与欧洲和印度的圆形钟不同，是我国古代乐钟的一大特点。据研究，这种合瓦形钟体两侧的棱和角，对振动具有阻尼作用，使衰减加速，易于演奏。而且不存在仅由两条长线构成的振动模式，消除了"哼音"。特别突出的是，这种钟体具有对应于编钟截面长短轴呈正、反两种对称的基频振动模式，构成一钟形成双音的必要条件。这是圆形钟体所不具备的。[9]

2. 中原Ⅰ—Ⅲ型钟和江Ⅰ、Ⅱ型钟及湘Ⅰ、Ⅱ型钟的形体，都是铣距大于栾长，于微弧，铣侈，甬作圆柱形中空，有一部分钟的甬和内腔相通，隧部微凸起，钲、篆大多未分化出来。江Ⅰ型、湘Ⅰ型和中原Ⅰ、Ⅱ型钟均无旋，江Ⅱ、湘Ⅱ型和中原Ⅲ型均有旋，但都无旋虫（干）。有枚者都是两个，且都作为兽面的双目而突出在钟体之上。这些一致性表明三个系统的源头及其发展过程中的关系，是极为密切的。

3. 三者所存在的年代大体相当而略有错落。其中，中原Ⅰ型的年代最早，约当安阳殷墟前期。中原Ⅱ型与江Ⅰ型的形制特点一致，年代相当，均相当于殷墟后期。中原Ⅲ型与江Ⅱ、湘Ⅱ型的形体一致，年代约当商末，下限不晚于西周初。周初以后，中原型和湘型钟突然消失，江型钟则一直发展下去。

4. 这三类早期甬钟都有成编的组合。其中，中原型大多为3件成编，个别的为5件成编（图版八）。湘型和江Ⅰ、Ⅱ型虽然未见原配置的编钟，但一些形制、花纹完全相同，而仅大小有别。

据中原型钟的成编组合规律，亦可认为原来也是成编的。至于究竟是 3 件为编还是 5 件成编或竟以偶数成编，则现尚未可确知。

5. 江浙类型和湖南类型的早期钟，均以云纹乳丁纹为纹饰，这在中原类型中则罕见。但除中原Ⅰ型外，中原Ⅱ、Ⅲ型和湖南、江浙类型钟均以兽面图案作为钟体的主题装饰。

三者的差异点，亦是很明显、很突出的。其差别有以下几点：

1. 中原Ⅰ型钟在体部四周边缘以 1—2 道凸棱做装饰，而江浙、湖南类型钟则绝无这种装饰。

2. 中原型、江型和湘型虽然都以兽面做装饰纹样的母题，但风格很不一致。中原Ⅱ、Ⅲ型钟所饰的为浮雕的大兽面，由眉、目、口、鼻等组成，跟同时期青铜礼器上所见的兽面纹一样，给人以威严和狰狞的感觉（图版一一：4）。江Ⅰ、Ⅱ型钟的兽面，体部饰粗细卷云纹，并和每面两个微凸起的乳状或近似乳状的枚构成兽面，湘型钟则由钟体两侧对称排列的粗壮凸起的勾连云纹和两个突出的枚组成（图版一〇：3）。这种纹样，并无威严狰狞之感，却给人以自然舒朗的印象。

3. 湘Ⅰ、Ⅱ型钟有的在隧、鼓、口内侧或钟体两侧用象、虎、鱼、夔龙等动物纹样做装饰。中原型钟不见这类纹样。江浙类型仅少数钟的体部有爬虫或在鼓部有立虎或鸟图形者。

4. 三类钟的体积大小不同。如：中原型钟最大的通高 21 厘米，重 1.32 千克；最小的通高 7.7 厘米，重 0.15 千克。多数通高在 10—20 厘米之间，重 1 千克上下。

江型钟最大的通高 77.2 厘米（重 79 千克），最重的 100.35 千克（高 76.8 厘米）；最小的通高 24 厘米，重 2.2 千克。已知数据的各钟的平均高度为 40.42 厘米（125 件钟的平均值），重 16.98 千克（88 件钟的平均值）。

湘型钟最大的通高 109.5 厘米（重 150 千克），最重者 154 千克（残高 84 厘米）；最小的通高 44 厘米，重 18 千克。21 件钟的平均高度为 68.785 厘米，15 件钟的平均重量为 76.16 千克。

以上数据并不完全，有一部分尚未统计进去，但毕竟反映出了它们的基本情况，说明三者的体积相差悬殊。其中湘型钟是形体最硕大、最厚重的，其平均值比江型钟还要高出许多。中原型钟则都是体小壁薄之器，最大的也比江型钟中的最小者还要小。

5. 中原型钟多有刻铭，大多属族徽一类，以 1—2 个字者居多，也有 3—5 个字的。江、湘型钟的 I、II 型皆无铭刻。江 IV 型中少数刻有符号，江 V 型中也仅个别的有铭文。

6. 中原型钟几乎都出自贵族墓中，且多成编随葬。江浙类型钟仅个别成编的是在墓中随葬，绝大多数则都出自窖藏坑中，且不成编。湘型的则全都出自山川附近的窖藏坑中。

把上述情况统统加以归纳之后可以看到，早期的乐钟虽然在中原地区出现最早，但西周中期开始的那种目前被大家公认为甬钟的乐钟，并非源于中原型钟，也不是由湘型钟演变成的，而应是从江浙型钟直接发展而来的（图二）。

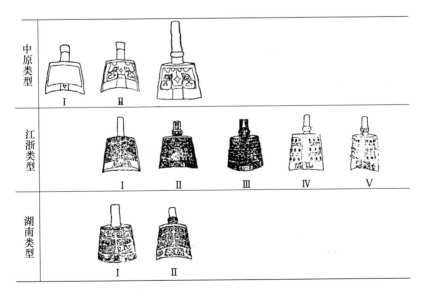

图二　三大类型早期甬钟的发展序列与相互关系示意图

六 有关早期甬钟研究的其他几个问题

对三个类型的早期甬钟作了如上的比较、分析之后，还想就以下几个问题谈些初步看法。

1. 在三个类型的早期甬钟中，中原Ⅰ型的形制和花纹都较简朴，更具原始性。其中亚弜组编钟时代明确，约当武丁时期。在江浙类型、湖南类型中，尚未发现可早到此时的。亚弜组钟5件成编，已构成四声音节，从音乐发展的一般过程来考虑，它不应是最早的乐钟。我国钟的出现，当还要更早些。但这种情况已给人以早期甬钟很可能最先出现于中原地区的深刻印象。

不过，这不见得就能引出江浙类型和湖南类型的早期甬钟是从中原类型钟派生出来的结论。因为三者的各自特征突出，差异明显，而且形体大小悬殊，说明其音色、音量均不相同；加上出土情况之别，反映了三者的使用方式也有所不同。很可能三类早期甬钟是在各自的地域范围内、各因当地人们的需要而产生，经历了各自的发展过程。当然，三者又曾有相当一段时期（约当殷墟后期至周初）是大体处于同步发展的状态中。

这种同步发展的情况，当然又表明了三个类型之间的密切联系。单就三者都用的兽面图案而言，无疑是中原地区青铜器上富有特色的装饰纹样母题。江浙类型和湖南类型早期钟的兽面图案，尽管与中原类型的兽面图案有一定差异，仍应视为模仿中原类型钟的表现。但影响从来都是相互的。雷纹、小圆圈纹、细线云纹、乳丁纹等是南方地区印纹陶上颇为流行的装饰纹样。中原型钟上偶尔见到的这些纹样，则应视为吸收了南方地区文化因素的反映。

江浙类型和湖南类型的钟，都是长江流域的产物，它们之间有较多的相似处，当然是可以理解的。这两个类型的钟大都埋在山川之旁的情况，正反映了使用者相同或近似的习俗。至于湖南类型消失于周初，而江Ⅲ、Ⅳ型钟突然出现在湘江流域和洞庭湖周围的情况，简单的印象似乎只是两大系统甬钟在这个地区的更替。可是如细加观察，还可见到湖南类型钟上常用的 C 形乳丁纹，在湖南出土的江Ⅲ型钟上也出现了。再如从湘Ⅱ型开始出现的钟鼓部装饰虎、象、鱼、夔龙等动物形象的作风，后来也影响到了江浙类型，如江Ⅲ型钟鼓部的虎形、江Ⅳ型上的爬虫、江Ⅴ型钟鼓部的立鸟图形。这些现象当能说明江浙类型钟在进入湘江流域以后，的确又接受了湖南类型钟的某些传统做法的影响。

原无刻铭的江型钟发展到江Ⅴ型时出现少量刻铭的情况，若视为自江浙类型钟进入周人中心地区之后与中原传统的一种融合，大概也是不会有什么问题的。

总之，这三个类型以中原类型的出现为早，江浙类型、湖南类型后来又受中原类型的明显影响，三个系统并有过一段同步发展的过程。最后因江浙类型的钟把钟体结构改进得最合理，就被中原接受过来，成为西周中期以后的甬钟。另外，湖南类型钟形大体重，声音过于洪亮；中原类型钟因形小体轻，音质又较差；江浙类型钟则正适中。这恐怕也是这个系统被周人承袭下去的重要原因。

2. 这种早期甬钟，究竟源于何种器物呢？关于钟的起源，一般都认为是由铜铃演变来的。

从已知的青铜乐器中，确以铜铃的出现为早。近年在山西襄汾陶寺遗址出土的一块铜片，可认为是铜铃的碎片，[10] 年代可以上溯到公元前 2000 年以前。河南偃师二里头的早商墓葬中，也曾出土比较完整的铜铃，铃体作合瓦形，纵剖面为扁梯形，一侧有扉，上有半环钮，腔内有铃舌。[11] 就形态而言，似可认为甬钟是从铜铃发展来的，但甬钟是用木槌打击钟面外壁的特定部位（隧和鼓部）而获得预期的乐音的，和铜铃的发音原理并不一样。所以，就结构和音响效果而论，两者似无承袭关系。假如把两者说成是有关系，那就至少要说甬钟的发生毕竟是一种创新。铃在甬钟出现以后并未消失。商代铜铃的表面，有的也如中原Ⅱ型钟那样饰有兽面纹。这是铜铃受到早期甬钟的影响。

3. 上面所述早期甬钟的形态演变规律，概括起来说是：

形体由矮变高，由铣距大于栾长变为栾长大于铣距；

甬部由无旋变为有旋，再变为有干（旋虫）；

钟体由无钲变为有钲，钲部由狭长而逐渐变宽；

钟体部从无篆变为有篆；

从无枚到有枚，枚的数量由少变多（由4个增至36个）；

枚由矮变高，从微凸起的长圆状到乳头状，再到尖锥状或圆柱状，后变为双叠圆台状；

于部由微弧变为弧度较大；

装饰花纹由通体布纹变为固定在甬、旋、舞、篆、隧各部。

这个规律在江Ⅰ型至江Ⅴ型的演变过程中表现得最清楚。其中，江Ⅲ型钟的出现对甬钟的定型化极为重要，因为钟的合瓦形体虽然在消音方面有其优点，但36个枚的出现，可进一步加速高频振动的衰减；钟体的变长，也对改善音色有利。中原Ⅰ—Ⅲ型和湘Ⅰ、Ⅱ型钟及江Ⅰ、Ⅱ型的演变大体是一致的，这也可以作为上述规律性变化的佐证。中原型和湘型钟在周初突然消失于历史舞台，究其原因，除有政治因素外，可能也与它们未能取得如江Ⅲ型钟那样的突破有关。

在这个过程中，当早期甬钟发展到江Ⅴ型时，已经定型了。这无论从乐律的角度还是从铸造的角度看，都是一次飞跃。因为对频率有决定意义的是钟壁的厚度和钟体的大小。任何一个部位的改变，都将影响频率变化，所以，要取得设计的频率，取决于陶范型腔的规范化程度和合范过程中的准确性。可见，达到了铸出江Ⅴ型钟的水平时，既是铸造工艺的飞跃，也能使钟的音乐性能更好，成编的数量更多，所跨的音域更广，从而能演奏更为复杂的乐曲。

4. 西周穆王以后的甬钟，甬部都有旋虫（干），可供悬挂在钟架上演奏。它们成编排列：大小有序。西周后期有 8 枚成编者，东周时期有多至 13 枚的。早期甬钟的Ⅰ—Ⅳ型都无旋虫，一般认为不能悬挂，只能植于座上敲击演奏。有人认为可以一手执持，一手敲击，因而称之为执钟。若用手执，如中原型钟那样器形较小的是可以的；象江、湘型钟那样重达数十已至百余千克者，显然是不可能的。有些钟的甬部中空与内腔相通，甬部留有朽木痕迹，说明植座使用说是有理的。但甬部中空并与内腔相通者，也可通过绳索，只要在内腔别上一根横棍就可以实行悬挂。沈括曾在《梦溪笔谈》中做出过这种猜测[12]。不过，钟体表面所饰的兽面形图案或可证实，无论是中原型、湘型，还是江Ⅰ、Ⅱ型钟，都是口朝上甬朝下，植于座上使用的。但收录于《殷青》112 的那件江Ⅱ型钟，由鸟图形构成的兽面，无论怎么放，看上去都是正图形。正如前面指出的那样，从江Ⅱ至江Ⅲ型，是早期甬钟向定型化甬钟变革的重要的一步。这个江Ⅱ型钟的存在，也许还可表示出当时在使用方法上正经历着一个重要的变化：即从植甬于座变为悬挂在钟架上使用。自江Ⅲ型以后的甬钟，便都是口下甬上、悬挂使用的。江Ⅲ、江Ⅳ型钟均无旋虫，其悬挂方式很可能是象沈括所指出的那样。从植甬于座改为悬挂使用，对改善音响效果，当然也不无意义。到了江Ⅴ型钟的甬部出现旋虫（干）以后，所有的甬钟就都是在旋虫上系绳或配有挂钩而使用了。

5. 铸造工艺方面的成就和甬钟素质还有密切关系，钟的结构越合理，它的音频、音响效果就越好，演奏时也愈能达到预期效果。对钟体所做的激光全息干涉振型检测说明，每枚钟都具有两类主要的振动方式：一是正对称振动，其节线通过鼓音所在部位；一是反对称振动，其节线通过隧音所在部位。这一结果，揭示了这些双音打击乐器的发音原理[13]。但节线的走向不仅和钟的结构有关，也受到质量分布的影响，这就与铸件型腔的规范化程度及合范过程中的准确性有密切的关系。商代早期甬钟的音程关系以大2度居多，表明其铸造工艺、测音、调音技术都已取得一定成就。西周及以后的甬钟在音程方面的改善，应与枚的合理配置、铸造工艺和调音技术等方面的进步有关。

枚作为钲部负载，可加速高频振动的衰减，起到阻尼和消音作用，对甬钟进入稳态振动是有直接影响的[14]。因此，枚的多少、高矮以至形状的变化，都不应视为装饰附件的一般性变化，而是改善乐钟音响效果的重要措施。先秦乐钟都是用复合陶范铸造的。对曾侯乙编钟中层的1件甬钟的研究表明，铸造这件甬钟需用陶范126块，其中枚范即有72块。自江Ⅲ型起，钟体表面枚的数量已趋定型化，都是36个枚。江型钟发现的三件变异型钟，两件无旋而各有36个枚（图版一二：2），一件有旋而有40个枚，每侧各有20枚，它们的排列也与通常的不同（图版一二：1）。这三件器的发现，说明甬钟定型化的过程确实是一次飞跃。铸造这样的甬钟，所用的陶范数，比Ⅰ、Ⅱ型无疑要增加许多。用数十至上百块陶范铸造1件甬钟，关键在于分范合铸技术的娴熟。

显然，这种定型化甬钟的出现，若无较高的铸造技术是难以产生的。

在这方面，还应提到甬钟所需的铜、铅、锡等合金成分的合理配比，对钟的音响效果也有极密切的关系。对曾侯乙钟的分析表明，钟的含锡量为12%—16%，含铅量为1.2%—3%是比较合理的，[15]当然，摸索出这种合理配比需要一个过程。目前，对早期甬钟合金成分的分析及其与乐钟性能的关系的研究做得不多，希望冶金史工作者、音乐史工作者与考古工作者携手合作，一起为解决这个课题做出进一步的努力。

人们在改造客观世界的同时，也造就和培育了人的主体的各种机能和意识，包括在音乐创造方面的机能与意识。本文围绕早期甬钟发生、发展过程中的一些问题所提出的看法虽然很不深入，但使我们看到了晚商早周时期在发展音乐方面表现出了相当高的创造才能。这是我们进行这项研究时得到的又一个深刻的印象。

本文引用书目及简称表

《十二家》　　《十二家吉金图录》　　商承祚　1935

《三代》　　《三代吉金文存》　　罗振玉　1937

《大系》　　《两周金文辞大系图录考释》　　郭沫若　1935

《小校》　　《小校经阁金文拓本》　　刘体智　1935

《山东》　　《山东文物选集》　　山东省文管处　1959

《文参》　　《文物参考资料》　　1954—1959

《文资丛》　　《文物资料丛刊》

《日精华》　　《日本蒐储支那古铜精华》　　梅原末治　1959—1962

《分域》　　《金文分域编》21 卷　柯昌济　1934

《西甲》　　《西清续鉴甲编》　　王杰高　1793

《冠斝》　　《冠斝楼吉金图》　　荣厚　1947

《故宫》　　《故宫博物院院刊》

《泉屋》　　《泉屋清赏》　　滨田耕作　1919

《通考》　　《商周彝器通考》　　容庚　1941

《妇好》　　《殷墟妇好墓》　　1980

《尊古》　　《尊古斋所见吉金图》　　黄濬　1936

《博古》　　《博古图录》　　王黼　1123

《愙斋》　　《愙斋集古录》　　吴大澂　1919

《颂斋》　　《颂斋吉金图录》　　容庚　1933

《颂续》　　《颂续吉金续录》　　容庚　1938

《正编》　　《中日欧美澳纽所见所拓所摹金文汇编》　　巴纳　张光裕
1978

《梦郼》　　《梦郼草堂吉金图》　　罗振玉　1917

《欧精华》　　《欧米蒐储支那古铜精华》　　梅原末治　1933

《考报》　　《考古学报》　考古所编　1953

《通论》　　《殷周青铜器通论》　容庚等　1958

《断代》　　《西周铜器断代》　陈梦家　1955—1956

《燕京》　　《燕京学报》

《辑刊》　　《湖南考古辑刊》　湖南省博物馆等

《陕青》　　《陕西出土商周青铜器》（一）至（三）　陕西考古所等
1979—1980

《光明》　　《光明日报》

《邺中》　　《邺中片羽》（初、二、三）　黄濬　1935—1947

《怀氏》　　W. C. White（怀履光）《Bronze Culture of Ancient China》
1956. Toronto.

《饶斋》　　《饶斋吉金录》　Guatav Ecke（艾克）《Sammlug Lochow
Chinesische Bronzon》　I. II. Peiping. 1943.

《沃森》　　W. Watson,《Ancient Chinese Bronzes》1962，London.

《时代》　　《殷周时代青铜器の研究》　林巳奈夫　1984

注释

[1] 容庚、张维持：《殷周青铜器通论》，文物出版社 1984 年版。

[2] 任日新：《山东诸城汉画象石墓》，《文物》1981 年第 10 期。

[3] 易水：《汉魏六朝的军乐—鼓吹和横吹》，《文物》1981 年第 7 期。

[4] 重庆市博物馆：《重庆市博物馆藏四川汉画象砖选集》，文物出版社，1975 年版。

[5] 夏鼐：《沈括与考古学》，《考古》1974 年第 5 期。

[6] 吴钊、刘东升编著《中国音乐史略》，人民音乐出版社 2001 年版。

[7] 殷玮璋、曹淑琴：《长江流域早期甬钟的形态学分析》，《文物与考古论集》，文物出版社 1987 年版。

[8] 马承源：《商周青铜双音钟》，《考古学报》1981 年第 1 期。

[9] 林瑞等：《对曾侯乙墓编钟的结构探讨》，《江汉考古》1981 年第 1 期。

［10］考古所山西队等：《山西襄汾陶寺遗址首次发现铜器》，《考古》1965 年第 5 期。

［11］考古所洛阳队：《河南偃师二里头遗址发掘简报》，《考古》1965 年第 5 期。

［12］夏鼐：《沈括与考古学》，《考古》1974 年第 5 期。

［13］贾陇生等：《用激光全息技术研究曾侯乙编钟的振动模式》，《江汉考古》1981 年第 1 期。

［14］贾陇生等：《用激光全息技术研究曾侯乙编钟的振动模式》，《江汉考古》1981 年第 1 期。

［15］叶学贤：《化学成分、组织、热处理对编钟声学特性的影响》，《江汉考古》1981 年第 1 期。

从青铜乐钟的类型谈中国南方
青铜文化的相关问题

古代中国的青铜文明因出土大批精美的商周铜器而令世人惊叹不已。中国古代先民创造的灿烂的青铜文化，是人类文化宝库不可分割的组成部分。

众所公认，在中国古代文明发展的进程中，黄河流域的古代先民起到独特的作用。

但是越来越多的证据说明，正当商代先民在中原地区创造辉煌的青铜文化的时候，长江流域的先民在特定的条件下也在创造富有特色的青铜文化。

这一认识的获得是有个过程的。三十年前，当湖南等地出土一件件商代青铜器时，人们多疑其为中原地区传入或殷人南下时携去。随着出土的青铜器数量越来越多，它们的地方性特征日益为人们所认识，人们也进而反思上述认识的合理性，提出了它们极可能是当地制品的假设。尤其因同时期的遗址被发现，促使人们的认识进一步深化。

不过，由于各地考古工作的发展水平不平衡，客观地说，对长江流域及其以南广大地域的青铜文化面貌及其发展进程的认识，比起黄河流域来仍有一定距离。长江中游发现的大型遗址还很少，下游地区可以确认为商时期的城市遗址还未见报道。因此，长江流域青铜文化的发展是否与中原同步？它的青铜业在商周时期发展到何等水平？当时的社会经济形态如何？这些问题都需要考古工作者去回答，有的还有待在今后的工作中探索解决。

笔者注意到这一地域内出土的青铜乐钟为数不少，且很有特色。鉴于乐钟对乐音有着特定的要求，它的制作对青铜铸造技术要求颇高，可以作为衡量各产地青铜业发展水平的标尺之一。

所以，本文拟就长江中下游出土的早期甬钟以及岭南、西南地区发现的青铜乐钟类型，就南方地区青铜文化发展中的相关问题，谈一些不成熟的看法。

一

《古今乐录》曰："凡金为乐器有六，皆钟之类也。曰钟、曰镈、曰錞、曰镯、曰铙、曰铎。"从出土乐钟看，这六种乐钟中有自名为钟、镈、铎以及它们的形制有别，学者们的意见相对比较一致。但对镯、铙这两种乐钟的看法，人们多有不同意见。虽然铭文中有称林钟、和钟、歌钟、铃钟、行钟等不同名称，但从考古学的角度进行研究，目前依钟的形制划分的甬钟、钮钟、镈钟还是比较合理的。其中甬钟在历史上出现的时间最早，在青铜乐钟中的地位也最重要。

本文称为早期甬钟的，是指流行于晚商至早周时期的，在一些书刊中被称为铙、铎、钲、镛、执钟或大铙等不同名称的那类青铜乐钟。

这些乐钟，就其形制和功能而言，和西周中期以后被称为甬钟的那些乐钟基本上是一致的。如钟体均为合瓦形，上窄下宽，侈铣，于微弧，有圆柱甬，等等。另外，每件钟的鼓部和隧部也能发出两个频率不同的乐音。它们与甬钟的差别在于：甬长与钟体的比例有别，有枚、无枚或枚的数量多少不等，有些钟的钲部、篆部尚未分化出来，等等。

过去，人们多因它们表面装饰的兽面纹，其口部对着圆柱甬的方向，推论这些乐钟都是口朝上，植甬于座或执而鸣之，不像甬钟那样悬挂在钟架上敲击演奏，力主另外定名。其实，兽面纹作为乐钟表面的装饰，它的排列方式受当时的习俗制约，与钟的功能、用法未必有内在联系。这从同时期的铜铃表面所饰的兽面纹与下垂的铃舌相背可以说明之，因为铃钮的设置即是为了悬挂，在摇曳中借铃舌撞击周壁而发出声音，这是众所公认的。

再说，是植（执）而鸣之还是悬而鸣之，对于使用方法的这种差异，似也不宜过分强调。从一些乐钟出土时甬中留有朽木的遗迹看，可知它们原来确曾植甬于座，但这些早期钟的圆柱甬大多中空，与内腔相通，若在甬中贯以绳索，别于内腔，它们也是可以悬挂使用的。

这一点沈括在《梦溪笔谈》中即曾指出过。因此，我们认为这些早期钟是甬钟的早期形态。称它为早期甬钟，既反映了它们与甬钟的有机联系，又可说明它们的年代较早和具有未定型的原始性状，以与定型后的甬钟相区别。

早期甬钟的总数不下 300 件之多，流传范围涉及黄河下游和长江中下游的十余个省或自治区。但不同地域内的乐钟，它们的形制、花纹和体积等方面都有一定差异。依据这些差异，并结合它们的出土情形，可将它们区分为中原类型、江浙类型和湖南类型。

中原类型早期甬钟共有 100 余件。有明显出土地点的为数不少，如安阳殷墟妇好墓[1]，山东惠民麻点乡大郭村的晚商墓[2]，河南温县小南张的商代墓[3]中均有出土。其中以安阳殷墟出土的最多。如安阳西区 699 号墓[4]，大司空村 312 号墓[5]，西北冈 1083 号墓[6]等均有出土。这些出土乐钟中除妇好墓所出的 5 件为编，惠民大郭村的商墓只出 1 件外，其余的都是 3 件为编。

　　江浙类型早期钟也有 100 余件。有出土地的有江苏江宁许村大队的塘东村，浙江余姚徐家畈、长兴上草村，湖北阳新刘荣山，等等。此外，福建、江西、湖南、广西的一些地点也有出土。关于江浙类型早期甬钟的特点、变化序列及流传情况等，我们已有文章论及。[7]

　　湖南类型早期甬钟的数量较少，出土与传世的乐钟共有 20 余件。从出土地看主要在洞庭湖周围。如湖南宁乡老粮仓杏村湾师古寨[8]、望北峰[9]，岳阳黄秀桥公社费家河畔[10]，望城县高塘岭公社高冲大队[11]，故宫收藏的铜钟[12]，等等。这些乐钟形体高大厚重，常被称作“大铙”。

　　这三个类型的早期甬钟，它们的形制、结构以至变化规律都有一致之处，如中原型、湖南型钟与江浙型钟年代较早的一部分（即前文所分的Ⅰ、Ⅱ型）。它们的钟体都较矮，即铣距大于栾长，于微弧，铣侈，甬作圆柱形中空；隧部微鼓，钲、篆部多未分化出来。晚商时的早期甬钟有的已出现旋，但均无干，无枚。若说有枚的话，只有两个，即兽面的双目，突出于钟体之上。除了中原类型早期甬钟中有一部分在钟体上下或四周边缘饰一、两道凸棱外，这三个类型早期甬钟的表面，都以兽面纹作为它们的装饰母题。

　　但是它们的差别也是明显的。如中原类型早期钟表面所饰的浮雕大兽面，是由眉、目、口、鼻组成的，其图案与同时期的青铜礼器上所饰的兽面纹是一致的。江浙型早期钟钟体表面的兽面纹是用粗、细卷云纹和两个对称的乳丁枚构成。湖南型早期钟表面的兽面纹，则是由两侧对称的粗壮凸起的勾连云纹和两个凸起的乳丁枚组成。假如省去这两个乳丁枚，这云纹本身是很难跟兽面图案联系起来的。这种纹样，视之自然舒朗，不像中原型乐钟表面的兽面那样给人以狰狞恐怖的印象。

　　湖南型早期钟的隧、鼓、口内或体的两侧常有象、虎、鱼、夔龙等形象的附饰；江浙型乐钟中有些钟的体部有爬虫，鼓部有立虎或鸟图形者，但在中原型乐钟上绝不见这类纹样装饰。

中原型钟上多有刻铭者，基本上都是族徽名，以一两个字居多。它们几乎都出自墓葬且多成套配置。另两个类型的早期钟皆无铭文，多出自窖藏坑中，多单个埋放。（参见附图）

此外，这三类乐钟的形体大小也有很大差异。中原类型早期钟的通高多在10—20厘米之间，重在1千克上下；江浙型乐钟的平均高度在40厘米左右，重量平均值为16千克；湖南型早期钟最大的高1095厘米，最重的达154千克，最小的高44厘米，重18千克。

关于这三个类型早期钟的年代，中原型因妇好墓所出的亚弜钟年代明确，说明这类乐钟至少在武丁时期即已出现；另两个类型的乐钟的年代目前只能上推至殷墟晚期。不过，若将它们说成从中原型早期钟派生出来，既缺乏必要的根据，也过于简单。笔者认为，三者的形体不同，装饰纹样有别，音量大小也有差异，它们的分布又各有特定的地域，其演变过程还存在相同的阶段，所以它们是在不同地域内因人们的需要而被创造的三个不同类型的早期甬钟。三者在商末周初曾一度处于同步发展的状态。它们之间的共性因素反映了其间互有影响。但它们都是古代先民创造的乐钟体系中的一部分，或者说，它们是中国古代青铜乐钟总体制中属甬钟系统的三个分支。

二

涉及这三个类型早期甬钟的兴衰变化及其原因，本文不想多作讨论。但要指出的一点是，中原型和湖南型早期钟在西周早期就从中国大地上消失了。江浙型早期钟则在使用中不断改进与完善，在西周中期变成定型化的甬钟。在这一过程中，它的流传不断扩大。从长江下游沿长江南岸向西传播，经江西至洞庭湖周围地区，替代与融合了湖南型乐钟后，又沿湘江向广西东北部和沿汉水向关中地区传播。后者成了定型化甬钟后，又接受了在铜器上刻铭的习俗。但自甬钟定型以后，各国铸造的钟虽也有某些地方性特征，却再也见不到上述三个类型乐钟上看到的那些明显差异了。

应该说，上述三个早期甬钟类型的划分，对探索这三个地域内发展起来的青铜文化的状况也是有意义的。

青铜乐钟是古代先民为丰富他们的精神生活而创造的一种特殊的金属制品。它作为打击乐器，人们对它的要求主要不是乐钟形体的精美华丽，而是乐音的音响效果。

据研究，这种合瓦形的钟体，两侧的棱和甬具有阻尼作用，使衰减加速，易于演奏，而且不存在由两条节线构成的振动模式，消除了"哼音"。尤因这种钟体具有对应于编钟截面呈正反两种对称的基频振动模式，构成了一钟形成双音的必要条件，[13] 所以每一件钟的鼓部都能敲击出不同的乐音（一般为两个基音）。已知早期甬钟也已具备了一钟双音的特性。[14]

江浙型和湖南型钟在出土时多为单件乐钟，但在整理中发现，有形制、花纹完全相同仅大小有别者。根据中原类型早期甬钟形制相同、大小递减而3、5件成编的规律，或可认为它们原来也有成编使用的可能，是否也是5件成编或者是3件成编目前尚不清楚。乐钟在使用时需有若干不同频率的乐音（基音）相配才能成曲。妇好墓出土的5件钟，经测音证实已构成四声音阶序列。这两个类型的乐钟原来或也成编使用，在理论上是合理的。

青铜乐钟与其他青铜器一样，它的制作是为了实用。一般器物的或大或小、或薄或厚，甚至厚薄不匀，都不影响人们使用。但乐钟则不同，它是按设计者对钟体预期的音响效果的要求铸造的。每件乐钟的大小、高矮、厚薄或各部位的比例失常等，都会影响音频和音响效果。不合要求的钟被视为废品，往往被熔化后重铸。这一特定的要求，决定了每件乐钟的形制自有其规定性。钟体的结构越合理，铸造工艺越精细，乐钟的质量也越有保证。

据对乐钟钟体所做的激光全息干涉振型检测表明，这类乐钟之所以具备一钟双音的特性，是由于每个钟都具有两类主要的振动方式：一是正对称振动，其节线通过鼓音所在部位；一是反对称振动，其节线通过隧音所在部位。但是节线的走向不仅和钟的结构有关，也受到质量分布的影响。[15]

铸造时模具型腔的规范化程度，合范过程中的准确性以及合金配比的合理等都可影响乐音。经测音，早期甬钟的音程以大二度居多，[16]已经达到实用要求。这也说明当时的铸造者不仅掌握了一定的乐理知识，而且在型腔设计、合金配比、铸造工艺、测音试音等方面都积累了相应的经验与技能。所以，江浙型、湖南型早期钟的出现，雄辩地说明了长江中下游地区的先民在商代晚期已经创造了具有较高水平的青铜文化。它的发展水平并不低于中原地区的青铜文化。江浙型早期钟在经历了较长时间的发展之后成为定型化甬钟，固然与它的结构比较合理、性能较好有一定关系，但若没有较高的铸造技术，想铸造性能较好的乐钟也是不可能的。

至于它在传入关中地区以后被周人所接受，并成为古代乐钟体制中起骨干作用的甬钟，则从另一个侧面反映了发源于长江下游的青铜文化的独创性为中原居民承认并与之融合一体。这一实例似应看作长江流域与黄河流域这两个文化在碰撞后放出的一个火花。

生活在长江流域的古代先民在商周时期创造较高水平的青铜业，在客观上也是有条件的。

长江流域的地质构造与中原不同，是我国有色金属矿的富集带。地质勘查的结果表明，这里有色金属（包括铜金属）的储量远比中原地区丰富。其中的矽卡岩矿，因其含铜品位较一般铜矿要高，开采也较容易，所以，一旦铜金属的使用价值被人们认识之后，就促使人们去采掘开发，加以利用。

湖北大冶的铜绿山古铜矿在经过发掘以后，了解到春秋时期的采矿技术和冶炼工艺都达到了相当高的水平。古人能在距地表四十多米的深处掘取矿石，并在提升、排水、通风、选矿和运输方面积累了丰富的经验。对炼铜竖炉进行的模拟实验证明，当时的竖炉可以连续加料，连续排渣，间断放铜，每个炼炉可以持续较长时间进行生产。[17]

已有的线索表明，铜绿山古矿冶遗址的附近还有年代更早的采冶遗存。所以，湖北黄陂盘龙城等地出土的商周青铜器具，它们的原料当产自附近。像湖南类型早期甬钟那样硕大的体积，每件重量在数十千克至百余千克。铸造这样的重器虽是出于人们的需要，但跟这一地区铜金属的原料比较充裕，也是分不开的。

综合考察长江中下游地区史前文化的发展进程，也可看出距今4000年前的青龙泉三期文化或良渚文化等遗存，它们的社会生产力发展水平也并不比中原地区的龙山文化落后。所以长江流域的古代先民跨入文明门槛的时间未必比黄河流域晚。它们很可能是接近的或同步的。

支持这一看法的旁证还可提到以下一些实例：如黄陂盘龙城发现的宫殿遗址和一批青铜器具，[18]显示了这一地点的青铜文明的水准。它的年代上限可推至二里岗期。虽然盘龙城遗址的规模不能与偃师或郑州商城相比，但它的宫殿建筑和青铜铸造技术等，都与中原地区的同类遗存是一致或接近的。然而，这些青铜器似还不是该地先民制造的年代最早的铜金属制品。

近年在四川广汉三星堆发现的大批青铜器[19]和成都十二桥发现的大型建筑遗址，[20]使我们对这里的青铜文化面貌及其水平有了新的认识。其中的大型人面铜器等遗物为中原及其他地区所不见，显然是这里富有特色的类型品。这是距今 3000 年前后存在于该地区的古城古国的遗存。三星堆出土的铜尊，其制作年代可上推至二里岗期，但它也不是该地区居民制作的年代最早的青铜制品。

就早期甬钟中的江浙型和湖南型乐钟而论，它们的出现应是文明发展的产物，是在有关地域的青铜铸造技术达到相应水准时才能制造的。尽管洞庭湖周围或长江下游地区迄今还没有发现同时期的城市遗址，但是这些铜钟的出土，也从一个侧面揭示了这两个地区的居民们于晚商时期在创造青铜文明方面取得的成就。有理由认为它们是古代中国的另两个文明发源地。

综上分析，长江流域的先民们在商周时期创造了相当发达的青铜文化。散布在长江流域的古城古国也不止成都、黄陂等几个。但是这几个城址或重要遗址的发现，也足以说明长江这条大河是孕育、发展中国古代文明的又一个摇篮。它的文明发展对中国南方地区的开发具有莫大的意义。

三

近些年来，在珠江流域和云南、广西等地陆续出土了不少青铜器，其中包括一些青铜乐钟。基于对早期甬钟中存在三个类型的认识和甬钟由江浙类型早期甬钟演变而来的结论，使我们对有关地区内出土的各类青铜乐钟及其间的关系等也有了进一步理解。

在岭南与西南地区迄今未见到流行于长江流域的早期甬钟制品。在岭南地区见到的青铜乐钟是东周时期的无旋钟[21]。这种乐钟的形制与甬钟有很多一致之处，如钟体为合瓦形，于弧，两铣微侈，有枚和甬。它的形体修长，也与同时期的甬钟的作风是一致的。但定型后的甬钟的甬上都有旋，有干，而这种乐钟均无旋，故称为无旋钟。

这种乐钟壁薄质轻，也与同时期的甬钟有别。从出土地看，它主要分布在珠江三角洲一带。因而，它是这一地区的古代先民在受了同时期的甬钟影响下制作的一种地方型乐钟。

镈于是居住在淮河南北的居民创造的另一种青铜乐钟，目前见到的最早的镈于，出自皖、苏、鲁三省的一些地点，年代可上推至春秋前期，但战国至秦汉时期却盛行于巴蜀地区。从出土情形看到，以湘、鄂、川、黔交界地区的数量最多，[22]形制也更规范化。这种乐钟是如何传到这一地区的，这里暂不讨论。但它在战国两汉时期已成为这一地区居民使用的主要乐钟，大概是没有问题的。

羊角钮钟是流传于云南、广西及广东西部和越南北部的另一种青铜乐钟。这种乐钟很有特色，钟体为半个椭圆体（横截面也呈椭圆形），底边平直，顶部有竖长方形透穿孔，并接有两个羊角状板钮，故被称作羊角钮钟（越南学者称为象铃）。

羊角钮钟在历史上存的时间约当战国早期至西汉中期。从出土地看，它的分布地域正是铜鼓分布的中心地带，而且常在墓葬中与铜鼓伴出。[23]

羊角钮钟的形制与甬钟差异较大，与其他青铜乐钟类型也有差别。它跟印度的圆形钟也明显不同。合瓦形铜钟是中国大地上产生的独具特色的一个类型。羊角钮钟的形制基本上保持了这一特点。所以它仍属中国先秦乐钟的体系，是古代中国青铜乐钟体制的一部分。它是生活在红河流域和西江流域的古代先民创造的一个地方型乐钟。它出现的时间虽较中原和长江流域的乐钟略晚，却反映了这里至少在东周时期也已跨入文明门槛。

不同的族，由于它们所在地域内的自然条件不同，获取生活资料的方式不同，它们制作的生活用品也往往是不相同的。当历史进入文明时期以后，尽管文明程度较高的族对开化较晚的族予以一定的影响，但这不是简单的输出，而是后者在特定条件下对前者的文化因素的吸收。再者，影响往往是相互的。

不过，各族对于本族固有的文化习俗是不会轻易改变的。用考古手段考察青铜乐钟，以其形制差异区分不同地域内使用的别具特色的乐钟类型，不仅对研究古代乐钟的发展、变化具有意义，而且对探讨古代中国不同地域的文化发展、做器者族属在历史进程中的交往与融合等也能提供一个方面的论据。

本文前面讨论的青铜乐钟诸类型，它们的做器者自应分属不同的族属。至于它们是哪些族？这是需要综合其他材料来进行考定的。

目前，江南各省、区的考古工作正在蓬勃开展，出土的一批批新资料为我们认识这一广阔地域内古文化的区、系、类型，提供了很多可供分析的素材。

本文就青铜乐钟的类型进行的讨论，是从一个方面就这一问题所做的尝试性探索。不当之处，欢迎指正。

参考文献

［1］中国社会科学院考古研究所编：《殷墟妇好墓》，文物出版社 1980 年版。

［2］惠民县文化馆：《山东惠民县发现商代青铜器》，《考古》1974 年第 3 期。

［3］杨宝顺：《温县出土商代铜器》，《文物》1975 年第 2 期。

［4］考古研究所安阳工作队：《1966—1977 年殷墟西区墓葬发掘报告》，《考古学报》1979 年第 1 期。

［5］马得志等：《1953 年安阳大司空村发掘报告》，《考古学报》第 9 册。

［6］陈梦家：《殷代铜器》，《考古学报》第 7 册。

［7］殷玮璋、曹淑琴：《长江流域早期甬钟的形态学分析》，《文物与考古论集》。

［8］湖南省博物馆：《湖南省博物馆新发现的几件铜器》，《文物》1966 年第 6 期。

［9］杜廼松等：《记各省市自治区征集文物汇报展览》，《文物》1978年第6期。

［10］熊传新：《湖南新发现的青铜器》，《文物资料丛刊》5。

［11］高至喜：《中国南方出土的商周铜铙概论》，《湖南考古辑刊》2。

［12］见《故宫博物院院刊》1958年第1期封面。

［13］杜瑞等：《对曾侯乙墓编钟的结构探讨》，《江汉考古》1981年第1期。

［14］马承源：《商周青铜双音钟》，《考古学报》1981年第1期。

［15］贾陇生等：《用激光全息技术研究曾侯乙编钟的振动模式》，《江汉考古》1981年第1期。

［16］见［14］。

［17］夏鼐、殷玮璋：《湖北铜绿山古铜矿》，《考古学报》1982年第1期。

［18］盘龙城发掘队：《盘龙城1974年度田野发掘纪要》，《文物》1976年第2期。

湖北省博物馆：《1963年湖北黄陂盘龙城商代遗址的发掘》，《文物》1976年第1期。

［19］四川省文管会等：《广汉三星堆遗址一号祭祀坑发掘简报》，《文物》1987年第10期。

［20］成都市博物馆：《成都十二桥商代建筑遗址第一期发掘简报》，《文物》1987年第12期。

［21］广东省文管会：《广东清远发现周代青铜器》，《考古》1963年第2期。

广东省文管会：《广东清远的东周墓葬》，《考古》1964年第3期。

［22］熊传新：《中国古代錞于概论》，《中国考古学会第二次年会论文集》。

李衍恒：《錞于略述》，《文物》1984年第8期。

［23］蒋廷瑜：《羊角钮钟初论》，《文物》1984年第5期。

原刊于《南方民族考古（2）》1989年

矿冶考古方法探索

  岩石是人类向自然界索取加工原料，用于制作工具时最先考虑的对象之一。从现有的发掘资料可知，早在170万年前的元谋人时期即已打制成石器。不过，从岩石中提取金属元素并经加工提炼成金属而加以利用，则是晚近数千年间的事情。严格地说，采矿业的出现与冶炼业是联系在一起的。

  目前，有人因山西怀仁鹅毛口和广东南海西樵山发现有加工制作石器的地点，因而将采矿业的起始年代上推至万年以前。也有人把石料的采集和石器的制作作为采矿业的开始，把采矿业出现的年代上限溯至170万年前的旧石器时代早期。这些说法恐皆失之偏早。

  采矿是指从地壳中采出有用矿物并运至选矿或使用地点的行动、过程和作业。史前时期的古人利用石材是因为它质地坚硬（一般要求岩石的硬度在莫氏计5度以上），制成一定的形状以便利用它的锋（如箭镞）、刃（如刮削器），或用它的重量（如敲砸器）等，并不是用它所含的有用矿物。

  人类最先制作的铜金属制品，也未必由采掘的矿石并经冶炼后所获得的铜金属制作，因为地表面存在的自然铜，它的含铜品位可高达95%以上，予以煅打，即可成器。但当地表的自然铜不敷需要，导致人们寻找矿脉而进行采掘时，那就是采矿的行为了。

所以笔者认为，采矿业的出现与金属冶炼业的发明时间，两者相距当不会很远。

采冶业的出现，是人类进入文明时代的标志之一。金属器具的发明与制作，表明人类在征服外部世界、向大自然索取财富的斗争中向前跨进了一大步。

我国青铜时代的上限至今尚在探索之中。涉及采冶业出现的年代上限也是尚待解决的问题。商、周两代历时千余年，古代工匠们铸造了数以万计的青铜器具，包括工具、礼器、乐器、兵器、车马器、货币、日用装饰品和工艺美术品，等等。青铜器的使用范围几乎涉及社会生活的各个方面，尤其在贵族的生活中起到了重要的作用。形体大者如司母戊方鼎，重850千克。一座不大的曾侯乙墓，葬具和随葬品所用之铜，总重量达1万千克之多。当时制作这么多的铜器，它们的原料显然已不是自然铜所能满足的，而是靠采掘矿石，经冶炼成铜来提供的。

商周时代工匠们掌握的娴熟的铸造技术，创造了灿烂辉煌的青铜文化。每一件青铜器的背后，都包含了采矿、冶炼和铸造等一系列的生产过程。所以，反映我国青铜文明水准的，不只是青铜器及其铸造业的成就，还应包括采矿和冶炼方面的工艺和技术水平。有关采矿和冶炼遗址的调查与发掘，应成为考古工作者研究的重要方面。

早在半个世纪以前，在发掘安阳殷墟的时候，发掘者在遗址中见到孔雀石和坩埚碎片等遗物，颇疑附近可能有冶铜遗址。经过多年的发掘工作之后，安阳殷墟只有规模较大的铸铜作坊，并没有见到冶炼遗址。不仅安阳殷墟如此，此后发现的郑州、偃师、洛阳等地的商周都邑遗址，以至东周时期的列国都城址中，发现的也都是铸造青铜器的作坊址，无一处发现有冶炼遗址者。基于上述情况，人们提出了当时的采矿、冶铜遗址约在古铜矿附近，与铸造作坊可能异地而设的假说。一个时期以来，人们为寻找采冶遗址，曾经做过一些努力，但一直未获满意的结果。

一个偶然的机会，从湖北大冶铜绿山传来了振奋人心的消息：一个年代久远的古矿冶遗址被生产单位在采矿过程中发现了。它不仅规模巨大，而且保存很好。中国历史博物馆得到消息后即派人前往勘察，最初获得的资料虽然不多，但仍可推定它是东周时期的遗存。这当然是个重要的发现。

生产单位要求配合清理。经国家文物局与冶金部商定，铜绿山矿发现采矿与冶炼遗址的两个地点停产一年，以便组织力量抢救这份罕见的宝贵遗产。中国社会科学院考古研究所组建了考古工作队，参加了这项发掘工作。先后在被编为Ⅶ号矿体1号点的古代采矿遗址和Ⅺ号矿体冶炼遗址进行发掘。

这是一项被称为科技考古的工作。它和一般城址或村落遗址的考古工作很不相同。我们对于这项工作既感到陌生又极富有吸引力。它向我们提出了一个需要着力于进行全面探索的新课题。

所谓"全面探索"，是指我们不仅要对古代的采矿、冶炼技术方面的问题进行探索，而且对如何进行发掘，怎样准确、全面地获取资料等方法，也要进行新的探索。

众所周知，正确的方法是使工作任务获得成功的必要途径。我们认识到在考古发掘中，只要方法对头，即使发掘的只是一个遗址的局部，也犹如打开了一扇历史的窗户，从中可以窥见古代社会的真实一角，甚至能揭示某些规律性的东西。但若方法不对，工作做得再多，给人看到的如果不是歪曲的，也将是若明若暗的图像。

在我们接受任务以前，湖北的同行们在配合生产单位对古矿进行抢救性随工清理时，已经取得了不小的成绩，初步揭示了有关竖井、平巷、盲井的结构及它们的关系。对古炉的形制等也有不少了解。这为我们开展工作提供了可以借鉴的宝贵经验。

不过，要想真正认识古代的采矿和冶炼技术及其水平，深入古代矿冶遗址的现场，进行一定规模发掘是必不可少的。因为，在识别与处理各种现象的过程中，通过观察、分析、思考并解决或解释采矿与冶炼方面涉及的一系列问题，可以不断地促使认识的深化。那样，可使我们在感性认识的基础上尽快地向理性认识飞跃，进而为研究古代采矿和冶炼方面的问题创造条件。

这一过程是复杂的，又是不可少的。感觉到的东西并不能真正理解它，只有理解了的东西才能更深刻地感觉它。认识离不开实践，概括则是认识的深化。

应该承认，我们在实际工作中遇到的问题比原来估计的要多得多。因为我们接受的毕竟是个全新的任务。它既是考古学领域中的课题，却又涉及地质、采矿与冶金等方面的知识。研究课题本身要求我们对很少了解的古代采矿和冶炼技术等一些具体问题做出科学的解释。鉴于遇到的很多问题是未知的、难解的、需要深入探讨的，所以，学习、研讨、反思、再认识的过程就贯穿于整个工作之中。发掘工作每前进一步，也意味着我们的认识向前推进了一步。随着新现象的不断出现，又一再提出新的问题。研究工作正是随着这样的过程而不断推进的。

原称大岩阴山的矿体面积甚大，在若干地点均有古代矿井露头。我们发掘的地点在Ⅶ号矿体的北部，编为 1 号点。在抵达现场时，上部数十米山体已经被电铲挖去。我们所布的探方面积为400 平方米，开工时露出的井口就有 20 余个，有的巷道也已经露在外面。从井口和露头的巷道可以推测下边的巷道十分密集且错综复杂，这一点我们是估计到的。但是，一旦动手清理，问题就一个个提到面前。例如：由于上边的地貌已经破坏殆尽，原来的地层也一并失去，已无法按常规、凭借井口所在部位的地层关系去判定它们的年代早晚了。虽然巷道在矿体中的位置有的距地层较浅，有的较深，但这本身不能作为判断其早晚的依据。因为在条件允许的情况下它们可以挖得很浅，也可以挖得很深，如同墓地中的墓穴，有的只有一二米深，有的可深达十余米那样。这种情况几乎是难以避免的。

原来的地貌若保存完好，面对坚硬的岩石，若无特殊装备，也无法按常规手段深入40余米的矿体中去了解采掘的情形。如今上面40多米的岩石已经搬走，古铜矿的采掘面暴露在面前，这对发掘工作来说，未尝不是有利的一面。困难在于：在清理失去地层关系的墓葬时，尚可依据随葬品来推断墓葬的年代，但在古矿井中则没有可供断代的器物，甚至连陶片都极为罕见。所见之个别陶片也是回填巷道时带进坑内的，用它断代也未必准确。

所以，只能依靠对木质支护测定碳十四年代数据来推断。用这种方法测定年代数据断代也是可行的，缺点在它的误差虽经校正，也难以完全消除。为此，我们除了多选标本测定数据以外，还用其他办法来校正，如依据井巷间的打破关系，对碳十四年代数据进行校对，纠正了个别数据的误差。通过上述努力，使我们看到一个重要的事实：这些井巷虽然都是春秋时期的遗存，但它们的绝对年代尚有早晚之别，认识这一点，对我们分析当时的采矿规模是极有意义的。

所幸的是，铜绿山Ⅶ号矿体1号点发现的古矿井几乎都集中在大理岩和火成岩之间的接触带上。接触带有宽有窄，岩石比较破碎，这对于古代采矿和今天的考古发掘都是比较有利的。发掘期间，大块岩石的开凿和搬运由生产单位协助解决。井巷内充填的废矿及围岩，一般情况下使用普通工具和用具还能挖动和运走。若像林西大古井，或麻阳九曲湾等地的古矿井多设在岩石的裂隙中间，用我们目前的装备去主动发掘，困难就更大了。

当然，这里的岩石虽然破碎，但其硬度之大，也非中原的黄土或南方的红土所能比拟的。由于发掘点上的古代井巷已经接近采掘面了，我们曾设想从竖井中下去进行发掘。但是，井巷中的框架支护多在60厘米见方，古代工匠进去采矿时原本相当困难。

2000 余年来因应力集中使原来井巷中的支护已严重变形，古巷道的空间也更加窄小。特别是木质已变得相当疏松，原来的支护功能已完全丧失，无法保证考古人员在下面工作时的安全，所以这个方法也无法实现了。

我们注意到前人在发掘时，曾经采用把井巷外面的围岩全部剥去，把井巷中的木质框架（它里面有充填的废料）支护全部暴露在外的做法。这样，在考察其结构以后，由于支护失去依靠，只得把这些支护逐段拆去。这种做法，从解剖井巷的角度是可以的，但缺点是不能就地保护，也不能让人们看到竖井、平巷、盲井等古代工匠们在采矿时留下的各种遗迹的全面情况。

我们认为最好的办法，应是通过考古工作，既解剖了井巷，搞清其间的结构，又尽可能完整地保持巷道的原貌，以便让参观者能窥其全貌。它使每个研究者能根据这些遗迹去研究古代工匠在矿脉中开拓井巷的情况，客观地恢复古代的采矿工艺。

在作了种种考虑之后，我们决定从实际出发，先从接触带两侧的边沿开始发掘采矿遗址，然后向井巷密集的采空区逐渐推进。发掘中从提升用的竖井着手，顺着它去摸清下边的巷道走向。早期的采矿作业，工匠们往往只挖竖井，俗称竖坑法；后来才在竖坑底部接连平巷，称为巷道采矿法。从采矿技术上看，后者比前者要进步。在我们的发掘区内，虽然有只挖竖坑的，但更多的用巷道采矿法。

由于采掘面上往往有几条巷道，它们自成组合。其中，有的可称为主巷道，旁边有分出的支巷，下边还往往有盲井。所以在搞清每个井巷内部结构的同时，还要弄清上述关系，甚至巷井内遗留物的放置情况，等等。

具体操作时，我们是从挖去井巷一侧的围岩着手的。例如，挖掘竖井时，从垂直方向挖去一侧围岩，其他三面的围岩，则不去触动。这样做的结果，竖井内的框架支护在原来的位置就可保持不变。当这一侧面的围岩剥离以后，设在竖井内的框架支护的结构，诸如框架的接榫情况，周围的衬垫物及框架与框架之间用细木棍或竹索联结情形等都暴露在我们的面前了。在做了必要的照相、绘图和文字记录之后，将这一壁的衬垫物取走，拆开榫卯，再清理竖井内部的充填物。如果井底还连接巷道的话，竖井与巷道（包括平巷与斜巷）连接情形也可以搞清楚了。在清理平巷或斜巷时，我们或揭去其顶板，或从左、右一侧挖去围岩，用同样的办法向内清理。（在采用后面的方法时需打进一些钢钎加以固定以防止巷道顶部下沉或塌落。）这样做的结果，不仅可以搞清井巷及其支护的结构情形，而且可以搞清井巷之间通过"马头门"连接的情况、巷道的走向组合、它们底部的盲井，留存在井巷内部的工具、矿石、排水用的木槽，等等，都清清楚楚地展现在我们面前了。

在我们做了这些努力之后，终于在发掘区内揭露出一组组完整的井巷。每组中少者有两三条平巷，多者有六七条平巷，它们分别与2、3个竖井组成一个采掘单位。如有一组是由7条横巷围绕3个竖井作扇面形展开的。从现象可以断定，这三个竖井中，一个主要用于排除地下水（因为它的底部有一个较大的坑穴可作储水仓之用），两个竖井则用于提升矿石和支护用材等。在这些平巷的底部还发现有7个盲井。

有的平巷中还发现了当时用木棍和青膏泥封堵废旧巷道的痕迹。这一现象十分难得，因为当时在巷道中是否使用充填法，人们的看法是有分歧的。上述现象的揭露，说明了古代工匠在掘进过程中，在开拓新的平巷时，将低品位的矿石和围岩等废弃物，一并用于充填废弃的巷道，避免了将废料运至地面，回填时再运回坑下的往返过程。使用这种充填法还可减轻工作面上采空区的压力，增强采掘工作的安全系数，因而这是一种讲究实效的方法。同时，这一发现还为我们考察古代工匠在解决坑下的通风方面所做的努力提供了证据。

这里需要强调的是：发掘过程中全面、完整地揭露各种现象，并用多种手段进行记录，固然十分重要，但这还不是我们的全部工作。对我们来说，发掘是为了研究这一发掘对象，并恢复它的历史原貌。为此，我们既要对实物现象进行科学的记录，还要基于对事实的分析而做出抽象的概括。

就采矿遗址而论，我们为揭露一组组井巷的面貌花费了不少精力，但重要的是如何以这些材料为基础，对春秋时期的采矿技术进行研讨。

过去曾有人提出当时的采掘方法为水平分层、上行开采的设想。但如前面所讲的，在一组组井巷中所看到的情形，自然联想起由竖井—平巷—盲井掘取矿石的过程。

巷道除了作为回采工作面外，还作探矿、开拓、采准之用。

采掘工序由出土的斧形凿、锤、锄等铜、铁与木质工具，可以知道这些是当时主要的采掘用具。铜质的斧形凿属春秋时期遗存，而铁质工具在战国矿井常有出土。凿、锤等工具用于剥离矿石，锄则是用于扒取矿石或废石。从出土的其他遗物还可知道，这些矿石用竹簸箕倒入竹筐或藤篓之中，再提升至地面。

提升是用辘轳这种早期的机械工具完成的。提升过程则是由盲井—平巷—竖井而达于地面的。可能用分段提升的方法将矿石、废石、地下水等分别运送至地面，同样，它可以将工具、木质支护或人员送到坑下的作业面。

为了在坑下开拓巷道、采掘矿石，工匠们必须解决通风问题。因为在缺氧的条件下人们不仅无法工作，甚至还会窒息身亡。一般来说，空气中的氧气约占21%，但若氧气的含量低于17%或二氧化碳的含量达到3%以上时，人们就丧失了长时间从事繁重劳动的能力。

当时尚无使用机械通风的可能。解决工匠们在坑下操作时的缺氧问题，一般认为，是利用井口高低不同产生的气压差所形成的自然风流来调节的。不过，这多半是一种推论。但是，从上述采用封堵废巷的办法看，正是为了让新鲜空气能直接流向正在采掘的作业面上，以满足采掘者对氧气的需要，从而证明了前述推论之合理。这种利用自然风流解决坑采缺氧的办法是比较有效的。我国近代的土法采矿尚有使用的。第二次世界大战后期，因发电设备遭联军轰炸受损，德国的一些矿井中也有使用这种方法采掘矿石的。

根据矿区的水文资料知道，古矿井所在水平位置都在潜水线之上。坑下井巷中出现地下水主要是雨雪水渗入而成，水量不大。但若不解决排水问题，势必给采矿造成影响。那么，排水问题是怎么解决的呢？

在发掘区内曾经多次发现了古代的排水设施。它们大多是用直径约 20 厘米的圆木对剖后挖空制成的。每节水槽长度在 60—200 厘米不等，这种水槽都铺设在平巷底部方框支护内侧的地袱之上，或在方框支护外侧（支护与围岩之间）。有的则在成组井巷间设有专用的排水巷道。后一种巷道的内径较采矿用的平巷要小，里面也铺设水槽。

这些水槽均用木棍固定，在长度不够或拐弯处需要连接时，都用黏土（青膏泥）涂抹，以防止渗漏和固定其位置。它们的一端通向采掘面，可以不断延伸，另一端则为储水仓或排水井。所有的水槽如同巷道一样，均以一定的高差而铺设。

在有的主巷道中，因排水槽的设置，巷道的空间变得更加窄小，显然影响了采掘过程中运送矿石等工作的进行。为了解决这个矛盾，工匠们将排水槽铺在巷底后，又在上面盖垫了一层木板，使之成为暗槽，人在上面照常可以行走。在有限的空间内做出如此巧妙的安排，使今天的参观者都为之叹服。

我们在现场曾对这组两千年前的排水系统做过一次实验：当

在采掘面一端的水槽倒入水以后，水流经过弯弯曲曲的水槽，顺利地流入储水仓中。古代工匠的聪明才智由此可见。

巷道在矿体中的走向，经常受制于矿体中矿脉的走向。我们从实际工作中认识到：虽然工匠们在矿体中为掘取矿石而开拓巷道，它们的组合形式各不相同，但它们之间仍然存在不少共性的因素。例如，为解决坑下采矿时的缺氧问题，采用了利用井口高低不同产生的气压差形成自然风流，以调节坑下氧气的补充，那么每组巷道（不管它们的支巷有几条）必须要有两个以上的竖井；为了排除巷道中的积水，使采掘面上的地下水能顺利地流至排水井（它与运送矿石的竖井有时是同一条平巷，有时是相距不远的两个井）中，再从那里提升至地面，巷道在开拓过程中都在比竖井（主井或排水井）的水平面略高的坡度向前掘进和延伸的。当我们理解到这一点时，尽管面前的巷道还是那么纵横交错，再没有错乱迷惘的感觉了。相反，由于这些规律性的东西被认识了，从一组组井巷中可以较自由地区分出哪是主井，哪条是主巷道，并且对它们的组合及采掘情况等都能很快地区别与判断了。在这种情况下，若想复制工匠们在采矿时一次次深入四五十米的矿体深部开拓巷道的历史画卷，也不是不可能的了。

此外，井巷中出土的一些遗物，也为了解当时采矿过程的其他问题提供了依据。例如，船形的木质"淘金斗"的出土，说明当时已经使用重力选矿的方法。用它鉴定矿石品位的高低，可以确定采掘面的前方是否值得继续开拓。其他如木质耳杯、葫芦瓢、竹篮和陶器碎片等，则是当时工匠们的生活用具。从这些生活用具可以推测，工匠们的居住遗址当距此不会太远。在大岩阴山南坡的地表确有同时期的陶片，可惜那里的地貌已经改变，地层被扰乱殆尽，已无法搞清全貌了。

后来，我们在附近做了调查，除了发现一些古铜矿外，还有同时期的居民聚落遗址，有的遗址中还有铸铜作坊。

不过，古矿遗址中遇到的某些问题，又是它本身无法回答的。例如，一般认为，古代冶炼水平较低，冶炼时只能用孔雀石、自然铜、蓝铜矿等含铜品位较高的块状矿石。发掘区内古代井巷虽然纵横交错，但是这里的矿石含量都很低，取样分析的结果表明含铜普遍很低（相当多的只有1%—2%），且多为粉状矿。这样低的矿石当时能否冶炼？若不能冶炼，为什么工匠们还在这里开拓那么多井巷？这个问题曾引起一些学者的注意，不少人（包括冶金史工作者在内）都为这里的矿石品位低而感到费解。这些重要的问题也是需要我们予以回答的。要回答这个问题，必然涉及同时期炼炉的性能与冶炼水平等方面的问题。这样，发掘冶炼遗址并对春秋时期冶炼方面的问题进行探索与研究，就是必不可少的了。

采矿遗址的发掘工作进行到一定阶段，我们把重点转移到Ⅺ号矿体的冶炼遗址，发掘了一座炼铜炉。从地层关系可断定它是春秋时期的遗存。经过解剖，对它的炉型、结构等也都有了较全面的认识。炉旁发现的柱穴，反映了原来曾经搭盖有棚架的事实；附近放置的石砧和石球，说明冶炼时曾对较大的块矿进行加工；它旁边的浅坑中所放的粒度均匀的小块矿石，应是加工过的备用品，它们的直径均在3—4厘米上下，说明冶炼时矿石的粒度以此为合适。附近散落的孔雀石、铜铁矿石及木炭等，也提供了古代冶炼时所用物料的凭证，说明当时是用木炭对氧化矿进行还原熔炼。至于陶器、铜锛、铜块、炉渣、高岭土等，也都为我们了解当时的炼铜情况提供了可供分析的素材。

这一地点，先后清理过七座炼炉，它们的形制基本上是相同的。这种炼铜竖炉，由炉基、炉缸和炉身三个部分组成。炉基设在地表之下，多用大块岩石垫底，中间留有"一"字形或T形风沟（防潮沟）。炉缸的平面呈长方形，并设有金门。有的古炉上还残留有鼓风口的遗迹。炉身的高度已不可确知，但由炉壁的厚度可推知其大概。

搞清古炉的形制与结构之后，必然会就这种古炉的构造、性能以至操作方法等方面提出许多问题。诸如，炼炉的炉缸底比金门口还低，排放铜汁时必不能放尽，那么当时是"杀鸡取卵"似地破炉取铜呢？还是为连续冶炼而特意设计的呢？用这种竖炉冶炼，需要具备哪些条件呢？操作起来是否简便？另外，很重要的一个问题是，当时的冶铜业究竟达到了怎样的水平呢？

这些问题，虽然可以利用现代的冶金知识解释其中的一部分，或用推理导引出某些结论解释其中的另一部分，但是，因解释者强调的侧重点不同，往往会提出一些很不一致、甚至是完全相反的看法。这对研究工作是最不可取，也为研究者所忌讳的。

在这种情况下，我们提出了进行模拟实验的主张。因为实验能使我们观察到至今尚未知晓的有关冶炼的事实。在创造与古炉冶炼条件相同的环境中进行模拟实验，它所获得的结果，即使不能直接说明上述问题，至少对探讨这些问题，也会得到有说服力的论据。

需要考虑的是，实验中如何创造与古代工匠冶炼时所需的条件相一致，或尽可能一致的环境。要做到这一点不是没有困难的。如果实验中有一两项条件与古炉的环境不合，那也会影响结论的准确性。诚然，实验所得的结论，有时虽然仅是证实了某个假说，但它比某些推测性的看法，仍有可能更接近于古代炼铜工艺的实际情况。

另外，在一次实验中想回答事先想到的全部问题，那也是十分困难的。实验往往要进行多次，每次都应有希望解决的特定目标。每做一次实验，对课题的研究都是向前推进了一步。所以，在进行多次实验，观察到大量事实之后，最终获得与古炉一致的结论将是可能的。

从提出这个想法到决定进行模拟实验，曾经有过一个反复的过程。因为这种实验以前没有做过，这个想法本身很可能使我们步入一个未知的黑暗世界。在那里凭借我们所带的知识的微光，有可能看到某些有趣的发现。但当我们拿到亮处细加端详时，看到的竟不是一件宝物，而只是一块奇形怪状的废物而已。

我们对实验过程中可能遇到的种种困难因素作了充分的估计。在各种条件尚未准备充足以前，对实验结果，更多的是持怀疑态度。不过，准备工作一刻也没有放松。

我们组织各种讨论，以便集思广益，把有关的准备工作做得更细致，更周全一些。我们的实验，难就难在"模拟"二字。所以很注意对不同意见的倾听，并加以分析。这就可能避免在相同思路下容易产生的疏漏，防止实验中出现不应有的毛病。

对于这次实验及其结果，我们始终抱着审慎的态度。这倒不是怕它失败，因为，严格地说，每一次失败只表明其中某些条件不合于事实，可以促使我们去做另一种更佳的实验方案。它同样是有意义的。所以有的科学家说：畏惧错误就是毁灭进步。

实验过程中出现这样的情况应是正常的。如有人建议我们将实验炉炉缸和金门的结构做些修改；也有人看到我们执意按古炉炉型夯筑时，断言必定失败。因此，当一号实验炉因风量、风压不足而出现冻结时，有人斥责我们是浪费国家财富的败家子，等等。但我队的成员都能冷静地处理种种干扰。

一号炉经过解剖，发现炉内一部分铜矿石已经熔化。如能保持一定的风压、风量，它也有可能成功。这一情况使大家很高兴。在分析总结了失败原因的同时，大家紧张地着手二号实验炉的冶炼准备。我们当时对二号炉的冶炼结果已抱有审慎的乐观态度了。

在科学实验中，假说是不可缺少的。很多实验是以验证某个假设为目标的。同时，实验还可帮助我们认识实验对象的重要意义。但是假说只是揭示某一新事物的工具，绝不是目的。当原先的假说被证明无用时，就要及时修改或摒弃它。事实上，人们很少知道：在一次实验中究竟碰到了多少困难，又有多少想法在被实验者严格地批判与非难的考察下默默地扼杀了。

为了能获得尽可能多的数值，若能提出多种假说，在实验中注意寻求与每一个假说有关的事实，并作进一步验证，或许是一个有效的办法。

准备工作分资料准备和物质准备两个方面。前者是在分析资料的基础上提出实验炉的复原方案。凡是古炉已经提供的数据，方案中一概加以采纳，如炉基部都设有风沟（防潮沟），炉缸口与金门也按古炉原样设计。炉身高度经推算，选在 1.5 米；鼓风口有设一个的，也有设两个的。因为，迄今在残破的古炼炉上见到的虽然是一个，但我们推测古炉原先可能不只设一个鼓风口。

炼炉的内腔也作了两种不同的考虑：一种作正截圆锥体形，另一个则在中腹向上短轴方向的一段炉壁，筑出 7°的炉腹角（长轴方向仍保持垂直）。炉口部分则上下垂直。这是考虑到：前者的料柱与炉壁之间缺乏摩擦力，熔炼过程中物料的下降速度较快，难以使炉内温度稳定。后者则因所加的矿石、木炭等物料在炉腔内形成的料柱，与炉壁之间有一定的摩擦力，使物料在熔炼过程中能均匀下降，这就有可能确保炉内温度的稳定。

在物质准备方面，除了就近选择各种矿石和木炭等外，重要的是实验炉的构筑。我们除了要求实验炉所用原料与古代一样外，还强调在结构上也要一致。特别是炉缸、金门、风沟等的形制一概不能变动。为此，我们用竹、木材料做了内模，按解剖古炉时所得到的数值进行夯筑。

两次模拟实验得到了铜绿山铜铁矿领导的支持与协助。

模拟实验选择在原地点进行，取材方便是一个方面，更重要的是使实验炉与古炉的制作和冶炼过程保持更多的一致性。例如：从炉型到筑炉的原料，以至矿石、木炭等物料，都可造成与古代冶炼相同或极为近似的条件。这是很宝贵的因素。因为这些基本条件中哪怕有一项与原来的条件不符，都可能产生与原来的情况不同或不尽相同的结论。

诚然，有些条件是无法满足的，如春秋时期这一地点炼铜时用什么工具鼓风的，我们无法知道。原想找个风箱，但未找到合用的，最后，只能使用一个电动的鼓风机。好在它们的作用是一样的。对我们的实验来说，更重要的是测试出风压和进风量，以便考察古炉需要多大的风力条件才能保证熔炼的温度。这样做也能为以后复原鼓风设施提供数据。

有些古炉没有提供的因素，则做了多种假设。如古炉内腔的形制，鼓风口究竟有一个或两个，均未可知。所以我们在两座实验炉上，分别做了不同的设计。这样考虑，目的是通过实验，由实验结果来推定哪一种假设更为合理。

试验是在较充分地作了准备工作之后开始的。内容固然是测试古炉的熔炼条件与性能，但它涉及的方面也不是单一的。因此，就矿石来说，既准备了含铜20%以上的高品位矿石，也准备了含铜7%或更低的低品位矿石，既有块矿（粒度均加工成直径为3—4厘米的块矿）也有粉状矿石（羼入红泥捏成3—4厘米直径的泥团并经晾干）。在实验时逐一加入熔炼，进行对比研究。

模拟实验分别选在晴间多云和阴雨有微风的气候条件下进行。一号炉因风压风量不够（该炉只设一个鼓风口），点火后不久，终因炉温不能持续保持在必要的高度而失败。但它也提供了必要的数据。

二号炉设有两个鼓风口，用一台小型鼓风机，同时向两个风口鼓风。整个冶炼过程相当顺利。冶炼过程中，持续地投入物料，间断地排渣和放铜。在十余小时的实验期间，共投入矿石1300余千克，木炭600余千克，先后排放炼渣14次，放铜2次。炼出红铜100余千克。经化验，红铜中铜含量为94%—97%，炉渣平均含铜为 0.837%。应该说，实验取得了预期的结果。

关于这次实验，在夏鼐先生与我合写的《湖北铜绿山古铜矿》一文中已经提到。这里概要提出的是：实验证明了春秋时期炼铜竖炉的冶炼工艺是铜的氧化矿的还原熔炼。使用这种竖炉，只要保证必要的风压、风量，使炉内木炭充分燃烧，就能正常地进行冶炼。至于风压和风量的大小，则跟炉身的高矮与炉腔的大小有关（或者说由所投的物料所形成的料柱的高矮粗细直接相关）。

附带说一句：冶炼过程中，观察炉内的火焰的颜色也是很有趣的。未熔时火焰是红色的，熔炼时则红光中泛青色，十分美丽。古人所说的"炉火纯青"大概就是指此而言。

在实验中，我们定时定量投料，对风压、风量也做了测试。派了专人记录有关数值，还拍了电影，制作了一套幻灯。所有这些，对研究的进行都是有利的。

在发掘古炉时，我们对它仅设金门而没有分设排渣孔与放铜口甚为不解，实验使我们认识到古代工匠们已经认识并能利用铜汁与炼渣的比重不同的物理特性。铜汁沉在炉缸下部，炼渣浮在炉缸上部，排放时，只要在金门的上部和下部分别捅开一口，渣与铜汁就能分别放出。由于炉缸底部低于金门口，放铜时必不能放净。这就可以保持炉内的温度，不致在放铜排渣时骤然下降，有助于持续冶炼。这种设计比起每次只炼一炉或破炉取铜的作业，其工效无疑要高得多。而且，这种竖炉的炉龄较长，操作简单，检修也较方便，是古代工匠们很有特色的一种创造。

实验表明，不管选用的是高品位的矿石，还是低品位的矿石，这种炼炉都能进行冶炼，从而初步解决了采矿遗址中提出的一些问题。这样从采矿和冶炼两个方面为我们评价春秋时期的工艺水平提供了充分的依据。

当然，有些问题还要进一步讨论。例如：遗址内发现的古炉渣均冷凝成薄片状，表面有水波状纹样，说明排放时的流动性能良好。据测定，含铜量仅为 0.7%，酸度合适，说明当时已经掌握了配矿技术。怎么配的？这次实验时，我们也作为一个内容加以探索。在未加熔剂前，渣的浓度较大，流动性能不佳，加入熔剂（石灰石）以后，渣的流动性能明显改善，冷凝成薄片状，表面也有水波纹样，与古炉渣比较一致。含铜量平均在 0.81%，也较接近。但渣中钙的成分比古炉渣要高，表明古代工匠们不是石灰石配矿的。

有人根据 10 号古炉旁边与石砧、石球一起出的除铜矿石外，还有铁矿石的现象，推测古时可能用铁矿石配矿。这一说法有一定道理，但需要实验证明。

春秋时期，冶炼时使用什么工具鼓风？这也是一个需要研究的问题。

（王振铎先生是我国从事科技考古的前辈学者，值王老从事考古工作五十年之际，仅以这篇小文表示祝贺。本文原是在北京大学考古专业讲演的一个讲稿，这次只在文字上作了一些修改，不当之处请前辈和同行们指正。）

本文原载《中国历史博物馆馆刊》1989 年第 12 期

铜绿山古铜矿采矿技术的思考

在湖北大冶发现的铜绿山古铜矿，是我国发现的第一个古矿冶遗址。这一发现填补了我国冶金史中的一个空白，也把古代工匠如何从铜矿中开采矿石、进行冶炼等问题摆到人们的面前。许多朋友对这一发现表现出很大兴趣，他们从不同视角对它的采掘工艺、冶炼技术和地质构造等方面做了不少分析与探讨，提出了各种说法。

对于铜绿山古铜矿的采掘工艺究竟以何种说法为合理，从发掘之初就存在争议。随着先秦时期的古铜矿在一些省、市、自治区陆续发现，人们对早期采矿业的了解越来越多，在比较与分析中使相关认识得以深化，也促使对过去的一些说法进行反思。

这种反思是很有意义的，因为对铜绿山古铜矿采掘方法的准确论述，关乎我国采矿技术发展史中这一时期处于何种阶段的正确评估与合理定位。

笔者之一曾撰文对发掘的材料进行分析，指出当时从深部矿带进行坑采时使用的是竖井—平巷（斜巷）—盲井的采掘工艺。[1]这一说法是基于发掘工作中清理出一组组井巷的基础材料而给出的。它反映了早期坑采工艺的特点，以操作简便、安全实用而颇具特色。

这种方法出现的时间很早，从江西瑞昌铜岭的发掘中可以看到，至少在 3400 年前的商代中期就已产生。在铜绿山矿Ⅶ号矿体1 号点的发掘中可以看到，这一技术在春秋时期的坑采作业中，它的应用已经相当成熟。表现在：

第一，竖井与巷道的连接已经超出一井一巷的配置，而是围绕二、三个竖井开凿多条巷道与盲井，形成一个个井巷组合。

第二，工匠们在井巷中普遍设置方形木质框架为支护，有效地防止四周围岩的塌落，能有效确保工匠们在采掘过程中的人身安全。

第三，方形木质框架都按同一规格预制，立柱、顶梁、地梁等构件在地面加工后，再运至井、巷中组装、固定，反映了工匠之间分工协作过程的有序与高效。

第四，无论竖井还是平巷，都是密闭的空间。它以井口高低形成的气压差使空气在井巷中流动。采掘中及时充填一些废巷，促使空气更好地流向坑下的作业面上，保证采矿人的氧气供应。

第五，铺设木质水槽或专用排水通道使采矿作业排除了积水的困扰，反映了人们的巧妙构思并在实践中取得预期结果。

Ⅶ号矿体1 号点经过全面揭露，见到那里的井巷密布、纵横交错，铜矿石几乎被采掘一空。这一情况反映了采矿者对铜矿石的渴望、采矿技术的成熟和采掘工作的高效。井巷中没有见到因塌陷而伤人的事例，说明当时在井巷中掘进、回采的过程是安全、有序而顺畅的。从采掘的过程与取得的预期结果，都表明其坑采技术达到了相当高的水准。所以，今天在遗址现场看到的一个个井巷组合，都凝聚了工匠们的聪明才智与创造才能，是先民留给今人的一份珍贵遗产。

从发表的文章中看到，大家从不同的侧面提出了各种说法。由于研究者的思路不一，给出的结论也各不相同。有的说法因缺乏证据而使其结论的合理性受到质疑；有些因立论前提不当，使一些说法难以立论；有的因不按科学规程操作，其结论与历史真实相去甚远。因此，我们在此试作辨析，以期在交流切磋中力求对一些问题达成共识，推进学科的研究进程。

　　　　　　＊　　　　　　＊　　　　　　＊

　　铜绿山古铜矿的采掘方式主要有露天采矿和坑道采矿两种。在过去的讨论中，对露天开采方法的看法分歧不大，对坑道采矿技术则颇多歧见，其间的问题涉及铜绿山古铜矿的年代、采掘方法、生产规模等多个方面。本文重点对这方面的论点与问题作些分析讨论。

　　在发表的文章中有一定影响的一种说法是：铜绿山古铜矿采用"水平分层，上行开采"的方法。所谓"水平分层，上行开采"，是"将采区分成若干水平层，从下而上逐层开采"。他们解释说："随着回采用密集棚子作支撑，木支护与充填相配合，采空区用废石充填"，尔后，在下层棚子的上面再开拓巷道进行回采。他们认为这种方法"曾使用了几个世纪"，说"西周时期的分层高度约为 1 米，下层棚子的顶梁即是上层棚子的底梁。战国至西汉，下层棚子断面比上层为宽，使支护更为稳固"。他们在文中说到："这种采场多位于氧化铜矿富集带，围岩为大理岩破碎带，为保障安全，框架敷设密集。由于回采区经废石充填，牢固度甚好。"[2]

　　本文作者之一曾与该文作者有过多次讨论，申明对此说法不敢苟同。他们强调这种方法在铜绿山"使用了几个世纪"，则Ⅶ号矿体 1 号点的遗存当也包括在内。可是，在发掘中看到的是一组组井巷以及它们之间的打破关系，却从未见到"水平分层，上行开采"留下的遗迹现象。

　　所谓"水平分层，上行开采"说的基点是："将采区分成若干水平层，从下而上逐层开采。"他们把上下两层巷道理解为一体，如同楼层建筑的上层与下层那样，楼上的地面即是楼下房屋的顶棚。他们提出"下层棚子的顶梁即是上层棚子的底梁"的说法，意指上层巷道与下层巷道的方形木质框架的支护结构也是连在一起的，犹如楼层建筑中的立柱那样。

按照这种说法，古代工匠在开凿一条平巷进行采掘之后，再在棚顶上开拓另一条巷道。在上层巷道中设置方形木质框架为支护时，在下层的方形木质框架上接出另一个支护构件，出现"下层棚子的顶梁即是上层棚子的底梁"的情况。这样，在上层巷道进行采掘时，就在下层平巷的棚顶上开凿巷道掘取矿石。当这一层采到一定程度时，又在它的上面开凿第三条、第四条巷道。各层之间架构的方形本质框架支护也都衔接为一体，还能节省一些支护用木质材料。

这种说法看似合理，但此说能否成立，关键在于铜绿山古矿区中能否提供支持这一说法的物证。

然而，我们在铜绿山古矿冶遗址中没有见到可以用作"水平分层，上行开采"的例证，诸如在下层棚子的顶梁上部再建上层棚子的遗存，也没有看到"下层棚子的顶梁即是上层棚子的底梁"的构件。Ⅶ号矿体1号点是带着问题主动发掘的一个点，清理的巷道最为完整。但在一组组井巷中也没有见到在"下层棚子的顶梁"上安装"上层棚子"的立柱的实物。所以，上述说法提出之初就受到人们的质疑。

事实上，这一时期采用竖井—平巷（斜巷）—盲井的掘进方式已能胜任采矿任务并被广泛采用，在客观上也不存在运用"水平分层，上行开采"的可能。理由如下：

第一，人们选择在破碎带中采掘矿石，是那里的矿石含铜品位比一般的矿脉要高，储量也相对富集。缺点是岩石破碎，开拓过程中极易发生围岩垮塌的情形。可是，一旦架设的木质框架支护能够起到防止围岩垮塌的作用时，在破碎带中采掘铜矿石，就成了工匠们首选的理想场所。

在发掘现场看到，每条井巷中都有方形木质框架为支护。井中的支护由四根木材用榫卯法穿接而成，巷中的支护则由两根立柱与分置于立柱上下的顶梁和底梁组成。它们的间距在 1 米左右，说明工匠们每掘进 1 米，就架设一副木质框架，有序地将它们固定在坑壁之中。在平巷或斜巷中，每两副方形木质框架的上面还平铺一层小圆木棍作棚顶。它的两侧则有席片、草茎等物质，被几根小圆木棍别在两根立柱之外侧。发掘中这些方形木质框架为支护，都完整地原位保存，可证它们确已起到了防止上部和两侧的围岩垮塌的作用。

受工具及其他条件的限制，春秋以前的井巷内径都很窄小，框架结构比较简单，木质框架支护的密度则比较大。在直径不足 1 米的井巷内劳作，工匠们的活动受到极大限制。他们不能直立，只能匍匐前进，根本无法转动身躯。工匠们既要手持工具向前开拓巷道，又要架设木质框架作巷道支护，还要装筐将矿石运出巷道，其间的行动艰难是可以想象的。在这窄小的巷道内用"水平分层，上行开采"法进行回采，匠人时上时下，进退之间要求不断转身。我们曾经做过实验：让个子矮小的工人在井巷中徒手作进退活动，结果根本无法转身。"上行开采"时，碎石纷纷落下，匠人避之尚且不及，怎能开拓前进。由此可知，此说大不可取。

第二，在坑下从事采矿的人曾总结出一条经验："不怕天空怕地空"，意即采矿时不怕上方有空巷，就怕脚下有空巷。因为上方的空巷只要没有很强的外力作用，它是稳定的。他们在下边采掘矿石时是安全的。但若脚下出现空巷时，因地心引力的作用而让人踩空，很易出现事故。为此，匠人们一边开拓新巷，一边用废石充填废弃的巷道。

提出"上行开采"说的朋友认为"由于回采区经废石充填，牢固度甚好"，但必须正视的一个事实是：在用新开巷道的废石充填下层废巷时，工匠们的采掘面上一定有个足够长的空间，否则，在巷内无法从事采掘劳作。这就意味着在"上行开采"的某个时段，他的脚下必有一段未填的空巷。一旦脚下出现空巷，人就陷入危险的境地。

第三，当时采用井口高低形成的气压差调节坑道空气。当下层巷道被充填以后，空气不能流动，上层采掘面就会出现缺氧的状况。由于作业面的空间很小，因而空气中的氧气总量也少，人的呼吸会很快消耗氧气。当巷内的二氧化碳浓度达到3％时，人就失去重体力劳动的能力；浓度再高一些，人就会窒息。因此，除非用其他办法及时送风（问题是当时不具备机械通风的能力），否则"上行开采"法无法进行。

开采巷道还会遇到各种不可预见的状况，诸如一块大的岩石就能挡住采掘者的预定线路。那时，他只能偏离下层巷道的走向另开新巷，也就不能再按"下层棚子顶梁即是上层棚子的底梁"的要求组装木质框架支护了。

第四，巷道中所用的木质框架支护的材质之单薄，也不允许实施"上行开采"的开采方法。发掘区中见到的立柱都是直径10厘米左右的圆木，顶梁、底梁的用材是把这种圆木对剖两半，并在内侧凿出榫孔而成。在两副方形框架上面当作"顶棚"的是一层直径3—5厘米的圆木棍。这样单薄的"顶棚"用于阻挡头顶的碎石块掉入巷内尚可胜任，但绝对承受不了工匠踩在上面进行采矿活动及一筐筐矿石的重负。

第五，按"下层棚子顶梁即是上层棚子的底梁"的说法，一个好处是可以节约一些木材。可是，先秦时期人口尚少，林木资源十分丰富，工匠们不会出于节约一根底梁的板材而设计出"下层棚子顶梁即是上层棚子的底梁"的结构形式。巷内的立柱、木棍都保留完整的树皮，表明这些构件都是就近砍伐加工而成，也说明近处的林木资源并不缺乏。

由上分析可知："水平分层，上行开采"的说法，是作者提出的一个推测性假说。它既没有实例支持其说法，文中出现的诸多瑕疵，让人难以信从。文中提供一些示意图，也反映了推测带来的、过于理想化的特色。

与此相反的是：发掘中清理的一组组巷道，都是以竖井—平巷（或斜巷）—盲井的形式呈现在人们的面前。前面已经指出，工匠们为在这些巷道组合中采掘矿石，还解决了排水、通风等各种问题。所以，每一组井巷都是当年承担并完成了各自的采掘任务后留下的历史遗存。它们的发现是工匠们采用"竖井—平巷（斜巷）—盲井"方法掘进与回采的有力明证。

在发掘现场，还可以看到井巷组合之间有打破关系，形成错综复杂的状况。所谓打破关系，是指后来的采矿者在开拓巷道时，把早先采矿时开凿的井巷打破了（包括打坏了一部分，或从中穿过，等等）。这种现象说明：这些井巷是前后多次采矿时留下的遗迹。

不同时间开凿的巷道因其海拔高度不同而形成高低不等的"层次"，尽管它们的形制、结构、规格都很一致，但若把它们解释为"水平分层，上行开采"的产物，同样是不对的。因为甲巷打穿乙巷的事实是判明甲巷晚于乙巷的明证。

矿冶考古与聚落考古不同，后者的文化层堆积一般都是下层的年代比上层早。但这里发现的下层井巷，其年代未必比上层的井巷早。相反，有些竖井打穿了上层巷道而直达深处，它的年代显然要比上层巷道晚。[3]

发掘中看到许多平巷或斜巷的底部都有盲井。这一事实说明当时的工匠们在巷中采掘矿石时，并未着眼于"上行开采"，而是继续向下部矿层寻找矿源。所有开凿盲井的地点至今未见到在盲井底部又开拓平巷或斜巷的情形。这与盲井的规格更小有关。但这一事实说明当时也不存在另一意义上的"水平分层"的问题。

从Ⅶ号矿体1号点公布的井巷组合中可以看到：围绕三个竖

井而展开的多条巷道、下部还有多个盲井。这个组合反映了当时用"竖井—平巷（或斜巷）—盲井"方式开拓与回采的一个完整过程：一个竖井的底部有储水塘，塘中有一只木桶，反映了它是排水用井；另两个竖井则用于开掘巷道，运送支护用零件，采掘与提升矿石之用。发现的辘轳轴表明，当时向下运送支护用的零件和向上提升矿石、废石是用辘轳完成的。这种辘轳在商代中期的采矿遗址中已经发现，是一种有效的提升工具。

　　这一实例说明，用竖井—平巷（或斜巷）—盲井的开拓方式是这一地区适用于破碎带的一种安全而有效的开采方法。为从深处采掘矿石，先民在开凿井巷时不仅解决安全问题，而且在采掘、运送、通风、排水等方面取得了一系列进展。

　　透过这一分析，人们从一个侧面看到了工匠们进行分工合作的情景：有人在伐木后预制方形木质框架的各部零件；有人开凿竖井与平巷，并且一面开拓巷道，一面组装方形木质框架支护；有人用辘轳向下运送支护用零件、各种工具、用具，并向上提升矿石、废石及其他物资；也有人从水仓中用木桶将坑下积水提升至地面，排除坑采中出现的障碍。每一批工匠在有机配合中有效地向坑下采掘，并将矿石运送到附近的冶炼工地进行炼铜作业。

　　这是一种分工合理、配合相对便捷的组织形式，在分工合作中深入地面40多米的深处采掘所需的铜矿石。所以，这一采掘方式背后蕴含的各种成果，无疑是先民们为青铜文明的发展做出的一个重大创造。

　　如今，各地陆续发现了一批先秦时期的古矿遗址，人们看到先民们运用的采掘方法也多种多样。不过，它们都是依据当地的具体条件而创造的采掘方式。在各地的先秦铜矿中，我们没有见到把"下层棚子的顶梁"当作"上层棚子的底梁"一类遗存，也不见"将采区分成若干水平层，从下而上逐层开采"的实例。所以，这种说法作为一种假说，至今未有实例可验证其存在，至少可以说明：对 2000 年前的工匠而言，这种方法还不具备实施的条件。

*　　　　*　　　　*

有文章说：铜绿山古铜矿曾经使用"群井开采"法进行采矿，工匠们将若干竖井"同时伸入矿体并回采"。还说"曾发现西周时期由 48 个竖井组成的井群"[4]。这使"群井开采"法的提出，似乎是有根有据的了。

由于没有公布"48 个竖井组成的井群"的具体情况，未说明其断代依据；也不知它们是如何"同时伸入矿体并回采"的？这使人们对此说法产生疑虑。

任何一个论点的提出，都须把研究对象的时间属性予以认定。所谓"群井开采法"，是指工匠们将若干竖井"同时伸入矿体并回采"，即采矿时不挖平巷与斜巷，仅靠开巷竖井进行回采。

按照科学的操作规程，如果认为这 48 个竖井是"同时伸入矿体并回采"，那么首先需用确切的材料证明这 48 个竖井是"同一时间"开凿的，这是提出"群井开采"法的前提。如果不能提供确切的证据证明这 48 个竖井是"同一时间"开凿的，那么"群井开采"法就不能成立。

迄今在铜绿山古矿冶遗址中发现的竖井，属于"同一时期"的遗存不在少数，但"同一时期"的遗存不能当作"同一时间"生成的遗存而大加发挥。诸如这 48 个竖井如果是"西周时期"的遗存，也不能说明它们是西周时期某一年中某个特别时间"同时伸入矿体并回采"的。Ⅶ号矿体 1 号点发掘前，在地面露出了 22 口竖井，有人认为是"同时"的井群。在全面揭露以后看到，其间的井巷多有打破与被打破的关系，表明它们开凿的时间是有先有后的。

作者提到"曾发现西周时期由 48 个竖井组成的井群"，将它作为"群井开采法"的依据，显然是把"西周时期"当作特定的计算单位了。可是，"西周时期"是指周武王伐纣至周平王东迁前的一个历史时期，它从公元前1046年至公元前770年，前后跨越了270余年。把270余年间开凿的48口竖井（平均五年多才挖一个竖井）称为"同时"开采是不对的，把它解释为"同时伸入矿体并回采"是不真实的，把它与"群井开采法"扯在一起显然是不妥的。

另外，从采矿技术发展的视角也可证"群井开采"法在西周时期出现之不合理，因为竖井与巷道相结合的采矿方法，其功效比"群井开采法"要高许多。

从大冶、阳新、瑞昌等地的考古工作可以看到，鄂东南、赣西北地区的采矿业在先秦时期已相当发达。用方形木质框架为支护，已经解决了围岩塌陷的问题，在3400年前已经掌握竖井与平巷相结合的采矿工艺。它的出现因大大提高采矿效率而使这种方法为矿工们普遍接受，在这一带广为流行。比起单靠竖井进行开采，无疑更省工、省力，获取的矿石也更多。这是在实践中创造许多奇迹的古代先民能够分辨的。对西周时期的工匠而言，以他们的智慧与才能自不会丢弃千余年来一直使用、功效甚高的竖井与平巷相结合的采掘方法，去选择费工、费力，采矿量很小的"群井开采"的采掘方法的。

其实，人们开凿竖井、平巷或斜巷，目的是为了向矿山深处的矿脉或矿带索取宝贵的铜矿资源。严格地说，竖井只是为寻找矿脉提供线索的一个通道，开拓平巷或斜巷才是获取矿石的主要途径。因为平巷或斜巷身处矿脉或矿带之中，每推进一步，掘取的都是含铜品位较高的矿石。这是他们当时可供选择的采矿方法中最好的一种方法。因此，一旦在竖井底部找到铜矿石（这是用船形木斗进行重力测试可以确定的）而不再开拓巷道，却用这种费工、费力、费材而仅得少量矿石的"群井开采法"去开采，这是不合逻辑和令人费解的。

在Ⅶ号矿体1号点的发掘中，曾经发现两口竖井的底部没有平巷，另有1口竖井的底部只有一节平巷，它的巷内放置一个选矿用的瓢形木斗。发掘时对井内外的遗存做了采样分析，表明它们是在未见到铜矿石的情况下才不开巷道、主动放弃的。它们相距很近，其形别、结构、年代、充填物等也都相同。尽管如此也难以给出"同时伸入矿体并回采"的结论，它们和"群井开采"的方法毫不相干。

"群井开采法"的提出违背了将研究对象置于特定的时间、地点、条件下进行考察的原则。他们错把"西周时期"当作"同时"使用；对48个竖井开凿时间不作深入细致的分析，也未就何种情况下它们"同时伸入矿体并回采"做出说明；都不足以说明这些竖井与"群井开采"有什么关系。因此，若不能提供新的例证，所谓"群井开采法"就难以立论。

诚然，未把研究对象置于特定的时间、地点、条件进行考察的情况并非仅此一例。

如有文章说：铜绿山古铜矿遗址中发现的井巷多达六七百个，表明古代在这里曾经进行"大规模开采"。据他推算，当时从事采矿的人数达三四千人之多。

有的文章在讨论铜绿山古铜矿的规模时，用遗址地面堆积很厚的炉渣为依据，说这些炉渣有40万吨，表明它的冶炼规模很大，甚而说它是我国先秦时期采冶业"规模最大"的一个地点，等等。

有趣的是：有的文章论及规模时，强调炉渣堆积之丰厚和40万吨之总量；谈到冶炼历史时又强调从西周至汉代，前后延续千年之久、持续不断。细心的人不难发现：这两种说法其实是不相容或抵牾的。

铜绿山古铜矿发现与未发现的井巷当超过六七百个之数，说它们的年代跨越西周至汉代也有一定依据。问题是：六七百个井巷也好，堆积了40万吨铜渣也罢，它们都是千年历史长廊中多个时代的先民留下的遗存。无视这些遗存的时间（年代）属性，笼统地把它们压缩到一个平面当作"同时"的遗存去分析计算，给出的结论必然是夸大不实的。所谓"年代一错，一错百错"，道理就在于此。

试想：既然六七百个乃至上千个井巷是上千年间开凿的遗存，那么怎么讨论其"规模"呢？把这些井巷分散到西周、东周（春秋、战国）、秦和汉等各个王朝时，给出的"规模"和"用工人数"必与上述说法明显不同。但那样的结论与历史的真实面貌会更接近一些，因而也更有意义。关于40万吨炉渣的情况也是如此。

因此，无论是40万吨炉渣还是六七百（或更多）个井巷，既然历时千年之久，在没有分别确定其时间属性之前，是不具备讨论其"规模"和用工人数。论及"规模"的时候，一般是以某一单元时间为基点的，诸如以1年、1月或1天的产量或用工人数。对上千年的遗存还不能确定其准确的时间属性时，是计算不出"规模"的。

唯物史观告诉我们：在对某一对象开展研究时，必须把它置于特定的时间、地点、条件下进行考察。在对铜绿山古铜矿遗址进行研究时，同样要遵循这一原则。面对各种遗存，首要的工作是确定它们的年代，诸如是哪个王朝乃至某个王朝的早期、中期还是晚期。当然，还可采选含炭样品用碳十四测年方法测定其年代。一旦确定了年代，在对不同王朝、不同时期出土遗存的比对中，寻找其间的差异变化；进而在分析研究中论证其发展、变化的脉络；在多学科协作中，吸纳其他学科的研究成果，开展综合研究。在铜绿山古矿冶遗址的研究中必须坚持多学科协作。在综合研究的基础上，去论述铜绿山古铜矿的开采与冶炼的相关问题，这将是言之有物、有论有据的科学论著。

这里，有些倾向是值得注意的。有人出于某种考虑，把研究对象的年代尽量拔高。铜绿山古矿冶遗址曾经采选一批炭样作了测年，公布了一批年代数据。已有文章指出其中有个数值偏老，存在问题。如有一个年代为距今 3205±400 年，已被指出"与出土物的年代不合，恐有问题"[5]，可是有些文章偏偏选用这个数值，将它与三代王世相比附，说它与商王"小乙"的年代相当。于是，一些东周时期的遗存被当代商代遗存使用，在讨论商代经济史的时候成了重要素材。可是基础材料的年代弄错了，给出的结论怎能让人信服？

应该指出：碳十四测年方法（液闪法）在 20 世纪五六十年代传入中国之时，测年精度尚不很高。由于历史时期对年代的要求很高，当时的测年对象主要是史前时期的考古遗存。到了七八十年代，为了检验其数值能否为历史时期提供可信参数，曾对偃师二里头、郑州商城等遗址用常规碳十四方法进行测年，结果仍不理想。所以在公布碳十四测年数据时，测年专家著文说："考古学家在运用碳十四数据时，对孤零零的单个数据要谨慎使用，更不能滥用或先入为主。对于成批正常的碳十四数据却不可置之不顾，而是要结合考古层位和文化之间的关系加以通盘的科学分析，才能取得较好的效果。"他们特别告诫："根据单个年代数值做出结论是很危险的。"[6]

碳十四是碳的同位素，它在大气中的含量不是恒定的，这使生物体内的碳十四含量，在不同时期有高低的差异。科学家们用树木年轮测年时，发现距今一万年间碳十四在大气中的含量高低有规律可循，并在不断的实验与计算中找到了与日历年代之间差异变化的规律，绘制出一张碳十四年代与日历年代的树轮校正曲线图。由此，测得的碳十四年代与树轮校正曲线匹配拟合之后，即可换算成日历年代。"夏商周断代工程"实施过程中，把碳十四测年与考古分期结合起来，按分期序列采选含炭样品，给出的系列数据与树轮校正曲线匹配拟合后，给出的日历年代之精度大为提高。常规碳十四测年方法（液闪法）的精度可达到 0.3%，加速器质谱计（AMS）的精度达到 0.5%。这在当前是精度很高的测年结果了。

不过，碳十四测年数值经树轮校正曲线校正后给出的日历年代，仍是一个年代范围。公布的每个碳十四测年数值后缀一个"±XX 年"，即是指它的年代范围。例如上面提到的"距今 3205 ±400 年"指的是它有 800 年的跨度，所以这个数值明显存在问题。人们在引用碳十四测年数据时，如果"丢掉数据后面的正负数"而把它当作绝对年代使用，这是错误的。若把这种错误数值与"某个王世"相靠，进而把相关材料当成某个王世的遗存而加以发挥，那就更不妥当了。

把碳十四年代数据与考古提供的物证一起使用，可以取得很好的效果。切不可把数值后面的"±XX 年"丢掉而随意解释，这样做是危险的。曾有人为把郑州商城与成汤之"亳"都联系在一起，将一个碳十四测年数值（公元前 1620 ± 140 年）当作绝对年代使用，说"郑州商城其始建城的绝对年代经碳十四测定为公元前 1620 年（树轮校正年代），与仲丁迁嚣的年代不合"[7]。据此，他把公元前 1620 年说成是"最早的商年"，"夏商分界之年"等结论。

在"夏商周断代工程"实施过程中设有"商前期年代学研究"的课题，将碳十四"测年与郑州商城的考古分期结合起来，从不同文化期中采选一批含碳样品，给出了与分期序列一致的碳十四年代数据。经与树轮校正曲线匹配拟合，给出了郑州商城建于公元前 1450 年上下，最早不可能超过公元前 1500 年的结论。[8]这一结果与"郑州商城即汤都亳说"不合。不过，与他在 20 世纪 50 年代提出的郑州商城是"商代中期遗存"的结论倒是一致的。

那时他说"郑州的殷商文化的早、中两期（按：指一般所称的二里岗下层、上层文化），比起小屯的殷商文化甚至它的早期来还要早一些"。进而把郑州商代遗址与"帝仲丁迁于隞"联系起来，[9]由此可知，正确认识碳十四测年技术，严肃对待每一个年代，对研究中能否给出一个正确的结论是至关重要的。

当年在铜绿山古铜矿的多个地点采选样品，用常规碳十四测年方法进行测年给出了一批数据。其中多个数据的日历年代落在春秋、战国的年代范围之内，但仍需参照出土的陶片等其他物证给出结论。至于有人推断为商代遗存，因不见共存的商代遗物，也可证其说法不实。

＊　　　　＊　　　　＊

围绕铜绿山古铜矿遗址的采矿方法发表的文章不少，这里举出三个实例进行讨论，是基于它们具有一定的代表性。

需要强调的是，研究工作需从特定的对象分析入手，并按照科学的规程操作。有关结论应以事实为据，并经论证而产生，而不是用其他一些说法予以解释所能完成的。

老一辈学者指出，任何研究都要从研究对象的基础材料出发。在对基础材料进行分析研究中寻找可供立论的证据，并对这些证据经过严密的论证之后，方可给出一个结论。他们强调"有一分材料出一分货，有十分材料出十分货，没有材料便不出货"[10]，这是一种求实的态度，也是为了避免不实空论之出现。这些说法至今仍有现实意义。

任何一个结论的提出，都离不开立论的诸多必要条件。其中，年代就是必要条件之一。如果不搞清遗存的年代，不对长期过程中遗留的珍贵素材进行深入细致的分析、比较、证论，或缺乏必要的证据，很多问题是不可能有清晰的认识的。

考古学是实证科学，只有在所获材料中提取证据，并进行严密论证表明立论所需的相关条件均已具备时，提出的论点才是客观而合理的。为什么？因为它把证据与论点之间的"因与果"的关系贯穿在研究之中，一步一证，环环紧扣。这样的结论是可信而经得起检验的。

对铜绿山古铜矿采掘工艺的研究同样需立足于基础材料的分析。上面提到的几种说法均与缺乏客观的事实作为立论依据有关。有的过多地进行假设与推测；有的脱离了特定的时间与条件，不作客观分析；有的违背了科学的操作规程，既无物证，也未进行论证。这样的结论出现瑕疵就难以避免，不能反映历史的真实面貌，也就达不到预期的结果。

铜绿山古铜矿进行开采与冶炼的时间很长，内涵极为丰富。在研究中必须坚持历史唯物论的一些基本原则，一步一步地循序渐进。要准确判定各种遗存的年代，以便对不同时代、不同时期的遗存进行分类与分析，从中找到它们的差异、变化，寻找其间变化的规律。这样，可从差异变化中对每个时代、每个时期的采冶工艺做出评估；在多学科结合的合作研究中，找出其间存在进步与发展的脉络。要把考古发掘与多学科合作研究结合起来，不断推进研究的进程，把矿冶研究推上一个新的平台。

一旦将千余年间的材料充分分析研究之后，铜绿山采冶遗址中一些重要变化与不断进步的轨迹就会展示在人们的面前。那时，我们看到的将是中国早期采矿业发展的一个缩影，而它的特点及在历史上的地位也会变得更加突出，它的文物价值与学术价值的重要性也会被世人广泛接受与认同！

注释

[1] 夏鼐、殷玮璋：《湖北铜绿山古铜矿》，《考古学报》1982 年第1 期。

[2] 杨永光、李庆元、赵守忠：《铜绿山古铜矿开采方法研究》，《有

色金属》1980.4—1981.1。

　　［3］殷玮璋:《矿冶考古方法初探》,《中国历史博物馆馆刊》1989年第12期。

　　［4］华觉明:《中国古代金属技术》,大象出版社1999年版。

　　［5］夏鼐、殷玮璋:《湖北铜绿山古铜矿》,《考古学报》1982年第1期。

　　［6］仇士华、蔡莲珍:《有关所谓"夏文化"的碳十四年代测定的初步报告》,《考古》1983年第10期。

　　［7］邹衡:《郑州商城即汤都亳说》,《文物》1978年第2期。

　　［8］张雪莲、仇士华、蔡莲珍:《郑州商城和偃师商城的碳十四年代分析》,《中原文物》2005年第1期。

　　［9］邹衡:《试论郑州新发现的殷商遗址》,《考古学报》1956年第3期。

　　［10］傅斯年:《历史语言研究所工作之旨趣》,《历史语言研究所集刊》第一本第一分册,1928年。

原刊于《江汉考古》2013年第1期

再论早商文化的推定及相关问题
——"夏商周断代工程"结题后的反思（一）

十年前在偃师召开的"95 商文化国际学术研讨会"上，我曾经指出：围绕二里头遗址的文化遗存而展开的夏文化讨论，从表面上看，是在二里头遗址的四期遗存是否为夏文化的看法上出现了分歧：如有人主张这四期遗存全是夏文化，有人主张第一至第三期遗存是夏代文化，也有人主张第一、二期遗存为夏文化，有人则认为只有第一期遗存是夏文化。

但从另一个角度观察，这一争论也可理解为这四期遗存中是否有商文化遗存的争论。因为不同意这四期遗存均属夏代文化的学者中，有人主张第四期遗存为早商文化，有人主张第三、四期遗存为早商文化，有人认为第二、三、四期为早商文化，甚至还有人认为这四期遗存都是商文化的（即包括早商文化和先商文化）。因此，围绕二里头遗址的四期遗存而展开的争论，也可理解为它们究竟是夏代文化还是商文化、抑或哪些是夏代晚期文化和哪些是商代早期文化的争论。

为此，我在会上提交了《早商文化的推定及相关问题》[1]的文章，文中强调早商文化的推定，是探索夏文化的前提与出发点，并重申了我对二里头遗址四期文化遗存中，第三、四期遗存是早商文化的意见。

　　我还指出，如果在这个问题上不能得到统一，探索夏文化的工作就不可能站在同一个起点上。在这种情况下，必然会出现各种分歧意见。为什么？理由是明显的：若将早商文化的上限，推定在二里岗文化下层一段，则二里头遗址的四期文化遗存都是夏文化。如果二里头遗址的第三期文化遗存是早商文化，那么二里头遗址的第三、四期文化不可能是夏代文化。这一差异，无论对探索夏文化的研究，或者对商代积年的计算，都将涉及 100 余年的差异。这两期物质文化内容究竟放在何处合适，是从事夏文化探索的朋友们，谁都不能回避的一个问题。

　　如今，十年过去了，这期间又发表了不少文章，继续就夏文化问题进行讨论。有的朋友很重视我提出的这个问题，他们从分期入手，在比较研究中分析其性质；也有朋友对上述说法不予正视，我行我素，甚至无视不同意见的存在，公然宣称“作为探索夏文化主要对象的二里头遗址，其一至四期遗存均属夏文化”已经获得“共识”[2]。可是，明眼人一看便知，在对上述前提未获共识的情况下，所谓的二里头文化是夏文化已获“共识”的说法，怎么可能成立？无怪乎此说一出，国内外舆论哗然。

　　对于“郑亳说”者而言，他们不愿正视这个问题是可以理解的。因为他们当年用文化因素分析法进行分析时，也认为二里头文化晚期是早商文化，甚至把二里头文化称为“二里头类型商文化”。从他们的文章可以看出：把“这一类型的遗址命名为二里头类型商文化”，是因为“二里岗期商文化是由二里头类型商文化发展来的，在文化面貌上表现出一脉相承的作风”。而且，“二里头类型（商文化）的发现，极大地开阔了人们的眼界，丰富了我们对商代历史的认识，为我国青铜时代——奴隶社会历史的研究提供了珍贵的资料”[3]。

　　过了一些时间，他的观点改变了，对材料性质的认定也变了。“二里头类型商文化”不见了，二里头遗址的“商文化”变成了

"夏文化"。它跟二里岗期商文化之间，也不再存在"一脉相承"的关系了；面对不少同仁指出的，二里头文化的晚期存在一组与二里岗期商文化因素相同的文化因素时，也只能视而不见或用其他说法去搪塞了。

其实，二里头遗址的四期遗存中，不少同仁指出在二里头文化的晚期遗存中有一组与二里岗期商文化因素相同的文化因素，这是不可以视而不见的。对于哪些遗存是夏文化？因为它是探索中的对象，是个未知者，在探索者中出现这样那样的不同看法，是可以理解的。但是晚商文化、中商文化是已知的。由已知的中商文化去推定早商文化是完全可行的，也是可以验证的。奇就奇在：既然能做出"二里岗期商文化是由二里头类型商文化发展来的，在文化面貌上表现出一脉相承的作风"的结论，显然是在对二者进行比较后才获得的认识。二里头遗址晚期文化遗存中如果不存在商文化这个前提条件，怎能出现"发展"而来和"一脉相承"呢？

只要稍加思索，人们就会看出：若不是作者认同"二里岗期商文化是由二里头类型商文化发展来的，在文化面貌上表现出一脉相承的作风"的结论，他也不会提出把二里头文化命名为"二里头类型商文化"。命名的行为表明他对这种文化遗存有了相当的了解，是做了比较研究后才会提出的。这是作者对判断力十分自信的表现，表明他的看法是有根据的。为了引起他人的重视，他还强调："二里头类型的发现，极大地开阔了人们的眼界，丰富了我们对商代历史的认识。"然而，隔了一些时间，他对上述结论做了个"自我否定"，宣称它是夏文化，而不是商文化了。这还不算，他还无视不同意见的存在，由自己宣布他主张的那个观点，已经获得"共识"。这种做法岂不是太离谱了？

本文取名为《再论早商文化的推定及相关问题》，就是要重新提出这个问题，并请大家注意：早商文化的推定，无论对夏文化探索还是商文化研究，都是个基础性的问题，是必须尽快解决的问题。若不解决这个问题，商代文化的分期与积年的计算都会出现问题。夏文化的探索工作，也因不能立足于准确的基础与前提，而使探索工作不能踏入正常的轨道。如果对商代早期遗存定位不准，也不可能找到夏文化。即使有人自称"找到了"夏文化，实际上也不会被同行们认可。

今天重提这个问题，是因为十年来出现了许多新的情况。今天对这个问题进行讨论，条件比十年前更有利了。1996 年启动的"夏商周断代工程"，为三代时期提供了一系列年代，已构建起比较完整的年代框架。特别重要的是，这些年代是从偃师二里头、伊川南寨、郑州商城、偃师商城、安阳殷墟等夏商时期遗址以及几个西周遗址中获得的含碳样品，经测年与校正后建立起来的。其中，偃师二里头遗址、伊川南寨遗址是夏文化探索的重要对象；郑州商城、偃师商城在夏文化探索中，因涉及它们是否是早商都城而经常被提及，关系密切。有关争论方的代表人士都参加了"夏商周断代工程"的工作。所以，运用"夏商周断代工程"中测得的高精度年代数据，可以直接检验过去测年的准确程度；对那些依据早先公布的碳十四年代数据提出的观点，及其立论依据是否合理、可靠，也可从更科学的层面做出判断。

"夏商周断代工程"是我国第一个由人文社会科学与自然科学协作、联合攻关的重大科研项目。它在多学科协作中，凝聚了众多科学家的研究成果，首次建立了比较系统的三代年代框架。这个年代框架以三代遗址的考古分期研究成果为基础，并按各地点的考古分期，采选系列含碳样品。经碳十四测年取得年代数据后，再与树轮校正曲线匹配拟合，转化为一批日历年代，构建起年代框架。这个年代框架因得到天文学家的研究成果，在多个支点上予以支持，因而证明是合理的、可信的。考古工作者在测年专家参与下采选的大量含碳样品，由三个不同的实验室在各自条件下进行，其测年结果具有客观性。这一期间测定的含碳标本数量之多，精度之高，都是"夏商周断代工程"启动前20余年间的碳十四测年工作所不能比拟的。

"夏商周断代工程"所设的"商前期年代学研究"课题组依据郑州商城遗址和偃师商城遗址的文化分期，从这两个遗址的不同文化层中采选了系列含碳样品，经常规碳十四测定，获得了一批年代数据。这些数据经树轮校正曲线匹配拟合，转化为一批日历年代。测年的结果表明：由于洛达庙晚期的年代为公元前1550年前后，二里岗下层早段的年代上限在公元前1500年前后。[4]在二里岗上层早段发现的一个水井中保存了极好的木质井架，用井架的原木进行测年并经校正，获得了公元前1400±8年这个可以起到定点作用的年代。[5]二里岗上层晚段的年代下限则在公元前1350年上下。这样，在二里岗下层晚段建造的郑州商城，其年代只能在公元前1450年前后。这个年代可证郑亳说所引CET7第5层（城墙夯土层）木炭测得的年代公元前1620（±140）年明显偏早；与郑亳说主张的商城建于公元前1620年的说法相差了100余年。即使将郑州商城建城时间推至二里岗下层早段，也只能在公元前1500年上下，到不了被强调为商的始年的公元前1620年。这说明：曾被用作"郑亳说"的年代依据的年代数据（公元前1620±140年），因误差太大而被证明是不对的。当然，上述年代表明，郑亳说者把二里岗下层早段文化遗存称作商代最早的文化遗存，也是不正确的。

"夏商周断代工程"所设的"夏时期年代学研究"课题，在实施过程中，对偃师二里头遗址的第一至第四期文化遗存，也按分期序列采选系列含碳样品做了碳十四测年。所得的年代数据，经与树轮校正曲线匹配拟合后，转化为日历年代。为使"夏时期年代学研究"有两批材料作为依据，用于比对与检验其所获年代的合理性，"夏商周断代工程"还对伊川南寨发掘的二里头文化第一至第四期墓葬进行了碳十四测年，所得之年代数据经树轮校正曲线匹配拟合后，获得了一批日历年代。结果证明：南寨所得的年代数据与二里头遗址所得的年代一致，证明这两个地点的测年结果是合理、可信的。

　　近年，测年专家对新密市新砦遗址出土的含碳样品，依分期作了测年与校正，又提供了一批年代数据。尔后，将龙山晚期至商代二里岗期的年代作整体匹配拟合，给出的二里头遗址第一期的年代上限在公元前 1750 年前后，它的四期遗存的年代下限则在公元前 1550 年上下。[6] 因此，无论按"郑亳说"主张的公元前 1620 年为"最早的商年"，还是按"夏商周断代工程"公布的阶段性成果报告中估定的公元前 1600 年左右为夏商分界，均明显不合。就公元前 1620 年或公元前 1600 年这两个而言，已经处于二里头文化的第二、三期之际。所以，上述年代数据表明：二里头遗址的第三、四期文化遗存在商代纪年之内，不可能进入夏代纪年。第三期遗存中发现的 1、2 号宫殿基址及二里头文化的第三、四期遗存"属商文化的范畴"的说法，得到了年代学研究成果的支持。

　　同时，二里头文化第一期的年代，距"工程"提供的夏代开始的年代上限（公元前 2070 年）或一般认为在公元前 21 世纪是夏王朝年代上限的说法，也存在很大一段距离。这样，二里头文化的第一、二期遗存，有可能是夏代晚期遗存的说法，也得到了年代学研究成果的支持。所谓二里头文化第一至第四期遗存均是夏文化的假说，也就难以成立了。

　　对三代遗存进行文化分期的成果，是经过几代人反复研究而取得的一个重大成果。它们在许多考古工地的分期研究中经受检验，被证明是合理、可信的。所以，依据考古人员提出的三代遗存文化分期成果采选的系列含碳样品，用于碳十四测年，将各期遗存中包含的年代信息转化为碳十四年代，又经树轮校正曲线匹配拟合而转化为日历年代，是开展三代年代学研究很好的思路，并被证明是正确而科学的。

三代考古分期的研究成果，为三代年代学研究提供了可靠依据。"夏商周断代工程"在构建三代年代框架时，为避免将论点建立在"孤证"之上，每一时段（夏、商前期、商后期、西周）都从两个以上遗址中采选标本，供实验室测年与分析、比对之用。加上有三个实验室的测年数据可供分析、比较，"夏商周断代工程"所得的年代，无论在数量与精度方面，还是在各个时段或同类遗址同时段的年代方面，其合理、可信的程度，都是"夏商周断代工程"启动前20余年间的碳十四年代数据无法比拟的。所以，"夏商周断代工程"中取得的年代学成果公布以后，受到中外学术界同仁的广泛重视与好评，也就很自然了。

"夏商周断代工程"作为国家九五重大科研项目，它承担的三代年代学研究成果，对考古及与古代历史相关的其他学科的研究，已经产生了巨大影响。所以，用这一研究成果对以往的三代考古研究及其相关问题进行回顾，对出现的分歧及其原因进行分析与反思，将有助于改进今后的研究工作，促进考古学科的研究与发展。这是一件很有意义的事。

一

我曾指出，围绕二里头文化是不是夏文化的问题，表面上是观点之争，实际上是方法之争。今天在进行回顾与反思时，就是要思考与分析这些不同观点背后所用的研究方法；在分析与比较中，分辨哪个方法是合理、正确的，哪些方法是不合理、不正确的。方法不同，结论各异；方法错了，结论也不可能正确。

今天重新提出这方面的问题，并想在方法论的层面进行回顾与反思，分析各家的研究思路，在比较研究中辨明正确的研究方法。这对今后在夏文化探索工作中逐步统一研究思路，改进研究方法，按科学规程推进研究进程，是十分有益的。它对考古学科的发展进程，也能起到积极的作用。科学发展的实践证明：只有坚持正确的研究思路，运用科学的研究方法，按科学规程操作，才能使探索之路纳入正常的轨道。

夏文化探索作为中国考古学的一个课题，应该用考古方法进行探索。我们的目标是从已经发现的物质文化遗存中去区分并论证某个考古学文化是夏文化。这就要求我们必须用考古方法并按科学规程进行探寻。用传统史学的研究方法，或不按科学规程去操作，都不可能找到正确的结论。对夏文化的探索，要在传说夏人活动的地域之内，在早于商代早期的非商文化遗存中去寻找。

为此，在传说夏人活动的地域之内，首先要区分商文化与非商文化。比商代早期更早的商文化，一般称为先商文化。夏文化应在比商代早期更早的非商文化遗存中探寻。非商文化可在与早商文化的比较研究中识别，早商文化则可由已知的中商文化推定之。这期间存在严密的逻辑关系。其中，研究思路是否正确，是否正确运用考古方法进行探索，是否坚持由已知达于未知的原则，是否坚持证据在立论中的重要作用，等等，成为检验探索工作是否正确的试金石。

在夏文化探索过程中，首先应该将商代早期的文化遗存找准了。有了这个基点，才能从夏人活动区内找出比它更早的一个或几个非商文化，再以强有力的证据证明其中的一个非商文化（如果那里有两个以上非商文化的话）是夏文化。

二里头遗址及其文化遗存被认为是夏文化探索的重要对象，那么，就程序而言，首先应该对二里头文化进行分析与研究，确认其文化属性。在有人指出二里头遗址的四期遗存中有早商文化的情况下，持异议者应该提出证据，证明它不是早商文化，然后再用证据证明它是夏代文化。这是研究进程中必须坚持而决不能省略的步骤。

可惜的是，夏文化探索中出现的分歧，因争论中不能针对焦点问题展开讨论，不按科学规程进行操作，特别是在研究方法上出现了畸变，致使分歧越来越大。今天，在对过去的夏文化探索做回顾与反思时，从这个角度去进行剖析，或可认识到分歧产生的缘由。

一个不争的事实是，20 世纪五六十年代，当"郑亳说"者应用"文化因素分析法"对郑州商城遗址的文化内涵进行分析时，郑州二里岗文化遗存，被置于很多人所称的"中商文化"[6]这一时段。在他撰写的文章后面，引用了七条文献，把郑州商代遗址与隞都联系起来。但是，随着作者提出"郑州商城即汤都亳说"，二里岗文化遗存就成了与成汤连在一起的"早商文化"[7]。

为什么会出现这一个有趣的现象？原因就在于作者对夏商研究的想法起了变化，用考订亳都的方法一举去解决夏文化。所以，他明确提出："只要能确定郑州商城为何王所都，实际上就为商城上下诸文化层提出绝对年代标准。"[8]在将郑州商城推定为"隞都"时，郑州二里岗文化遗存是"中商文化"；但把郑州商城由"隞都"变为"亳都"时，郑州商城遗址的年代就从中商提到商代早期；同时，就可去推论比郑州商城年代早的偃师二里头遗址是夏代都邑，二里头文化是夏文化。因为它为"商城上下诸文化层"提出了"绝对年代标准"。

郑亳说是在 1978 年提出的。郑亳说者在夏文化探索中的指导性思路是："要在考古学上区分夏年与商年，最关键的问题是要确定成汤都亳的地望所在。如果能找到成汤的亳都，则可利用地层的原则和考古学分期的方法确定夏年了。"[9]于是采用大胆假设、小心求证的方法，提出了郑亳说。

郑亳说的立论有两大支柱：一是战国陶文"亳"字，一是郑州商城的测年数据。这从他在文章中反复强调可以看出。

　　为了找到成汤的"亳都"，他注意到文献中的四亳。但这四亳均无助于上述思路的实施，所以包括"证据较多，现代最占势力"[10]的北亳说，也被他否定了，却看上了郑州商城遗址区内战国文化层中出土的"亳"字陶文，并作为立论的依据。尽管这个"亳"字与商汤所都之亳，二者看不出有什么关系，也没有文献方面的根据，但他提出这个亳字"证明在东周时期郑州商城名亳"。这是用解释性理由作论据的典型实例。殊不知这种主观解释，是不能作证据使用的。

　　为了加强论点，也为使其主导思想付诸实现，"郑亳说"者从郑州商城的碳十四测年数据中选了一个年代，作为郑州商城是成汤所都之"亳"的证据。这个年代就是作者多处提到的 CET7 第 5 层（城墙夯土层）中木炭测得的公元前 1620 ± 140 年。

　　附带提一句，当年碳十四专家曾对二里头遗址的碳样做了测年，指出二里头遗址第一至四期的年代限制在公元前 1900—前 1500 年范围之内，并且指出这些标本多为木炭，这些数据误差较大，因而告诫研究者在引用单个年代数值时，应持审慎态度。[11]不能不说，这是很负责的态度。郑亳说者对此也一清二楚，他在文中指出"以二里头遗址碳十四测定的年代为例，这种年代误差大大超过 ± 80 年（衡按：即 160 年），最少者 ± 147 年，最多的达到 ± 380 年。就是说，这个数据的伸缩年代少者已占夏年或商年的一半，多者已超过夏年或商年的总数"。"即使测出的年代完全可靠，也还难以确定其是夏年还是商年"，所以只能作"参考"之用"不能据以作为区分夏年和商年的主要依据"！[12]

　　可是，CET7 这个误差范围超过了"夏年一半"的年代，为什么被选中呢？尤其令人费解的是，二里头公布的数据为公元前1900—前 1500 年，不少与此数据抵牾，作者对这些数据不作考辨或讨论，却单单看上它呢？从前后的过程不难看出：第一，如果缺少这样的年代数据，郑州商城的建城年代无法肯定，是不能

"为商城上下诸文化层提出绝对年代标准"的。第二，用其他数据不足以说明商城的年代问题，而 CET7 这个年代数据是出自城墙的木炭，理论上比城墙的夯筑年代要早，但他用二里头遗址 H87 的数据公元前 1625±130 年来反衬，表明其"合理"。第三，单靠战国陶文"亳"字难以立论，只有用这类年代数据才可实现其主导思路。所以，作者既没有对夏商时期的碳十四年代作全面讨论，论定这个数据何以可信，也没有论证成汤立国的确切年代。他说："根据现有材料，我们只能大体估计商积年在 500 至 600 年，若以公元前 1028（或 1066）年为商朝终止年，则成汤始建国年应为公元前 1666—1528 年。"有趣的是，他在采用这个 1620±140 年的数据时，也未进行论证，仅仅一句"这个数据同汤居亳的年代是能大体吻合的"[13]，于是就成了郑州商城系成汤所建的证据。确切地说：经他这么一"解释"，就将一个只具"参考"作用的年代，变成郑亳说中的关键性证据，并把它与商的始年等同起来。这样做的结果，给人的印象是：郑亳说有了年代学的支持。

郑州商城的年代既已确定是成汤所建，并建于商的始年，那么，它"就为商城"之下二里头文化层"提出绝对年代标准"。比郑州商城的年代早的二里头遗址，理所当然是夏代都邑，二里头文化就是探索中的夏代文化。为此，另一个"郑亳说"者撰文时，以二里头遗址第四期的 H87 出土的木炭测得的年代是公元前 1625±130 年为例，进而说明二里头遗址的第四期已经超出商代纪年，进入夏代的范畴。

郑亳说者用这种简单的方法往前一推，包括二里头遗址第四期遗存在内的二里头文化，就是"夏代文化"无疑了。[14]

把两个相距 1000 余年的战国陶文之"亳"字与郑州商城联系起来，实是一个大胆的举动。可是立论是需要证据的，用解释性的理由于事无补，只有用实证去说明二者之间存在有机联系，才能使人信服。郑州战国遗存中出土的陶文，除了亳、亳丘外，还有其他文字，这些文字说明什么，需要研究。但在无任何旁证的情况下，将它作为千余年前的商汤都"亳"的依据，是不合逻辑的。围绕亳字引发的讨论就说明了这一点。已有文章指出，如果这一"亳"字陶文与商城之间确实存在有机联系，那么临淄也发现了战国时期的"亳"字陶文，是否附近也有个商城？这一提问是很有道理的。

至于他选用的那个碳十四年代数据（公元前 1620 ± 140 年），误差很大，本不可凭信。正负 140 年，表明其误差范围达到 280 年。郑亳说者也明知此数据之误差已超过"夏年或商年的一半"，但主观地以"这个数据同汤居亳的年代是能大体吻合的"为由，将它作为年代学依据，用作郑亳说立论的支柱。

其实，碳十四专家用"公元前 1620 ± 140 年"这种形式表述，只是表示其年代范围，意思是指郑州商城在公元前 1760 年至公元前 1480 年这一范围之内所建。犹如我们在不知一个老者之年龄而用 100 ± 20 岁那样，指其年岁在 80—120 岁之间。因此，此处的公元前 1620 年不能单独使用，如同我们不能据此去为那个老者做百岁寿诞的庆典一样。可是，郑亳说者以"成汤始建国年应为公元前 1666—1528 年"，怎么竟然使"这个数据同汤居亳的年代是能大体吻合的"，实在令人费解。可是，郑亳说者不仅将这个超过"夏年或商年的一半"的数据作为郑州商城汤都说的论据，而且前两年还真的搞起建城 3600 年的城庆活动，将这种讹误的东西强调到不恰当的地步。可是，"明知不可为而为之"，虽能使轻信者信之，可是最终还会被人识破而被认为错误的。

问题还在于：他的指导性思路及所用之方法，都是不科学的。因为郑州商城是不是商代最早的都城，应用考古方法，从文化面貌的角度经过比较研究，证明其是中原地区最早的商文化，用高精度测年数据说明它的建都年代与成汤立国的年代一致。只有这二者一致时，所得的结论才能被人们接受。如果这二者完全一致，即使未发现文字，人们也会接受其系早商都邑的结论。郑亳说者抛弃了用考古方法去对基础资料进行分析研究（因为他用考古方法分析时，只能将它定为"中商文化"），把探索工作建立在一个假说之上：先假设郑州商城是汤都之"亳"，那么这种文化遗存必为"早商文化"遗存；进而用只具"参考"价值的碳十四数据，人为地变成成汤建都的年代。凡此种种，先不说这些假设能否成立，就其过程而论，他把正常研究规程中的因果关系，都给颠倒了。结果呢？因将中商文化说成"早商文化"，致使今天从考古学上看到的商代的积年，缩短到400余年。作者似乎做到了"自圆其说"，但与历史的真实越来越远。郑州商城的建城年代不超过公元前1500年，这与郑亳说者推算的商的开始的公元前1620年，或与"夏商周断代工程"估定的夏商分界，都差了100余年。使用这种"削足适履"的方法，把应该划入商文化范畴的那些物质文化遗存，人为地划入"夏文化"，目的在说明二里头文化的第一至四期都是夏文化。

有人认为郑亳说者的突出之处，在于借推定郑州商城即汤都之亳，去推定二里头文化为夏文化，这是为夏文化探索开辟了新的途径。但笔者认为，二里头遗址作为夏文化探索的主要对象，它是不是夏文化理应对二里头遗址及其文化内涵，用考古方法进行分析才是正道。郑亳说者不用考古方法对二里头文化进行分析，考辨其属性；就年代而言，用二里头遗址出土的碳样测出了一批年代数据，郑亳说者在未作讨论的情况下，却单独选中一个 H87 的年代（1625±130）与郑州商城的年代（1620±140）加以运用。这种情况说明作者并未抱有求真的态度，而是随心所欲地"为我所用"而予以取舍。因为面对二里头文化中存在商文化的问题，只能使用考古方法，他也就只能回到他曾经认证过的二里头文化中有商文化的观点。他既然决心改变原来的观点，只能抛开考古学常用的文化分析法，而借用考定郑州是汤都的方法去反推。尽管本人自诩也是考古方法，可是明眼人一看就很清楚，这是传统史学研究的方法。用它代替考古方法，是解决不了考古课题的。因为在对研究主体缺乏全面深入的研究基础之上，凭借一个客体的"结论"去反推主体的属性与年代，思路错了，方法错了，其结论的科学性能得到保障吗？

这是我们从中应该吸取的最深刻的一个教训！

另外，所谓"只要能确定郑州商城为何王所都，实际上就为商城上下诸文化层提出绝对年代标准"。这种说法也是离奇与错误的。众所周知，在"上下诸文化层"之间，地层学只能提供它们之间相对早晚的关系。郑亳说者当然也知道这一点，可是怎么"能提出绝对年代标准"？这里指的"能提出绝对年代标准"，还是指 CET7 第 5 层（城墙夯土层）中木炭测得的公元前 1620±140 年这个数据。因为没有这个数据，无法"为商城上下诸文化层提出绝对年代标准"。在他找不出其他证据的情况下，用"这个数据同汤居亳的年代是能大体吻合的"为理由，它就被强化为证据，于是找到了推断夏文化的一个"绝对年代标准"。只有在这种情况下，比它年代早的文化遗存，就"一定"在夏纪年之内，这些物质文化遗存——二里头文化就是夏文化、二里头遗址是夏都斟鄩了。

这种说法不仅难以说通，而且再次犯了倒果为因的错误。因为二里头遗址是不是夏代都城，离不开对遗址内文化遗存的性质、准确的年代等问题的考定这个前提。二里头遗址是不是斟鄩，取决于以下几个条件：第一，它的文化遗存是不是夏文化，它的年代在夏纪年中与以斟鄩为都的年代是否一致，它的地理位置是否与文献记载的斟鄩的地望相合，等等。就如我们去找一个从未见过的人，只有在性别、年龄、工作单位甚至职务、籍贯等都对上号时，才能确认他（或她）就是你要找的那个人。如果仅靠传闻的他的弟子，去推断比此人年长者必为其父兄那样，能找到想要找的那个人吗？

再说，斟鄩作为夏末的都邑，只有在确认夏文化的前提下才有可能去探寻、论证。探寻的结论正确与否，由获取材料所包含的信息与上述条件是否一致而决定。它们之间存在前因后果的关系。如今，郑亳说者将斟鄩这个结论作为前提，将二里头文化当结论，因二里头遗址是斟鄩，二里头文化必是夏文化，这就将因果关系完全颠倒了。20 年前，郑亳说者以二里头遗址发现宫殿而推定其出现了国家，进而以夏代出现国家为由，反推二里头文化是夏文化时，我曾指出这种方法犯了倒果为因的错误。[15]现在，借郑州是成汤所建之亳都而推论比它早的二里头遗址是夏都斟鄩，进而推断二里头遗址的四期遗存为夏代文化。这里又一次犯了倒果为因的错误。方法错了，结论当然不可能正确。

再说，这种方法早就被证明是不可取的。40 年前曾有人用这种方法做过尝试，他们在夏文化探索中根据文献提供的线索，对山西夏县的禹王城做过调查，希望在那里发现夏文化遗存。可是，实地考察的结果，遗址中主要是东周与汉代的遗存。[16]文化面貌与年代等均不对头，当然不可能是夏禹之都。按上述方法，我们改为"只要能确定一个都城为夏禹所都，实际上就为商城上下诸文化层提出绝对年代标准"。那么，因文献与老乡都叫"禹王城"而将那些遗存作为夏文化，学界同仁会接受吗？这说明用倒果为因的方法进行推断，违反了正常的规程，是不可能获得正确结论的。由此应该记取的是：夏义化探索过程中，为了找到正确的结论，必须坚持正确的方法。

二　观点的建立应立足于材料：研究应坚持从已知达于未知的原则

郑亳说者用设定商汤所建之都，进而去推定偃师二里头遗址是夏代都城，这种方法是在 20 世纪 70 年代末提出的。由于它的研究对象主要是围绕几个都城进行分析与排序，后被冠以"都城分析法"之名。支持者觉得能解决大问题，即使自诩为离开了文化因素分析法几乎写不成文章的人，在夏文化探索中把这种方法运用到极致。

有一篇文章的说法是极为典型的。该文说，关于二里头遗址的属性，只要把郑州商城、偃师商城与二里头遗址排一下它们的早晚关系，即可以解决。由于郑州商城是成汤之"亳"都，偃师商城是商汤之"西亳"，那么比它们略早的二里头遗址必然是夏代的都城。为了加强其论点，文中特别提到二里头第四期一个灰坑的年代：公元前 1625±130 年，说明它比郑州商城所测的公元前 1620±140 年要早。因此，二里头遗址是夏代都城，二里头文化是夏文化就被"论定"了。文中强调：由于偃师商城是汤都"西亳"，它的年代比二里头遗址要晚，它作为"商代早期的一处重要城邑"，该城址的发现，"提供了又一个明确区分夏商文化的新的界标"[17]。这里的"又一个"，是与郑州商城相对应而说的。从这里可以看出，凭借用倒果为因的方法，就这么简单的一推，二里头遗址是夏代都城因"又一个"早商都城的发现而被推定了；二里头文化因有两个都城作证，在他看来，夏文化已找到是没有问题了。

不过，客观地说，郑亳说也好，偃师商城西亳说也好，充其量只是一种假说。在这种假说未被验证之前，它是不能作为另一假说（二里头文化是夏文化）的前提的。无怪乎，当"共识"论出现时，人们在惊诧之余，觉得十分离奇了。

在科学研究中是允许假说的。但在一种假说未被验证之前，它是不能作为另一假说的前提的。众所周知，科学研究中必须遵循由已知达于未知的原则。人们遵循这个原则，是由科学的性质决定的。科学的价值在于求真。考古学作为一门科学，也必须坚持求真，坚持由已知达于未知的原则。一种假说未被验证之前，它仍是未知的。将它用作另一假说的前提，势必出现一个个假说相叠的情形。那时，人们只能在未知中打转，也就不可能获得真知，只会得出许多与真理相悖的结论。

夏文化探索这一课题自提出的那天起，就成了学术界关注的热点。在过去的20余年间，围绕夏文化的讨论，发表了大批文章，表述了各种不同的看法。不过，在这表面繁荣的同时，不能不使人感慨：在二里头遗址的发掘报告《偃师二里头》于1999年正式出版之前，竟有数百篇与二里头文化有关的文章发表，这岂不是个有趣的现象吗？[18]

在考古界流行一个说法：在课题研究中只要对探讨的对象能自圆其说就可以了。这是一种有趣的说法。自圆其说是研究工作的起码要求，是相对于"自相矛盾"而说的。仅以自圆其说为目标，找一些似是而非的材料去创造一种观点，这种创造是没有价值的。因为科学的神圣，是建立在求真务实的基础之上的。如果我们的研究违反了求真原则，离开了从已知达于未知的原则，不按科学规程操作，不能采用科学的方法，即使做到"自圆其说"，其结论也必然会远离真理。

就郑亳说者而言，当他们把二里岗文化定为中商文化，采用文化因素分析法时，把二里头三、四期文化定为早商文化，于是二里头遗址的文化遗存被认为是"二里头类型商文化"。他们还强调说：二里头类型商文化与二里岗期商文化之间存在"一脉相承"的关系；二里头类型商文化与二里岗期商文化之间因具一致性，认为二里头类型商文化是二里岗期商文化的"直接前身"[19]。后来，因"郑亳说"的提出，二里岗文化变为"早商文化"之后，"二里头文化类型商文化"也变成"夏文化"了。这样，原先所说的"二里头类型商文化"也不再是二里岗期商文化的"直接前身"了。当然，二里头文化与二里岗期商文化之间存在"一脉相承"的关系突然没有了。一句话,两者变成两个不同的考古学文化,原本所说的"商代遗址"变成了"夏代遗址"。

诚然,改变观点是研究者的个人权力,无可厚非。表面上看,把二里头遗址从商代都邑改为夏代都邑,是观点的改变。但它涉及研究工作中最基本、最重要的一个问题,即材料与观点孰是第一位的问题。

郑亳说者在讲述上述变化时,说了这样一句话:经"反复推敲文献根据和考古材料,却做出了完全相反的结论"。此话粗听起来,似乎无可置疑。但仔细分析,不能不感到令人费解:探索中的夏文化在未获实证之前,作何种假设都是可以的;可是商文化是已知的,用他自己的话说,这是探索夏文化的前提。但他竟把已经诸人认定的商文化,说成是未知的、探索中的夏文化;这在从事数十年商周考古的人身上出现,不能不说是又一个有趣的现象。

观点从材料中产生,还是材料的属性随观点的改变而改变,这是必须讨论清楚的原则问题。科学研究是以材料为基础而展开的,是讲究证据的。郑亳说在改变观点时,对原先所说的"一脉相承""直接前身"等不作任何说明,也没有提供必要的材料或证据说明改变观点的理由,径直地将"商文化"说成"夏文化"。这里不得不讨论的问题是:一个观点的建立,究竟是基于对基础材料的分析而得出的结果呢,还是其他原因?若因观点改变,其材料的性质也可随之而改变吗?如果可以改变,那么在材料与观点之间,哪个是第一位的呢?如果材料的属性可因观点的改变而改变,那么考古学的科学性又在哪里?

关于考古研究中的观点与材料的关系问题,似乎不应成为问题。因为人人都会说,观点是离不开材料的。一个观点的提出,必须以材料为基础,尤其应重视第一手材料的发掘与分析研究,从中得出有据的看法。因此,任何一项研究都要搜集尽可能多的材料，并对它们进行深入细致的整理与分析，完成"去粗取精、去伪存真，由此及彼、由表及里"的认识深化的过程，逐渐形成某种观点。一个正确的观点，还需要在实际工作中经受检验。所以，材料是立论的基础，它是第一位的。

二里头遗址是夏代城址还是商代城址，目前在学术界存在很大分歧。但是，归根结底，这是由遗址内各文化层中所含遗存的性质决定的。二里头遗址是不是夏代遗址，因缺乏证据而难以辨别，但其中有没有商代文化遗存，却是可以从已知的郑州等地的商代遗存与之比对中论定的。由于材料是第一位的，所以，即使观点可以变，材料的性质则无法改变。郑亳说者在说二里头文化与二里岗文化之间存在"一脉相承""直接前身"时，是基于材料的分析与比对而得出的结论。郑亳说的提出，则是基于战国陶文与不准确的碳十四数据，而不是对二里岗文化和二里头文化的遗存进行分析而得出的。两相比较，不难看出基础材料的分析在这些文章中没有放在主体位置，而是置于被论定的位置，这不是本末倒置吗？在这些文章中，二里头文化虽然被列为探索夏文化的主要对象，但不是就其文化内涵进行分析而探讨是商或非商文化，以及哪些方面体现了夏文化特征的主体，而是用一些与二里头文化的内涵无关或并无直接关系的东西去"研讨"，再将这个推导而得的结论，加到二里头文化之上。因此，郑亳说者的夏文化探索之路，严格地说，不是考古学的研究之路。今天，当我们回顾这个过程时，难道不应该对它的探索方法与探索之路，作一些严肃认真的思考吗？

今天，"夏商周断代工程"已经结题，久持不下的争论也经过冷静思考。必须承认：二里头遗址是不是夏代都城，它的论定离不开对遗址内文化遗存的性质、准确的年代等问题的考定这个前提。二里头遗址是不是斟鄩，要取决于以下几个条件：它的文化遗存是不是夏文化，它的年代是否与夏的纪年一致，它的地理位置是否与文献记载的斟鄩的地望相合，等等。这就如我们去找一个从未见过的人，只有在性别、年龄、工作单位与职务、籍贯等都对上号时，才能确认他（或她）是你要找的人。如果有一个条件对不上，你就不可能找到你要找的那个人，它们的道理是一样的。以倒果为因的方法倒推，想当然地把这个人领回来，大家也不会接受。为什么？因为在主观设想与客观情况未能谐和一致时，就不可能获得正确的结果。这里，斟鄩是个结论。这个结论的正确与否，是由所得的材料包含的信息与上述条件是否一致决定的。它们之间是因果关系。现在看到借郑州是成汤所建之亳都而推论比它早的二里头遗址是夏都斟鄩，进而推断二里头遗址的四期遗存为夏代文化。这里又一次将结论变成立论的前提，同样犯了倒果为因的错误。方法错了，结论当然不可能正确。

三　假说未被证实之前，不能作为
另一个假说的基础与出发点

围绕郑州与偃师发现的商城遗址，目前存在郑州商城"亳"都说和偃师商城"西亳"说等多种说法。但它们都只是推测或假说而已。无论是哪种假说，它的可信性，都是需要证据并予以论证的。在没有证据证明这一假说可信之前，它还不是历史的真实。有趣的是，二里头遗址夏都"斟鄩"说，却是在前两个假说之上延伸出来的。可是，科学研究中的一个准则是：一个假说在未被证实之前，是不能作为另一个假说的基础或出发点的。

有人以郑亳说为出发点，进而去推测二里头遗址为夏代都邑"斟鄩"，二里头文化是夏文化。甚至有人把二里头文化是夏文化这一假说作为出发点，将客省庄二期文化或河南龙山文化称作"先夏文化"。这样，就形成了在假说之上又提出了一个假说。这样做是违反科学研究中必须遵循从已知达于未知的原则的。

有趣的是，还有人将这种方法提到理论的高度，称之为"都城分析法"。并且宣扬说，这种"都城分析法"比考古研究中常用的文化因素分析法更科学、更有效。

所谓"都城分析法"，就是借推测郑州商城为成汤所都之"亳"或推断偃师商城为成汤所都之"西亳"，进而推断二里头遗址为夏代都城"斟鄩"或推断其他城址为某个夏代都城的方法。作为探索的一种途径，如果各方面的条件均已成熟，不妨可以尝试。目前的问题在于：考古发现的这几个城址在年代、文化属性等尚未研究到一定深度，均未获得一致认识的情况下，就与文献中记载的某个都邑匆忙地对号入座，这种做法本身是不严肃的。如前面提到，郑州商城与战国陶文"亳"字之间并无内在联系；所引的商城 CET7 第 5 层（城墙夯土层）木炭测得的年代——公元前 1620 ± 140 年的数据，误差达 280 年，显然商城的建城年代不很清楚，又无其他重要证据予以支持。在这种情况下，郑亳说充其量只是一个假说。可是有人把上述年代定为商的始年，将郑州商城作为夏商分界的界标，将比它早的二里头遗址推论为夏代都邑、二里头文化为夏代文化。这种做法之牵强，又怎能与科学要求的严谨连在一起呢？

殊不知，这种做法完全违反了科学探索中必须遵循从已知达于未知的基本准则。

在研究工作中采用假说是允许的，在自然科学领域中是常见的。像"夏文化探索"这样的课题，在探索过程中提出假说，当然是可以的。就假说而言，也不能以"自圆其说"为满足。作为探索的对象，只有在得到证据，证明其正确以后，才是有价值的。否则，甭管你怎么强调如何"自圆其说"或自己宣告某某观点已经形成"共识"，那也无济于事，它仍然是个假说。如果有关证据表明其假说不对头时，就应进行调整，或者放弃后再设一个假说，以使课题不断向前推进。

　　在一个假说未获证实之前，它仍是个未知因素。基于研究工作中必须坚持从已知达于未知的原则，必不能成为另一个假设的基础或前提。所谓"都城分析法"将未被证实的这些假说作为其推论的前提，其结果只能在未知中打转。有人说"先夏文化"也找到了，那更是在未知中打转的一个突出实例。

　　夏文化探索作为考古学上的课题，只能运用考古方法去研究解决。从文献材料中寻找哪个王朝的某个王世曾建了哪个都城等，这些线索对考古工作甚有参考价值。但考古工作中发现的某个城址是否与文献提供的某个都邑有关，最终需寻找实证并通过严密的论证而考定。哪些是早商文化？二里头遗址的四期文化遗存其性质是否一致？它们的年代是否与夏代纪年一致？其中有些遗存的年代尚在商代纪年之内？所引用文献资料的可信度如何？这些都是基本的要素。这些问题必须踏踏实实地逐一研究，绝不是简单的推理能够解决的。如上面提到的，将郑州商城遗址推断为商汤所见的亳都，建城之年为商的始年，等等，都经不起推敲，又怎能被人接受呢？"夏商周断代工程"采用高精度测年，证明郑州商城的建城年代在公元前1450年上下，上限不会超过公元前1500年。这样，有31个商王的积年竟与有17个王世的夏代积年接近，只有400余年。对此，我国的历史学家们会接受这一结论吗？

　　显然，对这些假说进行修正，是十分必要的。这也说明，"都城分析法"解决不了夏文化问题。

　　由"都城分析法"衍生的郑州商城为夏商文化"界标"说，近几年来常常在一些刊物上出现。用都城作为王朝划分的"界标"，显然是把王朝的建立与新邑的建筑联系在一起了：即新王朝的建立，一定会立即建一个新的都城。由此，只要找到这个新的都城，也就找到了划分王朝更替的标志。所谓"界标"，顾名思义是分界的标志之意。

　　在偃师商城发现以后，即有人提出它是汤都"西亳"。还有人著文说，这一发现"提供了又一个明确区分夏商文化的新的界标"。这样，夏商分界存在两个"界标"。在他们看来，尽管夏桀时经济不好，但商汤是个伟人，竟能同时修筑"两个"大都邑。

"界标"说作为一种理论，它的提出应该是有条件的，而且首先应论证它的合理与否。所以，要把郑州商城或偃师商城作为"明确区分夏商文化"分界的"界标"，至少应具备以下条件：

第一，从理论上说明改朝换代一定与建一新都连在一起。既然它是"明确区分"夏商文化或夏商王朝分界的标志，那么还应证明这个新都城是商人灭夏后，用很快的速度在短期内建成的。

第二，以实例说明，历史上凡改朝换代的当政者在很短的时间内建筑新都，具有普遍性。如果历史上不存在这种规律性，这两个商城怎能成为"界标"？

指出这两点绝非没有意义。因为只有具备了上述两个条件，方可将偃师与郑州发现的这两座商城，作为夏商王朝分界说的立论依据。遗憾的是，作者没有向人们展示这种规律性，只是主观地提出这一"理论"。而且，这一理论是建立在未知之上，也是违背科学研究中必须遵循的从已知达于未知这一原则的。

任何一种理论，只有在被实践证明是正确的，它才是有用的。理论之所以具有指导性，原因在于它被实践证明具有可操作性。或者可以这么说：只有在实践中被一个个实例证明它是有用的，具备了客观的规律性，这样的理论才有指导意义。

有人辩称：这里所说的"界标"，是个模糊概念。建城需要时间，所以与实际情况要相差三五十年。问题在于，既然是个模糊概念，又怎能"明确区分"而称之为"界标"呢？相差三五十年，意味着与开国之君隔了二三代之久，还能成为王朝分界的标志吗？如果"界标"这一概念是模糊的、很不准确的，那么，这一理论又有什么实际意义呢？其实，用都城来做划分朝代的界标，只是一种主观设想的产物。尽管"界标"提出的时间比较早，但是"夏商周断代工程"为研究武王伐纣的年代，解决商周两代的分界问题时，没有简单地用安阳殷墟之后的丰镐遗址或琉璃河古城作为"界标"。在一些文章中一再标榜"界标"功效的朋友，在"工程"中也没能为商周两代的划分，开出一张灵丹妙方。因为"界标"说根本解决不了武王伐纣的年代，也不具备"明确区分"商周王朝的"界标"作用。"夏商周断代工程"所设的武王伐纣专题组，也是依据文化分期的研究成果，从马王村发现的典型地层中采集系列含碳样品进行测年与校正后，才得到了公元前1050—前1020年的范围。这是考古学预探，然后由天文学家在这一范围，参照天象记录进行计算而获得的。

　　任何一种理论的提出，在于它必须具有实用价值。如果没有这种价值，这一理论也就失去了意义。有趣的是，有人对如此不堪推敲的"界标"说津津乐道，对"工程"中多学科协作获得的年代，却百般猜疑，岂非怪哉！

　　偃师二里头遗址和偃师商城相距仅有6000米，年代又较接近，于是有人对这两个城市的出现感到费解。对于这一事实作何解释，理应从考古发掘中去寻找答案。可是，有人把它们与改朝换代联系起来，觉得这样解释颇为合理。他们接过"界标"说，加以发挥。可是，一个城址是哪个王朝的都邑，只能通过对城址内所含主要遗存的属性及其年代等方面的问题做深入研究之后方可判定。两个城址在较近的地点出现，其原因何在，同样离不开对城址内文化遗存的内涵与年代等方面作综合考察。只有通过对有关内涵的分析，结合其年代及其他因素，才能对建城的缘由、用途等内容作合理的解释。将两个城址在相距不远的地方出现与改朝换代联系起来，并以此立论，这同样需要有事实作为依据。考古提供的事实则说明，即使城址间有打破乃至叠压关系，也未必存在改朝换代的必然性。例如，在侯马市发现的牛村古城、白店古城、平望古城、台神古城及呈王古城、马庄古城等城址，都相距很近，有的还有打破与叠压关系，可它们都是东周时的，学界称它们是晋都新田。如果以一个城址的兴废作为王朝更替的"界标"，那么这几个城址的出现，岂不是应该成为几个朝代"分界"的"标志"了吗？

从许多遗址可以看到，改朝换代与遗址的废弃并非同步。也就是说，灭国之后胜者未必都把都邑中的原住居民迁走，使这个都城变成废墟。即使像西周初年做出了迁殷顽民于成周的重大决定，但在安阳殷墟，普通平民仍然生活在那里，因而留下了许多具有商人固有传统与特色的文化遗存。由于过去主要挖掘墓葬，它们的随葬品相对固定，因而从墓葬的随葬品中很难划分商末与周初的差异。这是我在《二里头文化探讨》中提出，并在《二里头文化再探讨》中加以强调指出的：政治变革与文化面貌的变革并不同步；与政治变革相比，文化遗存的变化存在滞后现象。

由上分析可知，"都城分析法"抛弃了文化因素的分析，人为地用城址去划分夏商文化，并以它作为"界标"，无法揭示其间的历史真实。这也说明，从理论与实践两个方面都表明"都城分析法"的严重缺陷，决定了"界标"说难以成立。

围绕二里头遗址而展开的讨论中，还出现一种十分有趣的现象：明知道发掘面积有限，只占遗址总面积的百分之一左右，大量丰富的遗存尚未被揭露，许多谜团还有待在长期、持久的发掘中逐步了解。可是很多文章却将现今看到的现象当作最终认识，从而提出绝对化的结论，不留任何余地。例如，有人把二里头遗址发现的1、2号宫殿（都是第三期遗存）均被第四期遗存打破，于是将它作为第三、四期间发生了改朝换代的论据，从而将夏商分界划在三、四期之间。可是稍加思索即可了解：当时建造的宫殿与后代相比，相对比较简陋，它们的使用时间也比较短。一个宫殿不可能使用三五百年之久，因此，一座宫殿的被毁与建造，未必与改朝换代的变革有什么联系。偃师商城内已发现三层叠压的大型基址（有人认为是宫殿基址）就可说明。如果宫殿被毁，一定要与改朝换代连在一起，岂不是偃师商城中也出现了三次改换朝代吗？近几年在二里头遗址中发现了第四期的大型建筑基址，有人指出属殿堂性质。这说明：一个遗址不经过长期、大规模的发掘，它所包蕴的丰富内涵是很难做出较全面了解的。在这种情况下，那就要做到留有余地，有多少材料说多少话，因为考古学作为一门科学，必须坚持实事求是。

无论对郑州商城、偃师商城，还是对二里头遗址，都需在文化分期的基础上，对文化遗存的性质做出认真的论证，对它们的年代作高精度碳十四测定，以获得尽可能准确的年代，这些都是必要的基础性研究。同时，必须把研究对象置于特定的时间、地点、条件下去探讨，做到有的放矢。诸如在讨论两个城址的孰早孰晚时，先搞清几个年代：商人出现于该地的年代、构筑城址的年代、城址废弃的年代、遗址废弃的年代。只有把它们都搞清楚了，比对时才能做出正确的结论。以往的讨论中，为了说明此城比彼城的年代早，就把商人出现于该地的年代，和对方的建城年代相比，这种所答非所问的讨论，当然不可能被对方或同行友人所认同。就以郑州商城而言，有说建于二里岗下层晚段，有说建于二里岗下层早段，有的则说建于南关外或洛达庙晚期。究竟是哪一时期，要用材料说明。否则相差100余年，能把问题讨论清楚吗？特别值得重视的是，当上述问题中还有未知因素时，怎能探讨深层次的问题呢？匆匆忙忙地与文献资料中的都邑挂靠，又怎能获得满意的结果？如今，二里头遗址的文化性质、年代等方面均不支持斟鄩说，怎么可能得到同行友人的"共识"呢？显然，上述假说的可信度遭遇到严重挑战。

四　城址的重要性并不取决于它叫"亳"或"斟郖"，而在于它的内涵所包蕴的特定价值

　　长期以来，考古界在面对古城的态度上，存在两种不同的态度：一种是在发掘量甚少，对古城知之不多的情况下，就匆匆忙忙地与文献记载的某个都邑对上号，于是七拼八揍地找"证据"，牵强附会地去比附，甚至违反科学规程去操作，不惜使用"倒果为因"的错误方法，借一个未经证实的假说，去推断另一个假说。自吹自擂地宣布找到了最终结果，并大肆炒作。另一种是踏踏实实地去发掘，根据每次发掘中提出与解决的问题，制订新的计划，不断地推进研究进程，只在一定时期提出阶段性成果。他们心中有全局，并且朝着全局的总目标，默默地、有序地工作。应该肯定后一种态度是正确的。

　　出现这种差异，与研究者所奉之不同的历史观有关。在一些朋友看来，似乎把发现的古城与文献中记录的某个都邑挂靠上了，这一发现才是有价值的。所以，一旦发现就急忙与文献记录中的某个都邑挂靠，来个"对号入座"。例如，1983 年发现偃师商城以后，第一个简报指出其时代为二里岗期。[20] 但在工作极其有限的情况下，就将它与"西亳"挂上，它的年代被提到二里头第三期；把原先用于二里头遗址"西亳说"的文献资料几乎原封不动地移到偃师商城的头上；为了与《汉书·地理志》偃师县下"尸乡，殷汤所都"相印证，不惜将老乡称呼的石羊沟，称作"尸乡沟"，并在申报国家级文保单位时，公然冠名为"尸乡沟商城"，给人的错觉是偃师商城就是汤都之亳。

　　二十年过去了，当时发现的偃师商城的大城，其筑城年代仍是二里岗时期，证明第一个简报的断代是正确的；以后，王学荣同志就尸乡沟的名称撰文作了澄清；[21] 后来，因 90 年代在大城之

内发现了一个小城，于是将西亳又挂到小城之上。可是，它的年代、规模、地望等是否与西亳符合呢？只能拭目以待了。

1983 年以来，围绕郑州与偃师发现的两个商城，出现了孰早孰晚的争论。不过，表面上是早晚之争，实际上却是哪一个商城系汤都之"亳"的争论。这场争论拖的时间很长，涉及的人也很多。可惜，这是一场争不出结果的争论。原因有二：一是各说各的，打不到点上。为此，我在 90 年代初，曾向偃师商城队的同志们提出要求，希望搞清几个年代：商人出现于该地的年代、商人构筑城址的年代、偃师城址废弃的年代、这个遗址废弃的年代。[23] 只有将这些年代搞清楚了，才能围绕"建城"的年代展开讨论，不会再出现将商人出现于该地的年代与对方所说的建城年代作比较。二是靠考古学本身不可能解决，就如 50 年前围绕仰韶文化的半坡类型与庙底沟类型孰早孰晚的争论一样，只有靠碳十四测年这种自然科学手段，方可得以解决。

如今，"夏商周断代工程"的测年专家对这两个商城均作了测年研究，结果已如前面所述，两个商城的年代均不可能到公元前 1620 年—前 1600 年的范围。就偃师商城而言，围绕偃师商城西亳说，20 年来，其内容却大不相同：1983 年提西亳说时，指的是偃师商城的大城，现在提西亳说的则是指 90 年代发现的小城；偃师商城大城的规模比郑州商城要小，偃师商城的小城比它的大城更小，其规模比二里头遗址发现的宫城大不了多少。这个城址跟"莫敢不来享，莫敢不来王"的成汤之世是否相称？20 年前提出"西亳说"时，年代定在二里头文化第三期，现在所指的小城年代为"二里头文化第四期后段"，年代不超过公元前 1550 年。但这是城内灰沟底层内出土炭样测得的年代，这是发掘者推断的"建城年代"，并非城墙建筑中出土碳样测得的年代。因此，10 年前提出的应该搞清的几个年代，似乎还是不大清楚。

当有关古城的许多问题尚未搞清的情况下，研究者将郑州与

偃师发现的商城，非要与商汤所建的亳都联系起来，实是令人费
解。因为诸如建城年代等要素尚不清楚，在争论的过程中还在不
断修改的情况下，这种挂靠有什么意义？这里存在一个认识的误
区……在他们看来，似乎只有把它们与文献中记录的亳都联系起
来，才能将这个古城的重要价值显现出来。

其实，一个城址的重要性并不取决于它叫"亳"或是"斟
鄩"，而在于它的内涵所包蕴的特定价值。当这些城址申报为国家
级文保单位时，也并不要求它是亳还是斟鄩。从这三个都邑在争
论中出现的许多数据一变再变的情况，不难看出按科学规程操作
的必要性。一个城址是"亳"，还是"西亳"，或是"斟鄩"，这
些结论是在做了大量工作之后才能做出的，而不是在发现之初的
"假设"。因为这样的结论是靠证据来说明，而不是靠猜测或假设
所能定的，也不是匆匆忙忙地去找一些并不确切的材料作"论
据"，勉强地去比附所能解决的。把一些似是而非的材料充当论
据，即使罗列再多也比不上一条过硬的材料更具有说服力。

有趣的是，争论双方的结论不同，但他们的思路与方法是一
致的，他们希望达到的目标也是相同的，即都想借偃师商城或郑
州商城是"亳"或是"西亳"，去推定年代比它们略早的二里头
遗址是夏代都城。

这期间，还爆出了一条"作为探索夏文化主要对象的偃师二
里头遗址，其一至四期均属夏文化已取得共识"的惊人消息。这
一说法经媒体传播后，在海内外引起一片哗然！

五   二里头遗址的四期遗存中有没有
商文化是可以推定的

围绕两个商城的早晚而引出的孰是成汤亳都的争论，是一场
没有胜者的争论。十几年过去了，争论没有解决双方原本希望解

决的问题。"工程"公布的三代年代学研究的结论，对这场讨论作了很好的检验。但在检验了这场争论之后，把问题又拉回到原地。这是一件很有意义的事。可以设想：如果没有"工程"的实施，这场争论可能还要进行下去，人们还会在争论中痴迷地坚持某些错误的东西。

事实证明，围绕这两个城——郑州商城和偃师商城的大城的年代早晚而进行的争论，是不可能获得结果的。原因何在？在于考古学只能借地层叠压关系判别其间的相对早晚。这两个大城分处两地，它们之间不可能有叠压关系。由于它们的年代很接近，靠考古类型学这单一手段也难以判别。这样，讨论双方只能是公说公有理、婆说婆有理，难获共识。因此，只有碳十四测年方法给出的准确年代才能予以回答和解决，如同30年前围绕仰韶文化的半坡类型早还是庙底沟类型早的争论，因碳十四测年而使争论得以平息一样。如今，"工程"中用高精度碳十四测年技术，采用系列样品进行测定，得到的年代比30年前更准、更合理。有关结果表明：这两个城址的年代确实很接近，是差不多同时存在的商前期城址——郑州商城和偃师商城大城的年代都不超过公元前1500年，与夏商分界的年代相去甚远。争论中双方都想说明其中的一个商城是成汤所建的亳都，但公布的年代表明，它们与"亳"都均挂靠不上。当然，双方都想推定二里头遗址是夏代都城的目标也不能达到。

为什么会出现这种情况？应该说，所用的方法不对是根本性的，上面已经指出。其他缺陷也是一个方面，例如不能正确地运用碳十四测年的数据就是一例。30年前，对郑州商城测过的几个数据，正如测年专家所声明的那样，由于测年精度不够高，误差很大，尚不能解决历史时期的年代问题；单个碳十四年代数据更不能作为立论的依据。但在这几个不同数据面前，有些文章仍然选择其中某个自认为合适的数据予以应用和发挥。例如将二里岗下层的一个正负 140 年的数据公元前 1620 年推论为建城的年代，进而推论它是商代的始年。又如，有文章从二里头遗址中测定的几个数据中，估定二里头遗址"第三期的年代大体不晚于公元前 1700 年左右"，"第二期的年代平均约为公元前 1800 年"，等等。这样，就为二里头遗址是夏代遗址的推论提供了年代依据，甚而推论这四期遗存是太康失国、后羿代夏以后的夏代遗存，等等。如今，"工程"按二里头遗址的分期，采集系列样品做了高精度测年，各期的年代也已经公布，二里头遗址第三期的年代大多不超过公元前 1600 年，第二、三期文化遗存的年代分界约在公元前 1600 年上下。伊川南寨的二里头时期墓葬系列和郑州商城遗址中洛达庙至二里岗期系列的碳十四测年结果，也与《报告》中公布的年代一致，只是更精细一些。从中可以看到以前"估定"的几个年代，显然高出太多了。

先假设、后求证，这在自然科学中是常用的。但其目的是要检验假设是否正确、合理，因而求证的过程，离不开证据。这里，对证据的要求都是很严格的。一旦发现证据不支持假设，研究者马上放弃原来的假设，另作与证据有可能一致的其他假设。这里，证据是第一位的，假说则应随取证的情况而不断修正。但从这场争论中可以看到，有些观点的提出，虽也采用先假设、后求证的方法进行，但因把求证当作观点寻找证据，于是哪个现象对论点有利，就把它作为证据，甚至可以排斥其他不利于观点的证据，随意地去选择某个现象进行解释，作为支持观点的证据。在操作过程中，甚至不考虑与其他证据是否抵牾。这样处理，当然离正确的结论越来越远了。

其实，就程序而言，如果将二里头遗址中的四期遗存说成是夏文化，首先要论证它不是商代文化，然后再用证据证明它是夏代文化，这是决不能省略的。这方面，只能用"文化因素分析法"去进行剖析，而"都城分析法"是无济于事的。

可是，如本文开头所说，二里头遗址的四期遗存中是否有商文化因素的问题，是不可回避的，也是可以探讨并提出比较确切的结论的。用文化因素分析法既然可以区分出许多不同的考古学文化，或在一个考古学文化中区分出其中的不同文化因素，那么在这里同样可以进行分析，看看其中是否存在不同的文化因素。已有文章指出这四期遗存中存在与二里岗期商文化相同的因素，包括目前持"郑亳说"的学者中，当年也承认这一点。那么，现在的问题只能说明我指出的"表面上看到的是观点之争，实际是方法之争"的说法是不错的。

我在 10 年前即已指出：如果说围绕二里头遗址中哪些遗存是夏文化出现争论，因没有充足的证据而难以取得共识。可是其中有没有商文化，哪些遗存是商文化应该是可以论定的。因为目前学术界对安阳殷墟的商后期遗存，郑州商城、偃师商城的商前期遗存的认识是一致的。那么，二里头遗址的四期遗存中有没有与二里岗期商文化一致的因素是应该能够论定并把它分析出来的。这是由已知达于未知的正确的认识方法。

从 1983 年发现偃师商城算起，围绕两个商城的争论进行了十七八年了；若从 1977 年登封会议算起，夏文化问题的讨论，接近30 年了。这是一个不短的过程。夏文化问题作为探索中的课题，出现这个过程是需要的。在探索中出现这样、那样的想法与说法也是正常的。虽然讨论是在条件并不充分、特别是缺乏准确年代的情况下出现，这场争论显得早了一些。所幸的是，"夏商周断代工程"的实施，提供了一系列科学合理的年代，使我们获得了审视过去的探索过程，检讨研究进程的机会。这是很有意义的，也是"工程"除了提供三代年代框架之外的又一成果。

随着 21 世纪的到来，中国考古学的发展面临新的机遇与挑战。如何使我们的研究思路更正确、研究方法更科学，离不开对过去的总结与回顾，或者说，必须在总结过去的正反两方面的经验之后，才能找到。

　　愿这篇文章作为引玉之砖，欢迎同行友人批评指正！

注释

　　［1］殷玮璋：《早商文化的推定与相关问题》，《95 中国商文化国际学术讨论会论文集》，中国大百科全书出版社 1998 年版。

　　［2］李伯谦：《夏商周断代工程考古课题的新进展》，《文物》1999 年第 3 期。

　　［3］张雪莲、仇士华、蔡莲珍：《郑州商城和偃师商城的碳十四年代分析》，《中原文物》2005 年第 1 期。

　　［4］夏商周断代工程专家组：《夏商周断代工程 1996—2000 年阶段成果报告》，世界图书公司 2000 年版。

　　［5］［11］仇士华、蔡莲珍、张雪莲：《关于二里头文化的年代问题》，见本书。

　　［6］邹衡：《试论郑州新发现的殷商遗址》，《考古学报》1956 年第 3 期。

　　［7］邹衡：《郑州商城即汤都亳说》，《文物》1978 年第 2 期。

　　［8］邹衡：《夏文化的研究及其有关问题》，《夏商周考古学论文集（续集）》，科学出版社 1998 年版。

　　［9］［12］邹衡：《关于探讨夏文化的条件问题》，《华夏文明》，北京大学出版社 1987 年版。

　　［10］邹衡：《关于探索夏文化的途径》，《河南文博通讯》1978 年第 1 期。

　　［13］邹衡：《再论"郑亳说"》，《考古》1981 年第 3 期。

　　［14］邹衡：《关于探讨夏文化的几个问题》，《文物》1979 年第 3 期。

　　［15］殷玮璋：《关于夏文化探索的几个问题》，《文物》1984 年第 2 期。

　　［16］中国社会科学院考古研究所山西工作队：《山西夏县禹王城调查简报》，《考古》1963 年第 9 期。

　　［17］李伯谦：《二里头类型的文化性质与族属问题》，《文物》1986

年第 1 期。

[18] 任飞、张立东：《手铲释天书》，大象出版社 2001 年版，第 199—225 页。

[19] 北京大学历史系考古专业编：《商周考古》，中国考古学之三，1972 年铅印本；北京大学考古专业：《中国考古学——青铜殷商》，1976 年铅印本。

[20] 中国社会科学院考古研究所汉魏故城工作队：《偃师商城的初步勘探与发掘》，《考古》1984 年第 6 期。

[21] 王学荣：《偃师"尸乡沟"小议》，《中国文物报》1996 年 8 月 11 日。

[22] 中国社会科学院考古研究所第二工作队：《河南偃师商城小城发掘简报》，《考古》1999 年第 2 期。

[23] 任飞、张立东：《手铲释天书》，大象出版社 2001 年版，第 199—225 页。

原刊中国社会科学院考古研究所编：《二里头遗址与二里头文化研究》，科学出版社 2006 年版

有关夏文化探索的几个问题

中国在商代之前有个夏代，后世的文献记载比较明确。虽然《史记·殷本纪》记述的商代历史相当简略，但是随着考古学在中国的兴起，商代的历史已被安阳殷墟的考古发现和研究成果所证实，那么有理由认为《史记·夏本纪》所记的夏代历史也非虚指。因此，多数史学家认为夏代的存在是可信的。

在这种情况下，人们寄希望于考古工作者从地下找到夏代遗址，用考古手段把夏代的物质文化遗存确定下来，以便能深入开展夏代历史的研究。

夏文化探索这个学术课题之所以被人重视，还在于夏代在中国上古史上居于重要的地位。从文献知道，夏代大约处于原始社会向奴隶社会转变的历史时期。这在中国上古史中是个重要的转折点。所以，一旦在考古领域把夏代文化确定下来，不仅对夏代历史的研究，而且对考察我国原始社会向奴隶社会的转化、探索国家起源等问题，都具有重要的理论意义。

关于夏文化的问题，早在发掘安阳殷墟的晚商遗存后不久就有人提出了。有人认为仰韶文化是夏文化，[1]也有人认为龙山文化是夏文化。[2]由于当时积累的考古资料为数有限，对商文化的认识也不全面，因而这些看法都属推测性的。不过，人们显然已经认识到探寻夏代的文化遗存，只有借助考古手段从地下的出土物中去分析辨别。到了 20 世纪 50 年代，随着我国考古工作的不断开展，在中原地区进行了大规模的调查和发掘，对这一地区内各文化的面貌、特征、相对早晚和分布地域等逐步有所了解。特别是郑州二里岗期商文化的发现，找到了比安阳殷墟更早的商代遗存，进一步丰富了我们对商文化的认识，在时间上缩短了与夏代的距离，于是探索夏文化这个学术课题被提到考古工作者的面前。

根据文献记载，一般认为有两个地区与夏王朝时期夏人的活动有密切的关系，即：河南西部的洛阳平原及颍水上游的登封、禹县一带，山西南部的汾水下游地区。因此，探索夏文化的工作相应地在这两个地区内做得比较多。

1959 年夏进行的"夏墟"调查[3]揭开了这项探索工作的序幕。以后，在豫西、晋南地区做了广泛的调查，发现了很多二里头文化遗址，并对其中的十多处遗址进行了不同规模的发掘，获得了大批资料。同时，对这两个地区内的龙山文化遗址也做了不少工作，证实这两个地区内发现的二里头文化和龙山文化遗存的年代都比郑州二里岗期商文化要早。在不断积累资料的基础上，对这两种文化遗存进行了分期和划分类型的工作。二里头文化被区分为豫西的"二里头类型"和晋南的"东下冯类型"；前者已分出四期，[4]后者分为三期。[5]河南龙山文化又分为豫西、豫东和豫北类型，也有以遗址地名命名而称为三里桥、王湾、煤山、王油坊、造律台、大寒等不同名称的类型。在晋南还有以襄汾陶寺遗址命名的陶寺类型。[6]对这些类型的文化遗存还做了分期研究，有的分为两期，[7]多的分为五期。[8]

随着发掘资料的不断积累，对各文化类型的内涵和年代有了进一步认识，有关夏代文化的讨论也热烈地开展起来。目前围绕夏代文化的讨论，大致有以下几种不同意见：

第一，二里头文化的一、二期遗存可能是夏文化。理由是二里头文化的四期遗存既有延续发展的一面，也有差异变化的一面。

这种变化突出地表现在第三期遗存中出现了一组与二里岗期商文化中具有代表性的器物极为近似的器物。同时，二里头遗址的位置与汤都西亳的地望一致，遗址上层（三期）发现的宫殿基址可能是汤都西亳的遗存。这些新文化因素的出现，表明它的时间已进入商代。这样，"早于商代、因商文化的出现而受阻以至被融合的、在传说夏人活动地域内发展起来的、具有一定特征的二里头下层文化，有可能是我们探索中的夏代文化"[9]。

第二，二里头文化四期遗存都是夏文化。理由是郑州商城为汤都之亳，二里头遗址在文献所载夏都阳城或斟鄩的范围之内。郑州商城碳十四测定的年代为公元前 1620 ± 140 年，"属最早的商年，而商城之下诸文化层的下限乃属夏年"。郑州南关外类型是二里岗期商文化的直接前身，是先商文化。河南龙山文化"不是夏文化，至少不是历史上夏王朝所属的夏文化"[10]。

第三，河南龙山文化中晚期和二里头文化一、二期是夏文化。持这种看法的同志同意第一种意见，但认为二里头下层的两期遗存与夏代积年相比时间太短，所以应往上推寻。河南龙山文化与二里头文化之间存在"一脉相承"的关系。碳十四测定的年代数据表明河南龙山文化中晚期的时间也在夏代纪年之内，青铜器和国家已经出现。因此，认为河南龙山文化或它的中晚期是夏文化，早期是先夏文化。[11]有同志还认为登封王城岗发现的河南龙山文化中晚期遗址很可能是禹都阳城。[12]

第四，二里头文化的两个类型和豫西、晋南的龙山文化都是在夏人活动地域内发展起来的古文化。这两个地区内发现的龙山文化与二里头文化之间存在继承和发展的关系，又都在夏代纪年之内，都已建立了奴隶制国家，所以都是夏文化。[13]有人还认为仰韶文化和庙底沟二期文化是先夏文化。[14]有人提出夏文化起源于晋南，后来扩展到黄河以南的豫西地区。[15]

第五，二里头文化是商文化。偃师二里头遗址是汤都西亳。

二里头文化"早期是从河南龙山文化直接发展而来","晚期则和二里岗期商文化紧密衔接,是二里岗期商文化的直接先驱"[16]。

第六,二里头文化的四期遗存中,一至三期"有着紧密的联系"。三期是由二期发展而来,"三期和二期的文化面貌并没有什么大的变化",只是四期的"文化面貌较之前三期迥然不同",所以主张把"前三期归入夏文化,第四期归入早商文化"。二里头遗址可能是夏都阳城。[17]

第七,山西襄汾发现的陶寺类型龙山文化,其面貌很有特色。大墓中出有鼍鼓、特磬和大量彩绘陶器、木器,反映了创造这种文化的古代人民,其社会生产力达到了较高水平。它的分布恰在传说夏人活动的地域之内。碳十四测定的年代约当公元前25至公元前20世纪,也与夏代纪年接近,所以也应是探索夏文化的对象。[18]

除了上面介绍的七种意见以外,在1983年5月举行的中国考古学会第四次年会上还提到其他一些意见。诸如安徽同志提到在巢湖一带的商文化层下面的遗存中包含一些二里头文化的因素,它们可能是夏文化;山东同志提到在益都、寿光一带的调查中发现不少古遗址,临朐县出过西周晚期"寻中"氏的铜器,因而认为斟灌、斟鄩二氏的故地可能就在这里。[19]凡此等等,可以看出目前在夏文化探索方面提出的意见是很不一致的,有的意见还是互相对立的。

在这种情况下,为了缩小差距以至达到认识上的一致,按照党的"双百"方针,开展学术讨论是很有必要的。围绕郑州商城是否即汤都之亳展开的讨论[20]就是很有意义的一例。

不过,鉴于目前在这个问题上的看法存在严重分歧,如果田野工作不能获得突破性的成果,想在短时期内取得一致的意见是不可能的。

但是,我们也不必等待新的突破性成果的出现。当前迫切需要进行的一项工作是把历年来发现的资料尽快地、客观地、全面地公布出来，以便大家进一步分析比较，进行各种专题研究。因为这样一些专题研究，无论对夏文化的探讨，还是对考古学学科的发展，都是绝对必要和不可缺少的。

举例来说，二里头文化的遗存很有特色，它的晚期遗存与商代二里岗期的时间紧相衔接或十分接近，它的分布地域又恰在传说夏人活动的地域之内，因而成为探索夏文化的重要对象，受到人们的普遍重视。然而，因研究者们对二里头文化的内涵、特点及各期遗存的差异变化在认识上存在明显距离，所以在判断它与二里岗期商文化的关系和是否即夏文化等问题时，也就出现了不同的看法。

有同志认为二里头文化不是二里岗期商文化的"直接前身"，提出前者属夏、后者属商。[21]有的则认为后者是从前者发展而来，二里头遗址中第四期遗存的发现，恰好把第三期遗存与二里岗期商文化联结起来了。[22]有文章提出二里头文化的四期遗存是一个文化，要不全是夏，要不全是商，不可再分。有的则作了划分，其中相当一部分同志认为第二、三期之间的变化具有划时代的意义。

对某个具体的考古学文化是否可分，这是由它所包蕴的文化成分是否单纯决定的。以地名命名的考古文化往往随工作的不断深入而发现其内涵并不单纯，因而有进一步分析的必要。诸如仰韶文化、龙山文化、昙石山文化等都有类似情况。

至于二里头文化的四期遗存是否可分，是夏文化还是商文化，抑或一、二期属夏，三、四期属商，同样应由所包蕴的成分及其性质决定。当然，这就要求研究者对它的内涵和各期遗存的差异、变化等做深入细致的分析。在研究过程中，似还应防止这样的偏向：为了说明二里头遗址是汤都西亳，而笼统地把二里头文化或它的三、四期遗存强调为二里岗期商文化的直接前身。或者为了推论它是夏都，对三、四期遗存中应该正视和肯定的文化因素不能给予恰当的位置。我们提出这一点是因为这两种偏向都会妨碍揭示二里头文化的真实面貌。而围绕二里头文化的讨论所出现的分歧，归根结底在于对这种文化的内涵和各期遗存的特点及所含成分的变化等未能取得深入一致的认识。

所以，对有关材料作进一步分析，正确揭示其特征和确认各期遗存间的差异变化，进而对这种变化的含义做出合理的解释，显然是很有必要的。

同样，对河南龙山文化（后岗二期文化）与二里头一期之间的关系，研究者们也提出了截然不同的观点。一种意见认为这两者之间存在发展和继承的关系。特别是临汝煤山遗址发现以后，有同志提出"二里头文化是直接从煤山类型一、二期文化发展而来"[23]的论点，并且强调说在那里找到了这种发展关系的地层依据。有同志除了提出"二里头文化早期由王湾类型直接发展而来"外，强调这两者之间"是同一文化先后承袭的关系"[24]。有的说后者"是二里头文化的直接前身"[25]。但另一种意见则认为"河南龙山文化晚期（包括临汝煤山期）并未过渡到二里头文化，两者的文化特征有较大差别……因此，不能把两者当成一种文化"[26]。这样，尽管目前对二里头一、二期文化遗存可能是夏文化的看法相对比较一致，但在研究者们对二里头文化与河南龙山文化之间存在何种关系还有很大差异的情况下，要肯定河南龙山文化是夏文化，也是十分困难的。

谈到河南龙山文化，还有一个如何正确地划分文化类型的问题。不少同志认识到在探索夏文化的同时也应考虑或解决先商文化，以便把先商文化与夏文化区别开来。因此，他们在讨论夏文化问题时，对哪种文化类型是先商文化也提出各自的看法。目前围绕河南龙山文化各类型的意见有：王湾（煤山）类型夏文化或先夏文化说[27]，王油坊（造律台）类型先商文化说[28]或有虞氏文化说[29]，豫东、豫北类型先商文化说[30]，先商文化漳河型源于河北龙山文化说[31]，等等。但是，由于人们对河南龙山文化到底应划分几个类型及各类型的面貌、特征、分期等方面的看法不尽一致，有关它们族属的讨论势必也难获得一致的意见。

因此，如果先就河南龙山文化的类型划分、各类型的特点、分期、分布地域、相互关系、各自的渊源等进行深入细致的研究，无疑是很有意义的。这是一项基础性的研究。这方面的研究越深入，对最终确定它们属于夏、先夏、先商、其他群体或政治实体的工作也越有利。

诚然，为了有效地开展这方面的研究，及时、客观、全面地公布材料是绝对必要的。

我们曾经指出，诸如夏文化探索这样一些课题的提出，表明中国考古学已能对重大的学术课题独立地进行研究，是我国考古学获得发展的重要标志。不过，也应看到，由于我们从事的是新课题的探索，在探索过程中出现这样那样的问题是很自然的。正确的方法是保证探索工作顺利进行的必备条件。对探索过程中所用方法进行检验和探讨，无论对探索的课题本身还是对考古学学科的发展都是很有价值的。

探索夏文化的工作从何着手？是从已经认识的商文化往上追索、在非商文化中辨别呢，还是自上而下，先找先夏文化或是先夏文化与夏文化一起探索？看来这方面的认识也是不一致的。在有的同志看来，要想确认二里头文化三、四期中出现的一组文化因素是商文化，那就应该先找到先商文化，否则就是无源之水。若要找夏文化，那么理应先找到先夏文化，至少应与夏代文化一起找。再加上中原地区的古代文化均已被认识这样一个假说为前提，于是出现了将需要探索的夏、先夏、先商文化等同现已发现的诸考古学文化（型）逐一"对号入座"的做法。应该说，这种想法的出发点是好的。困难在于目前考古工作提供的材料和人们对它们认识的程度，都还不具备这样做的条件。

人们认识事物的正确途径应是从已知达于未知。1950年在郑州二里岗发现比安阳殷墟还早的文化层时，虽然当时并未认识先商文化，但因它的文化特征与晚商文化一致（这是已知因素），还是比较容易地确认它为商文化。这是一个很好的例证。正在进行的夏文化探索，同样应以已知因素为起点，向上追溯，循序渐进。以已知的商文化为起点，向上追溯，一个直接的有利条件就是能够区分探索对象中哪些是商的和非商的因素，从而排除将商（先商或早商）文化误认为夏文化的可能。在非商文化中进行探索，先确认与早商文化衔接的夏代晚期遗存，这在目前条件下也是有可能做到的。

相反，若从未知的因素出发，势必以假说为基础，你说这是先夏文化，他说这是唐尧虞舜文化，就难免会出现众说纷纭、莫衷一是的局面。看来强调由已知达于未知、循序渐进地进行探索，可能不是多余的。

把二里头文化和河南龙山文化（王湾类型）列为探索夏文化的对象，这是有一定道理的。不过，我们的任务是要确认哪一个考古学文化为夏文化（不是两个或更多个）。在目前的讨论中，有人认为夏文化包括了二里头文化和河南龙山文化这样两种考古学文化（仰韶文化先夏说未计在内），这就不能不使人感到难以理解。虽然持这种意见的同志认为这两种文化之间存在继承和发展的关系，然而承认这种继承与发展关系本身，也是以它们是两个文化为前提的。迄今为止，还没有一篇文章专门论证这两种文化是同一文化的。事实上，一个文化可以跨越两个以上王朝时期；两个不同的文化也可能在某一王朝经历其交替、融合的过程，但这是就其时间属性而言。如果两个文化的面貌本不相同，即使它们存在的时间都在夏代纪年之内，那么与其说它们都是夏文化，不如说是夏王朝时期的两个文化更加恰当。

如果从探索夏文化的角度考虑，那么合乎逻辑的提法，夏文化只能是其中之一而不应该两者都是。假如这两种文化之间确如有的文章所说的是同一文化的先后承袭关系，那么对这两种文化的内涵进行深入的分析并给予富有说服力的详细论证，是必不可少的。

有的文章将河南龙山文化的豫东（王油坊）类型和豫北（大寒）类型统统归入先商文化的范畴。作为一种看法，可备一说。至于这种看法是否合理，这里也不准备进行讨论。但是，需要指出的是，在中原地区当时并非只有夏商两个族或国家，有理由认为当时还有别的族或政治实体。

如果一个地区内的考古工作做得比较多，大凡都能找到反映该地区各不同时期文化的编年序列，诸如在河南地区看到的裴李岗文化—仰韶文化—庙底沟二期文化—河南龙山文化—二里头文化—二里岗期商文化及殷墟晚商文化，等等。一般来说，在时间相近的前后两个文化之间，往往能看到若干相同或相近的因素。对这种情况，有的确有可能反映了文化因素的继承关系。因为……除非原来的居民集体迁徙而离开该地……尽管社会发生变革，后来者对当地原有的文化有一个部分继承和融合的过程是正常的现象。然而，这样一些因素并不能证明这前后两种文化是同源的或是同一文化的前后不同阶段。

我们看到的序列似乎是静止的，但创造这些文化的每一个族共同体都是运动的群体，每一个考古学文化类型的本质，应是一个运动的事物的发展过程。所以它们的文化面貌各有其特定的内容和特征，它们的分布范围也不会相同。苏秉琦先生将这种情形曾形象地比为《红灯记》中的李玉和"一家"：表面上看到的是祖孙三代，实际上她们之间并无血缘关系，因为原本就是三个不同家庭的成员凑合起来的！

在二里头文化和河南龙山文化、二里岗期商文化之间，是否存在一脉相承的直接发展关系或同一文化的先后承袭关系？我们认为迄今发现的材料，并未提供支持这一论点的强有力论据。虽然我们认为后一种文化对前一种文化的某些因素可能有所继承，但这是出现在不同文化之间的部分继承与吸收，不是一脉相承的直接发展或同一文化的先后承袭。我们曾经根据二里头文化的内涵、特点，指出这是一种具有一定特征与作风的文化。它既不属于河南龙山文化，也不应简单地划归商文化的范畴。即使在根据二里头文化第三、四期遗存中出现了一组新的文化因素，并根据其文化特征与二里岗期商文化相同或相近而指出它可能是商文化的看法，但也不能据此而简单地、笼统地认为二里头文化是二里岗期商文化的直接前身，因为与它共存的还有另一组文化因素。至于河南龙山文化与二里头早期文化在陶器纹饰、某些器物间有相同或近似之处，也不足以证明这两种文化之间存在同一文化的先后承袭关系。

这三种文化的本质特点的差异是很明显的。一脉相承说很难解释诸如这样一些事实：习惯于使用鬲、斝等袋足器为炊器的河南龙山时期先民们，为什么到了二里头时期突然放弃了传统用具而改用鼎、罐类的炊器，到了二里岗期却又大量使用鬲、斝、甗等袋足器为炊器呢？众所周知，人们的生活习惯或生活方式是不会随意改变的。因此，二里头文化或二里岗期商文化的直接前身不应从河南龙山文化或二里头文化中去寻找。从较大范围考察，分布在各地的新石器时代各文化遗存中，有的确实大量使用鬲、斝等袋足器为炊器，有的则使用鼎、罐、釜等为炊器。它们各有一定的分布地域。所以，追溯二里头文化的渊源或直接前身，到以鼎、罐、釜类分布的文化区中寻找，比之在河南龙山文化中寻找可能更为直接和合理。

我们曾经指出，把有叠压关系的地层强调为两种文化之间有继承关系的地层学证据是没有意义的，有关文化之间的关系应借助于器物形态学的研究。因为这种地层只反映这两个叠压层次之间的相对早晚，至于这两个文化之间是否有早晚，抑或是平行而有交错，应全面分析。[33]

就夏商两个王朝来说，两者一前一后，但夏商两族又是并存的。如果我们承认汤伐桀这一历史事件的话，那么应该承认夏商两种文化是并存而有交错的。甚至在成汤灭夏之后，夏族先民在局部或个别地点仍在继续使用它固有的文化。但在大范围内，原来很有特色的夏文化则处于被融合的境地，其文化面貌发生了新的变化。在划分夏商文化时，理应考虑到这种情况。

在这场讨论中，很多研究者都强调了碳十四测定的年代数据的作用，把它作为判断探索对象是否为夏文化的时间标尺。如前所述，有人认为郑州商城内二里岗下层的一个数据（公元前1620±140年）是最早的商年，商城下的诸文化层的下限属于夏年，因而主张二里头文化为夏文化。其他如主张河南龙山文化或它的中晚期是夏文化的，主张登封王城岗遗址为禹都阳城的同志，等等，也都强调有关遗存所测的碳十四年代数据与推算的公元前21世纪至公元前17世纪的夏代纪年相一致，因而认为这些遗存都是夏代遗存。

关于夏代纪年，这是个很复杂的问题。我国确切的历史纪年只能上溯至公元前841年，再早的年代只能根据文献提供的线索推算。可是文献提供的夏商积年多不一致，如夏代的总年数就有七说十二家[34]之多，给推算确切的夏代纪年带来了很大困难。目前流行的公元前21世纪至公元前17世纪为夏代纪年的说法是推算出来的，其准确性无法验证，当然不能把它作为衡量探索对象是否为夏文化的时间准绳。

把碳十四测定年代的方法运用于考古学，使史前考古学建立起较为完整的编年序列，其意义自不待言。但碳十四测定的年代数据，因种种原因不可避免地存在一定误差，虽经校正也不能消除。[35]个别数据的误差范围有数百年之多，足以超过一个朝代。所以，单个数据一般都不可轻信。从统计学的观点看，多测一些数据，对缩小误差有利。但因西周和商代的纪年至今未能获得准确的年代数据，目前对探索对象测定的年代数据也不多，因此，还不能在推定夏文化的工作中有效地起到时间标尺的作用。

今后应充分利用考古学成果，进一步加强年代学研究。如果借助于自然科学手段，在夏商周三代的纪年方面取得突破，那对最后推定夏文化的工作是极有价值的。

有些文章在讨论夏文化问题时，往往有这样一个假说：夏代从一开始就已建立了国家，于是把探索对象是否已经建立国家，作为衡量和论证这一对象是否为夏文化的前提条件之一。

其实，设置这样一个前提并无必要。因为夏代是否在夏禹时期建立国家，目前未可确知。学术界对这个问题的看法也不一致，在参加夏文化讨论的文章中，也有认为当时尚未建立国家的。由于文献材料无法解决这个问题，本文开头就曾指出，这是在确认夏文化以后需要进一步研究和解决的课题。所以，把夏初已经建立国家的假说作为衡量探索对象的前提，在方法上实有倒果为因之嫌，是研究工作所忌讳的。

就夏代是否建立国家或什么时期建立国家展开讨论并不是没有意义的。但严格地说，它对我们从物质文化的角度确认夏文化的工作并无直接的意义。

关于夏商文化是否同源，历来有不同的看法。虽然二里头文化一、二期遗存可能是夏代遗存的看法在参加讨论的同志们中相对来说比较一致，但因观察事物的角度不同，他们对夏商文化是否同源的具体看法也不尽相同。有同志认为河南龙山文化（指煤山或王湾类型）—二里头文化—二里岗期商文化是一脉相承的，因而倾向于夏商文化同源说。不过，此说在回答哪个文化是先商文化或先夏文化时当不无困难。也有的同志认为它们的文化面貌是不同的，因而主张夏商文化是不同源的。我们同意后一种意见。

夏商两族在历史上是并存而略有交错的。夏商两族的先民们各自在一定的地域内长期劳动、生息，创造了各自的优秀文化。但因生活环境和生活方式不同，它们的生产品也不会相同。今天，我们恰可根据这些出土物的差别而区分其文化，鉴别其族属。

由于商文化已被人们认识，我们能比较容易地在探索对象中确认和区分商文化与非商文化，从而为在非商文化中进一步识别夏文化创造一定条件。在这方面，对探索对象的出土物做深入细致的形态学分析，应予以强调。充分地比较研究，使深入地揭示各探索对象的面貌与特征成为可能。对它们的文化内涵有深入细致的认识，将为最终推定某一文化为夏文化的工作创造条件。如果田野工作中能提供若干强有力的物证的话，还可对这一问题作富有说服力的论证。

人们希望在田野工作中找到夏代都邑遗址，使探索工作得以突破并把夏代文化确认下来，这种心情是可以理解的。登封王城岗遗址的发掘引起人们的广泛兴趣，一定程度上反映了这样一种急切的心情。

诚然，一旦找到夏代都邑，确可促进夏文化探索的进程。不过，夏代都邑的推定，少不了各方面的强有力证据。同时，一个夏代都邑的推定，固然意味着这个课题取得了突破性成果，但就整个课题来说，探索的道路仍将是漫长的。安阳殷墟的发现，证明商王朝的存在是可信的，因而轰动了学术界。但对商文化则是用了数十年的时间，才有了较全面的认识的。目前对早商和先商文化存在认识分歧的情况，正说明对商文化的认识还有待进一步深入。

这个例子可给我们以这样的启示：如果找到夏代都邑固然很好，假使一时找不到夏都，那么如能对中原地区各古文化类型的划分、分期及相互关系有更全面、深刻的认识的话，这对本课题来说同样是必需的。因为有了这样一些基础性的工作，或许就具备了推定某一文化（型）为夏文化的可能，至少，它将为最终确认夏文化的工作创造必要的条件。因此，在这方面的努力是决不会白费的。

需要指出的是，夏可以包含族、国家、王朝、地域、文化等不同的概念。严格地说，考古学上的夏文化应包括它的发生、发展和变化的全过程。它的含义与族、地域、王朝、国家的概念有所不同。目前正在探索的夏代文化，它的范围比上面说的要窄一些，涉及的时空观念都比较具体，指的是自禹至桀这十四世十七王、约 400 余年间的文化遗存。考古学文化与王朝是两个不同的概念。夏王朝建立时，夏文化已经存在，一般称它为先夏文化；夏王朝覆灭时，夏族遗民在特定条件下仍有可能保存自己的文化，并且持续一定时间。

探索工作是在既有已知因素，又有较多未知因素的情况下进行的研究工作，它除了要求我们有严肃认真的态度外，还要求运用科学的方法并选择正确的探索道路。在这方面，我们既没有现成的经验可用，也没有合适的模式可以凭借。所以探索的方法是否正确和切合实际，应随着探索工作的进程和发掘工作中出现的新情况而检讨并及时修正。假说虽然在探索工作中是重要的手段，是不可或缺的，但也应尽可能少地运用。一旦发现原先的假说没有物证证明或与事实矛盾时，应及时舍弃并提出新的假说，从另一途径进行探索。

1983 年 5 月举行的中国考古学会第四次年会上，代表们曾就夏文化探索的课题展开了很热烈的讨论。虽然会上未能就哪种考古文化是夏文化遗存取得一致的看法，但充分反映了大家对这个问题的重视和关注。要把距今 4000 年前后的问题在不太长的时间内搞清，当然是很不容易的。不过，有理由认为，随着考古工作的不断推进和深入，最终解决这个课题的路程正在缩短。

我们深信，只要我们群策群力，探索夏文化的任务是一定能完成的！

注释

［1］徐中舒：《再论小屯与仰韶》，《安阳发掘报告》1931 年第 3 期。

［2］翦伯赞：《诸夏的分布与鼎鬲文化》，《中国史论集》，文风书店 1947 年版；范文澜：《中国通史简编》，新知书店 1947 年版。

［3］徐旭生：《1959 年夏豫西调查"夏墟"的初步报告》，《考古》1959 年第 11 期。

［4］考古所洛阳队：《河南偃师二里头遗址发掘简报》，《考古》1965 年第 5 期；考古所二里头队：《河南偃师二里头宫殿遗址发掘简报》，《考古》1974 年第 4 期。

［5］考古所山西队：《山西夏县东下冯遗址东区、中区发掘简报》，《考古》1980 年第 2 期。

［6］考古所山西队：《1978—1980 年山西襄汾陶寺基地发掘简报》，《考古》1983 年第 1 期。

［7］洛阳博物馆：《洛阳矬李遗址试掘简报》，《考古》1978 年第 1 期；余扶危、叶万松：《河南孟津小潘沟遗址河南龙山文化陶器的分期》，《考古》1982 年第 2 期；东下冯考古队：《山西夏县东下冯龙山文化遗址》，《考古学报》1983 年第 1 期。

［8］河南省文物研究所中国历史博物馆考古部：《登封王城冈遗址的发掘》，《文物》1983 年第 3 期；河南省文物研究所郑州大学历史系考古专业：《禹县瓦店遗址发掘简报》，《文物》1983 年第 3 期。

［9］殷玮璋：《二里头文化探讨》，《考古》1978 年第 1 期。

［10］邹衡：《关于探讨夏文化的几个问题》，《文物》1979 年第 3 期。

［11］李仰松：《从河南龙山文化的几个类型谈夏文化的几个问题》，《中国考古学会第一次年会论文集》；安金槐：《试论河南龙山文化与夏商文化的关系》，《中国考古学会第二次年会论文集》。

［12］安金槐：《近年来河南夏商文化考古的新收获》，《文物》1983 年第 3 期。

［13］黄石林：《关于探索夏文化问题》，《河南文博通讯》1978 年第 1 期；许顺湛：《夏代文化的再探索》，《河南文博通讯》1979 年第 3 期。

［14］吴汝柞：《关于夏文化及其来源的初步探索》，《文物》1978 年第 9 期。

［15］王克林：《试论东下冯类型文化的渊源》，《中国考古学会第二次年会论文集》，文物出版社 1982 年版。

［16］北京大学考古专业：《商周考古》，1972 年铅印本。

［17］孙华：《关于二里头文化》，《考古》1980 年第 6 期。

［18］高炜、高天麟、张岱海：《关于陶寺墓地的几个问题》，《考古》1983 年第 6 期。

［19］《中国考古学会在郑州举行四次年会，讨论夏商文化和青铜文化》，《光明日报》1983 年 6 月 1 日。

［20］邹衡：《郑州商城即汤都亳说》，《文物》1978 年第 2 期；邹衡：《试论夏文化》，《夏商周考古论文集》，文物出版社 1980 年版；石加：《"郑亳说"商榷》，《考古》1980 年第 3 期；邹衡：《再论郑亳说》，《考古》1981 年第 3 期；石加：《郑亳说再商榷》，《考古》1982 年第 2 期。

［21］邹衡：《关于探讨夏文化的几个问题》，《文物》1979 年第 3 期。

［22］同 16；赵芝荃：《二里头考古队探索夏文化的回顾与展望》，《河南文博通讯》1978 年第 3 期。

［23］洛阳博物馆：《河南临汝煤山遗址调查与试掘》，《考古》1975 年第 5 期；考古所河南二队：《河南临汝煤山遗址发掘报告》，《考古学报》1982 年第 4 期。

［24］［36］　同 11 李仰松文。

［25］严文明：《龙山文化和龙山时期》，《文物》1981 年第 6 期。

［26］邹衡：《关于探讨夏文化的几个问题》，《文物》1979 年第 3 期。

［27］同 11、12、14、25。

［28］同 11 李仰松文；14；孙飞：《论南亳与西亳》，《文物》1980 年第 8 期。

［29］李伯谦：《论造律台类型》，《文物》1983 年第 4 期。

［30］同 11 安金槐文；12。

［31］邹衡：《试论夏文化》，《夏商周考古论文集》，文物出版社 1980 年版。

［32］殷玮璋：《二里头文化探讨》，《考古》1978 年第 1 期。

［33］苏秉琦、殷玮璋：《地层学与器物形态学》，《文物》1982 年第 4 期。

［34］张彦煌、徐殿魁：《关于夏王朝的年代问题》，《考古》1983 年第 5 期。

［35］仇士华等：《有关所谓"夏文化"的碳－14 年代测定的初步报告》，《考古》1983 年第 10 期。

原刊于《文物》1984 年 2 月

夏文化探索中的方法问题

——"夏商周断代工程"结题后的反思（二）

　　商代之前有个夏代，后世的文献记载比较明确。虽然疑古派曾经提出怀疑，但自安阳出土的甲骨卜辞，证实了《史记·殷本纪》记述的商代世系之后，人们普遍认为《史记·夏本纪》记述的夏代世系是可信的。因此，中国古代有个夏代，在中国史学界被普遍认同。

　　然而，哪些是夏代文物？夏代文化的面貌是怎样的？人们在提出这些问题的同时，寄希望于考古工作者在田野发掘中予以解决。

　　著名的古史学家、我所已故研究员徐旭生先生在对先秦文献记载的夏人史迹进行考辨之后，提出豫西地区的洛阳平原、颍水上游的登封、禹县一带和晋南的汾水下游地区值得重视，因为传说中有关夏代都邑与有关夏人的一些重要事件，大多与这两个地区有关。1959 年夏，徐旭生先生率众在豫西地区进行了一次"夏墟"调查。[1]这次调查拉开了探索夏代文化的序幕，还发现了偃师二里头遗址。以后，我所派出考古工作队对二里头遗址进行持续的、大规模发掘，揭露了大量遗迹，出土了大批遗物，大大丰富了人们对二里头遗址及其文化内涵的认识。与此同时，在中原地区陆续发现了上百处同类遗址。20 世纪 60 年代，夏鼐先生按照考古学惯例，以二里头遗址的遗存最具典型性而将这类遗存命名为"二里头文化"[2]。

经过长期发掘，偃师二里头遗址发现了大型宫殿建筑基址，还有铸铜、制陶、制骨等手工作坊、一批中小型墓葬及窖藏等，出土了铜、玉、石、骨、角、陶、漆、蚌等材质制作的各种器物，表明这里居住着各种居民群体，是古代一个重要都邑。二里头遗址中的主要文化遗存，包含了四期堆积，表明古人在这里的活动，曾经历了一个较长的过程。所有这些，在考古界已经形成共识。

随着这类遗址发现的数量越来越多，对二里头遗址及其文化遗存的了解渐趋深入，人们对二里头文化的分期与年代、它与河南龙山文化的关系、它是不是夏代文化等问题，进行了不间断探索。

1977 年在河南登封召开的考古现场研讨会上，围绕二里头文化、河南龙山文化与夏代文化的关系等问题开展的讨论，使夏代文化探索活跃起来。时至今日，有关夏文化问题已经发表了数百篇文章，但因缺乏物证，使夏文化问题至今未有共识。在近 30 年间的探索中，人们从不同方面，用不同方法，阐述了自己的看法。但究竟哪个考古学文化是夏代文化？至今仍是学界同仁反复思索与力求破解的谜团。

目前，围绕二里头文化的讨论，大致可归纳为以下几种意见：

第一，二里头文化第一至第四期遗存是夏代文化。

第二，二里头文化第一至第四期的前段遗存是夏代文化，第四期的后段是早商文化。

第三，二里头文化第一至第三期遗存是夏代文化，第四期是早商文化。

第四，二里头文化第一、二期遗存是夏代文化，第三、四期是早商文化。

第五，二里头文化第一期遗存是夏代文化，第二、三、四期为早商文化。

第六，二里头文化第一至四期遗存是先商文化，时代上相当于夏代，但不是夏文化。

在上述观点中，不少同仁考虑到二里头文化所跨的年代与夏代积年存在差距，提出河南龙山文化晚期遗存也是夏代文化。

面对上述分歧，有人说："公说公有理，婆说婆有理"，无法判别其间的是与非。笔者以为：从物质文化面貌的角度探寻夏代文化的问题，是个全新的课题。作为一个探索性课题，在探索过程中出现这样那样的看法，是正常的，甚至是不可避免的。

可是，为什么会出现这么多不同的看法？它们是基于何种缘由而出现的？这是我们必须予以思考与进行客观分析的。只有这样，我们才有可能在不断的总结与反思中，端正研究方向，找到正确的探索之路，推动探索的进程。

因此，对夏代文化探索工作适时地进行回顾与总结，检验其研究思路是否对头，所用的方法是否科学，探索工作是否按科学的规程操作，就成为一项重要的工作。

这样，在回顾与总结中，对以往夏文化探索工作中出现的问题会有所认识，还可分析其症结。这对该课题的最终解决是有利的。

"夏商周断代工程"研究成果的公布，为我们回顾夏代文化探索之路，探索过程中出现的现象进行反思，提供了很好的条件。

"夏商周断代工程"是我国第一个由人文社会科学与自然科学进行协作、联合攻关的重大科研项目。它在多学科协作中，凝聚了众多科学家的研究成果，首次建立了比较系统的三代年代框架。为了建立这个年代框架，学者们以三代遗址的考古分期研究成果为基础，并按各个遗址的考古分期，采选系列含碳样品。这些样品经碳十四测年取得年代数据后，再与树木年轮校正曲线匹配拟合，转化为一批日历年代。虽然这些含碳标本取自不同地点，由不同实验室分别检测，但测得的年代序列与分期序列是谐和一致的。

考古工作者在测年专家参与下采选的大量含碳样品，由三个实验室在各自条件下进行，其测年结果具有客观性。以这样一批年代数据为基础构建的年代框架，又得到天文学家的研究成果在多个支点上予以支持，证明这个年代框架是合理的、可信的。"夏商周断代工程"中测定的含碳标本数量之多，精度之高，都是"夏商周断代工程"启动前二十余年间的测年工作所不能比拟的。

"夏商周断代工程"所设的"商前期年代学研究"课题组，依据郑州商城和偃师商城的考古分期，从这两个遗址的不同文化层中采选了系列含碳样品。

经常规碳十四（液闪法）测定，获得了一批年代数据。这些数据经树木年轮校正曲线匹配拟合，转化为日历年代。测年结果表明：由于洛达庙晚期的年代为公元前 1550 年前后，二里岗下层早段的年代为公元前 1500 年前后。[3] 在二里岗上层早段发现的一个水井中，保存了极好的木质井架。用该井的井架原木进行测年并经校正，获得了公元前 1400±8 年这个可以起到定点作用的年代。[4] 二里岗上层晚段的年代则在公元前 1350 年上下。这样，在二里岗下层晚段建造的郑州商城，其年代只能在公元前 1450 年前后。

这个年代可证郑亳说所引 CET7 第 5 层（城墙夯土层）木炭测得的年代数值（公元前 1620±140 年）明显偏早；与郑亳说主张的商城建于公元前 1620 年的说法，相差了 100 余年。即使将郑州商城建城年代推至二里岗下层早段，也只能在公元前 1500 年上下，到不了被"郑亳说"者强调为"最早的商年"的公元前 1620 年。这说明：曾被用作"郑亳说"年代学依据的年代数值，因误差太大（±140 年）而被证明不可凭信。当然，"夏商周断代工程"提供的上述年代也表明，"郑亳说"者把郑州二里岗下层早段文化遗存称作商代最早的文化遗存，也是不正确的。

"夏商周断代工程"所设的"夏时期年代学研究"课题，在实施过程中对偃师二里头遗址的第一至第四期文化遗存，也按分期序列采选系列含碳样品并作了碳十四测年。所得的年代数据，经与树轮校正曲线匹配拟合后，转化为日历年代，获得了一批年代数据。为使夏时期年代学研究有两批材料作为依据，用于比对与检验其所得年代的合理性，"夏商周断代工程"实施过程中还对伊川南寨发掘的二里头文化第一至第四期墓葬，分别做了碳十四测年。所得之年代数据，也经树轮校正曲线匹配拟合，获得了一批日历年代。这两批测年数据进行比对，表明南寨第一至第四期墓葬所测的年代数据与二里头遗址第一至第四期遗存所测得的年代是一致的，说明这两个地点的碳十四测年结果是合理的、可信的。

近年来，测年专家对河南省新密市新砦遗址出土的含碳样品，依分期作了测年与校正，又提供了一批年代数据。然后将龙山晚期至商代二里岗期遗存的年代做了整体匹配拟合，给出了一个年代序列。在这个序列中，二里头遗址第一期的年代上限在公元前1750年前后，它的第四期遗存的年代则在公元前1550年上下。[5]

上述结果表明：无论按"郑亳说"主张的公元前1620年为"最早的商年"（夏年的下限）；还是按"夏商周断代工程"公布的阶段性成果报告中估定的公元前1600年为夏商分界，上述年代与此明显不合。就公元前1620年或公元前1600年这两个年代而言，已处于二里头文化的第二、三期之际。所以，上述年代数据还表明：二里头遗址的第三、四期文化遗存应在商代纪年之内，不可能进入夏代纪年。二里头遗址第三期遗存中发现的1、2号宫殿基址及二里头文化的第三、四期遗存属早商文化范畴的说法，得到了最新年代学研究成果的支持。

同时，二里头文化第一期遗存的年代，距"工程"提供的夏代开始的年代上限公元前 2070 年或一般认为在公元前 21 世纪是夏王朝年代上限的说法，也存在很长一段距离。这样，二里头文化的第一、二期遗存，有可能是夏代晚期遗存的说法，也得到了年代学研究成果的支持。尽管有人宣称"作为探索夏文化主要对象的二里头遗址，其一至四期遗存均属夏文化"已经获得"共识"[6]。但是最新的年代学研究成果表明，二里头文化第一至第四期遗存均是夏文化的假说，已难以成立。

对三代遗存进行文化分期的成果，是经过几代人深入细致的研究而取得的。它们在许多考古工地的分期研究中经过检验，被证明是合理、可信的。考古界同仁对这一分期成果也是公认的。所以，依据考古人员提出的三代遗存文化分期成果，采选系列含碳样品用于碳十四测年，将各期遗存中包含的年代信息转化为碳十四年代，再经树轮校正曲线匹配拟合而转化为日历年代，是开展三代年代学研究很好的思路。按这一思路对三代年代进行研究，被证明是正确而科学的。

像"夏商周断代工程"这样一个重大研究项目，它的研究成果对考古学、历史学等相关学科产生的影响，将是深刻而久远的。

在夏代文化探索中，偃师二里头、郑州商城、偃师商城等遗址一直是人们关注的重点，也曾用碳十四液闪法测年并公布过一批年代数据。"夏商周断代工程"为解决夏商年代，对这三个遗址又一次做了碳十四测年。这一次测年时，它的精度较前有了很大提高，其误差缩小到千分之三，使这些年代数据的价值也随之提升。

所以在我们回顾夏文化探索的历程时，对比前后公布的年代数据，对以往讨论中出现的分歧及其原因进行分析探讨，从研究思路与研究方法等方面进行总结与反思，不仅是必要的，而且是可能的。

笔者曾指出：围绕二里头文化是不是夏文化而出现的争论，

表面上是二里头文化是夏文化还是早商文化、抑或部分为夏文化与商文化之争，但实际上是研究思路与研究方法之争。[7] 在所用的方法中，运用文化因素分析法与运用都城分析法进行研究，各自得出不同的结果。这是目前夏文化探索中出现分歧的主要方面。

文化因素分析法是基于已经认识的考古学文化，对探索中的文化遗存就其文化因素进行分析，进而去确认它属于已知的某个文化或是一个新的考古学文化的方法。这是考古工作者在分辨不同考古学文化时经常使用、颇为有效的一种手段。一种新考古学文化的命名，或探讨不同文化之间的关系时，都要用这种方法。

早在1978年，笔者用文化因素分析法研究二里头文化时，即以已知的郑州二里岗期商文化与二里头遗址的遗存进行比较研究，撰写了《二里头文化探讨》一文。文中指出第一、二期遗存的器物组合具有自身的特点，不能简单地划入河南龙山文化范畴；同时也提出二里头遗址的文化内涵并不单纯，第三期遗存内"不仅包含了第一、二期中常见的那组陶器，还出现了鬲、斝、卷沿圜底盆、大口尊等一组新的陶器。郑州商代中期遗址发掘的成果证明，这后一组陶器是二里岗期商代文化中富有特征的器物。因此，它的出现，表明第三期遗存中包含了两种文化因素"。这两种文化因素"它们不仅同时并存，而且随着时间的推移，这后一种文化因素还表现出替代和融合前者的趋势"[8]。基于上述情况，笔者将它定为早商文化。同时，还提到"二里头文化不仅给人以持续发展的概念，在文化面貌上还给人以经历着某种变革的印象"。这是文化融合不如政治变革急速的缘故，是一种文化滞后现象。

此后，笔者在另一篇文章中以宜昌前坪发现的秦墓为例，对二里头文化第三、四期遗存中出现的文化滞后现象做了分析，对第三、四期遗存应划归商文化范畴，属早商文化遗存作了论证。基于这一认识，对二里头文化的命名提出了看法，认为"似有把第三、四期遗存与第一、二期遗存为代表的文化加以区分的必要"，"目前一般都把这四期遗存称为二里头文化，或可理解为广义的二里头文化"[9]。

这一论点发表以后，被许多同仁所接受。从上面介绍的各种观点中也可以看出，许多同仁至今仍主张二里头遗址的四期遗存中存在商文化。虽然在具体划分的时段上存在一定差异，但他们都将这些遗存划入商代而称为"早商文化"。

如果我们对上述各种观点作深入、细致的分析时，不难发现有些持"郑州商城汤都亳说"或"偃师商城西亳说"的朋友，在他们用文化因素分析法对二里头遗址的文化遗存进行分析时，也曾得出二里头遗址的四期遗存，或其中的一部分是早商文化的看法。

例如：提出"郑亳说"的同仁在用文化因素分析法对郑州商代遗址进行分析时，二里岗期遗存被认为是商中期遗存。在20世纪五六十年代，当他用殷墟文化与郑州商代遗址的文化内涵进行比较研究时，他得出的是"小屯的殷商文化可以与郑州的殷商早、中期（按：即一般所称的二里岗下层、上层）衔接；也就是说，郑州的殷商文化的早、中两期，比起小屯的殷商文化甚至它的早期来还要早一些"的结论。按这个结论，在他的文章后面引用了七条文献，把郑州商代遗址与"帝仲丁迁于隞"联系起来。[10]同时，他认为二里头文化是商文化。

有人还把二里头文化称为"二里头类型商文化"。他说："二里岗期商文化是由二里头类型商文化发展来的，在文化面貌上表现出一脉相承的作风。"他还强调指出："二里头类型（商文化）的发现，极大地开阔了人们的眼界，丰富了我们对商代历史的认识，为我国青铜时代——奴隶社会历史的研究提供了珍贵的资料。"[11]

可是，当他们改变研究思路，用"都城分析法"进行研究时，郑州商城成了汤都之亳，二里头文化变成夏文化了。

都城分析法是由"郑亳说"者提出的，以后为偃师商城"西亳"说者接受并加以发挥。这是用推断郑州商城为汤都之亳或推断偃师商城为汤都"西亳"，进而推断二里头遗址为夏都、二里头文化为夏文化的方法。这种方法被一些朋友称为比文化因素分析法更加有效的方法。

"郑州商城汤都亳"说的提出，表明"郑亳说"者的研究思路发生了巨大变化。随着思路的改变，他们的研究方法也作了相应的改变。他们舍弃了文化因素分析法，因为这种方法不能在探索中把二里头文化推断为夏代文化。

"郑亳说"者认为："要在考古学上区分夏年与商年，最关键的问题是要确定成汤都亳的地望所在。如果能找到成汤的亳都，则可利用地层的原则和考古学分期的方法确定夏年了。"[12] 由此，他看上了郑州发现的商代城址。他说："只要能确定郑州商城为何王所都，实际上就为商城上下诸文化层提出绝对年代标准。"[13] 当然，"郑亳说"的目标不止要"找到成汤的亳都"。他们认为把郑州商城与成汤所建的"亳"都联系起来，就能推论二里头遗址及其文化遗存为夏代都城及夏代文化。如他所说：郑州商城作为成汤所建的"亳都地望的确定，就为我们——进一步论证二里头文化是夏文化打下了坚实的基础，其在学术上的重大意义是不言而喻的"[14]。

正是在这种思想指导下，"郑亳说"者选用郑州市内东周时期文化层中出土的"亳"字陶文，说它的出土"证明东周时期郑州商城名亳"。这样，郑州商城不仅与东周时期的"亳"字陶文结了缘，还成了商代"亳"都。接着，他选用郑州商城 CET7 第 5 层（城墙夯土层）中出土木炭用常规碳十四测得的年代数值（公元前 1620 ± 140 年），把它解释为公元前 1620 年。他说："郑州商城是成汤所居之亳都，其始建年代，大体在成汤居亳以后（商城叠压南关外期之上）。商城夯土内所出木炭，据碳十四测定，其

（指 CET7 这个数值）树轮校正年代为距今约 3570±135 年，即公元前 1620 年，与早商开始的年代大体相合。"[15] 进而斩钉截铁地说："郑州商城其始建城的绝对年代经碳十四测定为公元前 1620 年（树轮校正年代），与仲丁迁隞的年代不合。"[16]

然而，仅有郑州商城的建造年代也还不够，只有将这个年代数值与成汤居亳的年代联系起来，才能为"进一步论证二里头文化是夏文化打下了坚实的基础"。

为此，"郑亳说"者做出了如下判断："要精确计算商的积年是困难的，要精确计算考古分期的年数更是困难的。根据现有材料，我们只能大体估计商积年在 500 至 600 年，若以公元前 1028（或 1066）年为商朝终止年，则成汤始建国年应为公元前 1666—1528 年。今据碳十四测定郑州商代遗址第二段的树轮校正年代为公元前 1620±140 年。这个数据同汤居亳的年代是能大体吻合的。"[17]

"郑亳说"者也知道这些碳十四年代数据存在很大误差。他曾指出："这些数据的伸缩年代少者已占夏年或商年的一半，多者已超过夏年或商年的总数"，所以"即使测出的年代完全可靠，也还难以确定其夏年还是商年"[18]。可是面对公元前 1620±140 年这个"伸缩"性已占夏年或商年一半的年代数值，与"成汤始建国年应为公元前 1666—1528 年"这样两个代表年代范围的数字。他既未作任何论证，也未做任何说明，巧妙地选用一句"能大体吻合"的说辞，将二者拉在公元前 1620 年"吻合"了。接着，又以这个年代数值跟"早商开始的年代大体相合"为由，引出"郑州商城本身属最早的商年"的结论。并且宣告："我们是汤都郑亳说者，主张郑州商城本身属最早的商年，而商城之下的诸文化层的下限乃属于夏年。"[19]

就这样，"郑亳说"成了推断二里头文化为夏文化的立论前提，达到了"郑亳说"者所希望的目标：将郑州商城推断为成汤所建的"亳"都，进而推论二里头文化是夏代文化。

纵观其思路：要在考古学上区分夏年与商年，最关键的问题是要确定成汤都亳的地望所在。选用东周陶文"亳"字，去"证明在东周时期郑州商城名亳"；用郑州商城测得的年代数值（公元前1620±140年），解释成绝对年代值公元前1620年，并把公元前1620年说成郑州商城的建城之年、汤居亳之年、最早的商年。这样，这个年代就成了划分夏商两代的分界点：早于公元前1620年的遗存在夏纪年之内。二里头遗址及其文化遗存既被压在郑州商城之下，它的年代"下限乃属于夏年"，自然成为夏代都城和夏代文化了。

或许是受"郑亳说"的影响，一些原来认为偃师二里头遗址为汤都西亳的朋友，在偃师县塔庄村附近发现商代城址后很快给它冠以"西亳"之名，出现了"偃师商城西亳说"。

偃师商城汤都"西亳"说者的研究思路与研究方法，与郑州商城汤都"亳"说者是一致的。他们也不以推断偃师商城汤都西亳为满足，而是以推断这个商城系汤都西亳为基点，进而去推断比它年代更早的二里头遗址为夏代都邑，二里头文化是夏代文化。

主张偃师商城西亳说的朋友，最初也曾主张二里头文化第三、四期是早商文化。1983年偃师商城被发现后，最初的勘探报告中指出该城为二里岗时期遗存。[20]但过后不久，出现了把偃师商城的年代上提至二里头文化第三期，并将有关"西亳"的几条文献资料从二里头遗址移至偃师商城，成了偃师商城西亳说的依据。有人还把城内一条老乡称作"石羊沟"的沟洫，附会为"尸乡沟"，因而出现了"尸乡沟商城"的命名。这样，给人的印象是偃师商城与"西亳"确有关系。

可是，从发表的文章中看不到可定为二里头文化第三期的遗物，看到的遗物表明偃师商城是二里岗期的遗存。于是，围绕偃师商城的年代，偃师商城与郑州商城孰早孰晚，偃师商城是西亳还是桐宫等问题出现了长达十余年的争论。在这场争论中，有些学者一再修改自己的观点。

不仅如此，被指为"西亳"的对象也在变化：最初所说的"西亳"，是指偃师商城中那个占地210万平方米的大城。20世纪90年代发现大城内包含另一个宽约6米的城垣，后来证明是占地81万平方米的另一个小城，位于大城的南半部。大城的城墙包含小城城垣的事实，说明小城的年代比大城略早。于是，偃师商城西亳说者将"西亳"之桂冠又移到这个小城之上。可以看出：他们将偃师商城说成汤都"西亳"是很执着的。

对偃师商城的年代，有人推断为二里头文化第三期遗存，有人则推断在二里头文化第四期或它的晚段，有人认为小城是二里岗一期遗存，大城则与郑州商城的年代相当。随着他们的观点出现差异，夏代文化的年代下限，也出现了划在二里头文化第二期、第三期、第四期或第四期前段之间的差异。在这种情况下，我们看到了材料的属性随观点的改变而发生变化的现象。

不能不说这是个有趣的现象。按理一个观点的形成，是在考古材料积累相当丰富，对这些资料的内涵、性质、年代等有了充分、准确了解的基础上，对相关问题作了深入、细致的思辨之后方可提出的。偃师商城西亳说提出前后的变化，反映出"偃亳说"者是在对偃师商城的基本情况（当时还不知道大城包含小城）、文化遗存的特点不甚清楚，分期断代等工作尚未完成，对城址布局等知之甚少的情况下贸然提出的。这就难免不带有盲目性。

最初的"偃亳说"者考虑最多的是想把偃师商城与文献记载的"西亳""尸乡，殷汤所都"联系起来，因而把原来放在二里头遗址头上的有关"西亳"的文献资料移植到偃师商城的头上。如今的偃师商城西亳说者，则多少带有"理论"色彩。他们提出了"偃师商城之始建为夏商王朝分界说"。他们认为，"偃师商城同二里头遗址仅距6千米，中间并无险阻相隔。这座商代早期都城出现在原夏王朝畿内的事实本身，实际上成为发生于夏商之际的一次重大历史事变，即中国历史上第一次王朝更迭——夏王朝灭亡、商王朝确立的标志。据偃师商城始建年代，可推知至迟在二里头文化四期晚段已完成了夏商王朝的交替。"又说："在二里头夏都遗址附近崛起的偃师商城，又是一座商代早期的都址。那么，这座商代早期都城出现于原夏王朝畿内的事实本身，只能是发生于夏商之际的一次重大历史事变——夏、商王朝更替的标志，即偃师商城是商汤灭夏以后所建都城。这座商城的出现，成为商王朝取代夏王朝的历史坐标。"他们认为"界定夏、商文化谈何容易？"所以还想"以此为出发点，进一步去解决早商文化与夏文化、先商文化的界定问题"[21]。

这是一个有趣的说法。它相当集中地反映了"偃亳说"者对夏商文化的研究思路与方法，值得分析。

他们说，由于二里头遗址与偃师商城"仅距6千米，中间并无险阻相隔"。这两座早期都城先后"出现在原夏王朝畿内的事实本身，实际上成为发生于夏商之际的一次重大历史事变，即中国历史上第一次王朝更迭——夏王朝灭亡、商王朝确立的标志"。

这两座古城的地点相距较近，是不争的事实。但问题是，其中年代稍晚的那个城址一定是改朝换代的产物？有意思的是，他们将这种说法，作为著书立说的指导思想。

两座年代相近的城址，其所在地点相距较近，在考古工作中并非仅此一例。作者没有说明这一个王朝更替的"坐标说"是从哪些实例中总结出的规律。可是，凡是没有事实作为依据而提出的说法，是不足凭信的。因为科学史告诉我们：任何一种理论，如果不是从众多实例中总结的、具有规律性的认识，这样的理论是没有实际意义的。反之，如果认可上述界标说，那么，中国历史上许多问题都得重写，一些与"改朝换代"无关的现象，都可用它去解释成为"重大历史事变"。

两座古城相距较近者不乏其例。更有一些古城，它们之间的存在可谓是"零距离"，因为二者之间存在叠压关系。

例如，在侯马发现的六座东周城址，一般认为是公元前585年至公元前416年间的晋都新田遗址。这几座古城址地处汾、浍河之间，其中有四座城址可谓零距离：平望古城、牛村古城、台神古城压在白店古城之上，前三座古城之间也有交错的关系。这几座古城长宽均超过1千米，规模比偃师商城的小城要大。平望古城、牛村古城内还发现夯土建筑基址，被认为是宫殿建筑。城外发现了铸铜、制陶、制骨等手工业作坊遗址，还有面积超过50万平方米的墓葬区以及盟誓遗址，等等。按照上述说法，这几个在晋国王都"畿内"出现的城址，如果它们之间"只能"与"王朝更替"有关，那么几座古城间的叠压打破关系，岂不是体现了"更迭"的最好明证？这四座古城的东北不远处，还有呈王古城、马庄古城，他们中间也"并无险阻相隔"，是不是它们又可成为朝代更替的"标志"？它们之间又是怎么改朝换代的呢？

由于这一界标说既没有事实为依据，也没有经过论证，所以将偃师商城作为改朝换代的"历史坐标"，只是一厢情愿的主观愿望而已。用这种说法去"恢复"历史，岂不是削足适履吗？

"偃亳说"者已然指出，"夏文化同早商文化的界定是进一步朝前追寻夏文化的基点"，"确定最早的商文化至关重要"，"但界定夏、商文化谈何容易"[22]。

既然"偃亳说"者对夏商"文化的界定"表现得十分无奈，发出了"界定夏、商文化谈何容易"的慨叹。可是，我们却看到他们明确无误地将二里头遗址指认为"夏都遗址"，二里头文化称作"夏文化"，还说"至迟在二里头文化四期晚段已完成了夏商王朝的交替"等等，真不知在文化界定问题还未解决的情况下，上述判断是根据什么做出的？出现如此明显的自相矛盾是很不应该的。它不能不使人对上述思路的合理性产生疑虑。

二里头遗址是商都还是夏城，至今尚有争议。"偃亳说"者不用实证去进行论证，却用主观的假设，引出了好几个结论：二里头遗址是"夏都遗址"，二里头文化是"夏文化"；二里头附近是"原夏王朝畿内的事实"，偃师商城是"早商都城"；由于这两座城址"仅距6千米，中间并无险阻相隔"，所以，"偃师商城是商汤灭夏以后所建都城"，它"只能是发生于夏商之际的一次重大历史事变——夏、商王朝更替的标志"，是夏商王朝更替的"历史坐标"。从这段话中透出的信息是夏末商初的两大都城都发现了，而且这一结论"只能"认可，不存在其他可能，因为夏商两代更替的"历史坐标"也找到了。当然，前提是探索中的夏代文化也找到了，否则怎么会有"历史坐标"呢。

尽管"偃亳说"者做了上述阐述，但夏文化是只有靠证据与科学论证方可解答的。它不是靠假说与推理可以解决的。

"偃亳说"者强调偃师商城"出现于原夏王朝畿内的事实本身，只能是发生于夏商之际的一次重大历史事变——夏、商王朝更替的标志"，"偃师商城是商汤灭夏以后所建都城，这座商城的出现，成为商王朝取代夏王朝的历史坐标"。此说似乎颇为合理，问题是"事实"在哪里？所谓的"事实本身"又是什么？所以，由这个看不到"事实"引出的"发生于夏商之际的一次重大历史事变——夏、商王朝更替的标志"，只能是作者的愿望而已。

"偃亳说"者基于"界定夏、商文化谈何容易"的认识，想从推断偃师商城为汤都西亳入手，进而去推论偃师二里头遗址是夏代都城，二里头文化是夏文化。这里，他们又提出用偃师商城这个"商王朝取代夏王朝的历史坐标"，"进一步去解决早商文化与夏文化、先商文化的界定问题"。

然而，从上面所引的这段话中看到，"偃亳说"者是在先设定二里头遗址是"夏都遗址"，偃师商城存在于"原夏王朝畿内的事实"而引出"偃师商城是商汤灭夏以后所建都城"的结论的。同时，又以偃师商城的出现，引出"只能是发生于夏商之际的一次重大历史事变——夏、商王朝更替的标志"，是夏商王朝更替的"历史坐标"的结论。这里，作者把二里头遗址是"夏都遗址"、二里头遗址附近是"原夏王朝畿内的事实"作为前提，才给出偃师商城是"商汤灭夏以后所建都城"及"历史坐标"等结论。"偃亳说"者时而用偃师商城西亳说去推论二里头遗址是夏都遗址，时而又用二里头"夏都遗址"去推断偃师商城是汤灭夏后所建都城，时而说偃师商城"只能是发生于夏商之际的一次重大历史事变——夏、商王朝更替的标志"，时而又说"界定夏、商文化谈何容易"，要以坐标说"为出发点，进一步去解决早商文化与夏文化、先商文化的界定问题"。真不知上面所说的"夏都遗址""夏文化""汤灭夏后所建都城"等是怎么界定的？

　　按说，在夏商文化的界定还存在问题的情况下，又根据什么去确认夏、商王朝更替的"标志"？可见，偃师商城西亳说者深深地陷入循环论证的泥潭。这种自相矛盾的做法，不仅使他们的结论经不起推敲，而且不能不使人对其所用方法的合理性产生疑问。

　　夏文化探索作为中国考古学的一个课题，理应用考古方法进行探索。探索工作的目标，是从已经发现的物质文化遗存中区分并论证某个考古学文化是夏文化，这就要求我们必须用考古方法并按科学规程进行操作。

　　在探索过程中，首先要区分商文化与非商文化。按照由已知达于未知的原则，人们应从已被大家公认的郑州二里岗期商文化，用文化因素分析法去确认商代早期文化。然后，在传说夏人活动的地域内，用文化因素分析法去辨别商文化与非商文化。夏代文化应从比商代早期更早的非商文化遗存中探寻。

　　二里头遗址及其文化遗存被公认为探索夏文化的重要对象。那么，就程序而言，首先应对二里头文化进行分析与研究，确认其文化属性。当有人指出二里头遗址的四期遗存中有早商文化的时候，持异议者应该提出证据，证明它不是早商文化，然后再用证据证明它是夏代文化。这是研究进程中必须坚持、不能省略的步骤。

无论是"郑亳说"者或是"偃亳说"者，他们都舍弃了上述正确思路，舍弃文化因素分析法。当有人指出二里头第三、四期遗存有商文化因素时，他们以只有量变、未有质变为由，采取回避态度。

笔者早就指出，以遗存中年代最晚的遗物作为断代的依据，是考古工作的通则。假如只有在两种文化完成"质变"以后才能作为断代依据，那么，在考古学中只有否认秦王朝的存在。因为秦朝历史太短，统一六国后还未完成秦文化与六国文化的融合，政权即被推翻了。可见，这种"质变"论也是不可凭信的。

他们不从研究主体中寻找确凿的立论证据，也没有对误差很大的碳十四年代数据进行总体分析与考辨，选用不准确的年代作为立论依据，甚至以主观解释代替必要的论证。这就违背了科学的操作规程。

他们采用迂回术，试图从客体入手，去解决研究主体中提出的问题，即从推断郑州商城或偃师商城为汤都之亳，进而去推断二里头遗址为夏代都邑，二里头文化是夏代文化。这条弯弯的小路看似捷径，实则并不是探索夏文化的直通道。由于路途中未知因素太多，使它难以接近真实目标。

思路与方法不同，决定了结论的不同。当"郑亳说"者认为郑州二里岗期商文化比殷墟文化早期还"早一点"的时候，它是中商文化，郑州商代遗址是嚣都，二里头遗址是西亳。但当郑州商城被推断为亳都时，它就成为早商时期的遗存；"公元前1620年"是建城之年、汤居亳之年、最早的商年；二里头文化也就成了夏代文化了。同样，在"偃亳说"者主张二里岗期商文化是中商文化时，二里头遗址第三、四期是早商文化。当他们主张偃师商城"西亳"说时，二里岗期商文化成了早商文化，二里头文化就变成夏代文化。至于夏代文化的下限，是受亳都说的上限制约的，它随研究者的观点的改变而上下浮动。因研究者的具体看法不同，夏代文化的下限被划在二里头文化的第二期、第三期、第四期，还有第四期的前段，等等。这些情况说明，舍弃了正确的思路与方法，在研究工作中将主体与客体倒置，必然出现材料的属性随观点的变化而变化的情形，在推理过程中出现"倒果为因"等错误做法。这是不能不正视的原则问题。

在"郑亳说"者和"偃亳说"者的研究中，常常把证论间的因果关系弄颠倒。诸如，郑州商城与偃师商城是亳或是西亳，这是结论。它的提出应基于对这两个城址的基础材料进行深入分析，对它们的文化属性与年代有了准确的论定，它们的地望确与文献所记的亳或是西亳一致时，方可与之挂靠与论证的。这些必要条件是"因"，结论是"果"。

现在，他们先设定这两个商城是亳或西亳，然后去寻找与"亳"或"西亳"有关的陶文或文献资料乃至地名作证据；找一个合适的年代数据去比靠，充当年代依据。但因有关证据不具备必要条件的特定要求，选用的年代数据误差太大，明显是不确定的。这样得出的结论，必然经不起推敲。加之断代工作中的随意性，因探索者的不同说法而使夏文化的下限出现诸多结论，有的还出现上下浮动等现象。所有这些，不能不说与背离正确思路有关，并且犯了"倒果为因"的错误。

在夏代文化探索工作中出现的分歧，暴露出研究者的研究思路与研究方法存在明显的差异。因此，研究思路是否正确？是否正确运用考古方法进行探索？是否坚持从已知达于未知的原则？是否坚持证据在立论中的重要作用？这些问题成为检验探索工作是否正确的试金石。

从上面的分析中可以看出，不管是主张"郑亳说"或者主张"偃亳说"，他们都没有把二里头遗址及其文化作为研究主体而着力进行全面深入的研究与证论。他们借"郑亳说"或者"偃亳说"去推论二里头文化为夏文化。这就不可能发现与解决研究主体中提出的深层次问题。

在文化性质尚未分清、准确的年代尚未论定时，用一些可能条件去回答研究主体提出的问题，是不可能给出正确结论的。夏文化探索必须在满足其必要条件，依靠证据并经过严密论证后才有可能找到。

他们主张的"亳"都说或"西亳"说，只是两个假说。在没有确凿的证据验证其合理、可信的情况下，这两个假说，仍是未知因素。因此，它们不能成为推断二里头遗址为夏代都城、二里头文化是夏代文化的立论依据或前提。科学研究必须遵循由已知达于未知的原则。在假说未被验证之前，不能用它去设置新的假说。否则，从未知到未知，研究工作只能在未知中空转。

所以，诸如"作为探索夏文化主要对象的二里头遗址，其一至四期遗存均属夏文化"已经获得"共识"的说法；偃师商城西亳说已成为学术界"主流观点"的说法；说某某文化是先夏文化，等等，都没有实际意义。

任何课题的研究与解答，都离不开一些具体条件。这些条件中，需要区分必要条件与可能条件。

必要条件是指那些在研究中对最终破解某个课题必须满足、不可或缺的那些条件。诸如我们去寻访一个人，必须先搞清被寻访者的姓名、性别、年龄、工作单位、职务等情况。如果寻访者与被寻访者是有血缘关系的亲人，还需做 DNA 检测。当寻找对象的条件与上述必要条件都核对无误时，才能肯定此人就是寻访的对象。假如其中有一个条件不合，也不可能找到这个寻访的对象。这是众所共知之真理。其他条件，诸如某人是他（或她）的同学，某人曾与他（或她）共居一室，等等，都只是寻找过程中可供指认的可能条件，一般在寻找过程中只能作线索或参考之用。基于这类条件本身存在不确定性，这种可能条件最多起到一点旁证的作用。

在夏代文化探索中，不少研究者没有对二里头遗址及其文化这一研究主体，从文化属性、年代及地望等必要条件开展研究与证论，却着力于对一些可能条件做文章，致使研究思路与方向出现了偏离。

如前所述，"郑亳说"者原本对郑州商代遗址的主体遗存——二里岗文化作了基础性分析，得出的是二里岗期商文化比殷墟文化早期还"早一点"的结论。这是用正确的方法得出的合理结论，因为二者之间存在必然联系。当他选用郑州市内东周文化层中出土的"亳"字陶文作为郑亳说立论的依据时，由于东周时期的"亳"字，与郑州商城之间并不存在必然联系，将它作为立论依据，明显缺乏说服力。尽管他自信这些东周时期"亳"字陶文的出土，"证明在东周时期郑州商城名亳"，但这只是基于他的主观愿望而做出的解释而已，因为它只是个可能条件。即使如他所希望的、有证据证明郑州商城是早商时期的都城，还要看它的年代是否早到成汤所处的商代初年。若是汤都之亳，还得看它的地望与文献记载的汤都之亳是否一致。"亳"字陶文的出土，不能证明郑州商城一定是成汤所建之亳都。否则，其他地点也出有"亳"字陶文，岂不也应有个成汤的亳都？

"郑亳说"者为了寻找年代学依据，选择商城城墙出土木炭所测的碳十四测年数值，这一想法是不错的。但因这个数值的误差太大，当然不可能达到预期的目的。

偃师商城是否为汤都之西亳，同样应立足于对城址的基础材料做深入全面的分析研究，从城址的规模、功能、年代、地望等方面提供可与西亳相对应的条件后，方可与之挂靠。所以，该城是不是西亳，不应是研究前设定的目的或出发点，而是在发掘至一定阶段，研究至一定深度，它的几个必要条件都得到满足以后，才能给出是与不是的结论。

同样，偃师二里头遗址究竟是夏都还是商都，也应在对二里头遗址的文化内涵进行深入细致的分析研究，它的诸必要条件得到充分满足的情况下才能解答。匆忙的断言不仅无助于问题的解决，甚至还会偏离正确的轨道。

有这样一种认识：似乎把一个城址与文献记载的某某都连上了，它才是有价值的。其实这是一种误解。一个城址的价值是由它的内涵、年代、在历史上的地位以及研究中的特定价值决定的。即使不能与文献记载中的都邑挂上钩，它的价值也客观存在，应实事求是地予以评估。商人前后有十多次迁都，未被记录的其他城市不知有多少。目前考古工作中发现的商城屈指可数，与前八后五的说法相去甚远。所以，在未来的岁月中继续寻找，发现更多夏商时期的城址，对夏商时期的城址作全方位的考察研究，争取更多成果，这才是最重要的。

我们对讨论中出现分歧意见的缘由进行探寻，对文化因素分析法与都城分析法进行比较，目的在对夏文化的探索之路进行再探讨。因为思路与方法是否对头，在课题研究中起到关键的作用，这是必须予以强调的。

本文对郑州商城汤都"亳"说和偃师商城汤都"西亳"说的思路与方法作了初步探讨，指出其中的矛盾与问题。但是客观地说，无论是"郑亳说"或者主张"偃亳说"者，当他们用文化因素分析法进行分析的时候，当时给出的看法是不错的。

如前所述，"郑亳说"者在20世纪50年代所撰写的文章中，将二里岗文化与殷墟文化进行分析与比较时，得出的二里岗文化比殷墟文化早期还要"早一些"的结论，并把郑州商代遗址与"帝仲丁迁于隞"联系起来。这与"夏商周断代工程"公布的郑州商城碳十四测年数据提供的商中期这一时段是接近的。他们把二里头文化划入商文化的范畴，虽不很确切，但因二里头文化内涵中确实包含商文化因素，显然有其合理的部分。对此说法的评价，应该取一分为二的态度。

对"偃亳说"者而言，他们当初认为二里头遗址的三、四期遗存是早商文化，这与"夏商周断代工程"公布的年代是一致的。他们认为二里头文化第一、二期与第三、四期应有所区别，在第二、三期之间划分商与非商（夏）文化的看法，与"夏商周断代工程"公布的夏商分界于公元前 1600 年前后的结论也是一致或很接近的。

1980 年，我在一篇小文中指出，夏文化探索作为一个考古学课题被提上研究日程，表明中国考古学已经走出正经补史的阶段，敢于独立地开展对重大课题的探索研究。[23] 这一看法，我至今仍坚信不疑。随着科学技术的不断发展，研究手段的不断更新，在多学科携手合作之下，夏代文化的探索最终获得解决的前景，也越来越被看好。在这种情况下，在夏代文化探索中坚持正确的研究思路，采用科学的研究方法，就显得尤其重要。

愿本文对夏代文化探索所做的回顾与反思，能起到抛砖引玉的作用！

注释

［1］徐旭生：《1959 年夏豫西调查"夏墟"的初步报告》，《考古》1959 年第 11 期。

［2］夏鼐：《新中国的考古学》，《红旗》1962 年第 17 期，第 38 页；《碳十四测定年代与中国史前考古学》，《考古》1977 年第 4 期。

［3］张雪莲、仇士华、蔡莲珍：《郑州商城和偃师商城的碳十四年代分析》，《中原文物》2005 年第 1 期。

［4］夏商周断代工程专家组：《夏商周断代工程 1996—2000 年阶段成果报告》，世界图书公司 2000 年版。

［5］仇士华、蔡莲珍、张雪莲：《关于二里头文化的年代问题》，《偃师商城文化国际学术研讨会论文集》，科学出版社 2006 年版。

［6］李伯谦：《夏商周断代工程考古课题的新进展》，《文物》1999 年第 3 期。

［7］殷玮璋：《有关夏文化探索的几个问题》，《文物》1984 年第 2 期；《再论早商文化的推定与相关问题》，《偃师商文化国际学术研讨会论文集》，科学出版社 2006 年版。

［8］殷玮璋：《二里头文化探讨》，《考古》1978 年第 1 期。

［9］殷玮璋：《二里头文化再探讨》，《考古》1984 年第 4 期。

［10］邹衡：《试论郑州新发现的殷商遗址》，《考古学报》1956 年第 3 期。

［11］北京大学考古专业：《商周——青铜时代》，中国考古学之一，1961 年铅印讲义。

［12］邹衡：《关于探讨夏文化的条件问题》，《华夏文明》，北京大学出版社 1987 年版。

［13］邹衡：《夏文化的研究及其有关问题》，《夏商周考古学论文集（续集）》，科学出版社 1998 年版。

［14］邹衡：《郑州商城即汤都亳说》，《文物》1978 年第 2 期。

［15］邹衡：《试论夏文化》，《夏商周考古论文集》，文物出版社 1980 年版。

［16］邹衡：《论汤都郑亳及其前后的迁徙》，《夏商周考古论文集》，文物出版社 1980 年版。

［17］邹衡：《再论"郑亳说"》，《考古》1981 年第 3 期。

［18］邹衡：《关于探讨夏文化的条件问题》，《华夏文明》，北京大学出版社 1987 年版。

［19］邹衡：《关于探讨夏文化的几个问题》，《文物》1979 年第 3 期。

［20］中国社会科学院考古研究所洛阳汉魏故城工作队：《偃师商城的初步勘探和发掘》，《考古》1984 年第 6 期。

［21］［22］中国社会科学院考古研究所编著：《中国考古学·夏商卷》，中国社会科学出版社 2003 年版。

［23］殷玮璋：《近几年来的考古发现与研究》，《人民日报》1980 年 4 月 25 日。

科学研究必须按科学规程操作

——"夏商周断代工程"结题后的反思（三）

俗话说"没有规矩，不成方圆"，这是指做任何事情，都要按一定的规则与程序去操作。一个不争的事实是：社会上各行各业都有适合其行业特点而制定的操作规程。这些规程是依据各行各业的专业特性，为确保其作业流程顺利开展而总结、并在长期的实践中被证明行之有效的规则与程序标准。这些操作规程往往被称为"标准作业流程"，常用"SOP"来表示。

科学研究也有科学的操作规程。任何一项科学研究，如果违反了科学规程，标新立异，随意作为，就不可能取得合理、正确的结果。在自然科学领域，如果违反科学规程，往往会出现严重的后果。因此，相关部门历来强调科学的程序规则在研究工作中的重要性，要求科学工作者在科学研究中遵照科学规程去操作。

科学工作被要求严肃认真地对待，不允许半点马虎，这是由学科的性质决定的。路甬祥同志指出：科学的价值在于求真。所以，科学研究要围绕"求真"的目的去展开。科学工作者在从事研究时，被要求有严肃的态度、严密的方法、严格按科学规程操作。无数事例证明，这"三严"要求是确保研究工作顺利进行，避免不必要的挫折与弯路，获得预期成果的重要保证。同时，它也是科学事业得以持续发展的重要保证。

广义的历史学包括以历史文献为研究对象的狭义历史学，和以田野调查与发掘为基础的近代考古学。后者是近代科技发展大环境下出现的一门新兴学科。

考古学虽属于历史学科（广义历史学），但它不是传统史学（或称狭义历史学）的自然延伸；传统史学也不可能直接产生考古学。

近代考古学是在接受地质地层学与生物分类学的特定背景下，借用它们的基本原理，结合学科特点而改造为考古地层学和考古类型学的。它用各种自然科学手段（绘图、测量、照相及其他物理与化学分析等）去提取、记录与研究相关实物资料，从中获取各种信息。它还吸收文化人类学的文化圈理论，提出考古学文化理论。这使考古学一度被称为介于人文社会科学与自然科学之间的"边缘科学"。

今天，人们越来越明确地认识到，考古学与传统史学之间既有共性，也存在诸多差异。当然，以古人留下的遗迹、遗物等物质文化遗存作为研究对象的近代考古学，与以文献资料为自己研究对象的狭义历史学，是广义历史学科的两个分支。它们犹如马车之两轮驱动车辆前进那样，共同承担起推进历史研究和恢复历史原貌的任务。但考古学的理论与方法跟传统史学的理论与方法有很大差异。传统史学的方法不能替代考古学的理论与方法在考古课题中的地位，因为它不可能回答考古课题中提出的一系列关键性问题。

近代考古学自从20世纪20年代传入中国以来，经过几代人的努力，已经积累了大量资料，建立起有特色的中国考古学体系。它为中国历史的研究开辟了新的领域和广阔途径。同时，中国考古学作为一门新兴的学科，不断地从其他学科中汲取营养，包括狭义历史学中辨伪与考据的优良传统，使这一学科充满生机与活力，因而在古史研究中发挥出越来越重要的作用。特别是在半个多世纪的实践活动中，中国考古学已经总结出比较系统的基础理论与研究方法，也摸索出一套科学的操作规程。

考古学作为一级学科，它的基础理论与方法已具备了独立开展研究的能力。笔者在 1980 年时指出：夏文化探索在考古领域内提出，表明中国考古学已经走出证经补史的范畴而可以独立地进行大课题研究。[1]在这种情况下，作为考古研究课题，在直接使用考古材料进行研究与探索的时候，强调应用考古学理论与方法，强调按科学的规程操作，这是天经地义的。

本文强调严格按科学规程操作，包括了两个方面：即既要遵照科学研究中普遍适用（包括狭义历史学）而必须遵循的科学规程；也要遵循考古学特定的科学规程，诸如在发掘与研究过程中，必须正确运用考古地层学与考古类型学等方法时，遵循相关的科学规程。这是由考古学的学科性质决定的。

科学的操作规程不是某个人的创造，也不取决于某个人的主观意愿，它是在大量实践活动中总结出来，并在实践中被检验是正确的、有规律性的认识。所以，科学的操作规程在研究中具有规范化和不可替代的意义。

在工作中能不能按科学规程去操作，往往成为观察研究者能否实施课题或能否取得预期成果的重要方面。人们常说"外行看热闹，内行看门道"，所谓"门道"，指的就是研究者的思路是否对头、方法是否正确、是否按科学规程操作等内容。

在科学发展进程中，总结与反思是推动学科发展的重要动力之一。自从"夏商周断代工程"的阶段性成果公布以来，人们对以往在夏商考古方面的研究情况进行回顾与反思，反映出人们对推动夏商考古的研究进程有着强烈要求。这是十分可喜的现象。

无数实例证明，正确的研究思路借正确研究方法去实施，而科学的操作规程起到了确保研究进程正常推进的作用。同时，严格按科学规程操作，可以促使人们去检验思路的正确与否，检验研究方法的正确与谬误，避免课题研究误入它途。这对推进课题研究的进程，确保科学事业的发展具有重要价值。

　　早商文化研究与夏文化探索作为考古学领域的研究课题，究竟用何种思路，用考古方法还是其他方法进行研究，研究中要不要按科学规程操作，这是需要讨论清楚的。过去，看到同行友人在研究中使用不同的方法，笔者曾寄希望于能够"殊途同归"。但30年间的研究与探索之路表明，"殊途"不可能"同归"。这里，研究思路与研究方法不同是个重要原因，不能按科学规程操作是另一个原因。这一结果，使探索对象距预期的目标越来越远，还引出了一些影响学科发展的负面效果。这是不能不引起人们重视的。

　　笔者曾在《夏文化探索中的方法问题》[2]一文中对夏文化探索与早商文化研究中的思路与方法作了一些分析与探讨。在这篇文章中拟以"科学研究必须按科学规程操作"为题，从实例的剖析中检讨按不按科学操作规程所引出的两种不同结果，目的在揭示研究与探索中坚持按科学规程操作对研究工作具有极重要的意义，使研究者在未来的夏商研究工作中避免重犯类似错误。

一　结论不同源于思路与方法不同

　　众所周知，在对郑州商城进行研究的文章中，《试论郑州新发现的殷商遗址》和《郑州商城即汤都亳说》[4]是两篇颇有影响的文章。这两篇文章是同一作者所写，结论却迥然不同。为什么呢？因为作者在撰写这两篇文章时的研究思路不同，研究方法也不一样，研究过程中的操作规程也迥然有别。

　　作者在撰写《试论郑州新发现的殷商遗址》一文时，他的目的是为了给新发现的郑州殷商遗址在商代考古中的位置予以认定。研究中他直面郑州商城内最丰富的二里岗期文化遗存，把它作为分析、研究的主体。他用考古地层学与考古类型学等方法，将二里岗文化与已知的小屯殷商文化作比较研究，得出了它们同属商代文化、又有早晚区分的结论。他指出，安阳"小屯的殷商文化可以与郑州的殷商早、中期（按：指一般所称的二里岗下层、上层文化）衔接；也就是说，郑州的殷商文化的早、中两期，比起小屯的殷商文化甚至它的早期来还要早一些"。在这篇文章的后面，他引用了七条文献，把郑州商代遗址与"帝仲丁迁于隞"联系起来。

在这一时期，他把二里岗期商文化判断为商代中期遗存，偃师二里头遗址是"西亳"，其文化遗存是商代早期与先商文化，[5]一度将它称为"二里头类型商文化"[6]。客观地说，他当时的研究思路与研究方法是对头的，研究中能按照科学的规程操作。所以，作者的一些基本看法与学界同仁的看法大多是一致的。

《郑州商城即汤都亳说》一文的写作则是作者为把二里头遗址及其文化遗存推测为夏代文化遗存而设置的一个跳板（这在后面还要谈到）。在这篇文章中，虽然他仍把郑州商城作为研究对象，但其立论依据变了。他不再把二里岗期文化遗存作为分析、研究的主体，从中寻找依据，而是从东周时期遗存中挑选出"亳"字陶文作为立论依据，把它与郑州商城联系起来，提出"郑州商城即汤都亳"之说。

随着"郑亳说"的提出，郑州商城成了成汤之亳都，二里岗期商文化从"商代中期"被提升到"商代早期"；二里头遗址则从汤都"西亳"变为夏代都城；二里头文化也由"二里头类型商文化"变为"夏代文化"[7]。为填补"商代中期"文化之缺，把殷墟一期文化的早段上提，与白家庄期一起合成"商代中期"文化。

如果对比这两篇文章，可以发现以下特点：

第一，虽然这两篇文章均以郑州商城为研究对象，但前者以郑州商城内出土的第一手资料——二里岗期文化遗存作为研究主体，从中提出立论的依据。后者则选用"亳"字陶文为立论依据，即用比研究对象晚了近千年的材料去推测郑州商城的性质。

第二，前者用已知的晚商文化作为比较研究的基点，运用考古方法进行分析。这是"由已知达于未知"的正确途径。后者用于立论的东周时期"亳"字陶文，与郑州商城之间没有内在联系。陶文之亳、亳丘所指为何，作者未作充分讨论与论证，所以是个未知因素。用未知因素作立论依据，给出的论点仍是未知的。这种由"未知到未知"的认识途径，与前者"由已知达于未知"的正确途径相比，结果全然不同。

第三，前者提出明确的考古地层学和考古类型学的证据，并做了比较充分的论证。后者既没有提出这方面的证据，也未进行科学论证，而是凭借他的主观解释进行推测。他说："'亳丘'应该就是'亳墟'。如同'殷墟'曾是殷都一样，'亳墟'很可能就是因为郑州商城本是商的亳都而得名的。"[8]

这里，他用"'亳丘'应该就是'亳墟'"的解释，做出"很可能就是因为郑州商城本是商的亳都而得名"的推测，这是纯主观的行为。他用这一推测的目的是借以"证明在东周时期郑州商城名亳"，进而再提出他的"郑州商城即汤都亳说"。然而，这"很可能就是"的推测在未被证实之前，它是未知的，是不可能给另一结论作"证明"的。

第四，前者所用的立论依据是客观实证，可以检验。在论据与论点之间存在内在联系，"因"与"果"是统一的。后者的立论依据是作者基于"应该""很可能"的主观解释与推测，明显具有不确定性。以不确定的东西充当立论依据，据此而引出的论点也是不确定的。

第五，前者的研究立足于基础材料，在细致的分析中提出论据，经过论证，提出观点。这是符合科学研究的程序规则的。后者是先设定郑州商城为成汤之亳都，再去寻找一些与郑州商城并无必然联系的材料做"依据"。这是本末倒置的做法，把其间的"因"与"果"的关系颠倒了。这种做法与科学的操作规程是格格不入的。

由于因果倒置，还引出一系列错误。这在后面还要讲到。

其实，对郑州商城开展研究，是该城发现后必须面对的一个课题。发掘出土的二里岗期文化遗存，理应成为分析研究的主体。作为一个考古课题，出土的材料相当丰富，研究者又是考古学家，那么用考古方法把这些材料进行直接的分析研究，从中找出证据并进行严密的论证，是科学研究的正常程序。

从另一角度说，这也是考古学家的责任。因为考古发掘的目的，正是为了获取尽可能多的资料，在分析研究中凭借这些物质文化遗存提供的证据提出论点，恢复它在历史上的原貌。

在郑州商城这个研究对象面前，"郑亳说"者面对出土的大量资料，不用考古方法去研究，不按科学的规程操作，改而用"应该"是什么去解释它，用"很可能"是什么去"推测它"，人们自然会感到十分奇怪。难怪有人发问：既然抛开考古发掘的材料就可以给出结论，那么通过调查，找出城圈即可解释与推测，为什么还要开展大规模发掘呢？

《郑州商城即汤都亳说》一文的作者先设定郑州商城是成汤之亳都，再去寻找立论依据，这是本末倒置的做法，是不科学的。只有直面研究对象，对它进行分析研究，才是获得正确认识的必要途径。正如毛泽东所说："你要知道梨子的滋味，你就得变革梨子，亲自吃一吃。"[9]这一个生活中常见的实例，道出了科学认识论的一个基本原则：梨子是酸是甜、是涩是苦，只有对它进行"变革"之后，在咀嚼中因唾液的参与，味蕾才能准确做出确切判断。如果不去"变革"它，只是看一下、嗅一下，或凭主观认识去解释、推测，是难以做出准确判断的。

对于历史问题，历来存在两种不同的方法：一种是主观的，即面对研究对象，凭借研究者自身对它的认识提出假设，或者引用他人的说法去解释而进行推测。在这一过程中，有人甚至对他人的说法是否正确都不去考虑，只要对他的论点有利，即取而用之。他们认为只要做到能自圆其说就可以了。

另一种是把研究对象置于特定的时间、地点、条件下进行考察，以还原它的真实背景，在论证中揭示研究对象的本来面目。这是客观的做法。为什么呢？因为他们认识到历史上发生的任何事件都离不开特定的时间、地点、条件。不把它放到特定的时间、地点、条件下去分析、研究，就不能揭示它的历史真相。后者坚持的是历史唯物主义的一个重要原则。

上面提到的这两篇文章的差异，正反映了上述两种不同的治史态度与研究方法。在前一篇文章中他直面基础材料，把它置于特定的时间、地点、条件下考察，基于实证而进行论证，这是实事求是的分析，是坚持唯物史观的正确做法。后一篇文章中他舍弃了研究中最重要的原则，改为先设定郑州商城是汤都之"亳"都这个目标，再挑选一些与"亳"有关的材料去进行解释与推测。这就违背了观点出自材料，论点由证据经论证而产生的原则。

这样做的结果，论据与论点是分离的，仅仅靠作者的解释与推测才把它们联系在一起。所以，他没有"论证"，整个过程因远离实证而落入纯粹的假设与推理之中。他给出的结论必然远离历史真实。

诚然，面对同一个研究对象而给出迥然不同的结论，这是作者的权力。但对郑州商城而言，正确的结论只能有一个。它究竟是哪一代商王所建之都，取决于郑州商城的年代、地望、文化属性等条件是否与该王所处的客观条件相一致。这是需要用证据并经论证之后，方可论定的。绝不是凭作者自己的主观想法，找几条材料往上贴靠就可以说成是某王之都的。

作者在提出"郑州商城即汤都亳说"之后，曾对自己的研究思路作了坦率的表述。他说："要在考古学上区分夏年与商年，最关键的问题是要确定成汤都亳的地望所在。如果能找到成汤的亳都，则可利用地层的原则和考古学分期的方法确定夏年了。"[10]

当时，中原地区发现的商代都城只有安阳殷墟、郑州商城和偃师二里头遗址这三处，它们分别被推断为商代的晚期、中期与早期都城。他最初写的文章也是这么主张的，与学界同仁的认识基本一致。但是，为了把二里头遗址及其文化遗存设定为夏代文化，他把郑州商城与汤都之亳连在一起是最好的途径。于是，他对《试论郑州新发现的殷商遗址》一文中提出的结论作了自我否定。用他的话说："只要能确定郑州商城为何王所都，实际上就为商城上下诸文化层提出绝对年代标准。"[11]"郑州商城即汤都亳说"正是在这一背景下提出的。

他在《郑州商城即汤都亳说》一文中直白地道出了他的真实意图：郑州商城作为成汤所建的"亳都地望的确定，就为我们——进一步论证二里头文化是夏文化打下了坚实的基础，其在学术上的重大意义是不言而喻的"[12]。

这些文字清楚地说明，"郑州商城即汤都亳说"是作者为把二里头遗址及其文化遗存推测为夏代文化而设置的一块跳板。所以，在作者对郑州商城改变观点的背后，是作者的研究思路发生了变化。思路变了，研究方法焉能不变。于是，他舍弃了12年前的思路与方法，不再把二里岗期商文化遗存做研究主体，也不用考古方法去进行研究。为什么呢？因为用当年的思路与方法，只能给出原来的结论。

为此，他必须另辟蹊径。看到郑州市内东周遗存中出土的那些陶文，其中有"亳""亳丘"等字，他如获至宝，拿来加以利用而做起了文章。他特别看中"亳丘"二字，于是从"'亳丘'应该就是'亳墟'"说起，比之谓"殷墟"，而提出"'亳墟'很可能就是因为郑州商城本是商的亳都而得名的"这样一个推测。他进而说："证明在东周时期郑州商城名亳。"

这里，由"亳丘"去推"亳墟"，再比之谓"殷墟"，而推测"'亳墟'很可能就是因为郑州商城本是商的亳都而得名的"；进而推测"东周时期郑州商城名亳"；再把这一推测作为"郑州商城即汤都亳说"的依据。可见，"郑州商城即汤都亳说"是由一个接一个的解释与推测推导出来的。

然而，用"应该"与"很可能"这样的解释与推测，是很难当作立论依据的。一个推测提供的是一种可能，不是事实，是不确定的。用它去"证明在东周时期郑州商城名亳"也是不可以的。因为前提不确定的，当然不可能用它去"证明"结论的合理性。

所以，他提出的"郑州商城即汤都亳说"，充其量只是一个假说。有趣的是：他却用这个不合理的"郑亳说"，引出了这几个结果：第一，把二里岗期文化遗存从"商代中期"提升为"商代早期"遗存；第二，把二里头遗址从"西亳"变为"夏都"；第三，二里头文化也由"二里头类型商文化"变成"夏代文化"；第四，把白家庄期与晚商文化中较早的一部分合为"商代中期"文化遗存。

可惜，这些说法都没有提供证据，也没有进行严密论证，只是凭借他的解释与推测。把有商一代的考古学文化作了一次切割与拼凑，用解释与推测去构筑他的"新体系"。

当然，把郑州商城从仲丁之隞都变为成汤之亳都，是他的主要目标之一。《郑州商城即汤都亳说》的提出，从表面上看，他设定的目标达到了。可是，不管你承不承认，凭借一个又一个推测而给出的结论的做法，表明他已经落入纯粹的假设与推理的怪圈之中。由此而给出的一个个结论，既不解决问题，也没有学术价值。因为，凭借一个又一个解释与推测而推导出的结论，因前提的不确定性决定了这些结论是靠不住的。

二　研究要按科学规程，推测不能代替论证

唯物史观要求我们在把研究对象作为分析主体时，要坚持从它的基础资料入手，对它们做一系列"去粗取精、去伪存真"的加工，在思辨与考证中步入"由表及里、由此及彼"的境界。在这一过程中，通过科学方法提取直接证据，进行严密论证，方能给出合理可信的结论。这里一环紧扣一环，循序渐进，是不断推进研究进程的正常程序。

《试论郑州新发现的殷商遗址》一文从郑州殷商遗址的主要文化遗存二里岗期文化入手，对它作必要的分析、排比，在分期的基础上，用考古地层学与考古类型学证据作了相关论证，再提出结论。这一过程是符合科学操作规程的。

《郑州商城即汤都亳说》一文的撰写，既是作者为把二里头文化推为夏文化而设置的一个跳板，就决定了他不可能再用上述方法。这是他选用"亳"字陶文和从文献中寻求"依据"的直接原因。

他意识到仅用"亳"字陶文作为"郑亳说"的立论依据太薄弱，所以在《郑州商城即汤都亳说》一文中还引用了《左氏春秋经》襄公十一年的一段文字："公会晋侯、宋公、卫侯、曹伯、齐世子光、莒子、邾子、滕子、薛伯、杞伯、小邾子伐郑，己未，同盟于亳城北。"在另一篇文章中他强调指出，这是提出"'郑亳说'的文献根据"[13]。

作者引用这段文字的目的，是想把"盟于亳城北"的具体地点，落在出有"亳"字陶文的郑州商城之北部，以此反证郑州商城就是"亳城"。

可是，要让此说成立，他必须进行考证，并满足以下要求：第一，进行考古调查、发掘，在郑州商城之北的某个地点找出与

会盟有关的遗迹。第二，必须严密论证这一盟誓遗址的年代、内容跟《左传》襄公十一年所记之史实完全一致。第三，这一盟誓遗址与这批"亳"字陶文之间存在内在关系。

这是为实现其意图，作者不能不做的工作。

遗憾的是，我们没有看到这方面的证据，也不见这方面的讨论或论证，见到的只有这么一段话："耐人寻味的是，前引《左传》襄公十一年《经》文：'盟于亳城北'，今郑州商城内的东周文化层最厚最密集的地方正是靠北部，'亳'字陶文也出在这里，这当然不是巧合。"他甚至把它当成"郑亳说"的"铁证"。

明眼人一看就明白：他在这里用了一个断章取义、移花接木的手法。在"盟于亳城北"之后紧接着说"今郑州商城内的东周文化层最厚最密集的地方正是靠北部，'亳'字陶文也出在这里"，给人以二者有什么"关系"似的。其实，不找出与会盟有关的遗迹，不能论定盟誓遗址的年代与内容跟《左传》襄公十一年所记之史实完全一致，不说明这一盟誓遗址与这批"亳"字陶文之间存在内在关系，这条文献是起不到他希望的作用的。因为读者需要了解的是：这个"亳"字陶文与"盟"事究竟有什么关系？"亳"字陶文的年代与"襄公十一年"是否一致？出有"亳"字陶文的地点与"盟于亳城北"之间因何种原因而"并非巧合"，非连在一起不可？

所以，在没有证据、又未经论证的情况下，硬把这两个不相干的事拉到一起，是什么也说明不了的："亳"字陶文的出土地点在郑州商城北部是一回事，这条文献所说的"盟于亳城北"是另一回事。

还需要指出的是，即使做了上述一系列考证，表明会盟于"亳城北"的地点确在郑州商城之北部，"亳"字陶文的地点与"盟于亳城北"之间有某种联系，确似"并非巧合"，那也只是提供一种"可能"，不能成为"郑州商城即汤都亳说"的直接证据。

为什么？因为"盟于亳城北"只指出了会盟地的一个方位。至于"亳城"指的哪一个城，是郑州商城还是另一个东周城址，这一条材料并未提供准确结论。要想证明郑州商城是"亳"都，仍需从郑州商城的文化遗存中找到与"成汤居亳"有关的直接证据，并作严密论证后方可论定。

所以，在对这两篇文章进行分析与比较中，不难发现它们在实证方面的明显差异。在《试论郑州新发现的殷商遗址》一文中，作者把二里岗文化遗存作为研究主体，提出小屯文化层叠压在二里岗文化之上的实证，又用考古类型学从中找出二者之间既属同一文化又有早晚之别的物证，给出的结论与论据之间存在内在联系，它的因与果是一致的。

《郑州商城即汤都亳说》一文的立论"依据"，既不是出自郑州商城内二里岗期文化遗存的"直接证据"，甚至也不是严格意义上的"间接证据"。凭借作者对一些与郑州商城并无内在联系的材料所做的主观解释，用"应该""很可能"之类的推测，或移接某些并无关系的材料，给出"郑亳说"的推论。这些做法决定了它的说法是不实的、经不起推敲的。

不得不指出，科学研究中强调证据，是因为它是立论的基础与前提。没有证据的结论是难以确立的。与狭义历史学考证某个史事一样，考古学作为实证科学，同样强调每个论点都要有论据。"郑亳说"者用不确定的推测作"郑州商城即汤都亳说"的立论"依据"；又用"郑亳说"这个未被验证的假说去作"二里头文化是夏文化"说的前提，同样是难以确立的。这种建立在一个又一个推测之上的结论，皆因没有证据而成为未知因素，结果只能"由未知至未知"中空转。

三　必须用准确的年代做立论的依据

考古学被称为"时间"的科学。在研究过程中对研究对象的年代做出正确的判断，一直被列为研究者的首要工作。在夏商文化的研究中，判定研究对象的"特定时间"（年代）也是研究者立论时的一个必要前提。

郑州商代遗址发现以后，人们对它的年代曾有不同认识。有人认为它比殷墟要早，也有人认为它比殷墟要晚。《试论郑州新发现的殷商遗址》一文的作者正是在这种背景下进行研究的。作者用已被认识的小屯殷商文化去作比较研究，得出二里岗文化略早于"小屯的殷商文化甚至它的早期"的结论。如上所述，这个结论因有考古地层学与考古类型学等直接证据，是正确的。

《郑州商城即汤都亳说》一文提出的观点，是作者把"亳"字陶文和"盟于亳城北"的文献材料贴附在郑州商城之上而给出的，并因"郑亳说"而把二里岗期文化遗存的年代从商中期提升至商代初期的。但作者深知，如果没有年代学证据的支持，"郑亳说"同样是难以成立的。

按照科学的操作规程，"郑亳说"的提出，应该从二里岗期文化遗存的分析中提出郑州商城建于成汤时期的有力证据，再结合其他一些充分满足诸必要条件的证据，经过严密论证后方可提出。研究对象的年代，是立论的必要条件之一。可是，当时并没有提供郑州商城建于成汤时期的准确年代证据。

20 世纪七八十年代，碳十四测年专家为检验用常规法测年技术能否解决历史时期年代的可能性，曾对二里头遗址、郑州商城、安阳殷墟等作了取样、测年，公布了一批数据。唯因测年精度不够高，给出的年代误差都很大。如用木炭测年时采选的炭样多为芯材，不是原木的表层，测出的结果很不理想，其误差难以避免。

在公布碳十四测年数据时，测年专家曾著文提醒"考古学家在运用碳十四数据时，对孤零零的单个数据要谨慎使用，更不能滥用或先入为主。对于成批正常的碳十四数据却不可置之不顾，而是要结合考古层位和文化之间的关系加以通盘的科学分析，才能取得较好的效果"。他们特别告诫："根据单个年代数值做出结论是很危险的。"[14]

对"郑亳说"者来说，有一个年代数据做他的立论依据是太重要了。于是，他置碳十四测年专家的忠告于不顾，从郑州商城公布的一批碳十四年代数据中选了一个编号为 CET7 的碳十四年代数值：公元前 1620 ± 140 年，用作"郑亳说"的年代依据。

这个年代数值是用城址内出土的木炭测得的，又与他估计的成汤居亳的年代颇为一致。所以，他对这个年代数值既不作必要说明，也未作任何论证，就直接加以引用。他说："据碳十四测定，其（指 CET7 这个数值）树轮校正年代为距今约 3570 ± 135 年，即公元前 1620 年，与早商开始的年代大体相合。"[15]进而又说："郑州商城其始建城的绝对年代经碳十四测定为公元前 1620 年（树轮校正年代），与仲丁迁嚣的年代不合。"[16]

其实，这种做法是很不妥当的。因为：

第一，碳十四测年数值虽经树轮校正，但给出的仍是一个年代范围，并不是绝对年代。

第二，他没有说明碳十四测年数据在何种条件下可以转化为绝对年代，也未作充分论证说明实现了这一转化，却主观地把公元前 1620 ± 140 年当作绝对年代值（公元前 1620 年）使用了。

第三，他未提供证据，也未做必要论证，就给出了公元前 1620 年"与早商开始的年代大体相合""与仲丁迁嚣的年代不合"的结论。

第四，如果说他也提出了理由的话，那是用一句话完成的。他说："要精确计算商的积年是困难的，要精确计算考古分期的年数更是困难的。根据现有材料，我们只能大体估计商积年在 500—600 年，若以公元前 1028（或 1066）年为商朝终止年，则成汤始建国年应为公元前 1666—前 1528 年。今据碳十四测定郑州商代遗址第二段的树轮校正年代为公元前 1620±140 年，这个数据同汤居亳的年代是能大体吻合的。"[17]

　　这又是一种主观解释与推测。这种做法与严格意义的论证，是风马牛不相及的。

　　其实，提出"郑亳说"的先生对当时的碳十四测年技术与年代数据是有清醒认识的。例如，他多次在会上提出，一个±200 年就把一个王朝都跳过去了。他曾撰文指出：碳十四测年所选的木炭，原是树木。但"采用的标本，无法确定其原来树木的哪些年轮"。他认识到碳十四年代数值具有"伸缩"的特点，而且"即使测出比较可靠的数据，且经过校正，但也还不能丢掉数据后面的正负数"。据此，他评论说："以二里头遗址碳十四测定的年代为例，这种年代误差大大超过±80 年（衡按：即 160 年），最少者±147 年，最多的达到±380 年。就是说，这些数据的伸缩年代少者已占夏年或商年的一半，多者已超过夏年或商年的总数。"由此而得出结论说："即使测出的年代完全可靠，也还难以确定其夏年还是商年。"他还多次提到，这些数据只能供"参考"之用，"不能据以作为区分夏年和商年的主要依据"[18]。

　　所以，"郑亳说"者把这个碳十四测年数值作为"郑州商城汤都亳说"的年代学依据，与他的这些说法是自相矛盾的。他深知公元前 1620±140 年是个"伸缩年代"，即使"比较可靠"，经过校正也"不能丢掉数据后面的正负数"。而且，这个"伸缩年代"已经"占夏年或商年的一半"。所以，它是"不能据以作为区分夏年和商年的主要依据"的。

　　可是，为了给"郑亳说"找个年代依据，他竟擅自将"数据后面的正负数"去掉了，把代表年代范围的数值当绝对年值使用。这是明知故犯的错误做法，是很不应该的。

另外，他说的"成汤始建国年应为公元前1666—前1528年"，是一个年代范围；公元前1620±140年是指公元前1760—前1480年间的年代范围。要把这两个年代范围在公元前1620年"大体吻合"，是必须提出具体条件并举证与作严密论证方可提出。但作者既不举证与论证，也未说明在何种条件下可以"大体吻合"，仅仅把这两个年代范围贴靠在一起，就给出了"公元前1620±140年，这个数据同汤居亳的年代是能大体吻合的"结论。这是一种不可思议的做法。

诚然，他在文中使用"大体相合""能大体吻合"之类用词，表明作者本人也不敢肯定这两个年代能够"吻合"。否则，既是"相合""吻合"，又怎能"大体"呢？这些连他自己都不自信的结论，当然不能成为"郑亳说"的年代依据。

为了"强化"这个年代数值对"郑亳说"的作用，他们在文章中曾不止一次提到二里头遗址第四期的一个灰坑（H87）的碳十四测年数值公元前1625±130年。试图用它来说明二里头遗址第四期比郑州商城的年代要早，以支持郑州商城是汤都之"亳"，二里头遗址是个夏代都城。

可是，如果把这个碳十四测年数值与他说的汤始建国之年——公元前1666—前1528年贴靠，由于公元前1625±130年的年代范围是公元前1755—前1495年，比公元前1760—前1480年的范围更小。按照"郑亳说"者的逻辑，这个年代不是也能给出"同汤居亳的年代是能大体吻合"的结论吗？

其实，"郑亳说"者用这个年代数值作为立论的依据，是"明知不可为而为之"的无奈之举。它反映了作者立论时提不出准确年代而急于自圆其说的一种心态。更令人费解的是：他却用这样一个被他称作"伸缩年代"的碳十四测年数值，给出了"同汤居亳的年代是能大体吻合""与早商开始的年代大体相合"的结论。这只能说是无根据的随意发挥了。

但是"郑亳说"者是自信的。他公然宣告："我们是汤都郑亳说者，主张郑州商城本身属最早的商年，而商城之下的诸文化层的下限乃属于夏年。"[19]

至此，他不仅把这个碳十四测年数值转化为公元前 1620 年，而且将它称为郑州商城的始建之年、成汤居亳的年代、商代开始的年代和夏、商王朝的分界之年。这一个个结论给人的印象：他认为郑州商城的始建、成汤居亳、成汤灭夏、商代建国都是在公元前 1620 年发生与完成的。

由此，作者因"郑亳说"而把郑州商城当成划分夏、商王朝分界的"界标"。按他的逻辑推测，二里头遗址及其文化遗存比郑州商城的年代要早，当然是"夏代文化"遗存了。

如今，"夏商周断代工程"公布的阶段性年代学研究成果表明：郑州商城的年代在公元前 1450 年上下，不可能超过公元前 1500 年。[20] 这跟"郑亳说"者主张的公元前 1620 年为郑州商城的始建年代相比，相差了 100 余年。"郑亳说"的年代依据被高精度碳十四测年的最新成果推翻了，表明"郑亳说"不可能成立。当然，由郑州商城的建城之年而推导的成汤居亳、成汤灭夏、商的始年等说法也都被否定了。郑州商城作为夏、商王朝分界的"界标"说，也随之失去了意义。

有趣的是，这一年代学研究成果跟《试论郑州新发现的殷商遗址》一文的结论颇为一致。或者说，该文给出的商中期遗存的结论，得到了"夏商周断代工程"年代学成果的支持。

"郑亳说"者对这些"伸缩年代"虽有正确的认识，却用不当做法让这一"伸缩年代"充当郑州商城建城的年代学依据，甚至充当夏、商分界的"界标"。这一个出于无奈而在情急之下做出的举措，似乎并没有想到最终给他带来的是多严重的后果！

按照这一"界标"说去计算商代积年，从公元前 1450 年前后至公元前1046年武王伐纣为止，有商一代只有400余年。这个结论与作者所说的"大体估计商积年在500—600年"相去太远了。所以，由这一"界标"说引出的结果不被史学界同仁所接受，是在情理之中的。

四　先设观点再找依据是因果倒置

人们常说：研究离不开材料，观点出自材料。考古发掘的目的，正是为了获取古代先民留下的第一手材料，以便为开展研究提供必需的基本素材。

唯物史观认为材料是立论的基础，它是第一位的。任何课题的研究，都以研究对象的材料为基础，从中提取证据，并经论证而提出论点。所以，通过发掘获取材料，在整理中消化材料，在思辨中提取证据，经过论证而提出论点。这是考古研究正常的操作规程。人们强调的一分材料说一分话，十分材料说十分话，正反映出材料与论点之间的因果关系。

前面已经提到，像"郑州商城即汤都亳说"这样一个观点的形成，应该在考古材料积累相当丰富，对其文化内涵的性质、年代等有了充分、准确的认识，涉及立论所要求的相关条件都有证据，并被证明是合理、可信之后，经过严密论证方可提出。因为这些条件是立论的前提与基础，论点只有在这些前提得到充分满足的基础上方可建立起来。

如上所述，"郑亳说"是作者为了把二里头遗址及其文化推测为夏代文化遗存而设置的一块跳板。只是想把郑州商城推断为成汤之亳都，也要从其材料中选一些"合适"的证据作立论"依据"。

但是，"郑亳说"者这种先设定观点、再找立论依据的做法，把材料与论点、论据与结论之间正常的"因"与"果"的关系都弄颠倒了。这说明作者选择了一条背离科学规程的非常规之道。

　　有人在文章中对这种先设定观点，再找依据的做法说得十分坦率。他说："过去我倾向二里头遗址是汤都西亳，所以曾将二里头文化命名为二里头类型商文化。"[21] 这里，他明白承认"二里头类型商文化"之命名，是基于二里头遗址"西亳"说而得来的。这里，二里头遗址"西亳"说是"因"，而"二里头类型商文化"的命名成了"果"。这是倒果为因的典型做法。

　　后来，在他改奉"郑州商城即汤都亳说"后，他对二里头遗址及其文化遗存的看法也改变了。郑州商城既然是成汤之"亳"都，那么二里头遗址就不可能是"西亳"。在他的手下，二里头遗址就成了夏都"斟鄩"，二里头文化也从"二里头类型商文化"变为"夏代文化"了。

　　这里，他不是先论证二里头遗址及其文化是夏文化，而后才给出二里头遗址是夏都"斟鄩"的结论的。他把依据与论点之间的因果关系又一次颠倒了。

　　有趣的是，他把二里头遗址认作汤都之"西亳"时，二里头文化被命名为"二里头类型商文化"，并给出了"二里岗期商文化是由二里头类型商文化发展来的，在文化面貌上表现出一脉相承的作风"的结论。甚至还指认"二里头类型的发现，极大地开阔了人们的眼界，丰富了我们对商代历史的认识，为我国青铜时代——奴隶社会历史的研究提供了珍贵的资料"[22]。但在他接受"郑亳说"之后，二里头遗址及其文化遗存与"商文化"就变无缘了；二里岗期商文化也不再"由二里头类型商文化发展（而）来"，它的文化面貌与二里头类型文化之间也不存在"一脉相承的作风"了。因为二里头遗址由商都"西亳"变成夏都"斟鄩"，它的文化遗存也从"商文化"改为"夏文化"了。

　　可见，在他的手中，二里头遗址及其文化遗存的属性、年代乃至都邑的地望，皆可因他的观点发生改变而随之改变。

　　他在解释为什么放弃"二里头遗址汤都西亳说"而改奉"郑州商城汤都亳说"时，列出了以下理由：假如二里头文化三、四期是早商文化，一、二期为先商文化，那么，"王湾三期也该与商文化有渊源关系，这样一来，就与——自己也曾主张的王湾三期是夏文化的观点矛盾了"[23]。

　　可见，围绕二里头文化是不是夏文化的讨论尚未定论时，"王湾三期是夏文化的观点"早就被设定了。

　　这种先设定观点，再找证据的做法，并不是个别现象。从上面这段话中可以看出，二里头遗址及其文化遗存的属性，既取决于比它晚的"郑州商城即汤都亳说"，也取决于比它早的"王湾三期是夏文化的观点"。他们的精力用在概念游戏之中，唯独不去分析二里头遗址及其文化遗存之内涵的性质、特点及其年代。这才是出现问题的要害。

　　这种先设定观点，再找证据的做法，是夏文化探索与早商文化研究中出现的一个十分奇特的现象。

　　然而，这样做的结果是，他们在研究中把观点放在主导地位，材料被置于次要或从属的地位。当一种观点与另一种观点出现矛盾时，他们不是立足于材料的分析与考辨，提出正确的看法，而是修改为另一观点，进而修改材料的属性乃至它的年代。所以，从一些文章中可以发现，在同一人身上可以有几种不同说法。

　　例如：因"郑亳说"的提出，把二里岗文化从商中期提升为商早期；也因"郑亳说"的提出，把二里头遗址从汤都"西亳"变为夏都"斟鄩"，把"二里头类型商文化"变为"夏代文化"。他们置自己命名的"二里头类型商文化"于不顾，其材料的属性乃至它的年代都被改变了。为了把公元前1620年设定为商代"始年"，他说"公元前1620±140年，这个数据同汤居亳的年代是能大体吻合的"；他还把公元前1620±140年中的±140年去掉，当作绝对年代（公元前1620年）使用，给出了公元前1620年"与早商开始的年代大体相合""与仲丁迁嚣的年代不合"的结论。

出于种种原因，他又把郑州商城建城的时间一再往上提。近年来，"郑亳说"受到"夏商周断代工程"构建的年代框架的有力冲击，他又改变说法，说："以年代而论，郑州之中城（按：指周长 6960 米的郑州商城），始建于南关外期；偃师之大城，始建于二里岗下层偏晚，略晚于郑州之中城；偃师之小城，始建于二里头文化四期偏晚，约与郑州之中城同时，或稍有前后，郑州之中城或稍早。"他在不作任何论证的情况下，仅仅凭他的愿望，在"约"与"或"的解释与推测中，郑州商城的建城时间被上提至南关外期，为的是确保郑州商城是"商朝最早的国都"。这时，他一改过去力主的郑州商城"汤始居之亳"说，而改成"郑州商城是商汤灭夏前后的亳都"了。[24]

不尊重客观存在的基础材料，不重视证据及论证在研究中的作用，一味地引用那些"合适"的材料，凭借主观解释而进行一个个推测。这就不可避免地落入纯粹的假设与推理的怪圈之中。在这种情况下，出现了用观点解释材料的现象。

然而，是观点决定材料的属性，还是从材料的分析中提取证据，并经证论而提出观点，这是涉及物质与精神孰是第一性的原则问题。

"郑亳说"者未能正确摆好物质第一性的位置，用观点解释材料，甚至用观点去指认材料的属性、年代乃至都邑的地望，使材料的属性与年代随作者的观点出现变化而跟着变化。当然，由此而给出的结论，与历史的真实也越来越远。

从上面的分析中我们看到，《试论郑州新发现的殷商遗址》一文与《郑州商城即汤都亳说》一文，它们虽为同一作者所写，但给出的结论却迥然不同。究其原因，就在于他在研究思路、研究方法与操作规程等方面存在根本性差异。

两者的不相容性，反映出作者为一举攻下"夏文化"而追寻一条捷径，却在抛弃正确的研究思路与研究方法之后，自觉不自觉地陷入解释与推测的泥潭。从另一视角观之，则是作者在同一研究对象面前，围绕用什么思路、应用何种研究方法以及要不要按科学规程操作，在无助地进行一场自我角力。

历史已经做出结论。《试论郑州新发现的殷商遗址》一文因思路与方法对头，已被实践检验为合理可信，其结论为学界同仁所认同。它的年代也并非如"郑亳说"者所说的"与仲丁迁隞的年代不合"。它属中商文化的结论，得到"夏商周断代工程"的年代学成果的支持。《郑州商城即汤都亳说》的作者则是个输家。因为"郑亳说"既缺乏立论依据，它的年代依据也被"夏商周断代工程"的年代学研究成果否定了。

这一实例表明：第一，考古学是实证科学，立论必须有证据。纯粹靠假设与推测是不可能给出正确结果的。第二，不从研究对象的主体中寻找立论依据，却从其他材料中找些似是而非的东西作"依据"，或用主观解释而推导出某个论点。这样的论点及其采用的方法，是不科学、不可取的，也是经不起推敲的。第三，研究思路对头，研究方法正确，一般都能较好地按科学的规程操作，可以确保课题的顺利进行。"郑亳说"者的研究思路不对，必然出现"证"与"论"的分离，"因"与"果"的倒置，也必不能按科学的规程操作。这就决定了他不仅不能获得正确的结果，还会犯"削足适履"的错误。

对"郑亳说"的出现，有人捧之谓古史研究中的"创新"。但熟悉古史研究的人会发现，这是早已被历史学家批评与否定的陈旧方法。

傅斯年早在 1928 年就指出："推论是危险的事，以假设可能为当然，是不诚信的事。所以我们存而不补，这是我们对材料的态度；我们证而不疏，这是我们处置材料的手段；材料之内使他发现无遗，材料之外我们一点也不越过去说。"他主张："有一分

材料出一分货，有十分材料出十分货，没有材料便不出货。"[25] 他
认为研究必须立足于材料，对材料抱"存而不补"的态度；处置
材料用"证而不疏"的手段，这是可取的。他反对用推测代替证
论，"以假设可能为当然"而随意发挥，这是他看到了这种做法带
来的危害而给后继者的一个忠告！从这些论述里可以看出，"郑亳
说"者抛开原始素材，"以假设可能为当然"而随意发挥的做法，
在 80 年前已被有远见的历史学家否定了。

五　满足诸必要条件是立论的基础与前提

在课题研究中，每一个研究课题的实施都离不开立论所需的
证据。每一个结论的提出也都离不开各个特定条件。在这些条件
中，必须区分哪些是必要条件，哪些是可能条件。

必要条件和可能条件在课题研究中所起的作用是不一样的。
可能条件提供的是一种可能，可以为探索者提供思考的方面或线
索，但它的不确定性决定了它不可能成为立论依据。必要条件则
是解开课题必须具备的若干特定条件，在破解课题时缺一不可。
每一个必要条件得到充分满足，是提出合理而正确结论的前提与
基础。

必须清醒地认识到：不是随意找几条材料就可以充当立论
"依据"的。在一个课题的研究中，首先要考虑的是必要条件，因
为必要条件能否得到充分满足，对能否推进课题研究的进程，能
否及时结题关系极为密切。任何一个课题能否结题，考评者要考
察的重点之一是考察该题所需的各个必要条件是否得到充分满足。
因为这些必要条件直接影响到课题结论的正确与否。

为此，在研究中首要的工作是搜集材料，从中寻找证据，以
尽早满足立论所需的各个必要条件。

提出"郑亳说"的先生对郑州商城及其二里岗期文化遗存的

研究，给出了两个迥然不同的结论。原因之一，也与他对立论依据的重要性缺乏鉴别有关。

在《试论郑州新发现的殷商遗址》一文中，作者立论时用的是必要条件。这些条件是：

第一，用郑州二里岗、人民公园等地的晚商文化层叠压或打破二里岗期文化层的地层学证据，证明二里岗期文化的年代比晚商文化要早。鉴于这些地层未被扰动，无可争议地成为判断二者孰早孰晚的有力证据。

第二，用考古类型学与文化因素分析法对二里岗期文化遗存进行分析、排比，在分期的基础上就它与小屯晚商文化的共性与差异性进行讨论，从两个方面提出安阳小屯的晚商文化与郑州二里岗期文化相"衔接"。虽然在今天看来这些论述还不够精准（它们之间还有白家庄期等遗存），但从二者的文化面貌所做的分析表明它们同为商代文化遗存，其差异性提供了二里岗期文化遗存比小屯文化要早的例证。这一结论与地层学证据是一致的，因而他给出的二里岗期文化比小屯期文化稍早的结论是合理而可信的。

第三，他指出小屯晚商文化中的许多遗存，"如版筑基址、卜骨、骨器、石器、铜器、陶器等都能在郑州早、中两期找到它们的老家，而且有了新的更灿烂的发展"。虽然那时还没有发现城垣、大型夯土建筑基址，但因铸铜、制骨、烧陶等作坊的发现，表明它与一般聚落不同。据此，他提出郑州殷商遗址是商中期的"一个不小的城市"的结论也是合理的。他认为这是一个商中期的都邑，并把它与仲丁之"隞"都联系起来。

反之，《郑州商城即汤都亳说》一文则缺乏这样的必要条件。它的依据也有三个：

第一，用东周时期的"亳"字陶文作为立论依据，凭他对"亳丘"二字的解释，作了"应该""很可能"的推测。

第二，作者提出的"文献依据"，是用《左传》襄公十一年所记的"盟于亳城北"之事，借"亳"字陶文出在郑州商城北部而把"亳"字陶文的出土地与"盟于亳城北"的地点重合，进而推测郑州商城就是文献中的"亳城"。但因作者并未提供在郑州商城北部曾举行"盟"事的证据，也没有论证"亳"字陶文出土地与"盟于亳城北"之地点有什么关系，只是把二者拉到了一起，当然不能说明郑州商城就是文献中的"亳城"。

第三，作者用碳十四年代数据作为郑州商城汤都亳说的年代依据的想法不错，唯因他选用的碳十四年代数值（公元前 1620 ± 140 年）只表示一个年代范围，用他自己的话说："即使测出比较可靠的数据，且经过校正，但也还不能丢掉数据后面的正负数"，不能当绝对年代使用。用这样一个数值是"不能据以作为区分夏年和商年的主要依据"的！[26]

这后三个条件都是不确定的。用它们做立论依据，其论点必然是不确定的。

按照正常的操作规程，郑州商城若是成汤之亳都，作者必须在郑州商城出土的文化遗存中寻找证据，证明它的文化遗存是商代早期文化，它的年代在商代初年；它的遗存之丰富可证其为都邑，其地望与文献所记商初之亳都地望一致；此外还有文字或其他证据。当然，他还必须进行论证，表明这些证据与"郑亳说"所需的必要条件吻合一致，方可予以论定。

可是，"郑亳说"者没有这么做，也不可能这么做，因为那样的话，他只能给出《试论郑州新发现的殷商遗址》一文的结论，郑州商城就不能与"汤都之亳"联系在一起，与他设定的目标相悖了。

如前所述，他提出"郑亳说"是为了把二里头文化推为"夏代文化"，所以在抛出"郑亳说"之后不久，"二里头遗址一至四期遗存夏代文化说"也搬上台面。

　　然而，二里头遗址及其文化是不是"夏代文化"，并不是、也不可能由"郑州商城汤都亳说"来决定的。它是由二里头遗址及其文化遗存的文化属性、它的年代、都邑地望及其他证据决定的。也就是说，若要论证二里头遗址及其文化是"夏代文化"，必须对二里头遗址及其文化遗存进行分析研究，在文化属性、年代、都邑地望等方面提供充分证据，满足夏代文化的诸必要条件，并经严密论证之后方可提出"二里头文化是夏代文化"的论点。

　　所以，用"郑州商城汤都亳说"去推测二里头遗址为夏都斟鄩也是一种非常规做法。只要在二里头遗址及其文化遗存中找不到可以证明它是夏代文化的充分证据，或者有关证据尚不能满足二里头文化是夏代文化的必要条件之前，"二里头文化夏代文化"说是不可能成立的。

　　可惜的是，"郑亳说"似乎并不理解这些道理。他因"郑亳说"而指认二里头遗址及其文化为"夏代文化"，并把他们过去主张的二里头文化是"早商文化与先商文化"说、"二里头类型商文化"说等一起推翻，完全抛弃文化因素分析法在这一研究中的功用。他们用解释与推测，使二里头遗址这个都邑被他们在商都"西亳"与夏都"斟鄩"之间随意调换，殊不知文献并未提供可以让一个城址在"西亳"与"斟鄩"互换的任何空间。

　　年代无疑也是个必要条件。有一个年代做"郑亳说"的依据是必要的，否则将难以立论。这与"偃亳说"者始终未提供一个绝对年代的依据相比，"郑亳说"者的想法显得周到一些。"郑亳说"者这样做的目的，除了使"郑州商城即汤都亳说"成立外，还想用明确的年代划出夏、商王朝的分界线，以便把二里头遗址及其文化遗存推测为夏代文化。

　　犹如上面所指出的那样，"郑亳说"者对碳十四年代（公元前 1620 ± 140 年）的处理方法是错误的。他把这个碳十四年代数值解释为公元前 1620 年，又给出"与早商开始的年代大体相合"

"同汤居亳的年代大致吻合"等一个个结论，把公元前 1620 年说成是郑州商城的建城之年、成汤居亳之年、商代的始年和夏、商王朝分界之年，等等，都是错误的。

"夏商周断代工程"在 2000 年后对新砦遗址的炭样作了测年，获得了一批数据。测年专家将它与二里头遗址、郑州商城的系列数据相匹配，经树木年轮曲线校正后给出二里头遗址一至四期遗存的年代，在公元前 1750 年上下至公元前 1520 年上下。[27] 这一结果不仅使"郑亳说"不能成立，也使二里头文化一至四期是"夏代文化"的说法被证明是不合理的。

"夏商周断代工程"公布的这一年代学研究成果表明，夏、商分界的年代与二里头文化第二、三期之间的说法颇为接近。

按科学的操作规程，郑州商城、偃师商城与二里头遗址是不是亳都、西亳或斟鄩，都应在对这三个遗址的发掘与研究工作达到相当深度，所获得的证据使这些必要条件都得到充分满足时，方可与历史上某一王都挂靠。不应该在工作尚未做完，许多情况尚不清楚的情况下去匆忙联系。

客观地说，无论是郑州商城、偃师商城还是二里头遗址，时至今日仍有许多情况不清楚，相关的必要条均未满足。这就决定了它们之中没有一个具备与文献所载的某王之都挂靠的客观条件。在这种情况下匆忙地将它们与文献挂靠，提出"郑亳说"与"偃亳说"，不出错才是不正常的。

由于他们用"郑亳说"（或"偃亳说"）去推测二里头遗址及其文化是夏代文化，使这三个城址联结在一起。在"郑亳说"者的笔下，郑州商城由"隞"都变成"亳"都，二里头遗址从"西亳"变成"斟鄩"，偃师商城先是"桐宫"，后又变成"陪都"。在"偃亳说"者的笔下，偃师商城成了"西亳"，则二里头遗址也从"西亳"变成"斟鄩"。这样，这三个城址成了他们这条推测链上的三个"链扣"。一旦某个环节出现问题，就会牵一发动全身，出现骨牌效应而一起倒塌。如今，"郑亳说"被否定了，偃师商城"西亳"说或"陪都"说被否定了，二里头遗址"斟鄩"说也随之一起倒塌。

所以，从方法论的层面度之，只要作者违背了科学研究操作规程，就不可能给出正确结论。因为科学的操作规程是在大量实践活动中总结出来并在实践中被检验是正确的、有规律性的认识。只有按科学的规程操作，才能确保科学研究的正常、顺利进行。它在研究中具有规范化和不可替代的意义。人们从研究工作者是否按科学的规程操作的过程中即可摸到它的脉搏，预见到它的未来走向。所谓"内行看门道"，原因就在于此。

他们这种做法或许与他们的认识存在误区有关。笔者曾经指出：当今学界"有这样一种认识：似乎把一个城址与文献记载的某某都联上了，它才是有价值的。其实这是一种误解。一个城址的价值是由它的内涵、年代，在历史上的地位以及研究中的特定价值决定的。即使不能与文献记载中的都邑挂上钩，它的价值也客观存在，应实事求是地予以评估。商人前后有十多次迁都，未被记录的其他城市不知有多少。目前考古工作中发现的商城屈指可数，与'前八后五'的说法相去甚远。所以，在未来的岁月中继续寻找，发现更多夏商时期的城址，对夏商时期的城址作全方位的考察研究，争取更多成果，这才是最重要的"[28]。

是匆忙地把发现的古城与文献中的古都贴靠，还是踏实地去进行发掘与研究，实例也许是最好的明证。

安阳殷墟自1928年开展考古工作以来，发掘者对它重要性的认识，并未因它是不是文献中的朝歌而受到影响。相反，殷墟考古正是摆脱了这种羁绊，立足于考古发掘去一步一步地推进研究，坚持"有一分材料出一分货，有十分材料出十分货，没有材料便不出货"的求实态度，最终使它在商代考古乃至中国考古学发展史上占据重要的、无可替代的位置（在后面还要提到）。这是一个不争的事实，是足以引起我们深思的。

在没有充分证据证明"郑亳说"可以成立的情况下，将它称为郑州商城有何不可？犹如垣曲商城、黄陂盘龙城那样。这是一种实事求是的做法。考古工作中找到的城垣、殿堂、手工作坊、各种墓葬、祭祀坑等遗存，出土的大量遗物，反映了这一社会的生产、生活、文化、艺术、科技、宗教等方面极为丰富的内容。这些内容为我们研究商代的方方面面提供了大量材料，并为研究商代社会的生产关系与意识形态方面的问题提供了宝贵素材。所以，使用"郑州商城""垣曲商城"这种称呼，丝毫不降低它的研究价值和历史价值。

围绕郑州商城是"亳都"还是"隞都"，二里头遗址是"西亳"还是"斟鄩"，偃师商城是"桐宫"还是"西亳"，争论了几十年，如今重又回到原点。不仅如此，"郑亳说"者在把二里岗文化推测为早商文化的同时，还把"夏代文化""先商文化""先夏文化"等都找到了对象。如今，这些结论因"骨牌效应"而面临一齐倒塌的景况。这种现象难道不值得我们去深入思考吗？

六 研究与探索的过程是由已知
达于未知的过程

在日常生活中，我们常常会碰到这种情况：当你被派往机场接一个从未见过的客人时，你一定会询问客人的姓名、年龄、性别、籍贯、工作单位及其他特征（诸如肢体与疤痕等）等。为什么？因为在你看到向你走来的人、在对话中证明此人符合这些条件时，你才会把他领回来交差。

这个过程就是"由已知达于未知"的过程，即从已知的条件出发，经与有关对象接触与验证后，证明该对象确与已知的条件一致而得以论定。完成这一过程后，原本未知的对象便成为已知对象。

假如这个客人请你去接另一个你没有见过面的人，你可用同样的方法去完成。这个过程若不断延伸，将使你在这过程中认识很多朋友。

研究与探索的过程也有一个由"已知"向"未知"考察与求证、最终实现"由已知达于未知"的过程。在这个过程中，研究者从"已知"条件出发，是个必要的前提。只有用它与探索对象进行核对、验证，证明探索对象的条件与这些"已知"条件相一致时，方可予以论定。

在早商文化的研究与夏文化探索中，同样要坚持"由已知达于未知"的过程。即从文化性质、年代、都邑地望等方面的已知条件出发，从探索对象的材料中寻找证据。当这些证据证明相关诸必要条件得到充分满足时，研究者可在严密论证中予以论定。这使原本属于"未知"的对象实现转变，完成"由已知达于未知"的过程。

可惜的是，人们在生活中明白无误、认为"非如此不可"的做法，在科学研究中却迷失方向，去选择一条非常规的道路。

从前面的分析中可以看出，作者在写《试论郑州新发现的殷商遗址》一文时，立论的出发点是"已知"条件，提供分析的依据是客观的，经过论证而给出的结论是合理、可信的。"郑亳说"（还有"偃亳说"）立论的条件则是假定的，无一是已知的。在这种情况下，论据与论点之间没有内在联系，因而在因与果之间不存在必然联系。把一些与郑州商城并无关系的材料当作"依据"，凭借他的解释、推测而给出某个结论，这样的结论是经不起推敲的。

科学的认识论告诉我们，人类要获得正确的认识，必须坚持由"已知"出发，寻找充足的证据，通过严密的分析与论证去打开未知之锁，使"未知"转化为"已知"。贯穿于科学发展史的无数实例说明，科学发展史记录的每一个研究进程，正是一个个课题从"已知达于未知"、并且不断得以延伸的过程。离开了已知因素是不可能开展实实在在的研究的，当然也不可能取得预期的成果。

所以，无论是早商文化研究还是夏文化探索，如果不从已知条件出发，不管如何探索，都不可能找到真正的早商文化与夏文化。这些已知条件对研究与探索工作来说是不可或缺的。

就早商文化的研究而论，如果不从已知的中商文化入手，就不可能把研究对象的文化属性搞清楚。在年代学研究中，如果以正确的文化分期研究成果为基础，从中采选系列含炭样品，那么它包含的年代信息可经碳十四测年技术变为碳十四年代，再用树轮校正曲线校正而转化为日历年代。为什么？因为中商文化是已知的，正确的分期研究成果也是已知的。对都邑地望的严密考证也是这样。当然，还需要其他证据。凡此等等，从几个方面进行分析，找到充分的证据，证明诸必要条件已得到充分满足时，通过论证可以实现"由已知达于未知"的转化。如果郑州商城中文化遗存的性质具有早商文化的特色，其年代又与成汤的年代一致，所处地点与文献所记之亳都一致，还有其他物证可作佐证，才可给出"郑州商城即汤都亳说"的结论。

可惜，"郑亳说"的依据都是"未知"因素，仅凭作者的解释与推测去给出结论，结果只能在"从未知到未知"中空转。

其实，这些工作本可以用考古方法结合其他手段进行研究来完成的。例如：用考古类型学与文化因素分析法去对探索对象从文化属性方面进行分析与论定，犹如他用已知的晚商文化去论定二里岗期为中商文化那样，用已知的二里岗期中商文化去向前追寻。

笔者曾用这种方法对二里头遗址及其四期文化遗存的文化属性做了分析与论定，指出二里头遗址第一、二期与第三、四期的陶器组合不同。后者有一组与二里岗文化中常见的富有特色的陶器，在陶色、陶质、纹饰、制陶工艺等方面（包括一些遗迹）与二里岗文化遗存具有许多共性，表明它们属商文化范畴，是早商文化。[29]当年，"郑亳说"者（包括"偃亳说"者）运用文化因素分析法时，也承认二里头文化第二、三期之间存在差异，并推断它是早商文化与先商文化。他一度又改称"二里头类型商文化"。他用已知的二里岗期中商文化对二里头文化作比较研究时，给出了"二里岗期商文化是由二里头类型商文化发展来的"，二者"在文化面貌上表现出一脉相承的作风"的结论。

他们的问题在对二里头文化的第一、二期遗存与第三、四期遗存之间的变化缺乏分析。第三、四期遗存中出现的商文化因素，在第一、二期遗存中并不存在。所以，把二里头文化一、二期称作先商文化是不对的。

随着"郑亳说"的提出，他把二里头遗址的一至四期遗存指认为"夏代文化"。这时，他必然要回避二里头文化第二、三期之间出现的变化。把二里头文化的四期遗存视为一体，有助于将它解释与推断为夏文化：郑州商城既是汤都之亳，那么二里头遗址一定是夏代都邑，它的文化遗存只能是夏文化了。

他们把这种方法称为"都城分析法"。当然，面对他人提出的对二里头遗址的四期遗存进行分析的意见，他也不予理会。因为第三、四期遗存中出现的商文化因素是客观存在，用文化因素分析法去分析，岂不又回到他曾主张的早商文化说或"二里头类型商文化"说了吗？

许多实例可以说明，面对未知的考古学文化，用已知的考古学文化遗存在比较研究中进行文化因素分析，是可以认识后者的文化属性的：或属于同一个文化，或属于同一个文化的不同类型，或分属不同的考古学文化。许多新发现的考古学文化或不同类型的划分，正是用文化因素分析法在比较研究中予以区分和命名的，并在宏观的角度做考古学文化区系类型的划分。这说明，建立在已知条件下的文化因素分析法是实用而有效的。

需要指出的是：探索研究中是允许假说的，也常被人们使用。但假说必须以已知条件为前提，并在实践中被验证其合理、正确，才是有意义的。当然，验证的过程也离不开证据。

假说在未被验证为合理、正确之前，它仍是未知的，因而不能成为设置另一个假说的前提。如果用一个未被验证的假说去做另一个假说的依据与前提，这是没有意义的。

所以，无论是"郑亳说"，还是"偃亳说"，它们充其量是个"假说"。在它们未被验证为合理、正确之前，用它们去设置二里头遗址"斟鄩"说，或者二里头文化夏文化说，只是从未知到未知的空转。犹如委托者未提供已知条件时，受托者是不可能找到真正的失踪者是一样的。因为"从未知到未知"的结果，只能是不可知。

从前面的分析可以看出：抛开了已知的商中期文化，就不可能找到真正的商代早期文化。商代早期文化未被认定，夏文化探索就没有了前提。"郑亳说"者用预设观点、再找证据的做法去指认二里岗期商文化是商代早期文化，这是因果倒置；再用未被验证的"郑亳说"去推导二里头遗址及其文化遗存为"夏代文化"，是违背科学规程的错误做法，当然也不可能获得学界同仁的认可。

早商文化研究与夏文化探索是个系统工程。它需要有序地按照规程一步步地向前推进。从发掘、寻找证据，到进行一系列论证，给出准确结论。在所有的必要条件都得到充分满足时，经充分论证方可论定。

这里强调已知条件，是因为它是可以检验，也经得起检验的。犹如将疑似失踪者用已知条件进行比对完全一致时，委托者及其亲戚可以进行验证一样。

在科学研究中强调证据的重要地位，每个论点都须有证据支持，那是因为证据是可以验证的。夏文化探索中每一个必要条件得到充分满足，也离不开证据。为使论点得以确立，每个必要条件得到满足，需要一系列证据。有了这样的证据链，使各个必要条件得到充分满足时，凭借严密的论证方可给出一个正确的结论。这样的结论以其客观、准确而在实践中接受检验。论据与论点之间存在的内在联系，使"因"与"果"之间存在必然因素。

通过论证而得以确认的过程，正是完成由已知达于未知的过程。

七　科学只相信证据

安阳殷墟的科学发掘已有 80 年了。在纪念这一事件的时候，回顾殷墟发掘前后发生的事，了解殷墟发展中坚持求真求实、实事求是的精神，坚持按科学的规程操作，为推进学科发展所做的贡献是有意义的。

近代考古学是 20 世纪 20 年代从西方引入中国的。处于新文化运动中的人们，十分强调科学与民主的思想。在这一背景之下，以顾颉刚为代表的"疑古派"，对"三皇""五帝"的传统古史系统提出了质疑，认为这一"古史是层累地造成的，发生的次序和排列的系统恰是一个反背"[30]。他们对夏商周三代的历史也提出质疑，顾颉刚说：　"照我们现在的观察，东周以上只好说无史。"[31]

面对这种说法，以文献为研究对象的历史学家受文献不足的限制，提不出充分的证据进行答辩。在这种情况下，人们把目光转向考古学，寄希望于用科学发掘的手段获取新的材料去开展古史研究。

那时，近代考古学虽传入不久，但它在古史研究中的功能已被许多学者所认识。几千年来古代先民留下的遗迹、遗物为开展考古发掘与研究提供了广阔的天地，并以其原始性与客观性成为古史研究可靠的第一手材料，弥补了历史文献不足而留下的缺陷。为此，胡适说："现在先把古史缩短二三千年从诗三百篇做起。到将来等到金石学、考古学发达上了科学轨道以后，然后用地底下掘出来的史料慢慢再拉长东周以前的历史。"[32]李玄伯在《古史问题的唯一解决方法》一文中强调指出："要想解决古史的唯一方法是考古学，我们若想解决这些问题还要努力向发掘方面走。"[33]他们寄希望于在考古中获取有力的证据，去恢复已被掩埋的上古历史。

傅斯年不仅关注这一新文化运动，更对其间提出的许多问题作了深入思考。他在对古史研究作了回顾之后说："为什么在中国的历史学和语言学开了一个好的端绪以后，不能随时发展，到了现在这样落后了呢？"他认为与历史学家不能接触那些可以直接研究的材料以及不科学的研究方法有关。他提出："凡能直接研究材料则进步，凡间接地研究前人所研究或前人所创造之系统，而不繁丰细密的参照所包含的事实，便退步；凡一种学问能扩张它的材料的便进步，不能的则退步；凡一种学问能扩张它作研究时应用工具的便进步，不能的则退步。"[34]作为一个历史学家，他能把握学科发展的动向，对史学发展的方向做出很有见地的预见，这是令人敬佩的。特别是在许多人对近代考古学还很不了解的那个年代，他对近代考古学能做出如此深刻的认识，表明他对新学科的功效、在古史研究中的作用、史学发展的未来走向都有很深认识。即便在今天看来，这些认识也是具有远见卓识的。

在他出任中史研究院历史语言研究所所长，筹划研究所的研究工作时做出一个重要决定：在研究所内设立考古组，邀请李济出任该组的组长，并让他主持安阳殷墟的科学发掘。

1928年开始的殷墟发掘是在这一背景下出现的。

事实上，在历史研究中能不能应用直接研究的材料，是许多严肃的历史学家所希望与推崇的。

徐旭生说："从来治历史的人全很重视史料的原始性。"他还强调"史料的原始性的等次性"。他提出地下出土的遗存，包括甲骨文、金文等是第一手史料，因为它具原始性。先秦时期的材料则为第二手史料，因为它们年代较晚，但比后世的材料较多地保留了原来的史实。汉代以后的材料被列为第三手史料，其年代更晚，还受社会思潮的影响，记述之事往往被人为地改动。他说："如果能得到原始史料，那就比较容易地判断一切，要比第二手或第三手的史料价值高得多，这也是很明白的道理。"[35] 所以他主张应优先引用一手史料，只有在缺乏一手史料时，再退而求其次。他对夏人史迹与地域的考察，在缺乏第一手史料的情况下，集中在先秦文献中搜寻。他把收集的 70 余条材料进行筛选与细致的考辨之后，提出山西省南部的汾水流域和河南西部洛阳平原及登封、禹县一带特别值得注意。这两个地域已成为今天探索夏文化的重要对象。

徐旭生提出的研究中要注重"史料的原始性的等次性"的说法，至今仍是经典之论。可惜的是，这些重要论述常常被淡忘了。这是值得人们反思的，因为研究中直接运用第一手史料，对深入揭示历史的原来面貌具有重要的、不可替代的意义。

在这一背景下开始的安阳殷墟发掘，发掘者坚持对"直接研究材料"进行分析，从中提出论据与论证，使它的重要成果很快地显示出近代考古学在研究古史方面的独特功效。李济及其团队未把研究的重点放在殷墟是不是朝歌等问题的争论之中，而是在连续、大规模开展的科学发掘中，不断积累，定期公布研究成果，向人们展示这个被掩埋了 3000 余年的晚商王都的面貌。这些研究成果成为恢复古史的最好素材。

张荫麟在 1941 年出版的《中国史纲》[36] 一书中，首次引用殷墟的考古材料去阐述中国古史。他把殷墟发掘的研究成果作为该书的开篇，以丰富的材料雄辩地证明商王朝的存在。该书出版后很快销售一空，在社会上引起巨大反响。因为它用证据修正了"东周以前无史"论，把中国的信史上推到商代，实现了胡适"用地底下掘出来的史料慢慢再拉长东周以前的历史"的愿望。这一事实也证明：考古发掘获得的"能直接研究材料"，是可以回答历史学不能回答的问题的。

考古学还是一种"能扩张它的材料的"学问。继殷墟发掘之后，在20世纪五六十年代发现了郑州商城、偃师二里头、黄陂盘龙城、夏县东下冯古城、垣曲商城等一批商代城址，为商代考古的研究开拓了全新的局面。在这些城址的研究中，它们的年代与文化属性的认定，都离不开安阳殷墟这个基点。安阳殷墟像一根标杆，人们用它去论证所在城址的文化属性与年代，和它们在商代历史上的地位。可以说，在"由已知而达于未知"的认识过程中，我们因殷墟而对商代物质文化有了更全面、更深入的了解，提升了对商史的认识。

在这一过程中，凡能面对这些"直接研究材料"而坚持用考古方法、按科学规程操作的，它们的研究结论大多被学界同仁所接受，较少争议。这一事实也可以说明：基于原始材料的分析、论证而给出的结论，确实显示了它在古史研究的进步性。所以，用殷墟考古的探求之路对比郑州商城、偃师商城的研究，或者夏文化探索30年来的曲折历程与结果，不难看出二者之间的差异。

"郑亳说"（包括"偃亳说"）者面对发掘出土的大量第一手资料不去运用，从中提取证据并予以论证，却用二、三手史料去作解释与推测，此举偏离了治史的正确方向，导致其探索之路不能不偏离预期目标，也决定了它不可能给出正确的结论。

考古学还是一种"能扩张它作研究时应用工具的"学问。它除了从地质地层学与生物分类学中移植其原理而改造为考古地层学和考古类型学外，还广泛吸纳各种自然科学手段。诸如浮选法、孢粉分析法、锶同位素测定法、金相与冶金成分分析以及水文地质、气候与环境等各种自然科学手段用于考古学，使考古研究课题不断向纵深方向推进，为揭示古代社会生活的各个方面做出了许多成绩。

十余年来，安阳站的同仁调整研究思路，在注重墓葬的同时，对遗址内各种遗迹现象给予充分重视，发现了不少过去没有见到的现象，尤其是把自然科学手段应用于考古方面所做的努力，也使殷墟研究在许多方面将问题提升到新的高度。"夏商周断代工程"设置的"商后期年代学研究课题"的实施，以多学科协作联合攻关的形式，给出了武丁所处的年代，建立了商后期年代框架。[37] 在这一过程中，物理学家、天文学家、古文字学家与考古学家一起，以殷墟文化分期研究成果为基础，从四期遗存中采选的系列含炭样品，碳十四测年把它们包蕴的年代信息经碳十四测年再校正后转化为日历年代，为殷墟时期的编年研究打下良好的基础。这是多学科结合而结出的一个重要成果。

当然，傅斯年更关心的是如何开展古史研究。他在 1928 年时指出："现在的历史学研究已经成了一个各种科学的方法的汇集。地质、地理、考古、生物、气象、历史等学科，无一不供给研究历史问题者之工具。"所以，他希望把历史学"建设得和生物学、地质学"那样，"乃是我们的同志！"[38]

他在总结前人研究的基础上，也对考古学家的研究提出告诫。他说："在就实物作推论时，尤当记着，把设定当作证明，把设想当作设定，把远若无干的事变作近若有关，把事实唯允许决定的事付之聚讼，都不足以增进新知识，即不足以促成所关学科之进展。"这一精彩的评论与精辟的论断，表明傅氏清醒地看到当时史学界的弊病和对考古研究工作的殷切希望。

傅斯年在为《城子崖》一书所写的《序》中还说到城子崖遗址与文献中谭国故城的关系。他说："就文籍遗传看来，十成中有九成可信了，若从此时一般作史学的风气，就要直名之为'谭墟'了。然而本书作者知道只是经籍遗传之说，所发掘者，并无一物确证其为谭邑，与殷墟之为殷墟有多量实物证明者不同，并且见到此地之地层有上下，不便混为一名，所以作者'多闻厥疑，慎言其余'。"[39]他认为作者在"并无一物确证其为谭邑"的情况下，不去盲目地与文献贴靠的做法应予充分肯定。特别是"从此时一般作史学的风气，就要直名之为'谭墟'"的说法，表明他对学坛时弊做出正面否定。他指出该书作者不理会"经籍遗传之说"，立足于在发掘中寻找证据，既然"并无一物确证其为谭邑"，又"见到此地之地层有上下"，当然不能将二者混为一谈。这是他对考古学家坚持实事求是做法的赞扬。

对比今天在郑州商城、偃师商城、二里头遗址的出土遗物中"并无一物确证其为"亳、西亳或斟鄩的情况下，研究者却以"经籍遗传之说"，"把设定当作证明，把设想当作设定，把远若无干的事变作近若有关"，用主观解释与推测去给几个城址扣上"亳""西亳""斟鄩"等桂冠，足见其思路和方法与80年前为傅氏所肯定的做法明显不同，也有悖于傅氏提出的告诫。

说到这里，仔细阅读傅斯年80年前对新旧史学的差异及其研究方法的论断，再想想以往在夏商考古研究中不把"直接研究材料"做研究主体，不用考古方法去进行研究，不用证据与严密论证，不能正确应用自然科学的研究成果，却"把设定当作证明，把设想当作设定，把远若无干的事变作近若有关，把事实唯允许决定的事付之聚讼"，就不难发现其间的问题和今后应选择的正确方法。如傅氏所说，上面提到的这些做法，"都不足以增进新知识，即不足以促成所关学科之进展"。

在对上述问题作了比较与分析之后，或许还应从另一角度进行观察与分析：这种状况反映了古史研究中对理论与方法的探索相对比较薄弱。

就考古而言，人们或以"前人所研究或前人所创造之系统"去套用，或以自身的现有知识去"解释"与推测，却不能把研究对象置于特定的时间、地点、条件下去考察。因而不能立足于基础材料的分析，甚至一边在田野发掘中获取丰富的第一手材料，却置于一旁而不顾。一边则从二、三等材料中去寻找立论"依据"，用以对相关对象进行解释与推测。在这种情况下，出现了发掘报告尚未出版，讨论的文章已有数百篇之多，这不能不说是个有趣的现象。

对考古学理论与方法的重视不够，必然会在研究中出现一些违背约定俗成的科学规则的现象。在研究的多个环节中出现问题，包括不按科学规程操作等问题。这使探索工作出现若干盲点，似乎抛开基础材料，随意找几条材料即可立论。

在这种情况下，面对第一手史料不用，却从二、三手史料中找依据；先设定论点，再找立论依据；不从基础材料的分析中确认文化属性与年代，却用观点去解释研究对象的属性与年代，甚至因观点的改变而使它的文化属性、年代等随之而改变；由此而出现了因果倒置，或桃嫁李接，答非所问，或自相矛盾等多种现象。这些做法违背了认识事物的客观规律，使主观愿望与客观事物之间从一开始就处于对立的状态。

事物发展的客观规律是不以人的意志为转移的。从本文对"郑亳说"者前后发表的两篇文章进行的分析、比较中，可以看出其间的矛盾与冲突。面对同一研究对象却给出不同结论，这是不同研究思路、不同研究方法、不同的操作程序给出的必然结果。

这场讨论的时间颇久，与学界风气也有关系。突出之处还在于对考古学理论与方法的重视不足，使研究工作缺乏正确理论的指导，暴露出中国考古学在理论建设层面上存在诸多盲点。

本文围绕郑州商城的研究，从"郑亳说"者前后发表文章的比对中，认识到没有正确的思路，不用科学的方法研究，不按科学规程操作，就不可能取得预期的成果。

如今，不管愿不愿意承认，夏文化探索与早商文化研究重新回到了原点。这是历史给予我们的教训，也足以引起我们深思。

为了使考古学获得可持续发展，强调在考古领域中坚持求真求实的精神；强调用正确的思路指导课题，用科学的方法开展研究；强调严格按科学的规程进行操作，应是实现时代赋予我们的职责而需要坚持的几个方面。改进我们的研究工作，在研究中不断加强理论层面的研究与指导，推进考古课题的研究朝着正常的发展方向前进！

希望这篇文章能起到抛砖引玉的作用！

[后记] 此文原为安阳殷墟发掘 80 周年纪念会而作。在会上宣读以后，中国社会科学院古代文明研究中心秘书处希望在所办的《通讯》上发表。我同意以节录的方式刊布，故有中国社会科学院古代文明研究中心编印的《通讯》17 期上的《考古研究必须按科学的规程操作（节录）》一文。

由潘建荣先生领导的荷泽历史文化与中国古代文明研究会，从《通讯》上看到了这篇文章，提出在他主编的《商汤亳研究论集》中将此文收入。我允诺了。现在，殷墟发掘 80 周年纪念会论集决定出版，我将原稿整理发表，供读者参阅。

注释

[1] 殷玮璋：《近几年来的考古发现与研究》，《人民日报》1980 年 4 月 25 日。

[2] 殷玮璋：《夏文化探索中的方法问题》，《河北学刊》2006 年第 4 期。

[3] 邹衡：《试论郑州新发现的殷商遗址》，《考古学报》1956 年第 3 期。

［4］邹衡：《郑州商城即汤都亳说》，《文物》1978 年第 2 期。

［5］北京大学考古专业：《商周——青铜时代》，中国考古学之一，1960 年铅印讲义。

［6］北京大学考古专业：《商周考古》，中国考古学之一，1972 年铅印讲义。

［7］邹衡：《试论夏文化》，《夏商周考古学论文集》，文物出版社 1980 年版。

［8］邹衡：《论汤都郑亳及其前后的迁徙》，《夏商周考古论文集》，文物出版社 1980 年版。

［9］毛泽东：《实践论》，《毛泽东选集》第一卷，人民出版社 1960 年版。

［10］邹衡：《关于探讨夏文化的条件问题》，《华夏文明》，北京大学出版社 1987 年版。

［11］邹衡：《夏文化的研究及其有关问题》，《夏商周考古学论文集（续集）》，科学出版社 1998 年版。

［12］邹衡：《郑州商城即汤都亳说》，《文物》1978 年第 2 期。

［13］邹衡：《再论“郑亳说”》，《考古》1981 年第 3 期。

［14］仇士华、蔡莲珍：《有关所谓“夏文化”的碳十四年代测定的初步报告》，《考古》1983 年第 10 期。

［15］邹衡：《试论夏文化》，《夏商周考古论文集》，文物出版社 1980 年版。

［16］邹衡：《论汤都郑亳及其前后的迁徙》，《夏商周考古论文集》，文物出版社 1980 年版。

［17］邹衡：《再论“郑亳说”》，《考古》1981 年第 3 期。

［18］邹衡：《关于探讨夏文化的条件问题》，《华夏文明》，北京大学出版社 1987 年版。

［19］邹衡：《关于探讨夏文化的几个问题》，《文物》1979 年第 3 期。

［20］张雪莲、仇士华、蔡莲珍：《郑州商城和偃师商城的碳十四年代分析》，《中原文物》2005 年第 1 期。

［21］李伯谦：《二里头类型的文化性质与族属问题》，《文物》1986

年第 6 期。

［22］北京大学考古专业：《商周考古》，中国考古学之一，1972 年铅印讲义。

［23］李伯谦：《二里头类型的文化性质与族属问题》，《文物》1986年第 6 期。

［24］邹衡：《郑州商城是商汤灭夏前后的亳都》，《郑州商都 3600 年学术论文集》，中州古籍出版社 2004 年版。

［25］傅斯年：《历史语言研究所工作之旨趣》，《历史语言研究所集刊》第一本第一分册，1928 年。

［26］邹衡：《关于探讨夏文化的条件问题》，《华夏文明》，北京大学出版社 1987 年版。

［27］仇士华、蔡莲珍、张雪莲：《关于二里头文化的年代问题》，《偃师商城文化国际学术研讨会论文集》，科学出版社 2006 年版。

［28］殷玮璋：《再论早商文化的推定与相关问题》（断代工程结题后的反思之一），《二里头遗址与二里头文化研究》，科学出版社 2006 年版。

［29］殷玮璋：《二里头文化探讨》，《考古》1978 年第 1 期，又《二里头文化再探讨》，《考古》1984 年第 4 期。

［30］顾颉刚：《自序》，《古史辩》第 1 册，上海古籍出版社 1982年版。

［31］顾颉刚：《自述整理中国历史意见书》，《古史辩》第 1 册，上海古籍出版社 1982 年版。

［32］胡适：《自述古史观书》，《古史辩》第 1 册，上海古籍出版社1982 年版，第 22 页。

［33］李玄伯：《古史问题的唯一解决方法》，《古史辩》第 1 册，上海古籍出版社 1982 年版。

［34］傅斯年：《历史语言研究所工作之旨趣》，《历史语言研究所集刊》第一本第一分册，1928 年。

［35］徐旭生：《中国古史的传说时代》，科学出版社 1960 年版。

［36］张荫麟：《中国史纲》，浙江大学石印本，1941 年。

［37］夏商周断代工程专家组：《夏商周断代工程 1996—2000 年阶段性

成果报告》，世界图书公司 2000 年版。

　　［38］傅斯年：《历史语言研究所工作之旨趣》，《历史语言研究所集刊》第一本第一分册，1928 年。

　　［39］傅斯年：《历城城子崖·序》，《傅斯年全集》第 3 卷，湖南教育出版社 2003 年版。

把对象置于特定条件下考察

（关于考古研究方法的思考）

　　无论是史前时期还是历史时期的考古研究，都必须把研究的对象置于特定的时间、地点、条件下进行考察。这是历史唯物论的一个基本原则。只有遵守这一原则，方能把研究对象置于它应有的客观环境之中。在恢复它所处的那个时代的历史时，可以确保其结论不偏离历史之真实。

　　在一些文章中常常可以看到这样一种情形：一方面把遗址内的文化遗存分为若干文化期，指出这些遗存分属于早期、中期或晚期；另一方面则在讨论中无视这些遗存之间的年代差异，把遗址中的遗存笼统地置于一个平面上进行分析与讨论，据此而给出某个结论。

　　例如，一个史前墓地发掘了几十座墓葬，墓中埋葬有上百个死者（有的是合葬墓），于是被称为氏族墓地；有几百座墓葬的墓地称之谓部落墓地。可是，结合它们的文化分期可以看到，它们在遗址中分别属于早、晚两期或早、中、晚三期乃至更多期。碳十四测年提供的年代数据也证明这些遗存之间的年代跨越了上百年甚至数百年之久。墓地的分期与碳十四测年数据表明，这些墓中埋放的死者涉及几代、十几代乃至几十代人的遗骨。

　　这种情况说明什么呢？说明人们看到一个墓地中墓葬数量的

"多"与"少"，只是一个表面现象；只有对它们进行深入分析才能开启破解的大门。

这里至少应该考虑到两种情况：墓地的规模大小既与生活在附近的居民人数多少有关，也与这个墓地使用的时间长短密切相关。也就是说，如果在特定时期内生活在附近的居民人数很多，死后埋在那里的人数就会增多，即使前后所跨的年代不太长也会形成一定规模。反之，在特定时期内生活在附近的居民人数并不很多，可是人们世代在此生活，死后埋在那里的人数不断增多，最终使墓地的规模变得很大。

所以，今天看到的墓地规模大小并不直接反映在特定时期内生活在附近居民点上的规模与人数。一个墓地作为附近居民安放逝去成员遗体和进行祭祀的场所，一般都会埋放若干代人。除非因居民迁徙或其他原因停止使用，否则每个墓地都会延续使用相当长时期。无论在田野发掘还是室内研究时，都应把这两个方面联系起来进行分析。

氏族、部落是史前社会中曾经存在的社会组织形态。史前居民中出现族外婚以后，一个地域内必然同时存在两个以上的氏族。一个部落包括若干个氏族，氏族与部落之间确实存在人数多少、规模大小的差异。把墓地与氏族、部落相联系时，首先应对墓地中哪些墓葬属于特定时间内共存于该地的居民的情况进行考察，再去考虑当时人群间存在何种关系，它们的人数以及组成了怎样的社会组织形式。简单地把占地面积较小的墓地称为氏族墓地，把占地面积较大的墓地称为部落墓地，这种做法显然不妥。

其实，像这样一些问题，并不是发掘一个墓地所能回答或解决的，应该放到一个较大的地域之内，从聚落形态的多视角进行思考与分析。当然，从聚落形态的视角去思考与分析时，也要坚持把研究对象置于特定的时间、地点、条件下进行考察。

把研究对象置于特定的时间、地点、条件下进行考察是课题研究中必须坚持的原则。在对墓地中哪些墓葬是特定时间内共存于该地的情况尚不清楚时，匆忙地把氏族、部落等名称贴靠上去，就把本来颇为复杂的问题作了过于简单的处理。

对于一个墓地而言，既然已将这些墓葬区分为若干文化期，那就不能将这个墓地中的墓葬视为同时的遗存而置于一个平面上进行分析。在没有更好的办法确认哪些墓葬是在特定时间内处于共存状态的情况下，把它们按考古分期的结果，归入两期、三期或更多文化期进行分析，这是目前可以做到的、比较客观地恢复其特定时段的一个做法。

这里为什么说"比较客观地恢复其特定时段的一个做法"呢？因为现有的考古分期所跨的年代还过长，不能与特定时间内人们处于共存状态的情况划等号。历史时期的文化遗存在社会发展的进程中变化稍快一些，从已有的分期研究成果来看，每期所跨的年代在50年上下。史前时期文化遗存的变化相对较慢，从分期研究与碳十四测年数据的分析中可以看到，每期所跨的年代比历史时期要长一些，而且年代越早的考古学文化，每期所跨的年代也相对更长一些。每一代人的寿命在史前时期与历史时期相比，历史时期先民的寿命会略长一些，但二者的差距并不大。

若按每期所跨年代50年计算，则每一期大体跨越了两代人的时段。这就是说，在当前条件下要精确地判定在特定时间内共同生活在某个地点的人群还有一定难度时，运用考古分期的成果去分析遗址或墓地的遗存是必要的。考古分期是对遗址或墓地中的遗存进行分析排比后给出的表示其年代相对早晚的结论，目的是为了确定这些遗存的时间属性，在研究中理应把它们分别归入每一期中去进行分析。这样，在对这些遗存的分析中方可给出合乎实际、比较客观的结论。一些文章中既对遗址或墓地作了分期断代，也指出上下层遗存之间有年代早晚的差异，但在分析这些遗存时又无视它们的差异，把它们放在同一平面上分析并给出某个结论。这是前后矛盾、不合逻辑的不当做法。

每一个遗址或墓地都跨越了很长一个时期，少者百年上下，多者几百、上千年。把一个跨越了很长时期的遗址或墓地的年代搞清楚，是考古工作者的首要任务。借助考古地层学与考古类型学对它们进行分期，可以把一个跨越很长时间的遗址或墓地区分出年代早晚的若干断面，并把这些遗存分别归入不同断面中进行分析。考古分期虽然只反映相关遗存之间的相对早晚关系，但每个遗址或墓地的考古分期中都包含有特定的年代信息。

把考古分期与碳十四测年技术结合起来，将各期遗存中的含碳样品进行测年时，碳十四测年专家能提供相应的反映各期年代序列的一批数据。具体做法是：依据遗址的分期序列去采选含碳样品，经碳十四测年给出与分期序列相对应的年代序列：这些年代数据经过树轮校正曲线匹配拟合之后，转化为日历年代。这正是我们需要的、反映这些遗存在历史上存在的绝对年代。虽然今天的高精度碳十四测年技术仍有 0.3%—0.5% 的误差，但它提供各期的绝对年代，对于研究这些遗存具有重要的价值，可为立论提供年代学依据。

"夏商周断代工程"提出的三代年代框架，正是以偃师二里头、郑州商城、安阳殷墟、北京琉璃河等众多遗址的分期研究成果为基础，从各期中采选系列含碳样品，经碳十四测年后给出与分期序列相对应的年代序列，再经树轮校正曲线匹配拟合转化为日历年代而构建起来的。这一系列年代数值中有多个年代得到天文学、古文字学等多学科研究成果的支持与验证，取得了多学科联合攻关探索三代年代的阶段性成果，开拓了年代学研究的新途径。

所以，在考古研究中，对研究对象的年代进行推断是第一位的工作。年代错了，一错百错，其他论断也失去了价值。在考古发掘中，人们把分期断代的精细化视为首要任务。

往往有这种情形：两个遗址的文化面貌基本一致，经历的年代也接近，但所做的分期结果并不一致；有的分为两期，有的分为三期。原因在于，后者发掘中对文化层的分辨比较准确，考古类型学的运用也较得当，故在分期研究中把它分得更细一些。当然，也与人们的认识不断深入有关。例如郑州商城原本分为二里岗下层、二里岗上层，提出两期说。后来有人把它分为三期，也有人将原来的两期又分出早段、晚段，在被更多证据验证之后将它们分为四期。这个实例说明，随着发掘工作的推进、材料的不断积累、研究手段的改进，研究工作中对年代的推断在不断细化。

今后，在与自然科学家的合作不断深入，一些自然科学手段引入考古学科，相信未来的断代工作会更简便、更准确。

尽管当今的分期断代工作还不能精确到可以判定在特定时间内共同生活于某个地点的人数，可是，在把研究对象按分期给出的早、中、晚期进行分析与考察时，可以把遗存的时间属性与"特定时间内共同生活于某个地点"的要求趋于接近，可以避免将这些遗存置于一个平面进行分析时带来的弊端。这是目前所能做到的、比较客观的一种做法。

在按所分的两期、三期或更多文化期进行分析与考察时，还使人们了解到不同时期的居民在生产、生活等方面的差异变化，借此观察到社会的发展与进步。诸如生活用器的变化，生产工具与制作技术方面的进步，生产工艺的改进，人口数量的增长，与外界交往的增减，等等。这是把遗址或墓地的墓葬置于一个平面进行分析时不可能看到的。反之，把这些遗存置于一个平面进行分析而给出某个结论时，就会出现祖孙不分的情形，模糊了研究对象特有的时间属性，势必会掩盖一些有价值的内容，给出的结论也不可能是真实、可信的。

对于考古发现的建筑居址及其他遗存的研究，也应坚持把研究对象置于特定的时间、地点、条件下进行分析与考察的原则。

例如有的遗址中发现了数十座建筑居址，排列也有一定讲究，表面上看，当时的居民在建造时似有一定布局。可是，这些建筑是同时建成还是若干代人在不同时间段内所建成的？这是首先要考虑的。这就要求注意这些遗存是否出于同一文化层？它们中有没有打破关系？如因保存不好而难以找到打破或叠压关系时，也要参考其他同类遗址的出土遗物，用考古类型学去分析它们之间的年代早晚与差异变化。有关布局的研究应该在搞清居址年代的基础上进行讨论。如果它们之间存在早晚关系，对年代不同的居址应分别对待。把若干代人先后建成的建筑基址的年代一一搞清了，研究给出的结论中既有平面的布局，又可看到前后的变化。它会提供原住先民在历史进程中出现的发展与变化的信息。

曾有人把一个遗址中发现的数十座居址放在一起作了平面复原，也有人据此而给出有数百人同时居住于该地，共同从事生产与生活的结论。仔细分析公布的发掘报告可以知道，这些居址并非同时建成。从地层与打破关系及出土遗物等方面分析，它们分属不同文化期。碳十四测年提供的年代数据表明其早、晚期间跨越了一二百年时间。所以，在进行研究时，理应用分期研究的成果分别对待之，区分出早晚不同时期的居址在形制、大小、功能等方面的差异变化。把不同年代建造的建筑置于同一平面上进行复原而绘制出一张"完整"的、颇具规模的平面图，它的"完整"性是不真实的。依据不真实的复原图去推断其人口与社会组织形式，也不可能是合理、可信的。

在考古发掘中正确划分地层，区分不同层位中的遗存，判断其年代早晚，这是一项基础性工作。考古发掘中强调对遗址内的文化层要仔细观察与划分，整理过程中要按地层叠压、打破关系入手，结合器物的形制作类型学分析而进行分期断代，其目的正是为了把上百至几百年间的遗存准确地分出若干断面。这样，才能让研究者在阅读这一部"无字地书"时，可以按早、中、晚期的先后次序去"翻阅"与进行分析。

　　有人对考古发掘中的分层工作做了这样的评述："一层一层的自然发现，不特得宝，而且得知当年入土之踪迹，这每每比所得物更是重大的智慧。"[1]应该说，发掘中按遗址的层位区分它们的早晚，判明"当年入土之踪迹"确实是"重大的智慧"。它包含了考古工作者在田野操作时一系列细致深入的劳作、分析与判断。

　　当遗址或墓地中的不同地层划分清楚，找出了若干包含不同年代信息截面的时候，这部"地书"方可逐一打开与阅读。如果工作马虎，将年代早晚的遗存混为一谈，必然出现祖孙不分、混沌一片的反常状况，使科学发掘中出土的遗存失去其应有的价值。这种情况造成的损害比书籍装订时页码错乱带来的损害更为严重。所以，在发掘与研究中无视遗存特定的年代属性，把不同年代的遗存混为一谈，是不被允许的。

　　事实是，借助考古地层学与考古类型学进行的分期研究，把遗址内的文化划分出若干断面；把相关遗存锁定在特定的时间（年代）、地点，对探讨它在某一期遗存中的位置及在有关布局中的地位有重要价值。犹如医生用 CT 或核磁检查身体时借以提供不同断面去检查器官的状况，用以诊断其病灶的位置与周围的状况那样。二者的对象不同，原理是相通的。

　　正确区分一个遗址中早晚期的遗存，可以看到它们在早晚不同断面中的特定位置。将不同层位的遗存绘制在相应的平面图上，在比对中可以发现不同时期的布局变化。在这种情况下进行分析与研究，才是正常的、符合科学操作规程的。

　　一个遗址或墓地既然有了分期研究的结果，却又抛开这些成果提供的截面，把不同时期的遗存混在一起进行分析，这种做法违背了研究中必须把对象置于特定时间、地点、条件的原则，也违背了科学的操作规程。

　　诚然，出现这种情况的原因可能是多方面的：诸如对原始材料的分析不透，对问题缺乏深入思考或观察不够细致，也有的是受到错误思潮与不当做法的影响，等等。例如，有文章提到在一个史前遗址中发现了"四合院"，距今已有5000余年，说它的发现把四合院建筑出现的历史上溯了2000年。经与原始报告核对后发现，平面图上看到的"四合院"实为两个单体建筑，而且出现在不同的文化层中。把两个不同层位、先后建造的建筑遗存合在一起的"四合院"，与一次建成的四合院完全不是一回事。这是忽视其地层不同的情况下凭借平面图上的形状给出的结论，说明作者对原始材料的观察与分析不够细致，对问题的思考与判断出了差错，当然很不妥当。

这种现象并非孤例。为了说明这一问题，这里再举一个实例并作些讨论。

有文章用仰韶文化墓地中有关人骨鉴定的男女性别的材料去分析仰韶文化时期居民的男女性别比例，给出了男性多于女性，存在性比严重失衡的"畸变"现象。据此还提出当时存在溺杀女婴现象的假说。

文章发表后引起了争论。有人以仰韶文化时期处于母系氏族社会为由，指出女性的社会地位颇高，她们在社会人群中得到尊重，不可能出现溺杀女婴的现象。

还有的文章扩大了范围，引用仰韶文化、大汶口文化、红山文化、龙山文化等不同考古学文化及相关类型的墓葬材料中有关人骨鉴定的结果，提出这些史前居民群体中都是男性多于女性，存在性比严重失衡的"畸变"现象。这一结论给人的印象是：我国史前社会曾长时期处于男女两性比例严重失衡的"畸变"状态。由于引用的是若干墓地中男女死者鉴定的材料，使这一"结论"颇引人注目。如有文章在介绍墓地的人骨鉴定结果时，还不忘加上一句该墓地的男女性比存在严重失衡的"畸变"现象的话。

应该说，研究史前时期的男性与女性的比例是否平衡，是个不错的想法。它有助于探索史前社会中居民的家庭形态及其演变，有助于了解社会发展的稳定性状。家庭作为社会的细胞，它在任何社会形态下的稳定与否，对社会的稳定与发展都是至关重要的。

可惜，这些文章没有把研究对象置于特定的时间、地点、条件下进行考察。

如上所述，抛开了墓地的考古分期成果，又不清楚哪些死者生前在某个特定时间内共同生活在一起，在这种情况下讨论墓地的男女性比问题，显然有点盲目。

把年代早晚的墓葬材料混在一起，用男多女少的统计数字给出当时存在性比严重失衡的"畸变"之类结论，使这个结论缺乏可信度。

对一个墓地的墓葬材料尚不能给出一个可信的结论，扩大到一个或多个考古学文化，用相关的墓葬鉴定材料给出男女性比存在严重失衡的"畸变"现象之类的结论，自然也无可取之处。

这里还涉及如何使用、怎样分析墓葬材料的问题。众所周知，任何一项研究，都要掌握尽可能完整的材料，而且它们的年代应很明确。可是，迄今发掘的墓地几乎都存在多个未知因素。

这些未知因素有：

第一，一般说来，一个墓地中埋放的死者，他（她）们生前都居住在距此不远的地方。可是这些居民死后是否都埋葬在这一块墓地？这是未知的。

如今见到的史前先民对死者的处置方式，除了在墓地中埋葬外，居址附近的灰坑、沟渠及文化层中也常常发现一些死者。民族志的材料表明，在一些民族中往往对死因不同的死者采用不同的埋葬方式，如水葬、天葬或其他葬式。这些实例可给我们一个启示：这个地点的居民中是否也存在不同死因的死者采用不同埋葬方式？尽管这些情况尚不清楚，但居址周围的死者也应是原住地的居民。这说明墓地中埋放死者的绝对值，应少于附近居民群体的实际人数。墓地中的男女性比显然不足以反映居民群体的真实情况。

第二，如今发现的墓地无一不遭到自然或人为的破坏，使这些墓地的规模比原墓地的实际面积要小，墓地中埋葬的死者数量也要少于当时埋在这里的实际人数。可是究竟少了多少，它们的男女性别如何？这是未知的。

第三，现有的鉴定结果不反映墓地中男女人数的实际情形。原因是：有些骨架已经腐朽而不能鉴定；有的保存虽好却遭到严重破坏，难以判定；有的是生前发育不全，使骨骼出现异常而难断男女。这种情况在每个墓地中都有一定数量，使每个墓地的鉴定性别的人数，要少于墓地中已经见到的实际人数。

第四，至今还没有一个墓地将所有墓葬全部发掘完的，因种种原因，经过发掘的墓地都清理了一部分或很小一部分墓葬。对于未被清理的那些墓葬中的人数与男女性别情况，又是一个未知因素。

第五，已经清理的墓葬中，有一些因没有随葬物品或随葬品数量太少又不典型而难以进行分期、断代；有一些墓葬中出现一次葬与二次迁葬的死者共存，墓主与迁入者之间可能有亲缘关系，但是相隔多久难作判断。对它们难以判定是早期或晚期时，给断代造成障碍，更无法放入某个特定时间内共同生活的人群中进行考察。

第六，一个墓地的情况是如此，一个或多个考古学文化及其类型的墓地，它们涉及的地域很广，其葬制、葬俗也很复杂，至今少有研究。在这些情况没有搞清之前，对一个或多个考古学文化的墓葬进行研究，更增添了许多未知因素。

凡此等等，这些未知因素在研究古代社会一些深层次问题时，成了难以逾越的障碍。这些障碍未被清除之前，诸如男女性比这样的问题实难进行，更说不上给出一个客观、正确的结论了。

基础材料不全，又包含太多未知因素，立论的前提被置于不确定状态。对墓地材料的真实年代不作辨析，出现了祖孙不分的情况，使论点置于不确切的年代基点上；相关分析被置于诸多不确定的状态之下，论点的提出又缺乏严密论证；这些状况决定了给出的男女性比严重失衡、存在的"畸变"现象的结论是虚拟的。

其实，谈及男女之间的性别比例，必然是指特定时间内同时生存、活动于某个地点的人群而言。所谓男女比例失当，指的是存活人群中男性与女性成员的数量有多有少，不相匹配。它不包括逝去的死者。逝去的死者与生者分属两个世界，他们之间自然不存在"男女比例失当"的问题。

所以，围绕墓地中的死者开展这项研究时，把研究对象设定"在特定时间内同时生存、活动于某个地点的人群"这一范围是必要的。面对墓地中一大堆死者，从中推定"在特定时间内同时生存、活动于某个地点的人群"的确很有难度。目前只能按考古分期进行分析，非如此不能展开讨论。

同时，一个墓地中的问题尚不清楚的时候，匆忙地扩大到一个或几个考古学文化及其不同类型，这是不妥的。

应该指出：只要上面提到的几个未知要素未被排除，不能准确地圈定墓地中哪些死者生前是在特定时间内共同生活的人群，或不按考古分期进行分析，在目前条件下考察史前居民的性比关系，这种非常规的做法，难有成效。

关于这一点，只要看看当今进行人口普查是怎么做的，它坚持了哪些原则，也就明白上面提到的做法错在哪里了。

人口普查是指在统一规定的时间内，按照统一的方法、统一的项目、统一的标准时点，对全国人口普遍地进行的一次调查。调查的对象是在那个标准时点生活在各地的人口。这是世界各国广泛采用的搜集人口资料的一种最基本的科学方法。

中华人民共和国成立61年间，已经进行了六次人口普查，分别在 1953 年、1964 年、1980 年、1990 年、2000 年和 2010 年。前四次普查都把标准时点设在 7 月 1 日 0 点，近两次普查的标准时点都是 11 月 1 日 0 时。调查的内容很多，包括每户成员的性别、年龄、民族、受教育程度、行业、职业、婚姻生育，等等。每次普查都规定在某日之 0 点为标准时点进行统计，就是为了确保统计的准确，因为它是一个最小的时间点。

确定这个"标准时点"后，要求全国各地都按这一基点去进行登记。在这一时间点前出生的都要登记入表，在这一时间点后（哪怕是 1 分钟）出生的都不登记，因为在标准时间点时尚未出生。反之，在这一时间点前 1 分钟死亡的人也不可登记入册，这一时间点后 1 分钟去世的人则必须登记，原因是他在标准时间点上还在人世。

这些原则被称为"最基本的科学方法"。用这一方法获得的基本数据，可以给出全国的总人口数及男女的性别比例，还可依据需要而给出各省、市、自治区的，或各个年龄段的性别比例，他（她）们的婚姻状况、文化结构、就业情况等各种数值。用这种方法给出的数值因基于标准时点而证明是正确、可信的。

设定一个标准时点对普查结果的准确性至关重要。试想，如果以某一天为基点，24 小时中人口的出生与死亡、结婚与离婚、分户、合户与注销户籍等会有很多变化；如果用一月或一年为单位，其误差就更大。在一年之中，我国增加的人口达六七百万人，这是一个很大的数字。这样的误差当然不符合政府了解国情和掌握各方面的基本数据的要求，因为普查人口是供政府编制规划、计划及制定一系列政策、法规、制度、条例服务的。各地对普查人员进行培训，宣布纪律，正是为了防止疏漏或其他原因而造成不必要的误差，影响数字的准确性。

经过六次人口普查，不仅看到人口的增长情况、男女性别比例的准确数据及其变化，而且还能看到家庭结构与家庭形态等方面的变化，诸如计划生育政策后的变化、户数增多、家庭小型化的变化等各种状况。从这一个实例中可以看出：在人口普查中设定某个标准时点进行统计，是决定这项工作确保其客观、准确的一个前提与基础。

在考古研究中强调研究课题的实施必须把研究对象置于特定的时间、地点、条件下进行考察，是为了确保其结论能接近历史的真实。这里所说的"接近历史的真实"，是由于它不能确定一个"标准时点"，使结论的准确性会有一定误差。但当把研究对象圈定在"特定时间内共同生活在某个地点的人群"，或按考古分期进行分析时，与预设"标准时点"的要求比较接近了。

另外，任何一个社会都不可能在几百、上千年间存在男女性比严重失衡的"畸变"状态。当男女性比长期处于严重失衡的情况时，社会是不可能安定的，它会引起各种矛盾与冲突。在一个充满矛盾与冲突的社会中，社会处在动荡与冲突之中，是不可能正常、健康地发展的。

今天，国家出台禁止给孕妇用彩超鉴定性别等措施，用以防止因重男轻女的思想作祟而造成男女性比严重失衡的状况，正是为了确保社会能在安定的环境之中让人们享受和谐发展的生活。

科学家早已指出：自然界中有许多因素可使人类繁衍新生命时使生育男婴、女婴的比例保持平衡，使社会生活处于平稳发展的状态。除了人为因素或长期战争等非常时期，不会出现几百、上千年间长期处于男女性比严重失衡的"畸变"状态。

用不完整的材料、不科学的方法去给出一个不恰当的结论，这与我们正确复原历史原貌的宗旨是不合的。

因此，按科学的操作规程去积累与分析资料，将研究对象置于特定的时间、地点、条件下进行考察，破解课题所需的各个必要条件都得到满足之时，才能对古代社会中一些重要问题进行探索研究。

注释

［1］傅斯年:《历史语言研究所工作之旨趣》,《历史语言研究所集刊》第一本第一分册, 1928 年。

在反思中前行

——为"夏商都邑暨偃师商城发现 30 年
学术研讨会"而作

1983 年，我所汉魏故城考古队为配合陇海铁路电气化工程，在偃师塔庄附近发现一座商代城址。此城规模不小，保存很好，是一项重要的考古发现。消息发布，立即引起学界同仁的关注。国务院为保护这座城址，对首阳山电厂的厂址作了调整。

经过 30 年的发掘，偃师商城在城垣规模、城门结构、内部布局等多个方面取得了可喜成绩。尤其在城墙内还发现包裹一个小城，工作之仔细与认真给人留下深刻印象。考古队在不长时间内取得的一系列成果，让人们对它有了较全面的认识，这在众多先秦城址中是不多见的。

但在研究方面，因发掘者步"郑州商城汤都亳说"[1]（以下简称"郑亳说"）之后尘，提出"偃师商城西亳说"[2]（以下简称"偃亳说"），迷失了正确的方向，致使在研究与探索中走了一条曲折的道路。

在偃师商城发现 30 年之际，我所决定召开"夏商都邑暨偃师商城发现 30 年学术研讨会"，就相关遗址的研究与探索之路进行研讨，这是很有意义的。在总结与反思中寻找差距与不足，对今后进行"早商文化研究与夏文化探索"的活动无疑是很重要的。

为此，我们愿与同志们一起从正反两个方面进行总结，以期在未来的研究与探索中，使这一课题能沿着正确的方向前行，争取更大的成果！

*　　　　　*　　　　　*

徐旭生于 1959 年在豫西进行的"夏墟"调查，[3]拉开了探索夏文化的序幕。鉴于夏代在上古史上占有重要地位，在考古学领域内开展夏文化探索的消息一经提出，就受到海内外学界人士的关注。

1977 年在河南登封召开的"王城岗夏代城址现场会"上，因在这个龙山城址的前面冠以"夏代"二字而受到质疑，会上还有人作了夏文化已经找到的发言。夏鼐所长对于用"禹都阳城说"指认王城岗小城是"夏代城址"的说法提出异议。他指出："一般的探索过程，是先确定一个遗址属于某一王朝，然后再确定它是该王朝的京都。如果夏到不了河南龙山文化晚期，那么告城王城岗的城墙是夏都城之说便难以成立了。所以，这里首先要解决的是夏文化问题。"他明确提出当前的"问题是文化与年代。要分析文化性质，另外是年代"[4]。

本文作者之一在会上作了"夏文化探索必须先解决如何探索的方法"的发言，指出：在考古领域内用考古方法探索夏代文化尚属首次，没有现成的经验可以借鉴。必须对探索方法进行研究，以确保探索的顺利进行。

其实，"夏文化探索在考古领域内提出，表明中国考古学已经走出证经补史的范畴而可以独立地进行重大课题研究"[5]。作为严肃的学术课题，对它的探索方法进行研究，至今仍是需要重视的一个问题。

我们认为：夏文化探索应该在夏人活动的地域内，从早于早商文化的非商文化中进行，首要的任务是确定早商文化。只有解决了哪些遗存是早商文化，才能为夏代文化的探索设置一个可信的前提。

因此，对早商文化的推定成为首先要进行的议题。本文作者之一曾对二里头遗址的遗存作了文化分期，并用文化因素分析法对二里头文化和二里岗文化进行比较研究，指出二里头遗址第一、二期的陶器组合与第三、四期的陶器组合明显不同。前者以实足三足器的鼎和罐为炊器，与深腹盆、三足皿、刻槽盆等构成组合；后者则出现了用袋足三足器的鬲、甗等做炊器，与卷沿圜底盆、大口尊等器物构成新的组合。二者在陶色、陶质、纹饰、制陶工艺等方面都有差异。新出现的这一套器物组合（还有陶窑等遗迹）与二里岗期文化遗存有许多共同因素，明显具有商文化特征；第四期遗存与二里岗期商文化遗存少有差别，而第一、二期固有组合的数量则日益减少，表现出被第三期遗存出现的商文化因素融合与取代的趋势。这一情形表明：第三、四期遗存属商文化范畴，是早商文化，第一、二期有可能是探索中的夏文化。[6]

上述看法在当时广为学界同仁所认同。"郑亳说"和"偃亳说"者都曾认为第三、四期遗存是早商文化，二里头遗址是汤都西亳。[7]二里岗期商文化是"商中期"遗存。[8]

后来，有人为把二里头文化说成是"夏文化"，他们用预设观点，再从文献铭文中找一些与"亳"有关的材料贴附到郑州商城和偃师商城头上，指认其为成汤之"亳"都，先后出现了"郑亳说"和"偃亳说"。

这样，围绕"早商文化研究与夏文化探索"课题展开了热烈讨论。在以后的二十余年间，先后发表了数以百计的文章。一时间，这一课题成了人们讨论的热点。

"郑亳说"者一改以前主张的二里岗期文化"商中期"说，把"始建于"二里岗下层晚段的郑州商城说成是成汤居"亳"之地，将其年代提升至"商代早期"，与成汤之世挂靠。他还把城址中的一个碳十四数值（公元前 1620±140 年）解读为公元前 1620年而说成是成汤"居亳"之年、商的始年、夏商王朝分界之年。

"偃亳说"者为把偃师商城指认为汤都"西亳"，把原来放在二里头遗址的几条文献移植到偃师商城（他称为"尸乡沟商城"）的头上。可是，在他提出"偃亳说"的时候，对偃师商城的年代竟然是不清楚的。他既不认可汉魏故城队同仁在第一个报告中提出的偃师商城属二里岗期遗存[9]的正确结论，却提不出确切的年代，这使他一开始就陷入困境。

他说："尸乡沟商城应建于二里岗期下层之前，有可能属于二里头文化四期，但也不能完全排除始建于二里头文化三期的可能性。"从而给出在"二里头文化二、三期，三、四期和四期至二里岗期下层之间"划分夏、商之分界这三种说法。[10]为此，"郑亳说"者还对此提出尖锐批评。

不过，"郑亳说"者把二里岗下层晚段的年代说成是"商的始年"、夏商王朝分界之年的时候，将它置于"最早的商代文化"的位置。这样，比"先商期"晚、比二里岗下层晚段早的"二里岗下层早段"遗存被挤压得没有空间了。为了化解这一矛盾，他把郑州商城的"始建"从二里岗下层晚段提升至"先商期"的南关外期。[11]

偃师商城大城的年代一直未有肯定的说法。当在偃师商城的"大城"内发现还包裹一个小城之后，"偃亳说"者把"亳"都的桂冠又从偃师商城的"大城"移到了偃师商城"小城"的头上。[12]

就这样，"郑亳说"者把"亳"都的桂冠先从二里头遗址换到郑州商城的二里岗下层晚段、后又换到郑州南关外期。"偃亳说"者则把"亳"都的桂冠从二里头遗址先换到偃师商城的大城，后又移到它的小城。他们为了落实成汤之"亳"都，把这一顶"亳"都的桂冠分别变换了三个对象。

＊　　　　＊　　　　＊

研究课题的选择、观点的提出乃至如何修改，都是作者的权利。但是，课题实施后的走向却不是作者可随意操控的。一旦违背了科学的操作规程，它的走向就随着科学的客观规律而进行。于是作者的主观意愿不仅无法实现，还暴露出他们的一系列做法都是错误的。

从以下这些方面可以看到，"郑亳说"和"偃亳说"者的做法，对课题、对学科、对个人都带来了不可逆转的负面影响。

第一，把一顶"亳"都的桂冠在不同城址的头上一换再换，表面上看好像是对这些城址进行研究，实际是在给汤都之"亳"找一个"归宿"。他们把文籍传遗中有关"亳"都的相关记载贴附到考古发现的城址上，以为这就是考古研究，这是一种误解。

为什么？因为把文献所记成汤之"亳"的内容，简单地贴靠到这几个对象的做法，表明他们把寻找"亳"都作为研究的出发点；城址成了承载其观点的载体，或者说是为"亳"都桂冠找了一个依托物。

"郑亳说"和"偃亳说"者把"亳"都桂冠各在三个不同的载体上搬来换去，清楚地表明：他们没有把城址当作研究对象，因为"郑亳说"和"偃亳说"都不是从城址的基础材料中提取证据后给出的，而是作者把"亳"都观点强加到城址头上的。一个不对、再换一个；每次都是人为的因素在起作用。

这是一种先预设观点、再"找证据"的做法。他们把主观设想的"亳"都置于某个城址之上，从文籍传遗中找一些材料充当其立论依据，再经解释而给出"郑亳说"和"偃亳说"的观点。不同之处在他们放弃二里头遗址西亳说之后，一个选了郑州商城做载体，另一个选了偃师商城做载体。为了争夺这项"亳"都的桂冠，"郑亳说"者和"偃亳说"者还进行了长时间的争论，其时间之长，创造了近代考古史上一个纪录。但在这场争论中，他们的缺点与矛盾也暴露得淋漓尽致。

第二，他们在这么做的时候，把材料与观点之间的主从关系颠倒了。这是一个原则性错误。

众所周知，研究是离不开材料的。在考古研究中强调进行发掘，正是为了在发掘中获取尽可能多的材料，以便从中提出问题、寻找证据，最终去解答课题中提出的各种问题。

在课题研究中，材料是第一位的，它是立论之本。观点从材料中产生，它从属于材料，是第二位的。二者之间是主与从的关系，即材料多少、证据的充分与否，对观点的对错或合理程度，起到制约的作用。观点是离不开研究对象的基础材料的，二者的主从关系是不容颠倒的。

当把材料与观点的主从关系颠倒之后，必然矛盾丛生，错误频现。为什么？因为成汤之"亳"都有它特定的内涵。因此，任何一个"亳"都对象，它的年代必须与成汤生活的年代一致，它的文化属性必须具备商代初年的特色，它的地望与文献所记的内容相吻合，等等，这些条件不是靠解释就可以认定的。

无可否定的一个事实是，无论是二里头、郑州商城的二里岗下层晚段或南关外期遗存，还是偃师商城的大城或小城，它们的年代不同、地点不一、布局各异、大小不等、存在的时间长短也不一样。把"亳"都的桂冠扣在某个对象的时候，还都说一些如何合适之类的解释。无情的事实是，如此明显的个性差异，怎能适用于这一顶"亳"都桂冠呢？所以，在他们为这一桂冠更换其载体的时候，它们固有的差异在变换中暴露出的矛盾，再不是用解释能解决的了。

我们看到，徐旭生发现二里头遗址时，因它的年代早、规模巨大等因素提出有可能是汤都西亳的推测。但在"偃亳说"者的笔下，"亳都"载体的面积从300余万平方米的二里头遗址，变为

190 万平方米的偃师商城的大城，再改成 81 万平方米的偃师商城的小城。在越变越小的背后，它告诉了我们一些什么呢？

又如：他们笔下的二里头遗址，时而是商都"西亳"，时而成了夏都"斟鄩"，使夏末商初的两个都城在二里头遗址被"叠合"在一起。按此说法，处于对峙状态的夏末商初的这一段历史，不知该如何撰写？

采用预设观点、再找证据的方法，背离了材料与观点的主从关系，违背了科学的操作规程，只能给出削足适履的结论。这样的结论不可能与真实的历史相合，更不可能达到恢复历史的目的。

第三，无论是二里头、郑州商城，还是偃师商城的大城或它的小城，都是在特定时间、特定地点以特定的形制与布局出现在中原大地的，是特定历史条件下的产物。我们的任务应从基础材料的分析中确定其文化属性与年代，进而去探索它们出现的背景、原因及特定时间段内承担的社会功能与发挥的特殊作用。

必须看到，任何一个古代城市的出现，都是基于当时的政治、经济、军事或社会等方面的需要而兴建的。这正是我们从事发掘、开展研究时需要缜密思考与深入研究的，也是在课题实施时努力寻求答案的主攻方向。所以，无论是发掘还是研究，都要按科学的规程操作，有计划、有步骤地逐步推进研究进程，努力回答不同城址提出的各种不同的问题。

每一个城址都是我们研究的特定对象，应分别设为独立的考古课题开展研究。一旦从这些城址的基础材料入手，就不难发现它们是在特定的时间、地点、条件下建成的特定个体。它们的年代、规模、地点、布局、使用时间等方面的不同，从不同方面反映了它们在功能与作用方面的诸多差异。用一顶"亳都"桂冠与这几个城址挂来靠去，这种思维方式势必影响我们对商代社会的全景观察。这对全面审视与恢复有商一代的历史也是极为不利的。

第四，更不妥当的是，"郑亳说"和"偃亳说"者的这种做法，把考古学的宗旨抛到了一旁，把研究的方向引入歧途。

在上古史研究方面，以文献资料为研究对象的狭义历史学，因缺乏材料而难于胜任相关任务。人们寄希望于近代考古学，是因为它从发掘中获取各种物质文化遗存，可以开展研究、复原历史。考古学的这一职能为上古历史的研究开拓了全新的途径。对考古工作者来说，这是一个重要而神圣的使命。

近代考古学把古代遗存作为研究对象，是因为各种物质遗存中蕴含有各种历史、文化、科技等不同信息。考古人从中发现问题、提出问题，并凭借证据去探寻解决，在论证中不断寻求突破，最终恢复古史的面貌。所以，每个课题都须坚持把物质文化遗存作为研究对象，在分析与研究中回答各自提出的各种问题。

考古人以古代先民留下的物质文化遗存为研究对象，还在于它是第一手材料。用考古手段去分析、整理、研究这些原始素材，只要证据充足，严格按科学的规程操作，可以给出客观而合理的结论。

二里头遗址、郑州商城、偃师商城之"大城"、偃师商城之"小城"等古城址，都是考古人付出艰辛劳动获得的宝贵研究对象。每个城址作为独立个体，都应单独开展研究，从它们的材料中获取各种信息进行探索与研究，去揭示它在古代社会中的地位和作用。在这一过程中，可以看到不同城址间的共性特点，因为共性寄寓于个性之中。这些特点反映的是商代社会的、文化的特点，在从事更大的课题研究时，是不可缺少的素材。

第五，"郑亳说"和"偃亳说"者采用了预设观点、再"找证据"的方法，使他们在随意挑选"立论依据"、随意变换解释、随意变换载体的过程中陷入矛盾的深渊，最终把自己建立的观点在一变再变中被自己摧毁。例如：

其一，"郑亳说"者曾以偃师商城"大城"的面积只有190万平方米，规模比郑州商城小了1/3；它的年代不如郑州商城早；

重要的遗存没有郑州商城多；所处的地理方位也不对为由，力斥"偃亳说"。他说，夏桀所居应在伊洛一带，如果亳在偃师，则和夏桀处于同一地区，"这显然是不可能的"。"成汤伐桀以后又回到亳都去，则此亳都断然也不可能在偃师。"[13]

但在他看上偃师商城的小城之后，也不嫌这个面积只有 81 万平方米的小城其规模太小，也不嫌重要遗存太少，地理方位不对这一条也不提了。相反，他坚定地给出它是"早商都城无疑"，还是"成汤时所建"的结论。甚至称赞"偃师商城（指小城）建置规模比较宏伟，这同它作为陪都是很相称的"[14]了。

"郑亳说"者给出郑州商城和偃师（商城）之小城"应是早商都城无疑"、是"成汤时所建"的结论时，是以它的年代"约"与郑州商城"同时，或稍有前后"为理由的。

他说，就年代而论，"郑州之中城（按：指城垣周长 6960 米的郑州城，亦即通常所说的郑州商城）始建于南关外期。偃师（商城）之小城，始建于二里头文化四期偏晚，约与郑州之中城同时，或稍有前后，郑州之中城或稍早"。并且给出郑州商城是"国都"，偃师商城的小城"只能是商汤的陪都"的说法，理由是"早商时期不可能有两个首都"[15]。

有一个原则必须明确，按照判断事物标准的同一律，涉及一些立论的原则是必须共同遵守的。例如，对城址年代的判断，是立论的必要前提。在城的年代尚不清楚的时候，立论的前提不存在，自然不能立论。另外，争论中一方提出的原则，另一方可以有所保留，但自己提出的原则是必须信守的。如果违背了自己提出的原则，就会出现前后矛盾；如果只用于指责对方，而自己另搞一套，则是双重标准。这两种现象在研究中都是不允许发生的。

上面提到，"偃亳说"出台时曾因对偃师商城的建城年代提出了三种可能，"郑亳说"者以"城的年代未有定说"而严加批评。但从上引的这段文字中，对两个城的年代用了一个"约"字和两个"或"字，表明他对它们的年代是不清楚的。同样是"城的年代未有定说"，为什么就可以给出"应是早商都城无疑"、是"成汤时所建"的结论呢？

面对这种情况，用他对"偃亳说"批评时说的那段话是合适的：既然"城的年代未有定说"，对夏代文化和商代文化之间的具体"分界"也未搞清，这两座"商城的性质就不能确立"，凭什么说它们"应是早商都城无疑?"国都、陪都的说法又怎么"是可信的呢？其他更谈不上了!"[16]

其二，"郑亳说"者力斥"偃亳说"的时候，强调"亳都"的桂冠只能戴在有巨大的城垣或具备都邑规模的遗址，所以力主"国都应该大于离宫"，偃师商城的大城只能是离宫。可是，当他提出郑州商城"始建"于南关外期的时候，遗存中的巨大的城垣在哪里呢？凭借他"当时还没有开始筑城是不可想象的"猜想，是无法改变南关外期没有巨大城垣这一事实的。

再说，如果南关外期遗址面积很大，重要遗存很多，具备"都邑"的规模的话也是可以的。但南关外期面积之小，重要遗存之少，根本无法与"都邑"挂钩。所以，这时的"郑亳说"没有了"巨大城垣"和"都邑规模"作载体，"皮之不存，毛将焉附"，这项桂冠也就不复存在了。

这是在变换载体时把他的"郑亳说"这个核心观点给摧垮了。

这一状态显然是他不能接受的。当他意识到这一改动使"郑亳说"陷入绝境的时候，再次出来辩解。

他说："南关外期可以是成汤之时，但未灭夏，故属'先商文化'；商文化'早商文化第二段第Ⅱ组'也是成汤之时（此组可以从成汤开始而不限于是成汤之时，可以延续到成汤以后数王），但已灭夏建立了商王朝，所以是'早商文化'。这样决不会产生什么矛盾问题。"[17]

这一说法没有达到挽救"郑亳说"崩盘的局面，反而暴露出更大的漏洞，使他的处境更加困难。

借助考古分期对研究对象进行分析是考古人通常采用的方法。但这一时期每一期的年代跨度约在 50—70 年的区间，是无法与王世直接挂靠的。经过几代人的研究，殷墟的四期遗存已公认是盘庚至帝辛这十二个王世的先民所遗留；从事西周考古的同仁则把早、中、晚三期遗存与武成康昭、穆恭懿孝夷、共和厉宣幽这些王世相对应。"郑亳说"者当年也是认同的，说明每一期的年代一般要跨越两个以上王世。若想推断某一王世的遗存，是需要从多个方面做深入细致的分析才可完成的。

他把南关外期至二里岗期下层晚段（中间还有二里岗期下层早段）这百余年间的遗存压缩到一个平面，说成是"成汤"之世的时候，不仅没有起到"决不会产生什么矛盾"的效果，而且违背了把研究对象置于特定的时间、地点、条件下进行考察的基本准则。

"郑亳说"被他自己摧垮了。由此，以郑州商城"始建于二里岗期下层晚段"而把公元前 1620 ± 140 年的碳十四数值解读为公元前 1620 年，并引申为成汤的建城之年、居亳之年、灭夏之年、商的始年等说法也一风吹了。由"郑亳说"推导出的二里头遗址一至四期是夏文化的说法也因骨牌效应而垮塌了。因此，当有人宣称二里头文化一至四期是"夏文化"的观点已得到学界的"共识"[18]的时候，引起国内外学者强烈反弹也就再自然不过了。

＊　　　　＊　　　　＊

其实，他们提出"郑亳说"和"偃亳说"的目的，在于以它为基点，去指认二里头遗址是夏代都城、其文化遗存是"夏文化"。

对此，"郑亳说"者把他的研究思路与方法概括为一个"逻辑公式"。他说："'要在考古学上区分夏、商文化，应该从文化年代的分析入手，必先确定何者属商年，何者属夏年。'而要区分商年和夏年，目前只有一条途径是比较可行的，即'首先要解决的是关于成汤居亳的地望问题。我们认为，只有确定了成汤建国的所在，才有可能进一步探索先商文化、早商文化，从而最后确定何者为夏文化。"[19]为此，他们一再提到郑州商城和偃师商城是划分夏商王朝的界标，把它们的年代上限说成是夏王朝的年代下限，就是为把年代稍早的二里头遗址说成夏都"斟𬉟"，其文化遗存是"夏文化"。

他提出"要在考古学上区分夏、商文化，应该在文化年代的分析入手，必先确定何者属商年，何者属夏年"，本身并无问题。问题是他不从郑州商城的基础材料中寻找证据去区分夏、商文化及其年代，而是设定郑州商城是"成汤居亳"之地，再用这个观点去指认材料的属性与年代，把二里岗下层晚段从商中期提升至"商早期"，把他们命名的"二里头类型商文化"指认为"夏代文化"。这种思路使他迷失了考古学研究的方向，引出了上面提到的一系列问题。

"偃亳说"者也有类似的说法。他们说："偃师商城同二里头遗址仅距6千米，中间并无险阻相隔。这座商代早期都城出现在原夏王朝畿内的事实本身，实际上成为发生于夏商之际的一次重大历史事变，即中国历史上第一次王朝更迭——夏王朝灭亡、商王朝确立的标志。据偃师商城始建年代，可推知至迟在二里头文化四期晚段已完成了夏商王朝的交替。"又说："在二里头夏都遗址附近崛起的偃师商城，又是一座商代早期的都址。那么，这座商代早期都城出现于原夏王朝畿内的事实本身，只能是发生于夏商之际的一次重大历史事变——夏、商王朝更替的标志，即偃师商城是商汤灭夏以后所建都城。这座商城的出现，成为商王朝取代夏王朝的历史坐标。"他们认为"界定夏、商文化谈何容易？"所以还想"以此为出发点，进一步去解决早商文化与夏文化、先商文化的界定问题"[20]。

他们的逻辑是，在"二里头夏都遗址附近崛起"的偃师商城，又是一座"商代早期"的城址，它"只能是发生于夏商之际的一次重大历史事变"的产物——汤都"西亳"。它作为夏商王朝更替的"历史坐标"，由此再去"解决夏文化问题"。可是"夏都"已被他们找到了，"夏商王朝更替的标志"也确定了，"西亳"的始建成了划分夏商王朝的"界标"，甚至"至迟在二里头文化四期晚段已完成了夏商王朝的交替"了，还去找什么"夏文化"呢？明显的逻辑矛盾，是典型的循环论证。这种做法在研究中也是不被允许的。

问题还在于，在一个都邑附近出现另一城市，就一定是改朝换代的产物吗？人们在判断"西周早期"遗存的时候，往往会根据其形制特征所反映的固有信息推断其是成康之世，还是康昭之世，在没有充分证据的情况下是不会贸然与武王挂钩的。为什么偃师商城是"商代早期"遗存，就必然是"成汤之时"而成了划分夏商王朝的"界标"呢？再则，比"商代早期"城址早的城址就一定是夏代城址吗？郑州商城和偃师商城不也存在孰早孰晚的问题吗？如果它们中有一个比另一个的年代早一些，年代早的那一个非"夏都"不成的话，为什么都称它们是"商代早期"之城，甚至把它们列为两个并存的"界标"呢？既然"界定夏、商文化谈何容易"，又凭什么给出"至迟在二里头文化四期晚段已完成了夏商王朝的交替"的结论呢？凡此等等，都说明操弄概念是不解决问题的。只有从基础材料的分析中，用证据对相关方面作严密论证，方可给出客观、合理的结论。

一个观点的提出，是研究者对研究对象进行全程分析研究后给出的结果。一个观点的正确与否，取决于研究者对材料包含的各种信息是否掌握齐全和能否做出正确的释读与概括，取决于能否在论证中经得起推敲，并做出确切的论述。

当"偃亳说"和"郑亳说"者把城址作为研究对象而进行研究时，他们在处理材料与观点的主从关系方面未出问题，给出的结论也相对合理，有的还被以后的研究所验证。例如"郑亳说"者以郑州商城的基础材料与晚商文化的遗存所做的比较研究中给出它是"商中期"遗存的结论；"偃亳说"者用二里头文化的基础材料与二里岗期中商文化的比较研究中给出其三、四期是"早商文化"的观点。它们均被"夏商周断代工程"1996—2000年阶段性成果证明是合理的。

这两个实例说明，用考古方法对研究对象的基础材料进行分析与研究，是能够给出客观、合理的结论的。

考古学家之所以把物质文化遗存作为研究对象，是这些物质文化遗存蕴含了许多信息。考古人拿起一块陶片、一件铜器，甚至从一张照片就可判定它是哪个考古学文化或哪个朝代之器等，是它们所包含的文化属性和年代等信息已被他掌握的缘故。[21]这些信息是我们借以研究与恢复古史的基本元素。

不同族属的居民在不同时段制作的遗迹、遗物中，都包含了各自特有的各种信息。我们的任务是把这些信息提取出来，为研究提供准确的素材。当单一学科不能完成这一任务时，可通过多学科合作、互相渗透、联合攻关的形式来开拓新的途径。"夏商周断代工程"架构的三代年代框架对古史研究的功用，正在课题研究中显示出来。这一实例说明，多学科合作、互相渗透在突破考古研究谜团的方面可以发挥重要作用。

每个城址及其文化内涵都是研究的对象，也是立论之本。所以在考古课题中，必须围绕这些基础材料去展开，用考古手段进行"去粗取精、去伪存真"的加工整理，再进一步开展深入分析研究之后，方可进入"由表及里、由此及彼"的境界。这既是一个操作流程，也是人们由感性认识提升为理性认识的过程。它反映了研究工作由浅入深的客观轨迹，也是遵循科学的操作规程在探索与研究中获得正确结论的不二法则。

在"早商文化研究与夏文化探索"课题的实施过程中，对某个城址进行研究，把它们的基础材料作为分析的对象，并从中寻求"亳"都或"斟鄩"的地望是可以的。但必须掌握研究对象的文化属性、年代、地望等方面的充分证据，并与"亳"都或"斟鄩"蕴含的固有信息一致，在论证中证明无懈可击的时候，方可指证某个城址就是成汤居"亳"之地或夏都之"斟鄩"，舍此别无他途。

一个城址是不是成汤之"亳都"，绝不是由研究者的愿望决定的。它取决于：城址的文化遗存具备商代初期文化的属性；准确地推定遗存的年代在商代初年；这个城址具备都邑的规模，且其地望与文献所记载的"西亳"一致；还有其他证据（如文字或其他方面的证据）作为立论之佐证。这几个条件是缺一不可的。只有这几个条件全部得到满足，并在论证中表明它们和谐一致时方可定论。所以，成汤的"亳都"不应预先设定，而是在研究过程的后期经论证后才能给出的。对夏都"斟鄩"的考定，同样离不开这个程序。

所以，一个考古课题能不能破解，取决于从考古材料中获得的证据是否满足了破解课题所需的各项必要条件。这里，掌握各种直接证据与间接证据并作严密论证是关键。在不具备这些条件时，匆忙地将城址与文献所记的"亳都"挂靠，只是无的放矢的盲动。"偃亳说"和"郑亳说"者一再变换载体的做法，正是盲动的表现。

本文作者之一曾经指出："有这样一种认识：似乎把一个城址与文献记载的某某都联上了，它才是有价值的。其实这是一种误解。一个城址的价值是由它的内涵、年代，在历史上的地位以及研究中的特定价值决定的。即使不能与文献记载中的都邑挂上钩，它的价值也客观存在，应实事求是地予以评估。商人前后有十多次迁都，未被记录的其他城市不知有多少。目前考古工作中发现的商城屈指可数，与前八后五的说法相去甚远。所以，在未来的岁月中继续寻找，发现更多夏商时期的城址，对夏商时期的城址作全方位的考察研究，争取出更多成果，这才是最重要的。"[22]

二里头、偃师商城、郑州商城和其他城址的价值，都是由它的内涵、年代，它们在历史上的地位以及研究中的特定价值决定的。安阳殷墟的发掘者并未将它与文献记载的朝歌相挂靠，它的价值不也是客观存在吗？

研究者立足于每个城址的基础材料，把它们作为研究对象，按科学的规程进行操作，凭借一系列真凭实据在严密论证中给出客观合理的结论，这才是正常的探索之路。

过去的 30 年间围绕"早商文化研究与夏文化探索"所经历的曲折道路，已使人们认识到它在转了一圈之后重又回到了原点。在反思中拨乱反正，回到正确的道路之上，才能使探索之路稳步前行。

相信在偃师商城、二里头、郑州商城工作的朋友会在反思中做出正确的选择，在未来的发掘与研究中取得更多、更大的成绩！

祝愿我国的夏商考古在学科建设中不断加强基础理论的研究，坚持科学的操作规程，把课题研究推向纵深，使中国考古学健康有序地持续发展！

注释

[1] 邹衡：《郑州商城即汤都亳说》，《文物》1978 年第 2 期。

[2] 赵芝荃等：《河南偃师商城西亳说》，《全国商史学术讨论会论文集》，《殷都学刊增刊》1985 年。

[3] 徐旭生：《1959 年夏豫西调查"夏墟"的初步报告》，《考古》1959 年第 11 期。

[4] 夏鼐：《在登封王城岗考古现场会上的讲话》，《河南文博通讯》

第 1 卷，1978 年。

［5］殷玮璋：《近几年来的考古发现与研究》，《人民日报》1980 年 4 月 25 日。

［6］殷玮璋：《二里头文化探讨》，《考古》1978 年第 1 期。

［7］北京大学考古专业：《商周——青铜时代》，1960 年；赵芝荃：《二里头队探索夏文化的回顾与展望》，《河南文博通讯》1978 年第 3 期。

［8］邹衡：《试论郑州新发现的殷商遗址》，《考古学报》1956 年第 3 期。

［9］中国社会科学院考古研究所洛阳汉魏故城工作队：《偃师商城的初步勘探和发掘》，《考古》1984 年第 6 期。

［10］赵芝荃等：《河南偃师商城西亳说》，《全国商史学术讨论会论文集》，《殷都学刊增刊》1985 年。

［11］邹衡：《西亳与桐宫考辨》，《夏商周考古学论文集（续集）》，科学出版社 1998 年版。

［12］中国社会科学院考古研究所编著：《中国考古学·夏商卷》，中国社会科学出版社 2003 年版。

［13］邹衡：《偃师商城即太甲桐宫说》，《北京大学学报》（哲学社会科学版）1984 年第 4 期；邹衡：《西亳与桐宫考辨》，《纪念北京大学考古专业三十周年论文集（1952—1982）》，文物出版社 1990 年版；又《夏商周考古学论文集（续集）》，科学出版社 1998 年版。

［14］邹衡：《桐宫再考辨——与王立新、林云两位先生商谈》，《考古与文物》1998 年第 2 期。

［15］邹衡：《郑州商城是商汤灭夏前后的亳都》，《郑州商都 3600 年学术论文集》，中州古籍出版社 2004 年版。

［16］邹衡：《西亳与桐宫考辨》，《纪念北京大学考古专业三十周年论文集（1952—1982）》，文物出版社 1990 年版；又《夏商周考古学论文集（续集）》，科学出版社 1998 年版。

［17］邹衡：《关于探讨夏文化的条件问题》，《华夏文明》，北京大学出版社 1987 年版；邹衡：《西亳与桐宫考辨》，《纪念北京大学考古专业三十周年论文集》；又《夏商周考古学论文集（续集）》，科学出版社 1998

年版。

［18］李伯谦：《夏商周断代工程考古课题的新进展》，《文物》1999年第3期。

［19］邹衡：《西亳与桐宫考辨》，《夏商周考古学论文集（续集）》，科学出版社1998年版。

［20］中国社会科学院考古研究所编著：《中国考古学·夏商卷》，中国社会科学出版社2003年版。

［21］殷玮璋：《考古学在史学研究中的地位》，《学术讲座荟萃》第64辑，中国社会科学院研究生院2011年版。

［22］殷玮璋：《夏文化探索的方法问题》，《河北学刊》2006年第4期。

原载《南方文物》2014年第1期；又刊于中国社会科学院
考古研究所编《夏商都邑与文化（一）》，
中国社会科学出版社2015年版

二

先秦考古研究

二里头文化探讨

商代之前有个夏代，后世的文献记载比较明确。虽然疑古派曾经提出怀疑，但自安阳出土的甲骨卜辞证实了《史记·殷本纪》记述的商代世系之后，人们普遍认为《史记·夏本纪》记述的夏代世系也可能是可信的。因此，中国上古史上有个夏代，这是史学界一般所承认的。

然而，哪些是夏代文物？夏代文化的面貌是怎样的呢？人们寄希望于考古工作者能在田野发掘中予以解决。

1959 年夏，考古研究所已故研究员徐旭生先生根据文献提供的资料，在豫西地区进行了"夏墟"调查，[1]揭开了探索夏代文化的序幕。以后，河南省博物馆和考古所有关工作队致力于夏代文化的探索，发掘了偃师二里头遗址，又陆续发现了不少这类二里头文化的遗址，并对二里头文化与河南龙山文化的关系进行探索。这些工作，为探讨夏代文化提供了重要的资料。

随着资料的不断积累，大家对哪个考古学文化是夏代文化的讨论也活跃起来。目前大致可归纳为以下几种意见：认为河南龙山文化晚期和二里头文化是夏代文化；河南龙山文化晚期和二里头一、二期文化是夏代文化；二里头文化为夏代文化，河南龙山文化则不是；二里头文化是先商文化，时代上相当于夏代，但不是夏文化。

由于迄今未发现这一时期的文字，给这一课题的解决带来很大困难，因此，我们只能运用考古方法去分析和论证。其中尤以确定文化性质的工作为重要。上面这些意见分歧，其重要原因之一，在于对二里头文化的内涵认识很不一致。所以对二里头文化的内涵有进一步分析的必要。

二里头文化的遗址，最先发现的是登封玉村。调查者曾注意到它的特点，提出了"玉村与二里岗遗址似属两个文化系统"的看法。[2]随后，在郑州洛达庙发现了同类遗址，[3]进一步引起了考古界的重视。《新中国的考古收获》一书曾把这类遗存称为"洛达庙类型"文化。随着二里头遗址发掘工作的大规模展开，发现这里的文化层堆积比较典型，[4]因此，夏鼐先生在 1962 年便将它称为"二里头类型"文化。近年来因探索范围扩大，对这一文化的认识更趋深化，最近则将它称为二里头文化。[5]

二里头文化遗址除上面提到的几处外，经过发掘或试掘的还有陕县七里铺[6]、洛阳东干沟[7]、郑州上街[8]、偃师高崖[9]、灰嘴[10]、淅川下王岗[11]、渑池鹿寺[12]、临汝煤山[13]等地。在调查中，还在洛宁、宜阳、嵩县、伊川[14]、鄢陵、扶沟、商水[15]等地都发现了这类遗址，在伊洛河下游调查的结果表明，这类遗址分布相当密集。[16]在信阳地区也发掘出类似遗存，[17]在山西南部也有同类遗址。[18]从地层叠压关系和放射性碳素测定数据可知，二里头文化的时代，相对的比商代二里岗期文化要早。[19]

二里头文化遗址出土的生产工具以石器为主。骨角器、蚌器和木质的耒耜一类工具（发现有耒耜掘土所留的工具痕迹）还在使用。二里头遗址三期地层中出土了青铜铸造的刀、锥、锛、凿、铃、镞、戈、爵等工具、武器和容器。同时还发现有铸铜遗址，出土有陶范、铜渣和坩埚残片。出土的铜容器系采用复合范铸成，反映当时的铸铜工艺已有一定规模和水平。因而有理由推断，一、二期遗存也应进入青铜时代。就出土的铲、斧、刀、镰、锛、凿等石质工具看，数量很多，形制与制法都同二里岗期商代文化的同类工具相近，说明这一文化的生产力水平跟商代二里岗期已很接近。陶质的觚、爵、盉等酒器成组地在小墓中出土，制骨、制陶等手工作坊址的发现和玉、石工具、礼器、乐器的出土，证明当时的农业和手工业以及手工业内部出现了进一步分工。交换也有发展。这类遗址中出土的玉、贝、绿松石以及其他非当地产品，应属交换所得。这一切，说明当时的社会生产已达到一定水准。

这类遗址中不见河南龙山文化中常见的袋形穴。常见的有方形、圆形、椭圆形、不规则形几种窖穴，尤以后两种居多。口径一般在二三米上下，五米以上的大型穴多见于三、四期地层。房屋基址已采用夯筑技术。二里头发现的长方形圆角、中间鼎立三个柱穴的房基比较特殊。房基面涂以白灰的技术，在这一文化遗址中不常使用。

二里头、东干沟等地曾清理了一批小型墓葬。长方形竖穴墓的葬式多为仰身直肢，一般都有器物随葬，有深腹盆、平底盆、鼎、三足盘、豆、侈口圆腹罐和觚、爵、盉等陶器及少量玉佩饰等。三期的墓中还出有铜铃等小件铜器。这些墓葬的形制与商代平民墓相似，死者的身份也当相近。另一些墓葬散见于坑穴、灰层之中，骨架残缺不全，或身首异处，或上肢与下肢分置两处，或数具骨架层层叠压埋葬。它们都没有随葬器物。这些死者不是自然死亡，有的明显留有斩割、捆绑的痕迹。他们的身份和有墓穴、有器物随葬的死者不同，而与商代遗址中发现的奴隶墓的葬式相仿。虽然至今还没有发现奴隶主贵族的大型墓葬，但从上述这些形制、葬式不同的墓葬中，也可看出死者生前社会地位的差异，这是当时社会已出现阶级区分的真实反映。

反映二里头文化特征最显著的，是它有一组独特的器物群。在这组作为生活用具的陶器中，作炊器的是鼎、折沿深腹罐、侈口圆腹罐等；作食器和容器的有深腹盆、三足盘、平底盆、豆、澄滤器、小口高领罐和大口缸等。另外还有觚、爵、盉等酒器。侈口圆腹罐口沿部位的花边装饰和深腹盆、甑、侈口圆腹罐口沿下附加的一对鸡冠形鋬，是这组陶器中很有特色的作风。在这里见不到河南龙山文化中常见的斝、带把鬲、带耳罐、杯、碗和双腹盆等形制的陶器，同样，它同以鬲、斝、甑、卷沿圜底盆、簋、大口尊、小口直领瓮等器物为代表的郑州商代文化有明显的差别。反映人们生活方式的器物组合的不同，正说明二里头文化既不属于河南龙山文化，也不应简单地把它归入商文化范畴。这是一种具有一定特征和作风的古代文化。

二里头文化不仅具有一定的特征，而且还有它自己的发展过程。据对二里头遗址典型堆积层的分析，可以划分为四期遗存。

第一期陶器以夹砂黑陶和泥质黑陶居多，灰陶较少。素面磨光的黑陶占有一定比例。纹饰有篮纹、方格纹、细绳纹、附加堆纹等几种，而以篮纹为主。第二期陶器则灰陶增多，磨光黑陶减少，纹饰为细绳纹为主，篮纹、方格纹明显减少。这两期都不见较粗的绳纹。在器形方面，这两期陶器多折沿、鼓腹、小平底的作风。但第一期的陶器折沿较宽、折棱明显，深腹盆、甑、澄滤器、折沿深腹罐等多为鼓腹，大多饰篮纹。第二期的陶器折沿较窄、折棱圆钝，同类器的器腹较一期的略瘦或近直壁，多饰细绳纹。一期的三足盘多深腹矮足，足边多内卷，二期的盘足较高，有的作牛舌状，侈口圆腹罐口沿部位的花边饰和盆、甑、罐类附加对称的鸡冠鋬的作风，在这两期中都很盛行。

第三、四期中以泥质灰陶和夹砂灰陶为主，陶色普遍变为浅灰。黑陶进一步减少。绳纹作为主要的纹饰普遍地施于陶器的器身，粗绳纹出现，篮纹、方格纹几乎绝迹。在陶器形制方面，上述一、二期共存的那组陶器这时仍继续使用，保持了原来的形制而仅有局部变化。如盆形鼎、深腹盆、甑、深腹罐等折沿更窄、折棱不显，有的则变为卷沿。腹壁明显内收，器表纹饰为绳纹或粗绳纹，侈口圆腹罐口沿部的花边饰和附加的鸡冠錾的作风继续沿用，但表现出衰退的趋势。三足盘在三期时变为浅盘高足，数量减少。与此同时，鬲、斝、卷沿圜底盆、大口尊、簋、小口直领瓮等器开始出现。这些陶器的形制同二里岗期常见的同类器物已很接近。甚至绳纹的交错拍打、内壁的麻点纹等也与后者相似。至第四期时，这些陶器的数量更多，形制同二里岗期的同类器更趋一致。

二里头遗址划分的四期遗存，反映这一文化曾延续了相当长的时间，但从上面对四期遗物的分析看出，在这相当长的历史过程中，二里头文化不仅给人以持续发展的概念，在文化面貌上还给人以经历着某种变革的印象。这种现象集中表现在第三期遗存中。

必须指出：二里头文化第三期遗存并不是很单纯的，需要认真地予以分析。上面已经提到，这期遗存内不仅包含了一、二期中常见的那组陶器，还出现了鬲、斝、卷沿圜底盆、大口尊等一组新的陶器。郑州商代中期遗址发掘的成果证明，这后一组陶器是二里岗期商代文化中富有特征的器物。因此，它的出现表明第三期遗存中包含了两种文化因素：既有原来就在这里发展着的以一、二期为代表的文化遗存，又有这一时期新出现的一组文化因素。这组文化因素后来突出地表现于二里岗商代文化中，应是商代文化。它们不仅同时并存，而且随着时间的推移，这后一种文化因素还表现出替代和融合前者的趋势。如在第四期遗存中看到，鬲、大口尊、卷沿圜底盆等器形明显增多，原来的那组器物中很有特点的三足盘不见了，有花边饰的侈口罐也明显减少；普遍地出现绳纹、粗绳纹以及内壁施以麻点的作风，篮纹、细绳纹以及罐口沿部位施以花边饰的作风等不见或减少。在一些陶器的形制上还反映了两种文化因素的融合。如深腹盆、甑、侈口罐等，虽然保留了原来的形制（一般还带鸡冠形錾），却变为卷沿、圜底、绳纹的交错拍打及包括盆、缸等陶器内壁施以麻点等作风。

如果把二里岗期商代陶器和二里头文化一、二期陶器进行比较，它们在器类方面的明显差别，对我们观察第三期遗存中出现的变化尤有帮助。例如二里岗期商代文化的陶器，基本上包括圜底器、圈足器、平底器和三足器四种。其中以圜底器最多。三足器中以袋足器（鬲、甗、甑等）占绝对多数，实足的鼎类所占比例很小。全部陶器中，圜底器和袋足器几乎占出土陶器总数的百分之八十，平底器仅占百分之十强。[20] 但二里头文化一、二期陶器的情况则相反。器类以平底器最多，三足器次之，圈足器较少，几乎没有圜底器。三足器中以实足的鼎类占绝对多数，袋足器只有鬲、盉，数量很少。因此，第三期遗存中开始出现的圜底器和鬲、甗等袋足器，在一些器形上表现为两种作风融合一体的现象，正是两种不同文化相遇后经历某种变化的反映。

不过，在文化面貌上所反映的这个过程是缓慢进行的。从已发表的材料可以看到（目前发表的以第三、四期遗存的资料最多），作为容器的圜底器出土数量较多，作炊器用的袋足器还比较少。就陶鬲而言，二里岗遗址中仅陶鬲这一种器形，出土的数量约占陶器总数的四分之一。但在这类遗址中，即使到第四期时，出土的数量还不是很多。三期陶鬲的制作粗糙，接档部位尤其粗厚。这是与商代二里岗期的卷沿薄胎鬲或河南龙山文化中的陶鬲的制作技术所不能比的。

第三期陶器的另一个特点，是陶胎普遍地变厚，器形不如前两期的规整、匀称；内壁有麻点纹饰；制作也不如前两期的工整。

还应提到，三、四期地层中的某些遗迹，也跟二里岗期商代文化的同类遗迹相同或相似，如这两期的陶窑，其结构形制同郑州铭功路的商代陶窑相近；用草拌泥制作的铸铜坩埚和郑州南关外、紫荆山出土的坩埚一样；经过整治的卜骨和先钻后灼的方法，也同二里岗期出土的卜骨一样。[21]

综观二里头文化的发展及其变化，第三期遗存中出现两种文化因素并存的现象是明显的。在这里，新的一组文化因素的突然出现，显然是外来的因素，而且是一个强大的新因素。二里头一、二期文化在经历了很长一段时期的发展之后，因它的出现而受到抑制以至被融合。

基于上述分析，我们似乎可以归纳为以下几点认识：

二里头文化是在传说夏人活动的地域内发展起来的一种古代文化。它在文化面貌上具有独有的特征，并经历了一个长时间的发展。这一文化的发展因另一种文化（商文化）的出现受到抑制，并被融合。

二里头文化三期遗存中新出现的文化因素，其时代比商代二里岗期还早，如果是商文化，它是目前所知中原地区最早的商文化遗存。就二里头遗址来说，它的面积大、堆积丰厚。在第三期遗存中发现有规模很大的宫殿基址和手工作坊址，证明它是一个古代都邑无疑。结合汉以后关于偃师系汤都西亳的记载，二里头遗址与西亳说的地望是一致的。二里头三期遗存可能为汤都西亳的遗迹。联系到汤伐桀、商灭夏的历史事件，或可说明第三期遗存中出现变化的原因，只是文化面貌上的变化总没有政治变革那么急速。

据此，这个早于商代、因商文化的出现而受阻以至被融合的、在传说夏人活动地域内发展起来的、具有一定特征的二里头下层文化，有可能就是我们探索中的夏代文化，或可说是夏代后期文化。

注释

[1] 徐旭生：《1959 年夏豫西调查"夏墟"的初步报告》，《考古》1959 年第 11 期，第 592—600 页。

[2] 韩维周等：《河南登封县玉村古文化遗址概况》，《文物参考资料》

1954 年第 6 期，第 24 页。

［3］河南省文物工作队：《郑州洛达庙商代遗址试掘简报》，《文物参考资料》1957 年第 10 期，第 48—51 页；《郑州洛达庙发现两座古代窑址》，《文物参考资料》1956 年第 11 期，第 27 页。

［4］考古研究所洛阳队：《1959 年河南偃师二里头试掘简报》，《考古》1961 年第 2 期，第 82—85 页；《河南偃师二里头遗址发掘简报》，《考古》1965 年第 5 期，第 215—224 页；考古研究所二里头工作队：《河南偃师二里头早商宫殿遗址发掘简报》，《考古》1974 年第 4 期，第 234—248 页；《河南偃师二里头遗址三、八区发掘简报》，《考古》1975 年第 5 期，第 302—309 页；《偃师二里头遗址新发现的铜器和玉器》，《考古》1976 年第 4 期，第 259—263 页。

［5］夏鼐：《新中国的考古学》，《红旗》1962 年第 17 期，第 38 页；《碳十四测定年代与中国史前考古学》，《考古》1977 年第 4 期，第 222 页。

［6］黄河水库考古队河南分队：《河南陕县七里铺商代遗址的发掘》，《考古学报》1960 年第 1 期，第 25—47 页。

［7］考古研究所洛阳工作队：《1958 年洛阳东干沟遗址发掘简报》，《考古》1959 年第 10 期，第 537—540 页。

［8］河南省文物工作队：《郑州上街商代遗址的发掘》，《考古》1960 年第 6 期，第 11—12 页；《河南郑州上街商代遗址发掘报告》，《考古》1966 年第 1 期，第 1—7 页。

［9］北京大学历史系洛阳考古实习队：《河南偃师伊河南岸考古调查试掘报告》，《考古》1964 年第 11 期，第 543—549 页。

［10］河南省文物工作队：《河南偃师灰嘴遗址发掘简报》，《文物》1959 年第 12 期，第 41—42 页；《河南偃师灰嘴商代遗址的调查》，《考古》1961 年第 2 期，第 99 页。

［11］河南省博物馆长江流域规划办公室、河南省博物馆文物考古队河南分队：《河南淅川下王岗遗址的试掘》，《文物》1972 年第 10 期，第 13—14 页。

［12］河南省文物工作队：《渑池鹿寺商代遗址试掘简报》，《考古》1964 年第 4 期，第 435 页。

［13］洛阳博物馆：《河南临汝煤山遗址调查试掘》，《考古》1975 年第 5 期，第 285—294 页。

［14］考古研究所洛阳工作队：《1959 年豫西六县调查简报》，《考古》1961 年第 1 期，第 31—32 页。

［15］刘东亚：《河南鄢陵扶沟商水几处古文化遗址的调查》，《考古》1965 年第 2 期，第 94—96 页。

［16］考古研究所洛阳工作队：《河南偃师商代和西周遗址调查简报》，《考古》1963 年第 12 期，第 649—653 页；杨育彬：《河南偃师仰韶及商代遗址》，《考古》1964 年第 9 期，第 463 页。

［17］河南省文物工作队：《河南信阳三里店遗址发掘报告》，《考古学报》1959 年第 1 期，第 6 页。

［18］考古所山西队：《晋西南地区新石器时代和商代遗址的调查与发掘》，《考古》1962 年第 2 期，第 463—464 页。

［19］见注 4、注 5。

［20］《郑州二里岗》三、商代遗址部分，表六《探沟出土容器统计表》第 18 页，表七《灰坑出土容器统计表》第 19 页。

［21］河南省文物工作队：《郑州商代遗址的发掘》，《考古学报》1957 年第 1 期，第 53—57 页。

二里头文化再探讨

二里头文化的发现和研究，是中国考古学近二十年来取得的一项重要成果。这种文化遗存主要分布在河南省西部和山西省南部，已经发现的遗址有百余处之多。二里头文化的面貌具有一定的特点。根据偃师二里头遗址的地层堆积，已被划分出四个时期的遗存。[1]有地层依据和碳十四测定的数据证明，它比郑州二里岗期商代文化的时间要早。[2]因此，它的发现，对中国古代史的研究具有重要意义。

关于二里头文化是否就是夏代文化，我国的学术界正在进行讨论。在这场讨论中，主要有两种不同的意见：一种意见主张二里头文化四个时期的遗存都是夏代文化；[3]另一种意见则认为，这四期遗存虽有延续发展的方面，但第二期与第三期间出现的变化却具有划时代的意义；第三、四期遗存的时间有可能进入商代。[4]显然，这一分歧不仅反映了研究者们对夏商文化的理解不同，而且对二里头文化的内涵及其性质也存在认识上的差异。因此，若能在理论与实践的结合上统一对二里头文化的认识，那么，无论对夏文化的探索还是对商文化的研究都将是很有意义的。

在这篇文章中，笔者想就二里头文化的内涵，着重对第三、四期遗存中的文化成分再作一些分析，并对它的文化属性作些探讨。不妥之处，欢迎指正。

前几年，笔者曾对二里头文化的内涵做过一些简要的分析，写了《二里头文化探讨》[5]（以下简称《探讨》）一文。该文在指出二里头文化具有一定特点和作风的同时，曾经提出该文化第三、四期遗存与一、二期遗存相比，在文化面貌上存在差异与变化的论点。指出在第三期遗存中除了包含有第一、二期中常见的那组陶器：鼎、折沿深腹罐、侈口圆腹罐、三足盘、深腹盆、平底盆、豆、澄滤器、大口缸等器物外，还出现了鬲、斝、卷沿圜底盆、大口尊、小口高领瓮等一组新的陶器。这后一组陶器的数量在第四期时越来越多，表现出替代和融合前者的趋势。郑州商代遗址发掘和研究的成果表明，这后一组陶器是二里岗期商代文化中富有特色的器物。因此，新出现的这组文化因素，可能便是商文化。

近年来公布的材料充实了上述论点。我们看到，二里头文化第三期遗存中出现的这组文化因素，与商代二里岗期遗存中的同类器之间在形态上存在着紧密的联系。例如：

陶鬲在二里头文化第三期遗存中的数量尚少，形制多样。有的胎厚、裆低、袋足较浅；有的似侈口圆腹罐加三个袋足，口沿部还保留了侈口罐特有的花边形装饰。但第四期遗存中陶鬲的数量明显增多，形制也相对趋于稳定，有的已制成侈口圆唇、深裆、高锥足的形式，陶胎也较薄，与二里岗下层的同类器比较接近。

二里岗期商文化中很有特色的大口尊在二里头三期中也已出现，它犹如标准化石那样引人注目。三期大口尊为侈口、束颈、折肩，肩部饰附加堆纹，肩以下饰绳纹，一般口径小于折肩径。第四期大口尊的口径与折肩径大致相当，已与二里岗下层的同类器相一致。

陶斝是二里岗期商文化中常见的一种器形。二里头第三、四期遗存中出土的数量虽然不多，但是三期陶斝制成侈口、束颈、附耳，腹下三袋足，口沿部安有两个矮柱的器形特征，与二里岗期同类器表现出明显的一致性。商代晚期的铜斝也基本上保持了上述特征。作为商文化中一种代表性的器形，这种情形显然是很有意义的。

卷沿圜底盆和小口高领瓮在第三、四期遗存中出土的数量已经相当多。它们的形制和腹部拍饰交错绳纹，内壁多有麻点等作风，都与二里岗期的同类器一致，从而不难找到其间的联系。

此外，二里岗期商代文化中出土的盆形鼎、柄较细的豆、圜底甑、平底盆、器盖等陶器，与二里头三、四期遗存的同类器之间，也能找到一致或相似的特点。

在青铜器方面，二里头三、四期遗存中出土的容器只有爵一种。爵的器形作窄流尖尾、束腰平底、三棱锥状足。二里岗下层出土的铜爵，其流、尾、底、足与上述爵一致。但制成直腰，并在流口接合处出现矮柱。两者的器形有一定差异。不过，第四期陶爵的流口接合处也有贴附泥饼的做法；在二里头采集的一件铜爵上也出现矮柱，从这里可以看出其间的演变途径。

二里岗期商文化中出土的青铜方鼎、鬲、斝、盉、觚等，也都可以在二里头三、四期的陶方鼎和其他同类陶器的器形上找到其间的共同特征。在纹饰方面，商代青铜器上常见的兽面纹、云雷纹等，也都可以在二里头三、四期器物上找到相同的纹样。例如二里头三期墓葬中出土的玉柄形饰上雕琢的兽面纹图案，其特征、作风都与商代铜器上作为母题的装饰纹样相一致。

至于兵器的戈、镞，工具的刀、锛、斧、凿以及铜铃等，二里头第三、四期中所出的和二里岗期同类器的形制也都是一致的。

在遗迹和其他遗物方面，《探讨》一文中曾经指出三、四期的灰坑、陶窑和铸铜用的坩埚、卜骨等都与二里岗期的同类遗存一样。还可补充的是，二里头遗址发现的夯土台基及其所用的夯筑技术、夯窝的规格、置础的方法等，也都与郑州、安阳等地的同类遗存相一致。其他如作为乐器的陶埙、石磬，作礼仪用的璋、琮、戈、钺和做装饰用的柄形饰等玉器，二里头三、四期遗存中所见的与郑州、安阳的商代同类器也都一样。例如二里头出土的玉璋与二里岗所出的一件形制完全相同。[6]至于上面提到的其他几种玉器，众所周知，它们在后来的商代墓葬中是经常出土的。[7]

诚然，二里头文化三、四期遗存中的一些器物与郑州二里岗期遗存相比，也能看到一些差异。如二里岗期很有特色的假腹豆在二里头三、四期中不见。簋的形制，二者也不尽相同。鬲、斝、甗等袋足器的数量在二里头四期时也比较少，鼎、罐等陶质炊器的数量相对的还比较多。不过，与上面提到的一致性相比，这些差异是次要的。正如二里岗期遗存中常见的陶质大口尊、斝、甗、假腹豆等器形在安阳殷墟的晚商陶器中少见或不见，二里岗期的鬲、簋、罐等陶器与小屯时期的同类器不尽相同一样。

应该指出：在有时间先后的两种考古学文化之间，后一种文化中保留一些前一种文化的因素是正常的现象。这是由文化的延续性决定的。文化的发展不能割断，时间较早（或前代）的文化为后来者继承、吸收和融合是必然的。这样的事例在历史上屡见不鲜。因此，不仅二里头文化第三、四期遗存中，就是二里岗期商文化中保留一些二里头一、二期中常见的某些器形（如觚、爵这两种商文化中常见的器形在二里头第二期遗存中即已出现）是完全可以理解的。现在的问题是：二里头文化三、四期遗存中出现了一组与二里岗期商文化中富有特征的器形十分接近的器物，而且这组器物的数量随时间的推移而越来越多，表现出替代这一文化中固有的那组器物群的趋势。这种现象到底反映了什么？却是研究者们必须给予回答的。

《探讨》一文还曾指出：在二里头文化第四期遗存中看到，第三期遗存中出现的鬲、大口尊、卷沿圜底盆等器形明显增多；原来那组器物中很有特色的三足盘不见了。有花边饰的侈口罐明显减少了，普遍地出现了器表面拍打绳纹、粗绳纹以及内壁施以麻点的作风。篮纹、细绳纹以及侈口罐口沿部位施以花边饰的作风等不见或减少。在一些陶器的形制上还反映出两种文化因素的融合，如深腹盆、甑、侈口罐等虽然保留了原来的形制（一般还带鸡冠形鋬），却变成卷沿、圜底，器表拍饰的绳纹作交错拍打及包括盆、缸等陶器的内壁施以麻点等作风。

其实，三期陶鬲中有的如侈口罐之加三袋足的形状，口沿下贴附泥条做成花边形装饰的传统做法依然保留，也可以认为是两种文化因素融合的例证。不过，第四期时这种融合的痕迹表现得更加明显了。一、二期中不见的那些袋足器（鬲、斝、甗）和圜底器的数量在第四期中明显增多，与一、二期中多为平底器和实足器（鼎）的情形形成鲜明的对比。虽然这组新器形代表的文化因素在数量上还没有达到二里岗期所占的比重，但它的数量明显增多，表现出替代和融合原来那组文化因素的趋势，似可认为代表了文化发展的方向。而前两期中富有特色的那组器物纵然继续沿用，有的器形甚至在二里岗期还能看到，却已处于被融合和替代的地位。

有的研究者虽也承认二里头文化二、三期遗存之间存在差异和变化，但又认为它们之间是不可分的。他们在二里头第四期与二里岗期之间划了一道区分时代的界线。

对于二里头文化第二、三期之间出现的变化，尤其对三、四期遗存中新出现的文化因素作何种解释为合理？我们认为只要看看其他时代的考古资料出现类似现象时反映了何种情形就可得到启示而予以回答。

我们研究的对象主要是古代先民在社会生产和生活实践中制造并遗留下来的物质文化遗存。我们接触的各种遗物和其他遗存一样，是按人们的需要而被制造的。但人们在生产和生活中的活动都是有目的的活动，所以有关它们的变化，也应该从当时的社会因素中去寻找答案。特别是在文化面貌出现新的变化时，把这种变化跟当时的社会所发生的变革联系起来考虑，应是一个正确的途径。

　　从一些实例也可看到，一旦社会发生变革，诸如一个王朝被另一个王朝所替代或一个族原来的地域被另一族占领等，在文化面貌上确实是有反映的。例如因武王伐纣而导致商周王朝的更替，在中原地区的周初遗存中确可看到一些周文化因素的器形。不过，商文化作风的器物有的仍被承袭下来。因此，诸如晚商时期流行的"商式鬲"或别的器物在周初的层位中不断出土；周文化中很有特色的瘪裆鬲（"周式鬲"）却很少见到。正是由于这种情形，一个时期内人们在判断和划分商末周初的文化遗存时曾经遇到了一定困难：强调了其中的周文化因素，可以把这一层位定为周初；强调了其中的商文化因素，可以把它判为商末，如此等等。

　　这里还可以举秦统一六国以后广大地域内看到的类似情形。众所周知，秦始皇为推进统一的过程，曾经动用行政力量推行统一措施。但除了在度量衡器、货币等方面有实物证明取得一定成效外，从各地的物质文化面貌来看，并未因政治统一而导致全面的一致。相反，在一定时期内，各地的文化面貌仍然保留了较多原有的、传统的文化因素；有的地方，与之共出的秦文化风格的东西相对来说还是比较少的。拿鄂西地区来说，尽管这里离秦国较近，并在公元前 278 年白起拔郢时即已并入秦国，但这里发现的秦墓中既出有一些秦文化特点明显的物件，也保留了较多楚文化特点的器物。例如，在宜昌前坪和葛洲坝发掘的战国晚期墓中，出土的铜壶、铜鼎等器物都明显的具有楚文化的特点，[8]与寿县朱家集楚王墓所出的同类器的形制一样。但由墓中所出铜印的印文可知，它们应是战国晚期的秦墓而不能再称楚墓了。在江陵凤凰山发掘的秦汉墓中，随葬的器物组合跟楚墓多不相同，但有的墓中仍然出有鼎、盒、壶一类组合，器物的形制也能看到楚器的传统特征。敦这种楚器中富有特色的器物甚至一直延续到西汉时期。[9]这样的例子说明：尽管社会政治发生了变革，但文化面貌却并未由此马上改变，足证文化的承继性不会因政治事变的发生而突然中断，相反，政治事变的发生在物质文化面貌方面反映的变化过程是缓慢的。它是以渐变的形式表现出来的。

这些事例对我们理解和解释二里头文化第三、四期中出现两种文化因素并存和表现出替代、融合的情况是很有意义的。特别是在二里头三、四期墓葬中，我们也看到有些墓的随葬品中既有一、二期中常见的鼎、侈口罐、三足盘、觚、爵、盉等（当然形制有所变化），但也使用卷沿圜底盆、小口高领瓮（罐）等新的、富有商文化特色的器物。[10]所以《探讨》一文在讨论第二、三期间的差异和变化的原因时，即提出了可能由政治变革引起的推论。由于这里看到的情况与商周之际或周秦之间出现的情况极为相似，因而把这种变化同汤伐桀、商灭夏的历史事件联系起来可能是合理的。

还要提到的是：二里头遗址三期地层中发现的规模巨大的宫殿遗址和其他重要遗存，表明这里曾是我国古代一个重要的都邑。对此，有人认为它是夏都斟鄩[11]，有人认为它是夏都阳城[12]。但从文献材料看，自从《汉书·地理志》在河南郡偃师县下班固自注"尸乡，殷汤所都"以后，历代学者多认为汤都之西亳在偃师。有的还考订了它的地望。如今偃师二里头遗址的位置与西亳说的地望颇为接近；尤其在文化内涵方面，第三期遗存中确又出现了一组与郑州二里岗期商文化特征一致的器物群，这种情况，可以证明偃师二里头三、四期遗存的时间已经进入商代。

目前围绕二里头文化展开的讨论，以对三、四期遗存的性质的分歧最大。据我们对这两期遗存所做的分析，前曾指出在二里头第三、四期遗存中实际上包含有两组不同的器物群，它们既同时并存，又在文化面貌上表现出经历某种变革的事实。如果就文化面貌看到的变化而言，我们或可把它称为（两种文化交替的）变革时期，虽然这种变革是由社会变革引起的。但是，由于这两期遗存中包含有两组文化因素，当强调其中的一组与第一、二期遗存器物群的一致性时，很容易将它们等同起来，视为一体，因而认为是不可分的；当强调另一组文化因素与二里岗期商文化的同一性时，也很容易地把第三、四期遗存看作后者的直接前身，甚至提出二里岗期商文化由二里头文化直接发展而来的论点。

因此，对二里头三、四期遗存的内涵作切实的分析和对两种文化因素的兴衰变化等做出合理的解释是很重要的。不过，既然第三、四期遗存中有了新的变化，出现了新的文化因素，那么确切地说，似有把第三、四期遗存与第一、二期遗存为代表的文化加以区分的必要。考虑到第三、四期中的两种文化因素不是简单的平行发展，而是有兴衰变化；新出现的那组文化因素有压倒、融合第一、二期中固有的那组文化因素的趋势，理应把它们划入商代的范畴。目前一般都把这四期遗存统称为二里头文化，或可理解为广义的二里头文化。

偃师二里头遗址三期地层中发现的大型宫殿基址和手工作坊址等重要遗迹，向我们展示了我国早期都邑的轮廓。迄今发现的资料表明，这一时期的社会生产较前有了新的发展，社会分工更细，出现了城乡分野，并已建立了早期奴隶制国家。

青铜器在这类遗址中一再出土，标志当时已经进入青铜时代。所有这一切，说明商族的社会发展在成汤时期可能经历了一个重要的转折。商王朝从成汤建国时起，即以一个具有一定文明水准的奴隶制国家的面貌而出现在中原大地之上。这一情况，使我们对有商一代以至中国青铜时代的历史文明及其发展有了更深刻的认识。

注释

[1] 中国科学院考古研究所洛阳发掘队：《河南偃师二里头遗址发掘简报》，《考古》1965 年第 5 期，第 215—224 页；中国科学院考古研究所

二里头工作队：《河南偃师二里头早商宫殿遗址发掘简报》，《考古》1974年第 4 期，第 234—248 页。

［2］中国科学院考古研究所洛阳发掘队：《1959 年河南偃师二里头试掘简报》，《考古》1961 年第 2 期，第 82 页。夏鼐：《碳－14 测定年代和中国史前考古学》，《考古》1977 年第 4 期，第 222 页。

［3］邹衡：《关于探讨夏文化的几个问题》，《文物》1979 年第 3 期，第 64—67 页；邹衡：《夏商周考古论文集》，文物出版社 1980 年版。

［4］中国科学院考古研究所洛阳发掘队：《河南偃师二里头遗址发掘简报》，《考古》1965 年第 5 期，第 215—224 页。中国科学院考古研究所二里头工作队：《河南偃师二里头早商宫殿遗址发掘简报》，《考古》1974年第 4 期，第 234—248 页。

［5］殷玮璋：《二里头文化探讨》，《考古》1978 年第 1 期，第 1—4 页。

［6］赵新来：《郑州二里岗发现的商代玉璋》，《文物》1966 年第 1 期，第 58 页。

［7］安阳殷墟发掘的妇好墓中，玉琮出土 11 件，玉戈出土 39 件，玉柄形饰出土 33 件。参见《殷虚妇好墓》，文物出版社 1980 年版。

［8］宜昌前坪 23 号墓和葛洲坝 1 号墓中所出的铜鼎皆为附耳，扁腹，兽首高足，盖腹都有弦纹。一盖上附三环钮，另一为三牺钮。所出的铜壶为长颈、圆腹有盖，有链式提梁。葛 M1∶2 铜壶腹下有铺首衔环三，近口部饰三角云纹，颈部蕉叶纹，腹部和圈足饰蟠虺纹带。这两种铜器与寿县朱家集楚王墓所出之太子鼎、客铸鼎和铜壶的形制一样。后者一般公认为战国晚期墓。也与长沙的战国晚期墓中同类器一致。见湖北省博物馆《宜昌前坪战国两汉墓》，《考古学报》1976 年第 2 期，第 117—121 页，有插图、图版。

［9］郭德维：《江陵楚墓论述》，《考古学报》1982 年第 1 期，第 175—176 页。

［10］在二里头三、四期墓葬中，有卷沿盆、小口高领瓮（罐）与陶爵、陶盉、侈口圆腹单耳罐及玉璋、玉钺等同出的（VM3）；有卷沿盆与豆、三足盘、觚同出的（V1M1）；有与卷沿盆的形制一样的甑和盂、圆腹

罐等同出的（V1M6），等等。见中国社会科学院考古研究所二里头工作队《1980年秋河南偃师二里头遗址发掘简报》，《考古》1983年第3期，第201—205页。

[11]邹衡：《夏商周考古论文集》，文物出版社1980年版，第229页。

黄石林：《关于探索夏文化问题》，《河南文博通讯》1978年第1期，第37—38页。

[12]孙华：《关于二里头文化》，《考古》1980年第6期，第521—525页。

原文刊于《考古》1984年第4期；

又A Reexamination of Erh-Li-t'ou Culture，《Studies of Shang Archaeology》，Yale University Press ，1985年

近几年来的考古发现与研究

30 年来，我国的考古事业获得了空前的发展，取得了辉煌的成就。我国考古学已经改变了过去零敲碎打进行发掘的状况，初步地建立了比较完整的考古学体系。

最近几年，由于束缚人们的精神枷锁被打碎，考古学这块学术园地也迎来了温暖的春天，获得了许多新的成果。

揭开人类历史遇到的头一个问题，是关于人类起源的课题。在这方面，我国老一辈的考古学家在中华人民共和国成立前就曾做出了贡献，发现了很有名的北京人等人类化石。中华人民共和国成立以来，在全国各地开展了调查和发掘，迄今已在 23 个省、市、自治区发现了旧石器时代遗址，还获得了不少古人类化石，其中以陕西蓝田、云南元谋发现的"蓝田人"和"元谋人"最为著名。

近年来，我国学者用古地磁方法测定了它们的时代，获得了比较准确的年代数据。计蓝田人距今约 75 万—65 万年，元谋人距今约 170 万年。同时对北京人的时代也重新作了测定，获得了晚于距今 69 万年的数值。对元谋人化石从体质人类学方面进行了研究，进一步论证了这是迄今在我国发现的最早的直立人化石，从而把我国发现的古人类化石的时代，较北京人又提早了100 万年。

在山西襄汾丁村、广东曲江马坝、湖北长阳、广西柳江、四川资阳等地发现了比北京人晚的、属于"古人"和"新人"阶段的人类化石。1978 年在陕西大荔发现的"大荔人"化石，它的时代比北京人晚，但比丁村人要早。此外，还在各地发现许多旧石器。

所有这些发现，填补了过去在旧石器时代考古方面的许多空白，为建立中国旧石器时代考古学的分期和发展序列提供了很多资料。虽然国外学者在非洲发现了相当古老的古人类化石，但是我国各地的发现证明从很早的古代起，人类的足迹就踏遍了这块土地。联系到云南开远小龙潭等地发现的距今约 1500 万—1000 万年的拉玛古猿化石，为人类起源的"亚洲中心说"增添了资料。我国考古学家贾兰坡就力主这一论点。

还应提到：对旧石器晚期的古人类化石所做的体质人类学研究，找到了处于新人阶段的山顶洞人与今天的黄种人之间在体质特征方面的相似之处。这对探讨其间可能存在的渊源关系和有关人种起源的问题，也是很重要的资料。

如果说旧石器时代考古的主要任务是探讨人类起源的话，那么揭开我国历史序幕的任务就落到新石器时代考古学家的身上了。目前，在全国范围内发现的新石器时代遗址已达五六千处。这些发现使人们的认识远远超出了以前发现的仰韶文化、龙山文化的范围，初步揭示了我国各地原始文化的面貌，表明在四五千年以前，处于原始氏族公社时期的我国古代人民，就星罗棋布地散布在我国的广大土地上，在艰苦的劳动中，创造了我国很有特色的原始文化。特别是将碳十四测定年代的方法[1]运用于新石器时代考古学后，建立了科学的编年学，推动了我国史前史的研究，使我国新石器时代的考古研究工作进入了新阶段。

近几年来我国新石器时代考古工作又取得了不少新的成果。一方面，通过分析和比较，对各考古学文化的类型、分期等做了更加深入的研究；同时对各原始文化的社会性质及其发展阶段等进行了探索。例如，围绕大汶口文化展开的关于母权、父权制的讨论，以及我国私有制起源的探讨，等等，提出了一些值得注意的看法。这些研究与探讨，推动了考古工作的进一步开展。此外，各地在田野工作中又有了不少新的很有价值的发现。

在河北武安磁山和河南新郑裴李岗新石器时代较早阶段遗存的调查和发掘，是一项很重要的工作，考古学上把这种遗存称为"磁山·裴李岗文化"。据碳十四测定，这是距今约七八千年的文化遗存，现已发现了二十多处。这类遗存在文化面貌上表现出明显的原始性，但从遗址区内发现的房基、窖穴、窑址、氏族墓地和农业工具、谷物及猪狗的骨骼看，当时已经有了原始农业和家禽，生活相对的安定了下来。目前，考古界对这一文化的命名、它与仰韶文化的关系等存在不同的看法，但是争论的双方一致认为这一发现具有重要意义。它的发现进一步缩小了从旧石器时代晚期到新石器时代中期之间存在的那一段空白，也有助于探索我国农业、畜牧业和制陶业的起源。现在人们正致力于向前追寻，为最终解决这一课题提供新的第一手资料。

在浙江余姚河姆渡发现的新石器时代较早的文化遗存，是又一项比较重要的成果。它的时代在六七千年间，与中原地区的仰韶文化早期相当，文化面貌也很有特色。如陶器的制作比较原始，用炭化的植物（茎、叶、稻壳）为羼和料；农业工具中有用兽类肩胛骨制成的骨耜，等等。遗址区内发现的稻谷，是我国迄今发现最早的稻谷，揭示了我国是世界上最早的产稻国的史实。这一种文化遗存的发现，表明长江流域在很早以前就有了相当发达的文化，它与黄河流域一样，是孕育我国古老文明的又一个重要的发源地。

虽然金石学在我国有着悠久的历史，但是以田野发掘为基础的现代考古学在中国出现，可以说是从 50 年前发掘安阳殷墟开始的。不过，中华人民共和国成立前对安阳殷墟虽曾做过 15 次发掘，但有关殷墟的布局以及文化分期等都未能解决。30 年来的商代考古，已经大大超出了安阳殷墟的范围。在河南偃师、郑州等地找到了重要的商代城址，从而对商代文化的面貌及其早晚的文化分期等都有了更全面的认识。正是在这个基础上，提出了探索夏代文化这样一个很重要的学术课题。

人类在进入阶级社会之前是有一个无阶级的原始社会的。由无阶级的原始社会向奴隶社会转化，是基于私有制与阶级的出现，并在阶级斗争中导致国家的建立。根据文献材料，我国历史上的夏代，可能正处于这样一个重要的转变时期。因此，搞清楚夏代历史，对探讨我国历史上存在的这一变革具有重要的意义。可是，过去有关夏代的文献材料过于零碎，不能解决这个问题，因而不得不寄希望于考古工作，以期用考古手段去寻找夏代遗物。

我国的考古工作者经过多年的调查、发掘之后，在传说夏人活动的豫西地区，确曾找到了比商代还早的一种文化遗存。这种遗存以河南偃师二里头遗址的内涵比较典型，所以称为"二里头文化"。遗存的时间，经碳十四测定，同推算的夏代纪年比较接近，引起学术界的重视。目前，考古工作者对这种遗存的看法还有差异，有的认为二里头遗址的上下两层遗存可能都属夏代；有的则认为它的上层属商代，下层有可能属夏代遗存。也有些同志认为河南龙山文化的晚期遗存，因其时代也在夏代纪年之内，也可能属夏代遗存。只是截至目前还没有找到足以确定它是夏代文化的直接证据，所以还不能骤下结论。不过这些讨论推动了探索夏代文化的工作。随着发掘工作的进行，新资料的不断涌现，这一课题将能够得到较满意的答案。

在探索夏代文化的同时，探索先商文化和先周文化的课题也被提上日程。这些课题将对夏、商、周三个族的族源及它们在建立王朝以前的历史、文化的研究，提供文献资料没能提供的素材。同时，这些课题的提出，是一个重要的标志：表明中国考古学的发展已经超越了"证经补史"的阶段，敢于独立地探索一些重要的学术课题了。

对于青铜时代的考古工作，近几年来的发现也十分引人注目。就以前面提到的安阳殷墟而论，1976 年在小屯发掘的一座王室成员的墓葬，是殷墟发掘五十多年来第一次发现的最完整、最丰富的一座。墓中随葬的青铜器上大多铸有"妇好"铭文，可知死者就是商王武丁的配偶。她是商代历史上有着一定地位的人物。

此外，在商代王陵区东侧发现了一个祭祀场。在发掘的 4700 平方米范围内，清理了 191 个祭祀坑，发现有 1178 个俘虏或奴隶同飞禽走兽一起，成了供奉商王及大贵族亡灵的牺牲，揭示了商代社会中使用人牲的史实。去年公布的在殷墟西部清理的 900 余座平民墓葬，揭示了商代社会中平民的葬仪和他们在社会生活中的状况。这几项成果，对考察商代社会的阶级结构及各阶级在政治、经济与社会生活中的地位都是难得的宝贵资料。如果说，50 年代因资料不多而对商代社会性质存在不同意见的话，那么，面对这样一些资料，对于商代是奴隶社会的论点就无可置疑了。

近年来又出土了不少西周铜器，其中以陕西扶风庄白发现的微氏家族的铜器比较重要。陕西岐山凤雏村发掘的西周宗庙遗址，由于填补了过去在这一方面工作的空白而具有特定的意义。在这一遗址内还出土了 200 多片带字卜甲，它对于研究周初历史和商周关系等都是十分珍贵的资料。1978 年冬在长春举行的古文字讨论会上，古文字学家张政烺对其中一种由数字组成的记号，提出用八卦来解释的看法，得到与会者的赞同。这一看法解决了古文字学上长期存在的一个疑案。

此外，在江西清江吴城、湖北黄陂盘龙城、辽宁喀左北洞村、北京平谷刘家河和房山琉璃河、昌平白浮、陕西临潼等地，还发现了很有价值的商代或西周的遗址、墓葬或窖藏铜器。这些发现对研究商代和西周的历史都是重要的资料。

东周时代是我国历史上又一个重要的、处于变革的时期。有关我国古史的分期问题的讨论，常常涉及对春秋、战国的社会性质的看法。因此，对东周列国遗存的考古工作，引起史学界的重视是很自然的。

铁器的出现在人类历史上起过十分重要的作用。可是，我国从何时开始冶炼和使用铁器的呢？这是在讨论古史分期或有关社会性质问题时经常碰到的问题之一。当然，这个问题也只能靠考古发掘去解决。

到目前为止，可以确认是人工冶炼的铁器，它的时代是春秋晚期，所以一般认为春秋晚期是我国最早使用铁器的时间。同时，江苏六合一座春秋晚期墓中出土的一件铁块，经鉴定为白口生铁，表明我国发明生铁的时间也在春秋晚期。但是，层出不穷的新资料的涌现，使很多结论不得不随着最新出土物的研究结果而不断变更，这也是考古事业迅速发展的反映。1978 年在湖南长沙杨家山的春秋晚期墓中出土钢剑一把，据鉴定，这是一把含碳为百分之零点五的中碳钢制品，从而把我国发明和使用钢的时间也提到了春秋晚期。这样，有关我国发明和使用人工冶铸铁器的问题，似还需留待考古工作者在今后的工作中进一步予以回答。

近年来在湖北大冶铜绿山矿区发现的古代矿冶遗址，是这一时期一项引人注目的发现。一个时期以来，在研究我国历史上极为灿烂的青铜文化时，比较重视青铜器的铸造工艺，却不知道古代先民怎样开采铜矿和如何冶炼铜金属的。现在找到了这一时期的古代井巷和炼铜竖炉等遗迹，这就揭开了当时采掘和冶炼的工艺，填补了冶金史研究方面很重要的一个缺环。

1978 年在湖北随县发掘的曾侯乙墓，以它巨大的规模和十分丰富的随葬品而引起参观者的赞叹。其中有的青铜器皿系用失蜡法铸件铸造，工艺相当进步。这一发现把我国使用失蜡法铸件的时间提到战国时代。墓中出土的青铜器和青铜构件，用铜量达十吨之多，反映了当时的青铜手工业达到了相当高的水平和规模。至于墓中出土的那套编钟，音色优美，音域宽广，变化音比较完备，至今尚能演奏各种乐曲，对研究我国古代音乐及其发展的历史也是不可多得的好资料。两湖地区的这几项重要发现，从一个侧面反映了古代荆楚文化的面貌，以及当时相当发达的生产水平。

在北方，这两年也有一些重要的发现。例如前两年在河北平山发掘的战国中山王墓。墓中出土的三件铜器上，分别铸有一百多字至数百字的长篇铭文，记述了有关中山国的一段已经湮没的历史，弥补了古代史上一段空白。尽管一些学者对于这个中山是春秋时代白狄所建的鲜虞还是周王室所封的中山侯国尚存在分歧，但是争论双方一致认为，这一发现对研究中山及其邻国的历史至为重要。

秦汉以后，由于文献资料比较丰富，考古工作的重要性似不如先秦时期了。但是重要的发现接连不断，促使人们也越来越注重考古工作的成果。例如，秦始皇陵附近发掘的兵马俑坑，以它巨大的规模和重要的学术价值，已经引起中外学者的普遍重视。

在"丝绸之路"沿线所做的考古工作，发现了不少汉唐时代的丝绸、文书以及在中外交往过程中遗留的罗马金币、波斯银币等遗物，把汉武帝时期沟通的这一条中外陆上通道，重新又展示在人们的眼前。至于海上通道，也因宁波、泉州等沿海城市发现了五代、南宋的海船，船上装有进出口的香料、药材及越窑瓷器等遗物而反映了古代中国的交通与外贸情况。

对于各少数民族古代历史的研究，也是考古工作的重要内容之一。近几年来，对东北和北方的东胡与匈奴，对四川的巴蜀文化和云南的滇文化等，都做了不少工作，取得了一定成果。它在一定程度上揭示了我国各族人民在漫长的历史进程中经历的不同发展道路，对研究我国多民族国家的形成和发展，提供了不少文献资料所没有的、富于说服力的原始材料。

考古学的发展给其他学科带来的影响很大。近几年来，由于考古学为这些学科提供了很多重要的科学资料，大大促进了许多学科的有关科学技术史的研究，其中尤以冶金、纺织、天文和陶瓷的研究成果最为突出。

注释

[1] 碳十四是碳的三种同位素中的一种，具有放射性。凡是和大气中的二氧化碳进行直接或间接交换的含碳物质都包含有碳十四，并在生活期间同大气进行交换而达于平衡，一旦停止交换（如死亡），碳十四因衰变而放射水平不断降低，每 5730 年降为原有水平的一半值（称为半衰期），因此，测出标本现有的碳十四放射性水平，并将它和原始放射性水平比较，即可算出该物质死亡的距今年代。

原刊《人民日报》1980 年 4 月 25 日；又见
《二千三百年前の的古代中山国の谜》（日、英、法、西、俄
等 12 种文字），北京外文出版社 1983 年版

南方考古的重大突破

　　如果说前几年在四川广汉三星堆发现的祭祀坑及其大批青铜器曾在学术界轰动一时的话，那么去年在江西新干大洋洲发现的商墓及其大批青铜器，同样会使学术界的同仁们惊叹不已。因为在长江中、下游地区发现的这两批青铜器具，使人们对江南地区青铜文化的面貌及其发展水平有了全新的认识。新干大洋洲的这一发现不仅对江西的考古工作，而且对中国考古学的研究，都具有极为重要的意义。

　　中华人民共和国成立以来，江西的考古工作获得巨大发展，取得了很多可喜的成果，万年仙人洞发现的新石器时代早期遗存，清江筑卫城、修水山背等地发现的新石器时代晚期遗址、清江吴城的商代遗址，等等，都是很重要的工作。但是江西考古工作的起步毕竟比中原诸省要晚，在这里提出的问题比解决的问题更多。例如，中原地区的青铜文化在商周两代已经进入繁盛时期，鄱阳湖周围地区在同时期的文化发展居于何种水平呢？这里的青铜文化面貌、特征、发展道路又是怎样的呢？它与周围地区的青铜文明是一种什么关系呢？应该说吴城遗址的发掘，从地层与年代（分期）等方面提供的证据，为在这一地区开展商周考古工作打下了很好的基础，是一项很重要的成果。可惜吴城出土的青铜器毕竟太少了，它的出土物还不能完全回答上述问题。所以人们企盼在这里有新的突破性成果。这次在新干大洋洲出土的铜器群恰恰弥补了这方面的不足，为深入研究有关学术课题提供了不可多得的宝贵资料。从这个意义上说，新干商墓确是一个突破性的重大发现。

这次在新干出土的青铜器不仅数量多，而且器类齐全，有礼器、乐器、兵器和工具等。另外，还有玉器、陶器等。许多器物在江西还是第一次见到。特别可贵的是，它们共出于一个单位，所以年代和组合关系都很明确。从这些器物可以看出，不少礼器和兵器的形制与河南安阳殷墟出土的同类器是一致的，反映了这里的青铜文化与中原地区的商文化有着较密切的联系。有些铜器则具有明显的地方特征，如乐钟、虎形器和部分兵器及工具等。鼎、甗的形制既与中原的同类器一致，但耳上又有虎形饰件，反映了中原商文化因素与地方文化因素的结合。所有这一切都可说明：3000 年前居住在这里的居民，已经创造出自己的富有特色的青铜文化，虽然它曾受到中原商文化的强烈影响。不仅如此，像鼎、甗、钟、镈等礼器、乐器以及在装饰纹样方面反映了地方性特征的其他器物，都应是当地工匠所铸造的。由于青铜器的铸造需要复杂的技术和较高的工艺，因而被视为衡量社会经济发展水准的重要标志之一。

这批青铜器群出于新干大洋洲的沙丘之内，与一般的泥土地不同，发掘工作相当困难。经过发掘者的努力，已被证实是一座墓葬。从器物组合及其埋放位置等方面，也可证实墓葬说是合理的。这个墓主人死后在墓中放置了上百件青铜礼器、乐器、兵器和工具以及精美的玉雕装饰品等，这是他生前拥有大量财富的真实反映。其中，随葬的大、小铜钺则是权力的象征，目前仅见于安阳殷墟的妇好墓、山东益都苏埠屯一号墓、湖北黄陂盘龙城李家嘴一号墓和山西灵石旌介三号墓等为数不多的晚商墓中，使用者是商王室成员、方伯等一类大贵族。新干大洋洲商墓中出土的鼎、甗高达 1 米多，形体硕大、造型凝重，这在中原地区的晚商墓葬中也是少见的重器。这些礼器、乐器还以特定的组合置于墓葬之中，说明死者生前所生活的社会上层，在礼仪方面也有一定的制度。同出的玉器，制作相当精致，其中的圆雕制品，造型新奇，可与殷墟妇好墓所出的同类制品相媲美，反映了琢玉工匠们掌握了很高的技艺。凡此等等，都从不同的侧面说明这个墓主人是个身份显赫的奴隶主大贵族。还可说明，早在3000余年前，这一地域已经出现了明确的阶级分野，一部分人已占有大量社会财富；他们为了维护其财富和其他权益，还拥有强大的武装。这给我们一个启示：这一地域在商代晚期已经出现了国家或类似国家性质的独立政治实体。指出这一点并非没有意义，因为这是衡量古代文明发展程度的又一个方面。

我们注意到江南地区出土的青铜乐钟为数不少，且很有特色，故曾对商周时期的青铜乐钟用考古方法进行研究，指出当时除了中原地区盛行一种形体较小的青铜乐钟外，在长江下游的江、浙等省和湖南的洞庭湖周围还存在两种形制近似但装饰纹样不同，形体与音量大小均有差异的铜钟，说明它们是不同地域内因人们的需要而被创造的中国古代乐钟体系中三个不同类型的早期甬钟。鉴于乐钟对乐音有着特定的要求，它在铸造技术方面比其他青铜器具生产的要求也更高，所以这些乐钟的发现，在一定程度上可以作为衡量各产地青铜业发展水平的标尺之一。长江中、下游地区出土的这些乐钟，反映了该地区的青铜文化在晚商至西周时期，其发展水平并不低于中原地区。这正说明长江中、下游地区和黄河流域一样，是古代中国文明起源的重要发源地。我们或可进一步推论，鄱阳湖周围地区是长江流域出现的较早跨入文明门槛的若干地区之一。从这个角度观察，新干大洋洲发现的商墓，其学术价值将超出对江西历史文化发展的研究所具有的特定意义，它对中国考古学的区域文化谱系的研究、古代中国文明起源问题的研究也是极有价值的。

原载《中国文物报》1990年11月22日第3版

关于财政起源与商代财政的考古学观察

　　财政史的研究在经济史研究中具有重要的意义。在中国财政史的研究中，关于中国财政的起源是个必须进行探讨的问题。

　　要讨论财政起源问题，人们自然把注意力投向古代文献。以往发表的研究文章，大多是根据文献资料进行研究的，不少看法很有见地。但是，由于先秦文献中有关夏、商两代的史料不多，涉及财政方面的史料更少，所以研究者对我国历史上财政起源的看法出现分歧是很自然的。有不少文章把财政起源的年代推定在夏代，也有同志认为财政在夏代以前就已经出现了，有的则提出夏、商无税论，进而把财政的起源推定在东周时期。凡此种种，说明在这个问题上还有进一步探讨的必要。在这篇文章中，笔者拟以考古资料为主，就财政起源及商代的财政等问题谈一些粗浅的看法。不妥之处，欢迎指正。

　　应该承认，用考古材料讨论财政起源问题并非没有困难。近40年来，我国的考古工作虽然取得了巨大成绩，中国历史上一些重大的学术课题获得了突破性的进展，但是财政毕竟是一种经济关系。考古工作中获得的物质资料虽然丰富，但能够直接说明这种经济关系的材料尚不很多。要想说明有关问题，我们不得不结合有关材料进行综合论证，有时只能基于间接的证据进行推断。

不过，我们所用的材料大多是第一手的。这在论证有关问题时，其说服力或许比文献资料更强一些。这是考古资料日益被人们重视的原因。

财政是社会生产力发展到一定阶段的产物，它是随国家的出现而产生的。这是马克思主义的一个基本观点，也是我们研究财政起源问题的出发点。要想探讨我国财政的起源，首先就要确定我国历史上出现国家的年代。关于这个问题，考古资料是比较丰富的。本文拟用考古材料，先就这个问题进行论证，然后再就其他方面做些分析。

一　关于国家起源问题的考古分析

财政是国家集中分配一部分剩余产品，用于满足社会需要而形成的分配活动和分配关系。所以，财政从出现的那天起，就是以国家财政的面貌而与人们见面的。财政的产生又以国家的出现为前提。确切地说，只有在国家产生以后，财政才作为一种相对独立的经济活动，从一般分配中分离出来，并以国家的集中性收支的形式出现。

应该说，目前在财政起源问题上出现的分歧，与人们在国家起源问题上的不同认识是有关系的。即使主张财政出现于国家产生之前的学者，他们的论点也离不开国家出现的某一特定年代这一个基本点。所以，要探讨财政起源问题，对中国历史上出现国家的年代作一番考察就是十分必要的了。

国家是人类社会发展到一定阶段的产物。在漫长的原始社会时期，由于人们制作的生产工具是些简单、粗厚、笨重的石制品，决定了他们在与自然界的斗争中处于十分弱势的地位。人类只能依靠集体的力量，才能保障自身的生存与发展。他们以血缘亲属关系为纽带，组成原始的氏族公社。生产资料为全体成员共同占有并从事集体劳动，产品也归全体成员所有并在内部平均分配。当时，人们还不知道权利与义务的差别，遇到纷争则按传统的习惯法决断。这一时期是不需要国家，也不知国家为何物的。

然而，当人们生产的东西超过单纯维持劳动者所需要的数量，维持更多劳动力的资料已经具备时，劳动力就获得了价值。于是私有制出现了。氏族制度出现了一个难以弥合的裂口。随着贫富分化的发展，阶级也必然出现于世。

我们曾就距今 5000 年前后的大汶口墓地的资料做过分析，指出创造了大汶口文化的居民们，在原始的锄耕农业获得发展的基础上，出现了少数人占有较多财富的现象。据统计，在该墓地的 133 座墓中，有 8 座墓没有随葬品，80 座墓用一般的生产工具和生活用品随葬，其余 45 座墓中除了用工具和生活用具随葬外，还用猪下颌骨作随葬品，少者一二个，多者三五个。最多的有 14 个猪下颌骨，代表了 14 头猪的个体。有的还用玉器、象牙器和骨雕制品等比较贵重的物品一起随葬。这些牲畜、玉器、象牙器等显然是作为死者的或家庭的私有财产而放于墓中的。所以，它们出现于墓中，应是私有制出现的重要标志。[1]

在稍晚的龙山文化中，可以看到贫富分化的现象更为突出。如山东诸城的呈子遗址中，60% 的墓葬无随葬品，20% 的墓只有三五件，但在 32 号墓中随葬的优质陶器有 18 件，獐牙 1 件，猪下颌骨 13 个。[2] 在胶县三里河墓地，无随葬品的墓占绝大多数，而 2124 号墓却随葬有珍贵的薄如蛋壳的高柄陶杯 4 件，一、三足盘各 3 件，其他陶器、工具等 25 件。[3] 在山西襄汾的陶寺墓地中，不及墓葬总数 1% 的大型墓，死者用木棺为葬具，随葬品多达一二百件，有彩绘陶器、木器、玉或石制礼器、装饰品、整猪骨架以及鼍鼓和特磬等。墓中死者均为男性。约占 10% 的中型墓中也都使用木棺，一般随葬成组陶器（包括少数彩绘陶器）、木器和玉、石器。数量为几件至一二十件不等。常见猪下颌骨有数个至数十个不等。绝大多数小型墓中，则多没有木质葬具和随葬品。[4]在埋葬制度方面看到的上述情形，或许正是当时社会结构的真实反映。墓葬规模的大小，随葬品的有无、多寡及品类的齐全与否，质地的优劣，等等，说明死者生前占有的财富相当悬殊，他们的社会地位出现了贵贱之别，或许社会上出现了高下有序的等级差异。少数氏族或部落首领与巫师等神职人员，已将社会财富攫为己有，成为富有者。与此相应的是，他们也由社会的公仆逐渐转化至氏族成员的对立面。

目前，在龙山文化中已经发现了城堡遗址。河南登封王城岗发现的小城堡引起了人们的重视。这是两个连在一起的用黄土夯筑的城墙残垣。东城破坏严重，形状不清，西城呈方形，西墙长94.8米，南墙长97.6米，面积不足1万平方米。城内尚未发现重要遗迹。[5]淮阳平粮台发现的城址，城墙残高约3米，宽约10米，平面呈方形。南城墙已发现城门一座，门两侧有土坯筑成的门卫房，已知城内面积为3.4万平方米。[6]有关城内的情形尚待进一步发掘了解。

邯郸涧沟的龙山文化遗址发现的几个圆坑中，有的埋有不少人骨架。例如：在一个直径1.8米，深0.6米的坑中埋有十具青壮年及儿童的尸骨，有的头上还有砍伐的痕迹。另一个圆坑中埋有五具人骨架，男女老幼皆有，有的身首异处，有的呈挣扎状。[7]这些死者连一个像样的墓穴都没有，身首分离，说明他们在社会上处于被宰割的悲惨境地，其地位与有墓穴者是显然不同的。

浙江发现的良渚文化，年代与中原的龙山文化大体相当。近年发掘的墓葬中，同样可以看到贫富悬殊的现象，贫者只身无物，或仅有一二件随葬物品，富者则在墓穴中放置有数十至百余件精工雕琢的玉琮、玉壁等礼器及其他用具。[8]

上述这些实例，反映了不同地域内的人们在生产力发展到一定水平时，都在向文明的门槛迈进。

这些古文化的创造者，前进的步伐虽然并不一致，但尚无强有力的证据可以证明它们中有的已建立起国家。不过，它们都已处于文明的前夜，离国家出现的时间已经为期不远了。

在距今 3600 年前后，我国已经出现了国家。它的直接证明就是河南偃师二里头发现的大型宫殿遗址。

这个宫殿遗址位于二里头遗址的中部。一号宫殿基址是一个长宽各约 100 米的大型夯土台基。上面排列有不少整齐的柱穴。经复原，可知台基中部偏北处是一个面宽 8 间，进深 3 间，四坡出檐的"四阿重屋"式大型木构建筑——殿堂。殿堂正南 70 米处即在夯土台基南部边沿的中段，是宫殿的大门。参照甲骨文门字的形象，推断它是一座有 8 个门洞的牌坊式大门或有东西塾的穿堂门。在门的东西两侧和夯土台的另三面边沿，还发现有一周廊庑式建筑遗迹。它的外侧是木骨泥墙，这样可以隔离宫廷外部，使之成为独立的封闭性的建筑。中间则是一个庭。这座以殿堂为主体，由山庑、庭、门等建筑合成一组主次分明、布局严谨、颇为壮观的宫殿建筑，是迄今所知年代最早的宫殿。[9] 它与只有几个平方米的平民用的居室形成了鲜明的对比。

宫殿是统治者进行各种政治活动的场所，是统治集团对平民和奴隶实行奴隶主专政的指挥中心，所以，它是奴隶制国家机器的一个组成部分。它的发现，是当时已经建立起奴隶制国家的有力明证。

二里头遗址至今未发现城墙等遗迹，但在宫殿基址的周围，发现了制陶、制骨、铸铜等手工业作坊址及居民聚落遗址。这些发现足以证明它是一座古代都城。

二里头发现的宫殿基址，属二里头文化层的第三期遗存。关于这个都城是夏代的还是商代的，目前有不同看法。主张二里头遗址四期遗存都是夏文化的学者，说它是夏代都城，认为其地望在夏都斟鄩的范围之内。[10] 主张二里头第三期遗存为早商文化说者，指出其中包含有一组与郑州商文化常见的文化因素，这是中原地区所见到的最早的商文化因素，因而认为它是商代早期的都城，可能就是文献上所说的汤都西亳的遗址。[11] 尽管它是夏都还是商都目前尚难统一，但它是我国公元前 17 世纪的一个都邑是大家所公认的，这个早期宫殿是推断国家出现的明证，这也是无异议的。

我国历史上出现国家的年代上溯至公元前 17 世纪，这是碳十四测定获得的数据，它和推算的商初纪年大致相接近。据此，我国财政出现的年代显然也应与此同时。因为财政作为一个历史性的科学概念，它历来指的是国家财政。关于这一点，只要估算一下：当时为建造这样一个占地 1 万平方米的夯土台基，并为兴建这个高大的宫殿而花费的人力、物力、财力，以及为征用这样一些人力、物力、财力而维持的一支军队或其他政治机构，若无一定数量的财政收入那是难以想象的。因此，笔者认为二里头宫殿基址的发现证明至少在商代早期已经出现了国家，同时也证明了当时已经出现了财政。

需要说明的是，这里所说至少在商代早期已出现了国家，是基于目前见到的二里头遗址面积很大，并有各种作坊址及居民聚落等。宫殿建筑也颇具规模，青铜爵等容器用复合范铸造，在青铜器上出现了镶嵌工艺等，说明这时的青铜器已不是最原始的青铜制品了。这些发现反映了这一时期的文明程度已有一定水准。因此，当不排斥中国历史上国家出现的年代较它还要早一些的可能。譬如夏代或夏代以前已出现了国家。

目前关于夏文化的讨论尚在进行之中，具体的意见有七八家之多。虽然认为二里头文化的一、二期是夏文化的看法比较一致，[12] 但在无重要的发现之前，分歧尚难弥合。这个问题只能留待今后在田野工作中获得新资料来解决。

国家的出现是社会生产力发展到一定阶段的产物。当人们向社会提供的剩余产品愈来愈多，阶级分化愈益加剧，阶级矛盾也随之越来越尖锐。社会陷入了它自身不可解决的矛盾之中。可是，当时的社会本身无力摆脱阶级对立的严重形势，原来的氏族组织无法起到调节这种矛盾的作用。为了避免在对立的阶级斗争中互相消灭或同归于尽，于是就需要一个表面上凌驾于社会之上，使冲突不超出"秩序"范围的力量。这个从社会中产生又使自己凌驾于社会之上，并且日益跟社会脱离的力量便是国家。如果某一地区的生产发展到了能够向社会提供较多的剩余产品，从而使私有制获得发展，阶级急剧分化，并在阶级对抗中使国家出现成为必要时，国家就应运而生了。

国家是在氏族组织的基础上发展、演变而成的，虽然就其性质而言，它与氏族组织完全不同。到了原始社会末期，当那些部落首领，以及巫师等神职人员占有大量财富（包括一定数量的奴隶）时，他们对奴隶采用的超经济强制的剥削，必然引起被压迫者的反抗。这时，他们为维护其既得权益，就会把原来为氏族成员服务的公共机构转化为压迫人民的工具。所以，列宁说"在阶级矛盾客观上达到不能调和的地方、时候和程度，便产生国家"[13]。

传说夏代在禹的时候，有"夏会诸侯于涂山，执玉帛者万国"的记载，防风氏后到而遭到了杀戮，这反映了禹在当时各部落中具有较高的威望，因而，俨然以君王的面目出现。他开始了传子制度，把氏族社会中的禅让制度送进了历史博物馆。过去，人们对《史记》中所记的夏商世系颇有所疑。疑古派学者更是公开否定夏代的存在，但是《史记·殷本纪》所记的商代世系因殷墟发现的甲骨文得到证实，《史记·夏本纪》中有关夏代的世系——十四世十七王——学者们也多认为并非虚妄的杜撰。所以多数史学家认为夏代的存在是可信的，而且推断在夏王朝建立之初可能就出现了国家。不过，这一看法尚须得到考古材料证实，但是它包含的合理成分也是显而易见的。

　　尽管二里头遗址上层发现的宫殿建筑遗存，是夏代的还是早商时期的尚有不同意见，但是，这座宫殿遗址的发现，说明距今3600 年前在中国大地上已经出现了国家。这一点，考古界的看法则是一致的。这一论断，对讨论财政起源来说具有重要意义。我们据此而推定公元前 17 世纪已经出现了财政，应该是没有什么问题的。

二　关于商王国财政的初步分析

　　财政作为国家的集中分配，它采取的是国家集中性的收支形式。这种国家的集中性收支在发展过程中逐渐形成一定的范畴。这是因为，任何国家的社会公共需要，都不只是维持国家权力机构的需要，而且还包括国家执行社会职能的需要，诸如公共工程的建造等都需要花费一定的支出。

　　商王朝时期，已经建立国家的可能不只是一个商族。成汤灭夏时，据说有三千诸侯。其中有的或已进入文明时期，建立了国家，限于资料，目前关于它们的情况还很难探讨。这里仅就商王国的财政情况进行一些分析。

　　商族人曾经多次迁徙。据文献记载，成汤以前迁了八次，成汤以后迁了五次。从考古发现看，成汤以后多次迁都是可信的。因为除了上面提到的偃师二里头发现的商代初期宫殿和城址外，年代略晚的还有偃师商城、郑州商城和安阳殷墟。这些都是商代的都邑，每个遗址中都发现有巨大的宫殿遗址，它们都是商王为首的王室从事政治活动的重要场所，并且都有相当的规模。

　　就二里头遗址而言，上面所说的只是一号宫殿。已经发掘的二号宫殿比一号宫殿的规模略小一些。夯土台基的平面为长方形，南北长 73 米，东西宽 58 米，上面也有宫殿建筑，四周也有围墙和廊庑建筑，南侧有门。它的布局、形制均和一号宫殿相同。[14]
据钻探得知，二里头遗址内大型建筑的夯土台基并非只有这两处。

在偃师商城遗址还发现有城墙，东、西两墙的长度为 1700
米，北墙长 1200 米，南墙已被河水冲去。城墙的宽度为 16.5 米。
今天看到的只是残存的墙基，原来应有一定高度，是可以想象的。
已发现的城门有 7 座：东、西城墙各 3 座，北城墙 1 座。各门之间
有主干大道相通。城内发现有大型夯土基址组成的建筑群 3 处，
已经发掘的一处长宽各 200 米，内有若干宫殿建筑，宫殿周围还
有城墙，形成一个独立的小城（宫城）。[15]这里发现的殿堂结构和
二里头发现的基本相同。以正殿为主体，东、西、南三面有庑，
南面正中有大门，构成封闭式的宫殿。此外，还有水井、排水
沟等。

郑州发现的商代中期都城（仲丁所都之一隞），城墙比偃师商
城还大，周长 6960 米。保存较好的地方，至今仍高出地面三米
多。城内东北部也发现有若干大型夯土台基，为宫殿区所在。城
墙四周还发现有制陶、制骨、铸铜作坊址和居民聚落。[16]

安阳殷墟是商代晚期的都城。据文献记载，自盘庚迁都于此
至纣王亡国，共经历八世十二王，二百七十三年"更不徙都"，所
以这个遗址的规模也很大，总面积约为 24 平方千米。虽然至今尚
未发现城墙，但它的布局说明这是商代的一个都邑无疑：小屯村
东北地为宫殿、宗庙区，由沟壕与洹水相围构成防御设施，起到
和城墙一样的作用；宫殿区附近也有铸铜、制陶、制骨等各种手
工作坊址和居民聚落；洹水北岸侯家庄附近则是商代的王
陵区。[17]

安阳殷墟宫殿区内发掘的夯土建筑基址有 53 座，分为三组。
其中最大的乙 8 号基址，南北长 85 米，东西宽 14.5 米。丙组的
17 座基址，门向南的 9 座，向东、向西的各 4 座，排列颇为
对称。[18]

这些建筑群，今天看到的虽然只是残存的、用黄土夯筑的基座，台基上部的木构建筑已经荡然无存，但可以设想，在生产力不甚发达的商代，兴建这样一些颇具规模的大型建筑，所费的人力、物力、财力应是一个可观的数字。

仅以现在看到的夯土台基而论，统治者为了表现其尊贵（当然也可能有防御方面的原因），当时建造的殿堂建筑，都置于高台之上。二里头发现的宫殿遗址，其主体的殿堂的面积有 36×25 米（即 900 平方米），而台基的面积有 1 万平方米。台基高出当时的地面约 80 厘米，但台基的普遍厚度约在 2 米左右。有的地方，因原土是个灰坑，夯筑时要把坑中灰土挖掉，再用卵石垫底，填上纯净的黄土，一层层夯筑。即以台基厚度为 2 米计算，夯筑的土方量为 2 万立方米，从挖坑，除去杂土，回填黄土至夯筑成台，所用的劳动力若以千人计，也非一年半载所能完成的。前面指出，宫殿作为当时的政治指挥中心，它的出现是国家存在的明证。这里还需指出的是，即以动用、组织数以千计的劳动力，以及为保证他们的劳动效率而采取的组织，调动财力、物力等方面的一系列措施，也说明只有在出现国家这样一个强有力的权威机构时，才能够完成。其他几个都城发现的城墙和宫殿遗址，无一不是国家机构发挥其职能所完成的。

商代的统治者，生前居住在高高的宫殿之中，死后还要建造巨大的地下宫殿（陵墓），以供他们在另一个世界中享用。盘庚以前诸王的陵墓尚未发现，但在安阳殷墟的王陵区内，已经发掘的有 4 条墓道的大墓共有 8 座。有文章指出，它们是武丁以后的诸王之墓。[19]其中 1001 号大墓的墓室南北长 18.9 米，东西宽 13.75 米，深 10.5 米。4 条墓道中最长的 30.7 米，宽 7.8 米。最短的长 7.4 米，宽 3.75 米。总面积为 712.75 平方米，[20]折合土方当在千方以上。

上面介绍的，都是发掘出土的遗存，如果对这些实实在在的遗存进行推算的话，那么有三个数字是可供我们思索的：第一，依当时的生产力水平去估算，为建造这些宫殿、城垣、陵墓等工程，所用的劳力必定是个很大的数字。第二，为了组织数以千计的劳动者（包括百工）进行强制性劳动，必须有一定数量的管理人员和武装人员进行监督。第三，宫殿和城垣建成之后，伴随而来的，是在国家机构中服役的人，他们的人数虽不能确切地统计出来，但是从每座王陵中为墓主人（商王）殉葬者往往有数十人之多，或许可以推测出他们生前的一般情形。

凡此种种，都反映了当时围绕商王及其王室成员的居室、安全和各种政治与宗教等活动从事服役的人，其数量应该是很可观的。这些人员的衣、食、住、行等各种费用，理应从国家财政中开支。

其实这只是当时总支出中的一部分。所谓"国之大事，在祀与戎"，当时在祭祀和战争中所支出的数量很可能比这还要大一些。商人极为迷信，商王每事必卜，占卜以后，常要进行祭祀。凡天地、山川、神鬼、祖先等都在祭祀之列，祭祀的名目也极多。安阳殷墟王陵区的祭祀场，已经发掘的就有 1400 余个祭祀坑，这个数字仅为当时祭祀坑总数的一半。多数坑中杀埋无头人牲，每坑 10 人（头另外埋放），他们都是青壮年男子。也有一部分为全躯者，多为女性与儿童。此外还有马、象、狗、猪、牛、羊、猴、狐和鸟等，也用于祭祀。据发掘者分析，这些坑都是若干次祭祀后遗留的，每次祭祀所用人数，少者几人，多者三四百人。祭祀时还有一定仪式，有的仪式极为隆重。显然为进行这些活动，兴师动众所用的花费也定是很可观的。[21]

至于战争，从卜辞资料可知，当时也是很多的。武丁时期征伐羌方时，一次用兵就达 13000 人之多。而伐羌的战争从商王武丁时期至商代末年，断断续续地一直进行着，到了商末与东夷的战争更激烈了。商王建立了一支王室军队，称为王师，即卜辞中所说的："王作三师左中右"（粹 597），这是一支常规军。为维持这样一支军队，并进行长期的征伐活动的耗费也不会很小，尽管我们今天已无法估算出当时耗费的确切数字。

上述内容还不构成国家财政支出的全部，但是即此几项，也会使我们做出这样的推断：当时若无相对固定的财政收入，绝不可能从事上述建筑和重大的祭祀与征伐活动的。

那么商代的财政来源主要有哪些途径呢？大致可以说有两个方面：一是来自商王国直接治理地域内的收入；一是臣服于商王的诸侯国的贡纳与其他义务。

从王畿之地的收入应该具有固定性，在这块土地上有可能使用较多的奴隶进行劳动。在安阳殷墟的考古发掘中，曾在一个窖穴中出土有 1000 余把石镰，可能是为使用大量的奴隶劳动所遗留的。农业收入无疑是当时具有重要意义的一项，所以商王常常为农事进行卜问。由于当时对奴隶进行的剥削是一种超经济的强制，极尽压榨之能事，所以这部分收入全部为王室所有，成为当时很重要的财政来源。从几个都邑中都有制铜、琢玉、制骨等作坊址，说明它们都是商王室直接控制的，产品主要供王室成员使用。1976 年发掘的商王武丁配偶妇好之墓中，出土的铜器 460 余件（其中礼器 210 件），玉器 750 件，石器 63 件，骨牙器 560 件，大多是这类作坊中的产品。[22]这些作坊中应拥有相当数量的工匠和奴隶。

商代的平民也担负着相当沉重的负担。从安阳殷墟和其他地点发掘的平民墓葬看，他们拥有一定财产，所以死后有器物随葬。这与一无所有的奴隶不同（奴隶死后无墓穴，也无随葬品，往往被任意杀戮或被作为祭祀的牺牲）。男性墓中常用兵器随葬，反映了他们既是劳动者，又是兵士。他们生前有服兵役的义务。从墓葬情况看，多数墓中除放有陶质的生活用具和兵器外，还有一些货币，并有木棺作葬具。他们和奴隶相比，处境要好得多。但是他们又是劳役、兵役与贡赋的直接承担者，也备受奴隶主贵族的压榨。其中，只有少数人因种种原因而在上升，有些墓中出有少量的铜礼器和玉器，就是这一部分人的象征。但也有一些人既无葬具，也无随葬品，这就是说，商代社会中的平民，在奴隶制的剥削和压榨下，经历着贫富分化的过程。

商代财政收入的另一途径是从诸侯国中获取的。

在商王直接治理的地域之外，被称为四土，即东土、南土、西土、北土。这里有臣服于商王国的一些诸侯国。它们对商王国在政治、经济、军事方面都负有义务。所以商王对它们的情况也是很重视的。这从以下的商王卜辞中可以看出。

乙巳，王卜贞：（今）岁商受年？王占曰，吉。

东土受年？

南土受年？

西土受年？

北土受年？（粹 907）

受年即有好的收成。这里将"四土"的收成与"商"的收成在同一块骨版上一起占卜，说明商王对四土的收成的关心不亚于王畿之地。因为四土收成的好坏直接影响着商王室的收入。

卜辞中还记有商王可以在诸侯国中进行生产活动。如：

令众人口入羊方裒田。（甲 3510）

羊方之君为"羊伯"，可能为商王所封。裒田是一种与农业生产有关的农事活动（有说是施肥，有的说是开荒）。商王可以派人到羊方进行农业活动，它的收入自然应归商王所有。

卜辞中还有记载商王在诸侯国中巡视的材料。例：

今日王步于一。（金 544）

王其步自杞。（后上 13.1）

卜辞中也记有商王在诸侯国中田猎的内容。例：

王其田（猎）亡灾，在杞。（后上 13.1）

商王在诸侯国巡视、田猎，田猎所获，当然也应为商王所有。

另外，诸侯国还要向商王贡纳各种物品，如妇好墓中出土的戈上有"卢方皆入戈五"，磬上有"妊冉入石"的文字记载，[23]说明它们都是入贡之物。甲骨文中的"入""來""一（供）""氐（致）"等字，都是反映这种关系的用词。诸侯国向商王的贡物中有奴隶（羌）、牛、羊、马、龟甲，等等。

卜辞中不见有诸侯国向商王贡纳农产品的事，这或许与商代实行耤田制有关。耤田制是一种劳役地租的形式。商王在诸侯国中占有一定的土地，由所在国进行农业生产，收获归王室所有。于省吾根据卜辞与金文材料指出，商代有用田禾作为赏赐品的，受赏者得到的是农产品，而农田和耕种者则并未同时赏赐，[24]这种有限度的赏赐，反映了土地占有者对农田的重视。

在军事上，诸侯国还有与商王室的军队一起出征的义务。卜辞中的大师、雀师等，即是指犬国和雀国的军队。当这些诸侯国遇外敌侵扰时，它们就向商王室报告，卜辞中所记的舌方、土方等侵扰的事即是明证。[25]这种情形对商王国来说，可理解为替它戍边。从另一方面说是诸侯国依附于商王国，是为了得到商王国的支持与庇护。出征时，诸侯国军队一起征战，负担应是自理的。在这种宗主关系下，诸侯国所承担的义务是经常性的，有时可能还是比较持久的。

　　商王对于诸侯国来说，具有很高的权威，卜辞中所记的"今日王步于沚"，"王其步自杞"，"在位卜"（录685），"其□于周"（后下15.2）等，反映了商王在诸侯国内巡游、占卜、祭祀等活动。当我们看到商王与诸侯国之间的这种关系之后，对商代的财政情况或许也易于理解了。

　　上面是就商代财政来源的两个途径所做的分析，限于篇幅，是很粗浅的。诚然，这两个财政途径中，无论是本国的收入，还是诸侯国的贡纳，它们都是劳动人民创造的财富。所以，在阶级社会中，财政关系是剥削阶级无偿占有劳动人民创造的剩余产品或剩余价值的经济形式，具有强烈的剥削性质。商代末年，纣王为首的统治集团，骄奢淫逸，又连年发动战争，于是巧取豪夺，"厚赋税以实鹿台之钱，而盈钜桥之粟"。其结果是"百姓怨望而诸侯有畔"（《史记·殷本纪》），两个财政来源都出了问题，最终导致商王朝的覆灭。

注释

　　[1] 魏勤：《从大汶口文化墓葬看私有制的起源》，《考古》1975 年第4 期。

　　[2] 昌潍地区文物组、诸城博物馆：《山东诸城呈子遗址发掘报告》，《考古学报》1980 年第3 期。

　　[3] 中国社会科学院考古研究所山东队、昌潍地区艺术馆：《山东胶县三里河遗址发掘简报》，《考古》1977 年第4 期。

　　[4] 中国社会科学院考古研究所山西队、临汾地区文化局：《1978—1980 年山西襄汾陶寺墓地发掘简报》，《考古》1983 年第1 期。

　　[5] 河南省博物馆登封工作站：《1977 年下半年登封告城遗址的调查发掘》，《中原文物》1978 年第1—2 期；《1978 年上半年登封告城遗址的调查发掘》，《中原文物》1978 年第3 期；河南省文物考古研究所、中国历史博物馆：《登封王城岗遗址的发掘》，《文物》1983 年第3 期。

　　[6]《淮阳发现一座四千多年前的古城址》，《光明日报》1981 年6 月

15 日。

［7］中国社会科学院考古研究所编：《新中国的考古发现与研究》，文物出版社 1980 年版。

［8］浙江省文物考古研究所：《浙江余杭反山发现良渚文化重要墓地》，《文物》1986 年第 10 期。

［9］中国社会科学院考古研究所二里头队：《河南偃师二里头早商宫殿遗址发掘简报》，《考古》1974 年第 4 期。

［10］邹衡：《关于探索夏文化的几个问题》，《文物》1979 年第 3 期。

［11］殷玮璋：《二里头文化探讨》，《考古》1978 年第 1 期；《二里头文化再探讨》，《考古》1984 年第 4 期。

［12］殷玮璋：《有关夏文化探索的几个问题》，《文物》1984 年第 2 期。

［13］列宁：《列宁选集》第 3 卷，人民出版社 1960 年版，第 175 页。

［14］中国社会科学院考古研究所二里头队：《河南偃师二里头二号宫殿遗址》，《考古》1983 年第 3 期。

［15］中国社会科学院考古研究所洛阳汉魏故城队：《偃师商城的初步勘探和发掘》，《考古》1984 年第 6 期；中国社会科学院考古研究所河南二队：《1983 年秋季河南偃师商城发掘简报》，《考古》1984 年第 10 期。

［16］河南省文化局文物一队：《郑州商代遗址的发掘》，《考古学报》1957 年第 1 期；湖南省博物馆、郑州市博物馆：《郑州商代城址发掘简报》，《文物》1977 年第 1 期。

［17］中国社会科学院考古研究所编：《新中国的考古发现与研究》，文物出版社 1980 年版。

［18］石璋如：《小屯》第一本，《遗址的发现与发掘乙编》，"中央研究院"历史语言研究所，台北，1979 年。

［19］杨锡璋：《安阳殷墟西北岗大墓的分期及有关问题》，《中原文物》1931 年第 3 期。

［20］梁思永、高去寻：《侯家庄》，第二本（1001 大墓），"中央研究院"历史语言研究所，台北，1962 年。

［21］中国社会科学院考古研究所安阳队：《安阳殷墟奴隶祭祀坑的发

掘》，《考古》1977 年第 1 期。

　　[22] 中国社会科学院考古研究所编：《殷墟妇好墓》，文物出版社 1980 年版。

　　[23] 中国社会科学院考古研究所编：《殷墟妇好墓》，文物出版社 1980 年版。

　　[24] 于省吾：《关于商周时期对于禾、积或土地有限度的赏赐》，《中国考古学会第一次年会论文集》，文物出版社 1981 年版。

　　[25] 罗振玉：《殷墟书契菁华》，伏生草堂，1914 年。

原载《中国古代财政史研究论文集》，财政出版社 1990 年版

关于长江流域青铜文明的几个问题

　　在长江沿岸诸省中，以往出土商代青铜器数量最多的，大概要数湖南了。四川、江西两省则相对较少。自从四川广汉三星堆、江西新干大洋洲发现大批青铜器以后，长江流域文化链上的缺环被接上了。由于有了这些发现，在围绕长江流域青铜文明研究而提出的一些问题中，有的趋于明朗，有的则为推动进一步探索创造了条件。这种状况应该说是近十余年间中国考古学极有意义的一件事。因为早在河姆渡文化发现之后就已出现了长江流域与黄河流域一样都是中国古代文明摇篮的说法。随着彭头山、城背溪文化的确认，大溪、屈家岭、良渚诸文化的城址、祭台等重要遗址的发现，使长江流域文明发展的脉络渐渐地变得清晰起来。在这种情况下，长江流域（特别是中下游地区）有关青铜时代的任何重大发现，因对进一步揭示长江文明的发展有重要的意义而被人们所瞩目。围绕三星堆和大洋洲的发现而引起人们的广泛重视，原因就在于此。

　　尽管这些发现因缺乏同期大型遗址考古材料的有力支持，使许多问题的深入讨论还有一定困难，但因它们都出土了很多富有特色的青铜器具，故在比较研究中仍可看出长江流域古代青铜文明发展的一些脉络，并在许多方面获得了比过去深刻得多的认识。

　　以这些材料与中原的商文化进行比较，可以看出它们中许多器物与中原同类器是一致的。其中湖南宁乡县出土的"戈"卣、"大禾"方鼎、"已冉"分裆鼎、"癸冉"提梁卣、兽面纹角，桃江县出土的盉，江西新干大洋洲商墓中出土的柱足圆腹鼎、扁足鼎、方卣等，无论是器形、花纹还是铭文，都是中原的产品，尤其从铭文中的国族名可知，都是原在中原的，有的还是很有名的国族，所以它们应是从中原流传过来的。但不大可能如以前有人所说，是商亡后大奴隶主贵族南迁时带去的，而是这一地区古代居民与中原商王国之间存在某种关系的反映。

上述地域内出土的青铜器中也有一些是属于当地居民自己生产的制品。它们以其独特的造型与装饰而被视为土著因素。诸如三星堆出土的立人像、跪人像、人头像、人面具、面罩，据传出自湖南宁乡与安化交界处的虎食人卣以及仿照动物造型铸造的豕尊、牛尊、象尊，江西新干大洋洲出土的虎形器，等等。此外还有这些地区出土的兵器与多种工具，许多器物明显与中原的同类器具不同，应是当地工匠所制作，是长江流域青铜文明中富有特色的文化遗存。

还有一些青铜制品，既吸收了中原商文化的因素，又有不同于中原同类器的某些特点，反映了两种不同文化融合的成分，有人将它称为"融合型"。这些铜器有一定数量，很值得我们分析研究，例如四川境内出土的以牛首、羊首为饰件的尊、罍，湖南出土的四羊尊、二羊尊、瓿，江西出土的鼎、立耳上设置立虎、立鸟、立鹿等铜器，它们的器形基本上仿照中原的同类器制模，但附加装饰是富于地方色彩的。也有些是仿照中原同类器作胎，装饰花纹则是当地人喜爱的图案，如早期甬钟、镈钟等。

目前在长江流域诸省中看到的青铜器，最早的可推至二里岗期的商代中叶，从广汉三星堆、石门皂市、清江吴城、南京北阴阳营等地的资料可以证明。就这里出土的许多铜器看，它们与中原的同类器在器形、花纹或风格上都很一致，说明当时长江流域的青铜器受到中原商文化的影响是很强的。支持这一看法的还有遗址发掘材料。例如，江西清江吴城、湖南石门皂市出土的二里岗期陶器中也可以看到类似情况。它们的陶器群都包括两套器物组合：一套是具有浓厚地方色彩的器物组合，另一套则是中原的陶器组合如分裆袋足鬲、簋、假腹豆、大口尊、爵、斝等。这种情况不仅说明它们与中原地区存在文化交流现象，而且也反映了当时商人的力量对这一地区的发展产生了巨大的影响。

但到了商晚期，中原的文化因素明显减少了，地方型的器物在地层中数量明显增大，几乎占支配地位。与此相应的是，青铜器中富于地方色彩的器物明显增多，所谓的"融合型"青铜器频繁出土。无论在遗址还是在青铜器数量上看到的两种文化因素消长情形，都说明这时期生活在这一地区的古代居民在吸取他人有益的东西的同时，创造了自己很有特色的文化，并沿着各自的轨迹向前推进。

鉴于上述情况，不能简单地把这种"融合型"青铜器归入中原文化因素之中，认为这些地区的文化面貌与中原商文化基本一致，说明长江南北的商文化具有"高度统一"，进而得出商人势力直接控制了这一地区，商人南下已经抵达湖南与赣江流域等结论。

其实，用文化分析法分析这些地区的文化时，不难发现它们与中原商文化的差异。就川、湘、赣与江浙诸省的同时期遗物进行比较，也不难看出它们之间同样是有差别的。无论是陶器还是青铜器都能找到其间的差异点。

例如，三星堆出土的立人像、人头像、人面具等造型独特极富神秘色彩的青铜制品，数量不少，但在其他省迄今未见。湖南出土的青铜器却较少神秘色彩，不断出土形态逼真的豕尊、牛尊、象尊等富于写实手法的青铜制品。这类青铜器在其他省区却也少见。湘江流域的土著居民铸造的这些动物形象的器皿，迄今未见有将这些形象移植到鼎、甗等铜器——如江西几个地点出土青铜器上看到的那样。即使长江流域的早期青铜乐钟，它们在形制方面存在许多相似之处，但就湖南与江浙等省的乐钟相比，其纹样装饰风格、形体大小均有所差异，反映了两者分属两个系统。

当时生活在成都平原、两湖（洞庭湖、鄱阳湖）地区及长江下游河网地带的居民，他们创造的文化是不一样的，应是不同族属的人群。考古资料也已经证明，各地区的文化发展也自成序列。因此，将它们分别用不同的考古学文化命名或将它们划分为若干类型都是正确的。我们围绕早期钟所做的类型划分，也是基于这方面的考虑，至少说明这样做是不错的。

南方诸省的青铜器，如果说它们也有一些共性因素的话，那么从出土情况看，尊、罍、瓿等的数量较多，似乎人们比较偏爱这几种器形。此外，这里的先民似较偏爱用牛、羊、鸟等动物的头作为饰件，形象多采用写实手法，形态比较生动。这与中原青铜器多用夸张手法有所不同。这类兽头饰件用得较多，有的一件器物上可以装饰三四个牛头或羊头（如三星堆的三羊尊、四羊首罍，宁乡出土的四羊方尊，传出自长沙的二羊尊，江苏江宁出土的三羊罍）。即使那些腹饰龙、虎或兽面纹的尊、罍上也常用牛头、羊头做装饰附件。有的还要加同样数量的鸟头（如三星堆的三牛三鸟尊、三羊三鸟尊）。

得出商文化高度统一论的原因之一，还在于对那些"融合型"青铜器的看法有所不同。一些学者把这些仿照中原礼器造型制作的青铜器同样地作为礼器对待，认为它们与中原的礼俗也是一致的。其实，这些融合型铜器尽管吸取了中原铜礼器的造型而予以仿制，但是否赋予礼的寓意则是可以讨论的。例如商人的礼器以觚、爵为核心，组成重酒器组合，其器类多少，每类器的数量往往成双成对，大体有一定的规律。据研究，殷墟一至四期墓中，凡出8—14件铜礼器，出两套以上觚、爵的墓，一期的组合为鼎、斝、尊或瓿与觚、爵相配，二至四期的则以鼎、簋、卣或尊与觚、爵相配。一至四期出土 16 件以上铜礼器、出三套觚、爵的墓与鼎、簋、斝、尊、卣、甗相配，而且在高级贵族墓中鼎与觚、爵相套的比例关系在礼制上表现出的保守性尤为明显。

若与新干大洋洲商墓比较，大洋洲商墓不仅不见殷墟以觚、爵为核心的关系，即以该墓所出的青铜器的器类进行分析，它们也难称礼器组合。首先，它们的时代不尽一致，有的早到二里岗期，有的属殷墟一、二期，有的可晚到三、四期。若认为其器类也有"组合关系"，那也是将不同时期的铜器凑起来的。它与中原所见墓中的成套礼器都是本人生前所铸的情形很不一样。特别是高级贵族墓如妇好墓、160 号墓所随葬的青铜器，绝对不见大洋洲商墓所见的情形。

殷墟商墓中的这种组合除反映了死者生前的身份等级外，还反映了他们生前在特别场合（如祭祀）时也使用这样一些配置礼器。从铭文可知，它们大多是个人所铸的。因此，大洋洲商墓的主人虽然埋放了不少青铜器，但它并不给人以有完整组合的印象。如果说有组合的话，那也是把不同时期的"宝物"凑在一起，很难看出它们有什么"礼"的寓意。

这座墓葬的主人把这些不同时代的青铜器敛在一起（具体怎么敛的，是有人送的，还是战利品，抑或是自制的，这并不重要），看来更主要的是作为财富来对待，用来说明他是它们的占有者。当然，拥有这些财富的人必是当地的一个首领。也因这些随葬品与商代官吏所用的随葬品不同，似可排除死者是中原派往该地的贵族的可能。这个土著首领把他生前聚敛的财富带进坟墓，既有炫耀其富有的意义，也包含其他方面的意思。不过，作为墓葬，它的年代当以出土物中最晚的器物去推定。它是商代晚期的一座墓葬。

前几年我们曾以铜器铭文中不同族徽为线索，对不同族的铜器做了分析排比，发现散落在商王国附近的那些国族所铸的铜器，无论是器形、花纹还是铭文体例与文字结构都与商王室的铜器有很多一致的地方。就其组合而言，虽因传世器中原有的组合大多已遭到破坏，但每一个国族的青铜器中，仍能从少数有组合的铜器或从总体上看出它们与商王室关系密切，并接受了商人的礼俗。诸如亚疑、天黾、丙等国族都能看到这种情况。显然，从大洋洲商墓看到的与这些国族的情形是很不一样的。

在围绕大洋洲商墓的年代所进行的讨论中，如何看待一座墓中包含不同时期的器物而进行断代，看法也是不一致的。有的以其中数量最多的器物来判断，这是不对的。有人认为，这些青铜器即使与中原青铜器类似，由于地域因素，也不能推定它们与中原的同类器物属同一时期，它们在时间上要相差一、二期甚至三、四期。此说是否合理，当视实际情况来进行判断。因为考古学上的"一期"所占时间至少也有三五十年。从地域上看，湘江、赣江乃至成都平原，与中原腹地虽有相当距离，但当时长江流域与黄河流域的居民之间的往来已相当频繁，特别是像青铜业这种重要的生产部门，大家都很重视，互相交流、模仿制作，应是经常的。铜作为一种有用的生产资料，更是交换乃至征战掠夺的重要对象。近年来江西瑞昌古铜矿的发掘，已证明这个古铜矿的开采年代可上溯到商代中期。对这些资源的利用，可能不仅仅是当地的土著首领。由于中原地区铜资源不多，这里的铜资源不可能不引起中原商王室的注意。已有多篇文章提到，商代开发南土与获取铜资源有关。和平时期这里的土著首领向商王进贡的物品中，铜应是重要的一种。随着铜的使用价值被人们认识，铸造技术也在不断提高。所以湘、赣、川等省的古代工匠在商殷时期，不仅已经相当熟练地掌握了浑铸法，而且分铸技术也被很好地利用，使他们有可能去随意仿制首领要他们仿制的器形，并有所创新。在这种情况下，它的发展步伐就不一定比中原晚，许多方面的发展应是同步的。

　　我们这么说，并非是主观推测，而是有一定根据的。

　　我们曾对中原地区出土的早期甬钟和江、浙、赣、湘诸省出土的早期甬钟进行排比分析。发现这几种钟（中原型钟、江浙型钟、湘型钟），它们的形制有很多一致之处，即都作合瓦形，有甬，于微弧，钟面饰兽面图案等。但他们的兽面有所差异：中原型的兽面由眉、目、口、鼻等组成，江浙型的由粗细卷云纹与两个乳丁枚组成，湖南型则由钟体两侧对称的粗壮凸起的勾连云纹与两个突出的枚构成。同时，它们的形体大小也不同。为此我们将它们区分为三个类型。

　　但从排比中发现，中原型早期钟自晚商至周初在形体上发生变化——形体由矮变高，即栾长小于钲距，变为栾长等于或大于钲距；甬部从无旋变为有旋时，江浙型早期甬钟和湖南型早期甬钟也都发生同样的变化。从分期断代的角度看，这种变化与分期是一致的，并不是前面提到的存在一、二期至三、四期的时间差。

　　当时对江浙型钟中的Ⅰ型钟，许多文章都将它定为西周早期或西周前期。我们根据上述变化而改定为商代晚期，有人以为偏早。但新干大洋洲商墓中出土的两件钟与文中所分江浙Ⅰ型完全一致。这说明江浙型钟变化与中原型钟的变化确是同步的。同样，在湖南型钟上也看到类似的变化。

　　因此，有理由认为，诸如江浙一带、湘江流域、赣江流域乃至成都平原的居民当时与中原腹地的联系相当频繁。它们之间的地域因素，并未影响它们在乐钟或其他青铜钟制作方面出现同步发展的轨迹。同时我们从这三种类型早期甬钟的排比中发现西周中期在中原出现的定型甬钟，它的前身既不是中原型早期钟，也不是湖南型早期钟，而是江浙型早期钟。这一看法也被近年来出土的遗物所证实。这一实例说明，中原青铜文明的发展与长江中下游各地区青铜文明的发展在很多方面是同步的，而且是互相影响的。中原地区青铜文化曾给周边地区的居民以影响，同时它自身的发展也包含了对长江流域乃至其他地域的有益成分的吸收。越来越多的实例将证明，中原与周边地区的文化发展历程，都有在吸收他人之长的基础上不断创新的过程。

用文化分析法区分一个地点的文化遗存中是否有外来因素，及哪些是外来因素，这是考古学发展到今天、资料积累到一定程度时，应该进行的一项有效工作。客观、准确地区分其间的不同因素对我们认识古代居民的活动与文明发展中出现的情况有重要的意义。在这里可以看出古代中国各地区文化发展的高低不一，各文化之间存在各种各样的关系。这样做不仅有助于揭示该地区文化或文明的发展途径，而且对探讨古代中国各族人民共创辉煌的华夏文化的作用，也有极重要的价值。从目前提供的资料已可看出，早在3000年前我国长江流域与黄河流域一样，在创造古代中国的青铜文明方面，都起到了十分重要的作用。

围绕长江流域青铜文明而进行的研究，在近十几年间取得了许多成果，但提出的问题仍比解决的问题要多。诸如长江流域的青铜文化是在中原的影响下或如有人所说是从中原传入冶炼术后发展起来的呢？还是生活在这里的古代居民自己发明了金属冶炼并逐步发展起青铜文明的？目前人们的看法是不一致的。有人力主前一看法，理由是中原发现的青铜制品可上推到5000年前，到商代后期时青铜业已获充分发展，很多出土物证明它对长江流域的青铜业有很大影响。有人则认为江南地区自古以来是铜锡的著名产地，推测其发展的历史必很悠久，因而认为它也是中国冶铜术最早的发祥地之一。

地质勘探的结果表明，长江流域是我国最重要的有色金属宝库之一，其储备远比中原诸省丰富。它的开采历史也很悠久，已知可上溯到二里岗期。从江西瑞昌铜岭古铜矿的开采水平看，当时已经用坑采方法，从距地表10多米深的破碎带中采掘矿石，其技术已达到相当水平，说明在这之前一定经历了很长一段历史过程。在铸造技术方面，虽然还没有发现铸造作坊遗址，但从出土青铜器可以知道，这一地区除用浑铸法铸造青铜器外，分铸技术的运用也已相当熟练，并且生产了不少形体很大的青铜器具，如四羊方尊及重达 200 千克的乐钟。在这一意义上说，它们的工艺水平也是不低的。但因这一地区的考古工作起步比中原诸省相对要晚，考古发掘的点面也不如黄河流域那么宽广，有很多空白尚待填补。

不过，近些年提供的资料越来越多地证明长江流域史前时期社会生产力与黄河流域的同期相比并不落后，并非过去人们所说是蛮荒之地。因此，在铜矿资源十分丰富的地方，发现与利用它的时间虽未必一定比其他地方要早，却也不会很晚。因此，今后在长江流域的史前与夏时期遗址中发现青铜制品将不会令人感到惊奇。那时，有关长江流域青铜文明源头的探讨，将因获取新资料而使问题的解决更具说服力。

近 20 年来长江流域考古工作的开展，已使人们对这一地域内的考古学文化的分布及其社会状况的认识，大大推进了一步。这为今后的工作打下了很好的基础。

展望 21 世纪的工作，相信会有更多重大成果出现。如果说 20 世纪因工作重点在黄河流域而在考古学上可称为黄河流域的世纪的话，那么随着南方各省考古工作的大规模展开，21 世纪将是长江流域及南方诸省考古工作飞跃发展的世纪。在面临世纪之交的今天，我们谨祝中国历史的研究，将因考古工作的不断开展而向深广的方向发展！

原载《中国南方及东南亚地区古代铜鼓和青铜文化
第三次国际学术讨论会论文集》，《民族艺术》（增刊），
民族艺术杂志社 1997 年版

在北京建城 3040 年暨燕文明国际
学术研讨会闭幕式的发言

　　中国社会科学院考古研究所和北京市文物研究所合作发掘琉璃河遗址已有二十多年了，在这一期间两个单位合作得很好，取得了不少成果。我们的工作得到市、区、乡各级政府及文化行政管理部门的支持和各方面的帮助。借此机会，谨向所有支持和帮助过我们的各级领导和朋友们致以深深的谢意！

　　多年来一直想开个会，把各方面的朋友们邀请到一起，就琉璃河遗址发掘工作中提出的问题进行切磋，以期从大家的宝贵意见中获得启示，推动我们的研究工作。这次能有这么多国内外宾客欢聚一堂，并听到大家的很多意见和看法，我的心中十分高兴。作为东道主之一，我们在许多方面对宾朋好友的照顾多有不周，请予谅解。下面将前一段工作的情况向大家作一简要报告，权当我们对大家的小小补偿。

　　下面我谈三个问题。

一　关于琉璃河遗址的发现

　　算起来，琉璃河遗址的发现已有半个世纪了，发现者是吴良才先生。事情经过是这样的：1945 年抗日战争胜利之后，琉璃河水泥厂要恢复和发展生产，便向北平中国银行要求贷款。当时在中国银行服务的吴良才先生为与厂方商谈贷款事宜，途中路过遗址，看到地面有不少陶片，就采集了一大包。回到城里就去中南海，找到在北平研究院史学研究所工作的苏秉琦先生，介绍了有关情况。

苏先生看了采集的标本，认为这一发现很有价值。但当时没有条件去调查试掘。

1962 年夏，当时在北京大学历史系任考古研究室主任的苏秉琦先生，在安排学生实习时，提出了到琉璃河遗址去复查试掘的设想，并安排韩嘉谷、李东宛、王恺三位同学和北京市文物工作队的郭仁先生一起，在刘李店、董家林作了试掘。从此，琉璃河遗址的发掘工作被提上日程。

吴良才先生是个业余考古爱好者。1944 年至 1945 年间在兰州中国银行工作时，他就曾在兰州附近进行考古调查。《中国考古学报》第五册（1951）刊登的《兰州附近的史前遗存》一文中，夏鼐先生记述了他和吴良才先生进行调查的情况：“最初是不约而同的分别工作，后来相识后有几次是结伴共同工作的。”该文所列的七处遗址中有三处是吴良才先生发现的。这篇报告是夏鼐先生写成的，他在文中记述的内容和以二人联名的形式发表，说明夏先生对他人劳动的尊重。而从所记内容中，也看到了吴先生热爱祖国历史，爱护历史文物的可贵精神。他对考古工作产生兴趣，可能是受了考古学家吴金鼎先生的影响（他是吴金鼎的兄弟）。但他在工作之余，奔走于田野、山川之间，去寻觅古代遗存，并把所采标本送到有关研究机构。这种由兴趣而转化为爱护历史文物的自觉行动，并引出了一个很好的结果，这是我讲述这个故事的真正原因。

苏秉琦先生对吴良才先生发现琉璃河遗址过程的记忆是非常清楚的，并多次讲过。每次讲述这个故事时总要说：“如果没有 40

年代吴先生发现琉璃河遗址的过程，也就不会有 1962 年派学生去遗址进行试掘的事"。苏先生对琉璃河遗址的考古工作一直很关心，曾多次去发掘现场指导工作。这次因身体原因不能到会，他若能来参加，相信他一定会讲这个故事的。

二　琉璃河遗址发现概况

关于 1962 年开始的琉璃河遗址早期考古工作情况，邹衡先生已经讲过了。考古所是从 1973 年开始与北京市文管处、房山县文教局共同组建考古工作队进行发掘工作的。这次会上所发的北京市文物研究所编写的《琉璃河西周墓地》报告，已详细介绍了 1973—1977 年间的工作及其成果。

我是在 1981 年参与这项工作的。对我来说，到琉璃河遗址从事考古工作，多少有点意外。因为 1980 年在大冶铜绿山遗址结束发掘工作后，已在鄂州市选了点，计划在鄂东地区继续扩大课题。恰在这时，北京市文物工作队的于杰、赵光林两位先生找到夏鼐、王仲殊先生，表达了希望与考古所进一步合作，对琉璃河遗址进行大规模科学发掘，以期在若干方面取得较大收获的意愿。经双方领导商定之后，我被调到这里。

从我跟于、赵两位先生的密切交往中，对他们为推进北京史研究、为推动考古事业发展的敬业精神留有极深刻的印象。于杰先生几次提到，北京地区史前时期的历史，从北京人、山顶洞人、东胡林人到北埝头、雪山等遗址，通过研究已渐渐清楚其发展脉络；秦汉以后历代的历史，也有许多东西可以研究与阐述，唯独青铜时代这一段历史，还缺乏完整、系统的材料去说明。他认为放着这么重要的遗址不去工作，让这种局面继续下去是不应该的。所以他提出要统一规划、长期打算，在墓葬区和城址内有计划地进行大规模发掘，力争若干年内解决几个关键性问题。为此，他热情而主动地了解工作情况，想方设法为我们创造良好的工作条件，使我们的工作能顺利进行。今天，在齐心先生的努力和市、区领导的支持下，新的博物馆已经落成开馆，又举办了这样一个学术讨论会。可惜的是，于杰先生已不能参加这个盛会，跟我们共同分享这一份喜悦了。同时，在过去的工作中曾经付出了艰辛的劳动，做出不少贡献的钟少林、郭仁、关甲坤几位先生也已作古。我十分怀念他（她）们。因为我们的工作犹如接力赛，是一棒接一棒往下传的。正由于他们做了很多工作，使我们这些后来者能更好地跑下去。

十余年来，我们和北京市文研所的同仁在友好合作的气氛中为推进课题研究做了一些工作。对墓葬区的发掘，主要放在京广铁路东侧，采用平面揭露的办法，发掘了 1 万余平方米的面积。同时对京广铁路西侧的墓地作了补充清理，总共发掘各类墓葬 200 余座。对城址的工作主要是进行钻探、勘察，实测了遗址总图，确知古城东西宽 829 米（北墙），东、西墙分别残有 300 余米。同时对西北角城墙做了发掘与解剖，对城墙的结构和年代有了进一步认识。回顾这一阶段的工作，大体可归纳为以下几方面的收获：

第一，对墓地内大、中、小型墓葬的形制、特点及分布情况有了进一步了解，找到了车马坑和主墓之间的排列规律，从而为研究墓地内埋葬制度方面的问题创造了条件。

第二，清理了多座大型墓葬，并从大中型墓中出土了一些有"匽侯"铭义和"太保"铭的铜器，尤其是有 4 条墓道的 1193 号大墓及有太保铭铜器的出土，不仅为推定燕侯墓地增添了新资料，而且为探讨谁是第一代燕侯提供了可能。

第三，通过对古城墙的发掘，找到了该城建于西周时期的物证。结合墓地材料，可知这座古城就是西周时期的燕国都邑。它的出现确与周初封燕有关。

第四，发掘中用木箱套接，吊运到室内清理的办法，抢救出一批西周漆器。为认识西周时期的髹漆工艺及其水平，找到了宝贵的原始素材。

第五，清理的一批西周车马坑，为研究西周车制补充了新材料。考虑到将来有条件时能向公众展出，这些车马坑大多就地做了保护措施。

第六，在前人研究的基础上，结合出土资料，建立了琉璃河遗址文化分期序列。这对认识周围地区的同时期遗存具有参考作用。

诚然，我们在发掘与研究过程中还存在许多问题。随着考古工作的进一步开展，相信这些问题会在以后的工作中逐步得到回答。

三　对几个问题的一些想法

（一）关于琉璃河古城的建城年代与纪念建城 3040 年问题

这次会议定名为"北京建城 3040 年暨燕文明国际学术研讨会"，大家对 3040 的说法提出看法，是有一定道理的。这里涉及琉璃河古城究竟何时所建以及目前推算的武王伐纣的年代是否准确的问题。

关于琉璃河古城的建城年代，这次会上基本上有两种意见：一种认为可以早到商代，一种认为早不到商代。从墓地材料看这个遗址是西周时期的。这也涉及 1193 号大墓的墓主是否是第一代燕侯以及该墓的年代应推定在什么时代的问题。

北京建城已有 3040 年的说法，是采用赵光贤先生推定的武王伐纣发生在公元前 1045 年这个意见推算出来的，而且假定古城的兴建是随武王封召公于燕并与伐纣是同一年发生的。

那么这个古城的建城年代是否肯定是公元前 1045 年呢？我认为目前的手段尚难以确定，但从现有的资料看，古城的年代早不到商代。墓中出土的商文化因素的陶器，其绝对年代也已是西周时期的。1193 号大墓应是第一代燕侯的墓葬。因此，琉璃河古城是周初封燕后所建的燕国都城。从这个意义上说，暂取一种意见，并推算它建城年代距今已有 3040 年是说得过去的。当然，如有的先生指出的那样，假如琉璃河古城建于商代的话，那么距今的年代可能不是 3040 年而是更为久远了。

不过，推定武王伐纣的年代为公元前 1045 年仅是众多说法中的一种。持这一看法的除赵光贤教授外，美国斯坦福大学的倪德卫（Navid S. Nivison）教授在早些年也已经提出。1991 年市文物局召开新闻发布会时，我在会上曾经指出这一点。目前，围绕武王伐纣的年代，约有 30 种说法。各家推算的结论出入很大，从公元前 1122 年至公元前 1005 年，前后相差 100 多年。这个问题是需要进一步研究的。我们在发掘时也取了一些样品进行测试，也想在这方面做一些工作。我也希望有志于解决这个问题的学者们，从不同角度进行研究，争取能早解决。去年我在全国碳十四年代学会议上吁请年代学工作者和考古工作者合作，把我国的年代学研究再推进一步。我相信各地的考古同行们会支持这项工作的。如果有一天能就武王伐纣的年代拿出一个准确的数值的话，那时我们可以再开一个新闻发布会，对现在的这个说法进行更正。我想这应是一件大好事。因为它将标志着中国科学的进步和年代学研究水平的提高，赢得的是世人对中国科学工作者的尊敬。

有的先生说，3040 的说法在宣传方面可能有些意义，但对考古工作毫无价值。此论有一定道理，却也未必尽然。因为琉璃河古城作为封燕后所建是可以论定的，如果把北京建城的历史从金代算起那就不妥了，确应把它上推到 3000 年前的周初。这样说，大家也是会接受的。再说，这一说法的提出及有关纪念活动的举办，可以唤起民众对祖国历史的热爱和自觉保护历史文物的意识，这是有积极作用的。将考古工作中取得的研究成果转化为向民众进行爱国主义教育的题材，这正是我们的目的之一。

（二）关于 1193 号大墓的墓主与第一代燕侯的问题

这个问题早在大墓发掘结束时就提出来了。因为这座墓葬有四条墓道，在已知的西周墓中的规格是最高的，墓中出土的两件铜器上还记有周王褒扬太保和授民疆土的内容。围绕铭文中的"令克侯于匽"句，则出现了分歧。目前有太保说、克说及其他说法。应该说，目前提出的这些看法都缺乏直接证据。究竟是克还是太保，我曾经反复考虑。用张政烺先生的话来说，将克作为名词解释最省事、最简单。但是在没有直接证据的情况下，则应考虑到间接证据。克说则一点间接证据都没有。譬如，有人说假如不是被盗，这座墓中可能会有很多燕侯克的铜器，但这充其量只是一种猜想而已。因为果真如此的话，传世铜器中或能找出一两件来。可是在 1 万多件有铭铜器中找不到一件克器可与这座墓葬联系起来的。

反之，太保说则还有些间接证据，这就是我取太保说的原因。具体的想法已在两篇文章中阐述，这里不想多说。当然，学术讨论中出现不同看法是正常的，有些问题正是在争论中越辩越明朗。不过，我主张论点应建立在论据的基础上，并应进行论证。

关于这个问题，从目前的情况看难以取得共识。若需找到直接证据，如我在文中所说，只能寄希望于将这个墓地的大墓都清理出来，或许会有更重要的发现来证明。那天跟副区长交谈，她说正在考虑将墓地上的居民迁走。我想这对研究历史，解决问题是个好消息。因为那里的民居下埋有很多古墓，黄土坡村中有一个井就打在墓上，出土了一件铜器。不过，这几年的工作，能就召公是否封燕及谁是第一代燕侯的总体展开认真的讨论，使研究工作涉及燕国中较深层次的领域，这本身就是可喜的。

（三）关于燕文化问题

由于燕文明是这次会议讨论的重点之一，所以对燕文化的内涵的讨论也热闹起来了。从讨论的情况看，什么是燕文化？哪些是燕文化的因素？出现了多种不同的说法。这个问题是由封燕而引出的，即很多文章中提到武王封召公于燕，说明所封的地点原本有燕，这里早就有人在此劳动、繁衍、生息。这个说法我是同意的。但有人又认为琉璃河遗址出土的东西就是燕文化，也有人说，除了这些物质文化遗存外，还应加上这一地区内存在的商遗民创造的文化和土著居民创造的文化。这些说法我以为不妥。因为琉璃河遗址出土的遗存，与洛阳等地所见的周文化是很一致的。这从墓葬的形制、随葬品的组合乃至一些具体的器类特征，都可以看到两者的共性因素是一致的。其中虽也有一些商文化的因素，诸如外壁装饰有三角纹的陶簋，就是一例。有人将它定为商代遗物，似失之偏早，因为从共出的其他器物可以证明它是西周时期的遗存，有文章已经指出属商遗所制。因此，就琉璃河遗址而言，它作为周王所封的侯国都邑，居住在这里的居民，其主要构成成分应是周人。他们创造的文化仍是周文化，不应称作燕文化。假若按另一种意见，把周文化、殷遗创造的商文化和土著文化合在一起，都称之为燕文化，那就出现了另一个问题，就是鲁文化、晋文化又该怎样理解呢？因为在鲁国，我们也可看到周文化、商遗的文化和土著文化等不同的成分。混而合之，势必将原本清楚的东西反而搞混了。

我认为，既然问题的提出是基于分封前燕地的土著居民而言，那么燕文化指的就是燕地土著居民创造的文化。不过，假如原燕地的居民构成并不单纯的话，还当分辨燕地原居民与外来居民创造的文化之别。我们使用的文化分析法，就是要借出土物的分析去追溯创造者的不同族属，进而去研究历史进程中发生过哪些事情。近年来陈光同志在镇江营遗址的发掘中发现了一些很有特色的东西，我很希望她写篇文章。因这一段工作很忙，她没有来得及完成。镇江营距琉璃河有一定距离，应有城乡之别，在那里出土一些土著居民创造的文化遗物，应是合理的。

传统史学常用的一种方法是借考定某个地点是某国（或某族）的都邑而推定该地区的东西为某文化，这种方法对那些单纯的遗址或可借用，但对内涵比较复杂的遗址就明显暴露出它的局限。因此，若能坚持运用文化因素分析这种行之有效的方法，相信在不远的将来，有关燕文化问题必能获得可喜的收获。那时再来开会讨论，有关燕文化的认识定会深入得多。

以上是我的不成熟意见，不妥之处，请大家批评。谢谢！

早商文化的推定与相关问题

对考古遗存中推定商代早期遗存，是商代考古一个很重要的问题。它不仅涉及如何全面认识有商一代的物质文化面貌、商文化的年代与系列等问题，而且在探索夏代文化和商汤以前先公先王时期的物质文化（俗称先商文化）时，还涉及能否以准确的早商文化为起点的问题。因此，这个问题能否及早解决，为学界同仁所关心。

早在安阳殷墟发现晚商文化遗存时，人们就在考虑早商文化的问题。20世纪50年代初，在郑州二里岗发现商文化遗存时，人们从地层与器物形态两个方面证明它比安阳殷墟要早，因而推定它为中商遗存。那时，人们的注意力又向前推移，企盼能尽早找到早商文化。此后在郑州洛达庙和偃师二里头进行科学发掘时，有关早商文化的问题被正式提上日程。当时一般认为洛达庙和二里头遗址的上层文化为早商文化。

此后，随着"郑亳说"的提出，在郑州二里岗期商文化是早商文化还是二里头遗址第三、四期遗存是早商文化的问题上出现了争论。十余年来，人们发表了不少文章，各家都阐述了各自的看法。有关各家的意见及分歧所在，大家都很清楚，这里不再论述。

但从讨论的情况看，各家因占有材料的情况不同，立论的角度有异，所用的方法也不一致，因此众说纷纭，各持己见，十余年间竟未能获得共识。不过，随着几个大遗址积累的材料日益丰富，在整理过程中对有关材料的认识不断深入，使这个问题的讨论有可能趋于深入。这正是人们所希望的。

在这篇短文中，笔者拟对以往讨论中有关的推断方法谈些不成熟的看法，与大家一起商讨，以期在一些方面能获得共识，去推动这个问题及早解决。

<h2 style="text-align:center">一</h2>

推断某种文化遗存是早商时期的遗存，如同过去推定晚商、中商遗存一样，是考古学上的问题。因此，应该运用考古手段去对这些文化遗存进行分析、研究。犹如推定中商遗存那样，需从文化性质上论定它是商文化并在年代上比晚商文化要早。至于它是商王成汤时的遗存，抑或是汤以后几个王世时的文化遗存，可以在分期的基础上一次推定（如果条件允许），也可分阶段进行，如同殷墟发掘中从武丁时期遗存向前推到盘庚时期遗存那样。

同时，这一时期的大遗址，它们的文化堆积一般都包括若干朝代，或包含几个不同年代的文化层堆积。所以在一些埋藏早商文化堆积的遗址中，如果与夏王朝时期或年代更早的文化堆积相叠压，那么也可用考古方法把商文化与非商文化区分开。对早商文化进行分期与比较研究，有可能推断其与商代的哪个王世相当。所有这些问题，现有的考古手段都可以解决。

诚然，夏商两代已经进入历史时期，文献中已经出现了一些有关夏都、商都及夏、商先民各种活动的记载。这些内容，我们当然应该重视。但因这些记载不是夏、商的史官所记，而是后人所述，内容又极简略，它们的可信度如何是需要认真考虑的。

徐旭生先生当年进行"夏墟"调查之前，曾对有关文献资料进行严格筛选，分为几等，分别对待，就是这个道理。因此，在面对考古资料和文献材料时，必须以考古资料为主。

在推定过程中，考古手段应起主导作用。即用考古方法对考古资料进行分析、研究，由已知的中商文化出发，从文化性质与年代方面推断出早商文化。至于某个遗址是否为商汤所建之都，取决于遗址的内涵是否为早商文化及其年代是否相当。如果两者相合固然最好，若不对应也不必失望，它可以提示我们去思考这一都邑与商代多次迁徙中哪一次迁都有关，进而推动考古研究向更广的方面发展。

以往发表的讨论文章中，有些学者是用考古方法对研究对象的性质与年代来进行分析的。它们既注意了商与非商文化的区别，又用中商文化遗存去进行比较，并对早商文化的特点等提出各自的看法。唯因有些遗址的材料尚未全面公布，对有关文化分期的看法和断代标准的理解不同，故也出现了一些分歧意见。

有些文章则偏重于文献资料，如从考订汤都的地望入手去推定早商文化；有的从年代学上推定某个碳十四数据为商朝起始年代，进而推定有关文化堆积是早商文化；有的认为只要把偃师二里头、郑州商城、偃师商城这几个城址的早晚排出次序，它们中孰是夏都、孰是汤都或早商的都城即可予以推定。这些文章中各家的具体看法也有一定差异。许多讨论文章都应用了考古资料和文献材料，但因出发点不同，所用的方法有别，所得的结论很不一致。

对于上述两种思路与研究途径，笔者曾希望能达到殊途同归的结果，但因在一系列环节上未能将两者很好地结合或对应起来，由此而引出的结论自然不能相合。在这种情况下，实有必要对以往的讨论状况进行总结与反思。

二

　　笔者认为，早商文化的推定以及夏文化和先商文化的探索都是考古学上的问题，必须强调用考古方法去进行分析、研究。而且许多实例已经证明这种做法是完全可行的。当年发掘大汶口遗址时，发掘者发现那里的遗存属于大汶口文化的中晚期，后来在王因等地找到了年代更早的遗存，补充了前者的缺失，使人们对大汶口文化有了更全面的认识。对仰韶文化、红山文化等史前文化的认识，也都存在这样一个过程。在这个过程中，有关的古代文献并未起过什么作用。至于大汶口文化是否为东夷族的遗存等开展的讨论，并不影响人们对大汶口文化的确认。

　　这些实例说明，中国考古学作为一门新兴的科学而得以存在，正是由于它已从理论与方法上为解决考古研究中提出的问题创造了必要的条件，并在实践过程中不断充实而使它有可能去解决传统史学无法解决的问题。

　　又如，虽然过去的史学家们对晚商都城所在做了许多考证，但只是在安阳殷墟发掘以后，才使这个问题有了不可推移的定论。安阳殷墟是晚商时期的都邑，这是几十年来几代考古工作者运用考古手段进行深入研究得出的结论。即使今天仍有人用文献材料对这个都邑是否系盘庚所迁提出疑问，但对这个晚商都城的历史地位已不可能产生什么影响。

　　过去许多史学家对桀都安邑、汤都之亳和纣都朝歌等做了许多考证研究，均未被历史学界普遍接受。安阳殷墟的实例说明，在考古学家手下，倒是可以解决传统史学家无法解决的问题，而且由于他们的结论是科学的，因而是无可辩驳的。

　　这么说是否就贬低了历史文献的价值，或否定了用文献资料去研究历史问题的意义了呢？不是。诸如甲骨文、金文等商周史官记录的内容，都是当时社会生活中发生的实事，它们为恢复当时的历史提供了许多第一手资料，是十分珍贵的，它们与考古材料有着同等的价值。但那些后人所记的材料就另当别论了。它们中有真有伪，使人真伪难分，对这种材料必须进行去伪存真的考辨才可应用。

当年徐旭生先生分别对待先秦古籍中有关夏人活动的材料与汉代以后的材料，认为后者比前者更不可靠，这种严谨的态度是值得我们学习和倡导的。因此，我们在研究工作中必须坚持从第一手材料的分析中得出应该得出的结论，对那些第二、三手材料则应谨慎处置，区别对待。更不应让这些可信度尚有疑问的材料去左右或影响甚至取代第一手材料，防止在课题研究中做出错误的结论。

这里不妨就这场讨论中涉及的问题稍作讨论。

在 1983 年偃师商城发现以前，学者们就郑州商城是汤都之亳还是二里头遗址是汤都之亳展开了讨论。各家各抒己见，互不相让。因此当偃师商城发现以后，人们寄希望于偃师商城的发掘，普遍认为它将为解决这个问题找到一把钥匙。十几年过去了，围绕偃师商城却出现了西亳说、桐宫说、盘庚之都论与二里头遗址之间是宫殿与宗庙之别说等等，依然众说纷纭，莫衷一是。原以为它跟二里头遗址同在偃师，又相距不远（只有 6 千米），按班固所说，汤都之西亳在偃师，则这两个遗址中似应有一个是西亳。就地望而论，所有的文献资料用在这两个地点都可以（甚至它们的方位也都一致，均在偃师县城的西南）。但结论却至今未能一致。原因何在？根本的原因还在于偃师商城的年代是否早到商代初年，未被论定。不少学者认为，该城的始建年代与成汤在位的年代还存在一定距离。

因此，尽管原来的二里头遗址西亳说中有人转而主张偃师商城西亳说，但就原来争论的问题而论，却未有多少变化。这样，若想使偃师商城西亳说成立并为大家所接受，首要的一项工作就是提出强有力的证据证明这座古城是商代文化中年代最早、属商初所建的遗存，以使其与成汤作为商王朝的始建者的年代一致。否则偃师商城西亳说只能作为一种假说而存在。

这个实例也说明：诸如这样一些并非第一手材料的文献记载，在与考古资料不一致时，它就不可能发挥力证的作用。

北京琉璃河遗址开始发掘以来，也备受学界同仁的关注。它比易县燕下都的年代要早，这不成问题。但它究竟是燕之中都，抑或是上都，则无法定论。不过，考古研究的成果可以证明，这个遗址就是周初时所封的燕国之都邑，它的城垣是西周初年所建的。这就把北京建城的历史从 800 年前上推到 3000 年前。北京市人民政府举行了庆祝北京建城 3040 年的活动。这个实例也说明，即使缺乏文献中有关燕都地望的材料作旁证，考古研究得出的结论同样可靠和可信。

若按目前流行的有商一代的物质文化遗存早、中、晚三段划分法划分，那么商代早期的遗存应指商王成汤与其后几个王世时期遗留的物质文化。由于早商文化遗存与中晚商文化遗存均为商王朝时期商族居民遗留下的物质文化遗存，所以它们在文化面貌上自应有不少共性因素。先商文化是成汤以前先公先王时期商族先民创造的物质文化遗存，它的文化面貌也应与商代文化有较多的一致性与内在联系。它的年代约与夏代同时，但夏、商两族各有自己的活动地域。

夏、商两族人民因生活的地域与环境不同，从事生产与生活的方式不完全一致，因而它们遗留下来的遗存在文化面貌上当有许多不同。推断夏文化、早商文化与先商文化遗存，理应考虑到这些方面。早商文化应从已知的中商文化向前追溯和推断，先商文化则应在判定早商文化之后，以它为起点在商族的起源地区寻根溯源。这里应考虑到特定的时空范围，但先商文化的推定必须在文化面貌上找到与商代文化的共性因素和内在的有机联系方能令人信服。

夏代文化是指夏王朝时期夏族居民创造的物质文化遗存，它应在夏人活动地域内寻找。它的文化面貌如何，至今人们还不能道其详。但从理论上说，它与商文化应有区别。从认识论的角度考虑，探索中的夏代文化应从与商文化不同的非商文化中去寻找。有人提出夏商文化同源说，作为一种看法，可备一说。但从探索夏文化的角度看，既然同源，就很难在夏文化与先商文化之间觅其异而进行合理区分。

就方法而论，还应避免倒果为因之嫌。因为夏、商文化是否同源，应该在夏代文化已被确认，跟商文化进行比较后得出结论，而不应是在探索前假设的出发点。这样做不仅合理，而且对夏代文化或先商文化的探索也比较有利。

三

众所周知，有关早商文化的争论是在夏文化探索过程中围绕二里头遗址主要堆积所含四期遗存的性质而展开的。从表面上看，是在二里头遗址的四期遗存是否为夏代文化的看法上出现了分歧：有主张四期均为夏文化说的，有主张第一至第三期是夏代文化的，也有力主第一、二期为夏代文化的，有人则认为只有第一期是夏代文化。但从另一个角度考虑，这一争论也可理解为这四期遗存中是否有早商文化的争论。因为不同意这四期遗存均属夏代文化的学者中，有主张第四期遗存为早商文化的，有力主第三、四期遗存为早商文化的，有认为第二、三、四期为早商文化的，甚至还有人认为这四期都是商文化的。因此，围绕二里头遗址的四期遗存的争论，也可理解为是夏代文化还是商代文化，抑或哪些是晚夏文化和哪些是早商文化的争论。由于夏代文化的面貌如何，如上面所说至今还无人能道其详，所以在缺乏强有力的物证以前，夏文化探索工作在短期内还难以达成共识。

不过，商代文化因安阳殷墟、郑州商城等众多遗址与墓地的科学发掘而使人们对它的面貌、特征等有了较全面的认识，凭借这些认识是有可能去论定商代文化中的早期遗存的。如果在二里头遗址的四期遗存中能把早商文化识别和分离出来，那么不仅使我们对商代文化的认识更加全面，也为探寻先商文化找到了一个可供比较的起点，进而在客观上推进了夏文化探索的进程。从这个意义上说，早商文化的推定不仅可能，而且在当前自有其特定的学术价值。所以，这里还想就这一争论中出现的一些问题做一些讨论。

四

早商文化能否推定？如何推定？上面已经指出，这是可以用考古方法从已经认识的中商、晚商遗存中就文化内涵的分析与年代等予以推定的。1978 年笔者写的《二里头文化探讨》一文，就曾用这种方法对二里头遗址四期遗存的性质做了分析，提出第三、四期遗存中因出现了一组极富商文化特征的器物，而应推定为早商文化的意见。不少同仁著文支持这种看法。

但也有人提出异议，认为中商文化是"流"，先商文化才是"源"，在目前未能找到一处先商文化遗址的情况下，用这种方法推定早商文化岂不成了"无源之水"？当然，这种说法是不对的。因为若因迄今未找到先商文化遗址而不能推定早商文化的话，按此逻辑，则郑州商城及其他同时期的遗址是否属商代的遗址也成了问题。因为当时也没有找到先商文化遗址这个"源"。它们的性质与年代却是基于对安阳殷墟晚商文化的认识，在比较研究中得以推定的。

马克思主义的认识论已经揭示，科学研究的过程总是遵循由已知达于未知，即在科学探索中从已经认识的领域向未知领域逐渐推进。在人类科技发展的历史中，到处可以看到这样的实例。达尔文提出的从猿到人进化学说，正是基于中世纪出现的人体解剖学对人体结构积累起来的知识，在与灵长目动物的比较研究中提出的。所以有哲人总结出人体解剖对认识猿猴犹如掌握了一把钥匙的至理名言。如果早商文化的推定只有在找到先商文化遗址之后才能推定，那么不可回避的一个问题是先商文化又将依据什么去推定呢？若想从未知达于未知，结果只能在未知中打转，是不可能获得真知的。其实，说到江河的源流，无论长江还是黄河，人类也是从认识它们的干流开始，然后才搞清它的源头的！

五

在围绕二里头遗址四期遗存的性质而展开的讨论中，很多人指出有早商文化，但在划定商与非商（或夏）文化的界线时却出现了分歧。这涉及断代的标准问题。

按照惯例，对历史时期遗存的断代，是以遗存包含物中年代最晚的那一部分来判断的。这一原则几乎在考古界约定俗成，所以过去未曾充分讨论过。

笔者主张在二里头遗址的第二、三期之间画线，理由是第三、四期遗存与一、二期遗存相比出现了变化。从陶器看到，这时出现了极富商文化特征的器物群。它的出现与夏商王朝的更替有关。唯因文化融合的过程不如政治变革那样急速，所以在文化面貌上只能以渐变的形式出现，但断代则应以政治事变来划定。1984 年，笔者又写了《二里头文化再探讨》一文，着重就这个问题谈了个人的认识。对于文中的观点，有人表示支持，也有人提出异议。理由是第二、三期之间虽有变化，但这种渐变的形式不足以作为断代的依据，认为在第四期时才完成了量变到质变的过程，因此应在第四期与二里岗期之间划定商与非商（夏）文化的界限。

　　笔者以为这种说法用于史前时期的文化划分也许是可以的，因为当时没有朝代之分，相差若干年对研究历史没有多少妨碍。但用于历史时期则不可，因为历史上的朝代有长有短。因不同族之间的争斗而出现的王朝更替可以在很短的时间内完成，但由这个变革引起的两种文化的融合与替代过程往往需要相当长的时间才能完成。完成这个过程需要的时间，有时比一个王朝的年代还要长。例如秦始皇统一六国，是我国古代史上的一件大事。统一以后，他还动用政治力量强行推行统一措施，但从发掘出土的情况看到，除了在度量衡器、货币等方面有实物证明取得了一定成效外，六国故地出土的物质文化遗存并未因政治统一而导致文化面貌全面融合的现象。相反，在一个时期内，各地的文化面貌仍然保留了大量原有的传统文化因素。即使离关中秦地较近的地区，遗址与墓葬中出土的具有秦文化风格的东西，相对来说也是很少的。笔者曾举出宜昌前坪等地秦墓的随葬情况予以说明。

　　这些情况表明，如果等到文化遗存中完成了量变到质变的过程才能推断朝代更替的话，那么尽管秦始皇完成了统一大业，却因六国故地的遗存中尚未看到这个变化过程而否定秦曾统一六国的事件，甚至否定秦王朝在考古学上存在，这个结论大概是任何人都不能接受的。

　　另外，二里头遗址第二、三期之间的差异、变化能不能作为划分商与非商（夏）文化的分界呢？笔者在有关文章中曾经指出，创造二里头遗址第一、二期文化遗存的居民，它们所用的一组陶器，从器类、器形到装饰纹样都是很有特色的。作为炊器的是实足鼎、折沿鼓腹罐和带花边的圆腹罐，食器和用具有三足皿、深腹盆、平底盆、豆、擂钵、大口缸等。它们既与河南龙山文化不同，也与郑州商文化有别，具有自己的特征。三足器中，实足的鼎占主导地位，折沿、鼓腹、平底器多，装饰纹样以篮纹、细绳纹为主，这些构成了它的明显特点。

第三、四期陶器中鬲、斝、大口尊、卷沿圜底盆和小口高领瓮等占有明显的位置，其中三足器中袋足类的鬲、斝已占有一定数量（特别是在第四期遗存中），卷沿、圜底器多，装饰纹样以绳纹、粗绳纹和内壁拍印麻点为主。这后面一组陶器的组合、形制与纹饰特征，都与二里岗期商文化陶器的特征相一致。第三、四期陶器中虽然还保留了第一、二期陶器的一部分器类，但它们也多变成卷沿、圜底和用较粗的绳纹、麻点纹等装饰，与原来的器形有了明显的变化。这里既有文化的继承性，又有明显的变化。这些差异和变化决定了它们不能再按一个考古学文化来处理。按照惯例，应该将后者定为商代文化而与前者区分开来。

必须指出，在二里头遗址出土遗存中看到的差异、变化，实有其深刻的背景。我国的史前居民早在一万年前就发明了陶器。到4000年前时，生活在中国大地上的居民制作与使用的陶器器类明显增多，已能满足人们生活中的各种需要。但是他们用作炊器的陶器，却出现了以三条实足为特点的鼎类器和以三个袋足为其特点的鬲类器这样两大营垒或系统。从出土的实物来看，其地域都占有很大的覆盖面。出现上述情况，当有其深刻的原因，值得我们去深入探讨。今天，我们即使对它的缘由尚不能详细说明，但这一现象本身，就足以引起我们认真思考。因为今天人们在对史前文化进行研究时，无论在鼎类覆盖区，还是在鬲类覆盖区内，都已划分出若干考古学文化，并认为分属不同族属。那么既有鼎、鬲之别，又各有一组器物群的两种遗存，有什么理由非要把它们划为一个考古学文化或同一族属的遗存呢？

偃师二里头遗址四期遗存中反映的上述差别，在巩县（今巩义市）稍柴、洛阳矬李等分布于豫西许多地点的二里头类型遗址中都可以看到。有趣的是，在比它年代早的龙山文化遗址中，古代先民已经掌握了制作袋足类陶器并已用作炊器；在比它晚的大量商代遗址中，商族居民也大量生产和使用袋足类陶器作炊器；唯独以二里头遗址第一、二期为代表的很有特色的这类文化遗存（我把它称作狭义二里头文化）中，却大量生产和使用实足类陶鼎作炊器。

对于在同一地域内出现的这种情况应该如何理解与解释呢？我想它至少说明这样一个问题，即创造了现今被认为是三种考古学文化的人群，并非同一个族属。因为创造二里头文化（狭义）的人群，处于承上启下的特定位置。如果它们与该地区创造龙山文化的人群是同一族属，那么，它对龙山文化若非全面继承，至少应该将其核心的或主要的那部分文化因素继承下来，犹如我们从商代文化中看到年代较晚的遗存中保留了年代较早遗存中不少核心与主要因素那样。

倒是有一种解释可能是合理的，那就是创造这三种考古学文化的人群原属三个不同的族属。所以创造二里头文化（狭义）的人群在进入这一地域后，对原来居住在这里的人群所创造的龙山文化作了有选择的继承，并依然保留了它本族原有的生活方式、文化传统与其他特点。商人入主该地后，他们同样对居住在这里的人群创造的文化有选择地作了继承与扬弃。当然，商族居民原有的生活习俗与其他传统的文化因素是不会轻易改变的，因此在出土物上仍然可以看出它的突出特征。

因政治变革而引起的两个文化的碰撞，其结果不外乎出现以下两种情形：如果一方的文化进步，另一方的文化落后，则进步的一方将落后的一方同化，即使后者在政治上是胜利者。野蛮人进入罗马后的遭遇就是如此。如果双方的文化发展程度相当，那么都是胜利的一方占优势。胜利者利用其政治上的战胜者地位，除了对被征服者进行奴役外，在文化上也可强行推行本族的文化，以达到其巩固统治的目的。秦始皇统一六国后采取的一系列措施，其本质也在于此（书同文就是要把六国文字废弃，统一用秦国的文字）。

不过，被征服者的生活方式与文化传统习俗等是不可能在朝夕间就被改变的。尽管征服者与被征服者生活于一地，但在相当长的时间内，他们在生活习俗、文化传统等方面都还保持一定距离。前者对后者的改造是缓慢的（有的则表现为融合），所以在物质文化面貌上只能表现为渐变的形式。如果从文化面貌上看到两种文化全面交替的情景时，它距王朝更替的政治变革已经很久远了。

我们在研究地下出土的物质文化遗存时，必然会遇到因王朝变更而进行断代的问题。反映这种变更的出土遗物，若有文字资料可作依据，断代就比较容易；如果没有这种信物为据，的确比较困难。如果我们在这些问题上能够取得共识，那么如何断代较为合理，也就容易取得一致的意见。

原刊《95 中国商文化国际学术讨论会论文集》，

中国大百科全书出版社 1998 年版

殷墟考古在中国考古学中的地位

安阳殷墟的考古发掘至今已整整 70 年了。今天，在纪念殷墟 70 年的时候，回顾 70 年来中国考古学的发展历程，看看殷墟发掘在中国考古学中发挥过哪些作用，这对殷墟的考古工作是有意义的。

十年前，张光直教授曾经提出这样一个问题：如果 1928 年发掘的不是安阳殷墟，而是别的一个遗址，中国考古学将会怎么样？

我觉得这个问题问得好。殷墟发掘的价值，应该把它放在中国考古学的发展进程中去考察，它在这一过程中起到了何种作用？从这样一个高度分析之，才能予以比较确切的评估。

殷墟的发掘离不开甲骨文的发现。1899 年一个偶然的机会，王懿荣发现甲骨文之后，引起学术界的重视。经过几年的了解，到 1908 年时已经查明，市面上流传的甲骨文均出自河南安阳的小屯村。1910 年，罗振玉指出这些甲骨卜辞"为殷朝王室之物"，提出小屯附近为商王"帝乙之墟"的看法。1917 年，王国维依据甲骨卜辞中的材料，证实了《史记·殷本纪》中商代先公先王的世系，并对其中的一些错误做了修正。甲骨卜辞的价值被学术界同仁普遍承认，也使殷墟的价值在当时发掘的几个遗址中突出地显示出来。

这一期间，小屯村的甲骨埋藏继续遭到破坏。为了进一步了解这个晚商王都的情况，也为了制止小屯村地下埋藏的刻字甲骨继续遭到破坏，1928 年开始了对安阳殷墟的发掘。

这是由中国的学术机构独立进行科学发掘的第一个地点。从此，因安阳殷墟等一批遗址的发掘而使中国考古学成为我国科学百花园中的一枝奇葩。

因此，从殷墟考古 70 年间走过的路程中，我们约略可以看到中国考古学从初创到成熟、不断获得发展的进程。

客观地说，殷墟 70 年间的考古工作在中国考古学的发展进程中，起到了其他任何一个遗址都不能比拟的重要作用。正由于它在中国考古学中拥有不可替代的重要地位，促使大家从各地云集殷墟，隆重地召开这个纪念会。

殷墟的考古工作所以能起到这种作用，首先是由遗址的性质决定的。殷墟作为商代晚期的都邑遗址，曾是商王朝后期的政治、经济、文化中心。自盘庚迁殷以后，经过 200 多年的漫长岁月，先民们在近 30 平方千米的遗址区内留下了丰富的物质文化遗存：巨大的宫殿区、王陵区、形成规模生产的铸铜、烧陶、制骨、琢玉等作坊以及居民聚落和平民墓地，出土了各式各样的精致器物，从不同的侧面反映了 3000 年前这个王都的盛况。每一种遗存的发现，都从不同的角度反映了商王朝赖以建立的经济基础及上层建筑的方方面面。从这些遗存中我们可以认识到商王四处征伐方邦的背后所具备的雄厚国力和当时已经建立的相当完备的政治机构。各种证据表明，商王朝当时正处在奴隶制社会的上升阶段。出土的数以万计的精美青铜器具和 15 万片刻辞甲骨，将处于青铜时代繁盛时期的商代文明呈现在世人的面前。它使一度盛行的疑古之风为之一扫，也为重写中国古史打下了良好的基础。

这是同时期发现的其他几个遗址不能与之相比的。

由于它是一个巨大的王都遗址，所以殷墟地下埋藏的遗迹、遗物比一般的聚落要丰富得多。为了挖掘这些遗存，面对不同性质的各种研究对象，考古学家们遇到的难题也比一般聚落考古中碰到的难题要多得多。但是，在错综复杂的遗迹现象面前，考古学家们不断探索、不断创新，终于总结出一套行之有效的方法。今天，当你站在安阳殷墟的平面图前，或在遗址现场听取考古工作者介绍遗址的布局或有关殷墟的局部遗迹时，你或许更多地注意他们的工作结果，往往忽略了发掘时曾经经历了怎样的过程。其实，在回顾总结时，取得的那些成果固然值得重视和肯定，但对成果背后发生过的一些人和事，或者说为获得这些成果而曾经历的那个过程，同样是值得重视的。因为对过程的了解越多，将使我们对成果的价值的认识也会更加深刻。

例如，车马坑中放置车马随葬是古代贵族常用的一种葬制，在各地的商周墓地一再发现已证明了这一点。但工作人员用小铲或竹签把腐朽的马车痕迹从泥土中清理出来，神奇地向人们展示了3000年前使用的完整马车，这种方法就是在殷墟的考古工作中摸索和总结出来的。这一方法的出现有它巨大的意义，因为它不仅使我们看到了商代手工业匠人在马车制作中的聪明才智，而且为我们解决了这个王都与它管辖的巨大空间的许多据点之间用什么交通工具联系的大问题。商王为了管辖他的领土，实施有效的统治，若无这种快速便捷的交通工具穿梭于王都和各地之间，简直是不可想象的。

在过去的70年中，对殷墟长期、持续地开展了考古工作。几代考古学家在田野调查、发掘、整理、修复，或者在文物收藏与保护方面，都总结出一套行之有效的方法。例如根据土色土质区分文化层；依据地层叠压关系或遗迹间的打破关系对出土物进行分析、排比，进而进行文化分析或分期；在遗迹现象的处理、标本提取、器物修补与复原整理等方面，在不断积累与总结经验的基础上形成一套有效的方法。后岗三叠层的划分就是一个突出的例子。就以马车而言，在殷墟工作的技工们不仅把它从地下清理出来，而且能对马车痕迹进行加固、并将它从田野取起搬至室内。在这个过程中，每一个步骤都有严格的要求。实践证明，按照有关的规程操作，可以很好地从泥土中剔剥出完整的马车，还可以完整地搬到展室中展出。在安阳殷墟，从钻探发掘、修复整理、分析排比、开展研究，直至绘图制作到编纂报告的全过程，都能在站（队）内由相关业务人员完成。独立地开展一条龙式的操作，完整地完成这一过程，这在全国各地的考古单位中是不多见的。

长久以来，上述这些方法为各地的考古同行所采用，很好地推动了各地的考古工作。

安阳殷墟的持续发掘，使殷墟文化的分期在实践中反复检验而得以建立起来。它与过去出土的甲骨卜辞的分期对应起来，使殷墟文化分期与晚商王世联系起来。自从董作宾将甲骨文分为五个时期的意见发表以后，经过许多学者的补充与修正，已为学术界所认同，认为它们分别属：武丁；祖庚、祖甲；廪辛、康丁；武乙、文丁；帝乙、帝辛诸王世。考古学家对殷墟文化遗存所分的四期说，在考古工作中经过检验，也已被学术界同仁所接受。在殷墟的发掘中，由于在一些文化层中有刻辞甲骨伴出，使所分的四期与晚商王世相对应，推定第一期早段约当盘庚、小辛、小乙之世；第一期晚段遗存为武丁早期遗存；第二期早段遗存为武丁晚期遗存；第二期晚段则属祖庚、祖甲时期；第三期遗存约当廪辛、康丁、武乙、文丁时期；第四期遗存为帝乙、帝辛时期所遗留。这一结果，可使不同时期甲骨卜辞的内容与对应的文化分期的各种遗存联系起来进行研究，这对商后期历史的研究具有重大意义。将这两种资料有机地结合起来，为研究工作开拓了新境界。有了这一基础，考古学家对武官村西北岗商王陵墓墓主的研究，提出了比前人更为合理的推论；妇好墓的墓主为商王武丁三个法定配偶之一的论点也为多数学者所认同；在分区、分期基础上提出殷墟发现的墓葬区中存在族墓地的看法，受到学术界的普

遍关注。凡此等等，都说明殷墟的研究工作随着考古发掘的推进
而不断深入。基于发掘资料的不断积累，对殷墟的布局以及商代
的政治、经济、文化、军事、交通、宗教、天文历法、气候环境
等方面的研究也在不断地取得进展。相对的说，安阳殷墟是先秦
时期众多古都中了解最多，在古史研究中发挥出突出作用的一个
都城遗址。

　　殷墟发掘还推进了多学科合作的进程，如体质人类学家对商
代居民进行的研究，生物学家对出土的动植物遗骸的研究，冶金
史专家对青铜器的分析研究及为了解其铸造工艺进行了模拟实验，
化学家们对出土陶瓷器的分析与研究，纺织史专家对出土纺织品
的鉴定与研究，等等，为从多侧面、多视角研究殷墟的出土遗物
开辟了新的途径，在客观上推动了殷墟考古研究的深入，充实了
人们对商代人文历史的认识。特别要强调的是，上述研究工作常
常居于学科前沿、并以其成果突出而使殷墟在中国考古学中处于
特殊的位置。这是难能可贵的。

　　正在实施的"夏商周断代工程"中所设的"商后期年代学研
究"课题，有两个专题是利用殷墟文化分期和甲骨文分期的成果，
采选各期的系列含碳样品做碳十四测年而进行年代学研究的。与
物理学家合作开展的这项研究，将排出一个与殷墟文化分期序列
及甲骨文分期序列一致的年代序列。这项研究将使原来只能判断
相对早晚的考古分期，赋予绝对年代并验证其合理性，使以后的
分期工作更准确、合理。同时，它将建立商代后期的年代框架，
为进一步研究武丁至帝辛诸王世的年代打下基础。商代后期年代
框架的建立，还将为夏、商、西周共和元年（公元前841）以前
的年代框架的建立做出贡献。所以，这两个专题的研究，在某种
意义上说，是对殷墟发掘70年工作成果的检验与总结；同时，商
后期年代框架的建立，将是殷墟发掘与研究工作开始新里程的
标志。

　　殷墟发掘的意义远远超出殷墟本身。在安阳后岗发现的仰韶文化、龙山文化和商文化的三叠层，确立了这三种古文化的相对年代关系，为中原地区诸考古学文化的年代序列的建立奠定了基础。殷墟作为商后期都邑遗址和殷墟文化分期的确认，为以后发现的郑州商城、黄陂盘龙城、偃师商城和山西夏县、垣曲、陕西绥德等地发现的商城及其他一系列商代遗址的年代推断提供依据，从而可以推定它们之中哪些是商前期遗址，哪些与殷墟同时。

　　随着安阳殷墟、郑州商城等遗址的发掘不断深入，人们对商文化的面貌有了较全面的认识，由此而促使"夏文化探索"的课题被正式提上日程。在过去几十年间，在传说夏人活动的河南西部与山西南部地区展开了一系列的调查和发掘，并做了广泛的探讨。由于中原地区商代文化的面貌日渐清晰，又为追寻商代先公先王时期的遗存和商王国周边地区的考古学文化的辨析创造了条件。这些研究，又使人们有可能从物质文化遗存的角度去考察商王朝的兴衰变化及商文化对周边地区的影响。随着人们对商代文明的认识日益深入，它对周代乃至以后的秦汉时期的文明发展产生哪些影响，也被人们关注并进行探讨、研究。

　　凡此等等，都说明殷墟发掘在中国考古学从初创到发展的进程中起到相当重要的作用。它犹如一架机器中的一个重要部件，由于它的运转，带动了其他部件的运转，并使这架机器正常地转动起来。

　　安阳殷墟是我国进行考古发掘的许多遗址中发掘次数最多、揭露面积最大的一个。70年来除因战争而一度中断外，一直在持续不断地进行考古工作。中华人民共和国成立以后，虽然国家为医治战争的创伤而将工作的重心置于经济的复苏与发展，但在面临许多困难的情况下，1950年就恢复了对殷墟的考古工作，并持续至今。在过去的半个世纪中，许多单位的考古同行和高等院校的师生，都曾参与殷墟的考古工作。他们或参加殷墟的田野发掘与调查；或参加资料的整理与修复保护；大家在协作与交流中，一起切磋、共同提高，然后又把这些经验与技术带到各地。在全国一盘棋的思想指导下，大家不断总结经验，广泛进行交流，从而形成了一套科学的操作规程。有了这一套科学的操作规程，使考古工作者在进行考古工作时有了行为的准则，为不断提高考古工作的质量，推进考古事业的发展做出了贡献。

殷墟考古的开展，一开始就引起世人的重视。随着一批批成果的发表，使殷墟像磁石一样吸引了许多海外学者。他们一次又一次地来到殷墟参观考察，有的还投身到研究殷墟的行列之中。不少学者在对殷墟出土的甲骨卜辞、青铜器的研究中取得了骄人的成绩。改革开放以来，有关殷墟考古的国际合作研究，也取得了不小的进展。

殷墟考古在70年间取得的一个个成果，曾给世人带来一次次惊喜。殷墟考古中积累与总结的一整套科学而实用的方法，影响了一代又一代考古工作者，也影响到各地的考古工作。因此，安阳殷墟被一些学者认为是中国考古的圣地。

但是，过去的一切已成历史。随着新世纪的到来，将迎来科学技术飞速发展的新时代。在这种情况下，殷墟考古也将面临新的问题，这将激励我们以更积极的姿态去迎接挑战。

相信今后在殷墟从事考古工作的朋友们，一定会发扬优良传统，走多学科协作的道路，不断开拓研究领域，把殷墟的考古研究工作向纵深推进，为21世纪中国考古学的发展，做出新的贡献！

原载《光明日报》1998年12月11日。又：《安阳殷墟发掘70周年纪念论文集》，中国社会科学出版社2000年版

琉璃河燕都遗址的地理特点

琉璃河遗址位于北京市西南 43 千米的一个台地上。它的西面和北面是燕山山脉及其山前平原，它的南面是大石河及其冲刷的洼地。大石河自北向南而流，在琉璃河遗址的西南角折向东去。

这个遗址的面积较大，至今保留的尚存 500 余万平方米。董家林、黄土坡、刘李店、立教等自然村坐落在遗址之上。经过勘探和发掘，证实这里有一座西周时代的古城及面积较大的墓葬区。

西周古城在董家林村的周围，北城墙保存较好，全长 829 米；东城墙和西城墙均已探出 300 余米，它们的走向与北城墙呈直角，推测这座古城的平面为方形或南北向长方形。

据研究，大石河在公元 13—14 世纪时，永定河一度改道，夺大石河而东行，使河道两岸的地形、地貌发生很大变化。琉璃河西周古城的南半部遭到严重冲刷、城址受到严重破坏，与这次永定河改道有关。

琉璃河古城东墙外的黄土坡村附近，是这里最大的一处西周墓葬区。经过发掘清理的墓葬已有 200 余座，包括大、中、小型各类墓葬。中、小型墓均为长方形土坑竖穴。

大型墓则都有墓道，有的设一条墓道，有的设两条墓道，最大的一座共设四条墓道。这些大型墓不仅规模大，随葬品十分丰富，而且在墓葬区内占有特殊的位置。大、中型墓的葬具均有棺有椁，并用车马陪葬。墓中的随葬品包括青铜、玉、石、漆木制作的礼器、兵器、车马器及其他用具与装饰品，等等。有的墓中还出有原始瓷器。少数墓中还有人殉。小型墓葬一般以木棺为葬具，随葬品主要有鬲、罐等陶器及其他质地的小饰品。

黄土坡墓地出土的青铜器中，不少礼器和兵器上都铸有"匽侯"的铭文。其中有的铜器铭文较长，记录有匽（燕）侯给臣僚赏赐奴婢、货贝、物品等内容；也有匽侯派遣下属出外办事的史实。特别是1193号大墓出土的太保盉、太保罍的盖、器内，各铸有43字铭文，记有周王褒扬太保、册封他为匽侯和授民授疆土的史实，十分珍贵。它的发现，为解决千余年来召公奭是否去燕国就封，第一代燕侯究竟是谁等问题提供了宝贵资料。它们的出土为考证燕国都邑的地望提供了依据。经过研究，可以确认琉璃河古城是西周初年所建的燕国都邑故址。

据史书记载，周武王灭商以后，曾将同姓宗亲和功臣谋士分封到各地，燕国就是分封的诸侯国中的一个。《史记·燕召公世家》中也明确地记有"周武王之灭纣，燕召公于北燕"的内容。北京市人民政府采用史学家们有关武王伐纣纪年的诸多说法中的一种（公元前1045年），于1990年春召开新闻发布会，向全世界宣告：依据琉璃河遗址发掘的最新研究成果，北京建城的历史，从过去所说的800年前的金代上推到3000年前的西周初年。这样，北京成了世界各国首都中建城历史最为悠久的城市。

燕国自西周初年分封立国到被秦国所灭，前后经历了800余年。这一期间，燕国的国力不断增强，到了战国时期成为"七雄"之一，在当时的政治舞台上居于很重要的位置。应该说，燕国在周初所封的诸侯国中也是很重要的一个。周王将他的重臣召公奭封为匽侯。从太保盉、太保罍的铭文可知，还让他管辖羌、马、驭、微等九个国族，就足以说明了这一点。燕国在这800余年间数易其都（战国时期迁到今河北易县），但立国之初何以选在今天的房山区琉璃河乡董家林村附近，这是应该进行探讨的。

周初实行分封制，将周王的宗亲和功臣谋士封到各地各领一方，目的是在周人征服的广大地域内对被征服者进行有效的统治，防止商殷势力和其他国族起来反抗，达到"以藩屏周"的作用。所以，诸侯国封在哪里，它们的都邑选在什么地方，都不能离开对当时政治形势需要的考虑。司马迁在《史记·燕召公世家》中说"燕外迫蛮貉，内措齐、晋"。他点出了燕国之封承担着对外镇抚北方诸戎，对内与晋、齐等侯国形成掎角之势、监临殷遗的重任。显然，他是意识到周王封燕的战略意图的。那么，燕国都邑的选定，亦当体现这个战略意图。

但是一个都城址的选择，不可能出自纯政治的观念，它在一定条件下受特定的空间关系的制约。这种空间关系既有自然方面的，也有历史方面的。

琉璃河燕国古城所在的地区，一般称为北京平原。它是华北大平原的一部分，位处华北大平原的西北隅。它西邻太行山、北靠燕山的支脉军都山，三面背山、一面面海，形状像个海湾，故有北京湾之称。北京平原的形成，可以追溯到第四纪或以前的较长一段时间。它是由永定河、潮白河、拒马河等几条河流的冲积扇共同堆积起来的。由于这几条河流发源于西北方的群山之中，流向东南方向，所以北京平原的地势也由西北向东南缓缓倾斜，地表的平均坡度在 1.2‰—1.3‰ 之间。

北京平原基本由两大部分组成：一部分是靠山麓地带的洪积冲积平原，或称山前平原。它的分布，在今天的香河—顺义—通县（今北京市通州区）—张家湾—马驹桥—小红门—海淀一线以北和良乡—交道—涿州一线以西。这里的地表组成物质是晚更新世后期的黄土状亚砂土。另一部分是冲积平原。它位于上述范围以南和以东地区，地表构成物质为全新世的砂、砂砾土和黏土。（图一）

　　北京平原处于暖温带季风气候区，水分、热量适中，适合人类活动。但在漫长的地质时期，这里的气候曾经历过多次冷暖交替。最近 1 万年以来，随着更新世最后一次冰期的结束，进入全新世时期。这一时期的气候变得温暖湿润，也使这一地区的自然环境发生深刻变化。

　　据研究，在距今 7500—2500 年的全新世中期，气候极为温暖。包括京津地区在内的我国北方，这时的年平均温度比晚更新世最后一次寒冷时期要高 8℃—12℃，即比现在的年平均温度还要高 2℃—3℃。当时在黄河中下游地区生存着一些现今见于亚热带地区的动物和植物。京津地区生长的植物，以栎、榆等乔木占优势的阔叶林代替了早全新世的针、阔叶混合林。由于气温升高，大陆冰川消融，引起海平面大幅度上升。这使各大洲的沿海低缓地带普遍受到海侵。北京平原也不例外。

　　海侵使这里的自然环境大为改观，如渤海盆地在海侵之前是一个长有森林草原景观的河—湖堆积平原，古滦河、海河水系汇集在渤海盆地的中部。在全新世海侵过程中，渤海盆地逐渐被海水侵没，成了陆缘浅海。据研究，距今 6000 年前后，海水最远处至少抵达今天的文安洼—宝坻—武清—宁河一带，即目前所说的运河下游地区。渤海湾西岸的位置比今天的海岸线向更西、更北方向推进（约推进 40—70 千米）。如今在海河、蓟运河下游的地面上看到的三道贝壳堤，已被认定是最近三四千年来先后存在过的海岸线标志。

　　在海侵过程中，由于基准面不断升高、河流堆积作用加强，湖沼也显著扩大。在海侵最盛时期，原来的河湖堆积被海水侵没。冲积平原地区的湖沼也受到很大影响。旧河道型湖沼广为发育，扇缘沼泽洼地的面积增大，数量增多。因此，在全新世中期，冲积平原地区变得十分潮湿，限制了人们在那里的活动。人们只能选择丘、岗和台地作为他们的栖息地。其中台地的面积一般都较大，距离水源（如河、湖）较近，植被资源丰富，适合人们开垦种地、建房筑城，因而成为人们建造居民聚落的理想所在。

我们曾做过考古调查，所有材料证明，在北京平原发现的新石器时代与商周时代的遗址，全部分布在香河—顺义—通县（今北京市通州区）—张家湾—马驹桥—小红门—海淀以北和良乡—交道—涿州以西的洪积冲积平原地区。

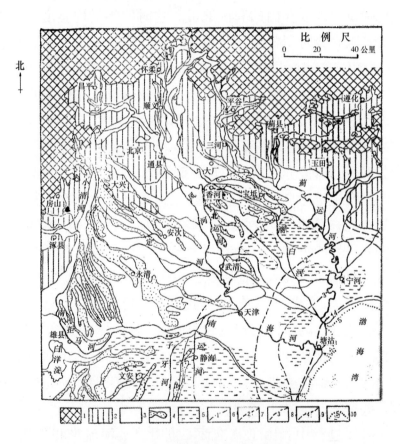

图一　京津渤平原区地面形态图

1. 山麓线　2. 山前洪积冲积平原　3. 冲积平原与河漫滩

4. 古河道淤积高地或沙带　5. 洼地　6. 全新世海侵影响范围

7. 距今4000—3000年的海岸线　8. 距今2500年左右的海岸线

9. 距今300—200年的海岸线　10. 浅海滩外界

　　大约在晚近的 2500 年内，气温较前下降，海面基本稳定；雨量减少，干燥度增大，河湖排水能力加强，湖沼逐渐缩小甚至消亡。由于永定河、潮白河、拒马河等水系的淤积作用，使部分海侵地区淤涨出陆地，海岸线渐渐东退。这些淤涨出的陆地再次成为河湖沉积区。

　　考古调查的材料也证明，冲积平原地区的遗址不仅数量少，它们的年代也较晚，几乎都是汉代以后的遗址或墓葬。在今天的北京，山地面积占 62%，平原面积占 38%。3000 年前的北京因受海侵造成的影响，冲积平原地区湖沼发育，地势潮湿，人们的活动地域主要是在山前的洪积冲积平原地带，其范围比起今天要狭小得多。

　　一座城市的出现，离不开该地区社会经济的发展。周王封召公于北燕——如前所述——是为了镇抚北方诸戎和商殷旧势力，维护其北土的安定，所以它的都邑带有浓厚的军事色彩。当然，燕国作为周王朝重要的一个侯国，对它的都城址的选择必然要考虑到许多因素。例如，这个都邑的地点要选在离北方诸戎与商殷势力都比较近（又不是很近）的地方；它的周围有较大的地域空间，在这个地域内自然资源比较丰富；社会生产的发展达到一定水平，因而它能够提供这个都邑中所设各种机构为发挥其功能而需要的各种物质资源。

　　当时在这个都邑中生活的人员是比较复杂的。它有一支数量可观的军队，有公室成员和各级行政管理人员，有众多的平民和为提供各种生产、生活用品而在各种不同的手工作坊工作的工匠，等等。那时在这座燕国都邑中究竟有多少常住人口，今天已难以确知。但从构筑这座古城的城址所需的用工量之大，可以推知当时生活在这里的居民数量是不会很少的。从墓葬资料中看到晚期墓比早期墓的数量明显增多，说明随着都邑的发展、人口的繁衍，常住人口的数量还呈增长的趋势。这种状况，必然对各种生产资料与生活资料的需求量不断增长。

这些生产资料和生活资料中很大部分直接取自附近的自然界。因此，都邑附近的自然资源越丰富，对这个都邑的发展也越有利。同时，人们在创造生活中掌握的手段越多，生产的能力越强，对自然资源的开发利用也越多。这对都邑的发展是至关重要的。

琉璃河古城址位处北京平原的南端。它和北京平原的其他地区一样，当时的植被资源十分丰富，无论是山区还是平原地区，普遍为原始森林所覆盖。永定河、潮白河、拒马河诸水系的水源充足。加之气温适宜，所以在距今1万年前就有人类活动。进入全新世以来，尽管气温多有变动，但人类在山前平原的活动更趋频繁，他们在这里繁衍生息、创造生活、创造历史。如在门头沟区发现的距今1万年前后的"东胡林人"及其文化遗存，在平谷上宅、北埝头等地发现的距今7000年前后的上宅文化遗存，在昌平雪山等地发现的距今5000年前后的雪山一二期文化遗存，此外还有年代稍晚的龙山文化、夏家店下层文化和商代遗存，等等。说明在距今1万至3000年前的漫长过程中，这里都有人类在活动。从他们遗留下的文化遗存可以看出，他们的发展进程与中原地区基本上处于同步状态。

在琉璃河古城周围的地域内，我们也可看到类似的发展进程。如房山区镇江营遗址中就有上宅文化、夏家店下层文化和西周时期的文化遗存。属夏商时期的文化遗存在房山区的塔照村、西营、焦庄和琉璃河遗址中也有发现。这些文化遗存的内涵告诉我们，生活在北京平原的古代居民，早在三四千年前就已完成了从新石器时代向青铜时代的过渡。因此，在3000年前选择琉璃河镇北1.5千米的台地作为都城时，人们已使用青铜工具去砍伐树木，在建造各种居舍（包括宫殿）、制作各种工具、用具和武器的同时，为居民提供大量能源与各种物资。

大石河的河水不仅为居民提供充足的生活用水，还为灌溉农田提供有利条件。长期积累的农牧业知识，使当时农业生产提供的产品除满足劳动者自身的需要外有了较多剩余，促使社会分工的发生并使家畜饲养业有了较大发展。森林、河湖水网地带还提供许多野生动物资源。发掘过程中看到的各种遗存、植物灰烬、动物遗骸等，都说明了这一点。由此可知，琉璃河燕国古城的地理环境和自然资源等条件都是比较优越的。

诚然，城市不是自给自足的孤立的据点，这是与一般的聚落很不相同的地方。城市是一个宽广的空间结构体系中的焦点。城市居民的生活和生产资料中有一部分当来自四面八方。在城市中居住的人们（特别是上层人物），他们的政治、经济、文化等社会活动，又以一个相当广阔的地域为对象。这就决定了它与空间结构体系的每个部位都存在有机的联系。这种联系又以交通系统作为城市与外界连接的物质体现。人们通过交通工具实现其对外的各种联系，即使在实施军事行动时，也离不开交通干道与交通工具。

琉璃河燕国古城位于中原地区通往东北和蒙古草原的主干大道上。这条大道沿太行山东麓自南向北延伸，自古至今是一条南北向的大动脉。它的走向基本上是今天京（北京）郑（郑州）路的走向。这条干道的北端在今北京城分为两支，东北方向出古北口穿越五陵地带通往松辽平原；西北方向出南口直入蒙古草原。还有一条往东的沿燕山南麓通往海滨的通道，在3000年前可能也已开通。因为平谷刘家河发现的商代墓葬、蓟县张家园等地发现的西周墓葬出土的中原青铜器，反映了这些地点居住的古代先民与中原地区有了相当密切的联系，正如辽宁朝阳地区的喀左、凌源等地多次出土商周青铜器（其中有些是西周时期的燕国铜器），说明当时在中原和东北之间存在频繁的往来。

水上通道可能也已开通。由于燕山山脉为原始森林覆盖，平原地区的植被丰厚，蓄水功能良好，促使大石河、永定河等河道的水量充足而稳定，这就为发展水上交通创造了条件。据黄土坡村的村民相告，大石河在几十年前还有船通航，可直驶天津，码头就设在今天的黄土坡村。这或可启示我们，大石河作为水上通道而被利用，它的年代可能是很早的。

不过，当时的交通仍以陆路干线为主，交通工具主要是马车。考古发掘的资料说明，商代先民使用的木车并不单一，但以双轮独辕的马车最为普遍，安阳殷墟、西安老牛坡等地所见到的都是这种车。西周遗址中见到的也是这种双轮独辕车。这种车每辆用两匹马或四匹马拉，已有一定速度，是当时往来于陆路大道上的主要交通工具。琉璃河燕国古城遗址中已清理出这种马车数十辆。这些马车被作为大、中型墓的陪葬物品而掩埋坑中，反映了燕国上层人物在进行各种社会活动时或在军事行动中，它们都起到很重要的作用。

需要提到的是，目前在北京平原发现的西周遗址，如昌平白浮、顺义牛栏山等，它们都位处大道的附近，说明它们之间因这些交通干线而与这个燕国都邑联系起来。有理由推测，燕国与它所管辖的九个国族之间也有道路相通连。

连接中原与蒙古草原、松辽平原的通道，可能在史前时期就已出现，所以北京平原的史前文化中既可看到中原史前文化的因素，又可看到北方草原与松辽平原史前文化的因素。但当马车出现以后，这种联系随交往频繁而更加紧密。在这个过程中，有的道路成了平整、固定的交通干线，成为陆路交通中必不可少的设施。

这种交通干道是古代交通系统的骨干，地区间进行的各种社会交往活动主要是通过它来完成的。这种交通干道在西周时期已经达到相当水平，所以《诗经·雅·大东》有"周道如砥，其直如矢"的记载。这种交通干道与其他支线形成网络，组成了较完善的交通系统。琉璃河燕国古城遗址中出土的许多物品来自四面八方，说明当时已经存在这样的交通网络，将它与各方联结起来。

　　需要考虑的另一个问题是，这个都邑为什么不选在北京平原的其他地点而要选在平原南端的琉璃河镇附近呢？这与周初的政治形势和琉璃河遗址的位置有关。

　　由于古城的西北是高山，东边是湖沼，其间的开阔地较小，形若壶口，所以地形很是险要。在这个北京湾中，只要把守好通往蒙古草原和松辽平原的两个山口，北方诸胡就难以进入骚扰。即使诸胡中有的少数族突破山口进入北京平原，若无强大兵力，也难以突破有重兵把守的琉璃河古城所在的咽喉之地。这就可以确保中原地区的安宁。

　　同时，琉璃河燕国古城背后是广大的中原腹地，一旦需要，各种物资、装备、人员（包括军队）等，都可以通过干道源源不断地向这里接济、补充。因此，在今琉璃河镇北建设一座燕国都城，既符合周王室封邦建国的总体战略意图，其地理位置、水文条件和周围的客观条件，都为建设一座都城提供了良好的条件。这就是这个古都在 3000 年前出现的背景与原因。

　　对琉璃河遗址出土的陶器所做的分期研究结果表明，这座燕国都城的兴盛时仅限于西周时代。到了春秋时代，燕国公室将都城迁离该地。但这座都城的出现，在燕国历史乃至西周史上发挥过很重要的作用。例如，在武庚作乱时，燕侯管辖的九个国族之一的𫵎国一度起来响应。从《大保簋》的铭文可知，"王降征令于太保"，要召公率军队前往征讨，"太保克敬亡遣"（敬行顺命未敢怠忽之意），很快平息了𫵎国（族）的反叛，并防止了其他国族一起作乱，确保政局的稳定。

　　从这一实例可以说明，周初所封的燕国，确实起到了"以藩屏周"的作用，使周人控制的北方领土在很长时期内获得安宁与稳定的局面。所以周人自己也将"肃慎、燕亳"，视为他们的"北土"。

燕国在以后的数百年间，国力不断增强，成为一个北方大国，雄踞一方。它为统一我国北方、发展北方的经济与文化做出了重要贡献。

注释

侯仁之、金涛：《北京史话》，上海人民出版社 1980 年版。

孔昭宸、杜乃秋：《北京地区一万年以来植物群发展和气候变迁》，《植物学报》1982 年第 2 期。

邢嘉明、李宝田：《京津地区自然环境演变及其与人类活动的关系》，《环境变迁研究》（一），海洋出版社 1985 年版。

殷玮璋：《新出土的太保铜器及其相关问题》，《考古》1990 年第 1 期。

殷玮璋、曹淑琴：《周初太保器综合研究》，《考古学报》1991 年第 1 期。

于希贤：《北京地区天然森林植被的破坏过程及其后果》，《环境变迁研究》（一），海洋出版社 1985 年版。

周昆叔：《试论北京自然环境变迁研究》，《环境变迁研究》（一），海洋出版社 1985 年版。

竺可桢：《中国近五千年气候变迁的初步研究》，《考古学报》1972 年第 1 期。

邹宝山：《北京平原地区湖沼洼地分布特征及其与自然环境演化关系的初步探讨》，《环境变迁研究》（一），海洋出版社 1985 年版。

原刊于《周秦文化研究》，陕西人民出版社 1998 年版

关于龙文化研究中的几个问题

在自然界中还没有一种生物能像龙那样对中国的历史和人们的生活产生巨大而深刻的影响，以至于在这个地球的许多地方，只要提到"东方巨龙"，人们就会很快地跟中国联系起来。同时，人们还把中国周围的一些国家与地区称作"小龙"。一曲"龙的传人"在华人社会中能引起共鸣与反响，也说明了这一点。

因此，对龙在古代中国怎么产生的？它在中国历史上曾经起过何种作用？确有进行研究的必要。

近年来随着考古工作中发现的龙形遗存越来越多，龙文化研究中提出了许多有见地的看法，取得了不少成绩，但许多问题仍有待进一步深入研究。这里我们想对其中的几个问题谈些不成熟的看法，向学界同仁请教。

一

综观三代以来的龙形物的形态，人们普遍认为龙并不是自然界中的某种生物，而是古人虚构的、融入了许多人为因素而被创造出来的一种神物。那么，它以哪种生物为原型呢？人们的看法是很不一致的。

不少人认为它源于蛇，有人认为它源于鳄、蜥蜴、鱼、猪、马、鹿或云、闪电，等等。也有人认为它源于蚕，由蚕变为龙。

大约在汉代时已正式称为龙。有人提出龙是马、蜥蜴、蛇的综合体，或是鹿、鱼、蛇的综合体。近年还有人提出龙是综合了上面提到的多种爬行动物、哺乳动物及闪电、云雾、龙卷风等自然现象集合而成，提出了模糊集合说。他的理由是鳄的凶残、蛇的恐怖、蜥蜴的颜色变异以及云团的翻滚、雷声隆隆、电光闪闪、海浪的滚涌，山体滑落，等等，古人都无法科学地解释，就模糊地猜测有那么一个力大无穷的"神物"主宰操纵着这些自然天象。

古人间接地看到，这种神物的体型是巨大的，而且是能大能小的，能明能暗的；颀长的，而且是有头有尾的，弯转曲折的；快速行进的，能起能卧的；两栖的，或者说和雨水关系密切的。于是，古人很容易联系到巨大颀长的两栖的湾鳄，弯转曲折快速行进的蛇类以及有头有尾、能起能卧的马、牛、猪、狗等。

"综合说"并非现今才出现。闻一多在《神话与诗·伏羲考》中就认为龙是以蛇身为主体，"接受了兽类的四脚，马的头、鬣和尾、鹿的角、狗的爪、鱼的鳞和须"。而这些"综合说"或"集合说"的出现，与封建社会时期龙的形象有关。宋代的罗愿在《尔雅翼·释龙》中就提出了"九似说"，认为龙的"角似鹿、头似蛇、眼似兔、颈似蛇、腹似蜃、鳞似鱼、爪似鹰、掌似虎、耳似牛"。

明代的李时珍在《本草纲目》一书中吸收了罗氏的九似说，只是将"鳞似鱼"改为"鳞似鲤"，并增加了"其背有八十一鳞，具九九阳数"，又说"口旁有须髯，额下有明珠，喉下有逆鳞"。

不难看出，上述说法是以汉唐以后的龙的形象为蓝本而归纳出来的，只是这时的龙已与王权联系在一起，过多地被赋予统治者的意识，与史前时期龙的原始形态相去太远。因此，对龙的原型的探索，应着眼于那些年代久远的史前（早期）龙的形态，并进行分析。史前时期的早期龙虽因技术原因而制作粗糙，但它更富有原始的内涵。在方法上还应注意历史地、客观地进行分析，即基于特定的时间、地点、条件去进行考察。这样的探索，有可能使所获的结论比较接近事物的真实。

在这种情况下，强调对史前时期的早期龙形物的形态进行比较与分析就变得十分重要了。

二

最近十余年间，我国的考古工作者在一些史前时期的遗址中发现了早期的龙形遗存，如红山文化遗址出土的龙形玉玦，河南濮阳西水坡仰韶文化遗址发现的蚌塑龙等，后者被称为"中华第一龙"。近年在湖北黄梅的焦墩遗址发现了用卵石堆砌的龙形物，全长 4.46 米。辽宁阜新的查海遗址除出土玉龙外，还发现了用红褐色大小均匀的石块堆塑的龙形遗存，全长 19.7 米，身宽 1.8—2 米。

这些遗存中前三者的年代距今都在 6000—5000 年间。查海遗址发现的龙形遗存的年代更早，距今约在 8000—7000 年间。这些发现对研究龙的渊源及原始居民的宗教意识等，是难得的宝贵资料。

这些龙形物显然不具备后世所说的"九似"的特点。它们年代早，造型简朴，表现出它的原始性状。但它们也有共性特点：有头、有尾、张口、昂首、曲颈及弯曲的身躯，可知是一种游动或可腾飞的造型。

它们之间也有一定差异，如头的形态不尽一致，有的有足有鳞，有的则无足无鳞。

这些差异反映了创造这些龙形物的居民在族属方面未必有什么密切的联系。它们分属不同的考古学文化也证明了这一点。但它反映了一个史实：即在距今五六千年以前，生活在黄河、长江及辽河流域广阔地域内的许多居民都存在一种龙崇拜的习俗，龙已成为上古居民尊崇的一种神物。

从各地出土的各种龙与龙形物看到，史前时期的龙，它的造型较简洁、朴实。这些龙与龙形物作为史前居民创造的神物，形象的塑造无疑注入了先民们对龙的超凡能力的丰富想象，但这种想象不可能超越其智力水平和抽象思维的能力。

他们在进行塑造时不得不以某种动物的形态为其原型。当然，为了表现神龙的特性，必然对原型的一些部位作必要的夸张与变动，以赋予某种特殊的品格也是正常的。

但这种夸张与变动是有限的，他们是在特定条件下依古人的思维方式与智力水平所及而做出的有限创造。关于这一点，只要看看同时期出土的其他文化遗物，例如泥塑或绘画的各种艺术形象大多是取材于各种动物造型，且以单体写实为主就可明白了。即以仰韶时期诸考古学文化中最具代表性的彩绘图案而论，很多也是写实的。其中虽有一些抽象思维的因素，但也是很原始的。

这是受社会生产力发展水平的限制，也与先民们的智力开发的程度有关。

当时已在人们的交流活动中使用语言，但尚无文字。文字的出现是人类的抽象思维达到一定程度的产物。在距今七八千年至五六千年间，古代先民在交往活动中一般还不能准确地表达物的形、量、数等概念。

从民族志的材料也可了解到这一阶段的人们往往用比喻来表达其思想或想法。如"土地干旱"的现象用"地渴了"这样的方式表示，因为"干旱"这一抽象的概念还没有被人们总结出来，于是用人缺水会渴这样的认识去表述之。或者用"十日并出"这样的比喻，来表示干旱及其原因。即使到了商代，文字已相当发达，但有些字的出现仍表现出比喻的作用。

例如风字就是用凤鸟图形来表示的。显然，当时还没有抽象出"空气流动而成风"的概念，但已认识到凤鸟飞舞时因拍打翅膀而引起空气流动，于是借凤鸟来表示自然现象中的风字。距今3000年前的商代已经进入青铜时代的繁盛时期，人们的抽象思维能力尚且如此，距今五六千年乃至七八千年前的远古居民的抽象思维能力当然更差。因此若把龙的出现说成由多种爬行动物、哺乳动物和闪电、云雾、龙卷风等自然现象"综合"或"集合"而成，显然是难以成立的。

三

濮阳西水坡遗址中发现的蚌塑龙形物，是否就是仰韶时期先民心目中的神龙呢？由于它与后世的龙，特别是唐宋以后被绘成"九似"的龙的形象有许多差异，因此曾有人对此存在疑问。

鉴于自然界并无龙这种动物，人们无法与之进行比较与鉴别。但龙在后世一直是人们心目中的神物，各种艺术品中都有它的形象存在。所以用年代与它相对较近的商周时期龙形物与之比较，有可能解决这个问题。

从商周时期的历史文物中可以看出，距今3000年前后的青铜时代，人们对龙的崇拜依然很盛。这从青铜器上大量运用龙纹作为装饰及玉器中的龙形雕刻品等都可以说明这一点。

只是这时的龙，它的形态仍不很一致。有的有角，有的无角；有的有足，有的无足；有的身长，有的身躯较短。这种情形似乎反映了人们心目中的龙形象是多变的，要不就是做器者分属不同地域的国族的缘故。

但从龙纹在青铜器上所处的部位看，除极少数外，大多数青铜器上龙纹并未属于主要的位置。这或反映了龙在这些做器者所处的人群中尚未像封建社会那样居于很特殊的位置。

不过，这些龙形物或龙形图案几乎都有较大的头和细长的尾巴。它的身躯是修长弯曲而浑圆的，有不少还刻出了鳞。上述这些特点，跟濮阳西水坡的蚌塑龙是很接近的。

商代先民已经使用文字。在甲骨文和金文中都见到“龙”字。文字的出现说明人的抽象思维能力有了较大提高。每个字的形与义的统一，表明人们对该字所指的特定对象，有了相对固定或规范化的认识。

甲骨文与金文中龙字的写法甚为一致，把这个象形字写（刻）成大头、细尾有卷曲的身躯的形态，这说明商人对龙的形态及其特征已有了相当一致的认识。与龙有关的字，诸如龚字，金文中写成龙字下加双手。此字中的龙字与上面所说的龙字写法也完全一样。

将这些龙字的字形与濮阳西水坡出土的蚌塑龙的形态相比较，不难发现它们之间也有许多一致之处。因此，我们把西水坡用蚌壳堆塑的遗存称为龙形物，是很有道理的。这种龙形物应是该遗址中仰韶居民当年信奉的神龙。在这里发现的三组蚌塑遗存中有的龙身上骑有一人，作升腾飞跃之状。这是古人借龙以升天，建立天地间联系的意识的生动反映。

濮阳西水坡发现的蚌塑龙遗存，由碳十四测定的年代数据可证，它距今已有6000余年的历史，成为中原地区已知年代最早的“神龙”。濮阳因此而被誉为“龙乡”。

需要指出的是，生活在这一地区的历代居民都信奉龙崇拜。在距今3000年前后，这里还有一个以龙或龚作国族之名的，这些居民大概称得上是最早的“龙的传人”了。

据我们研究，传世青铜器中有不少铸有龙字或龚字铭文的礼器，有些就出在安阳及其附近。例如抗日战争时期有个加拿大传教士叫怀履光（W. C. white）的，曾在河南开封收购了一批商周青铜器，其中就有龚铭铜器。在一件商代铜鼎的内腹有“子龚”二字；另一件铜觚为西周早期的遗物，铭文为“龚姛易（赐）商贝于司，用乍（作）父乙彝"。此外还有一些无铭的铜器和玉器。

这些文物现藏加拿大多伦多市的皇家安大略博物馆。怀氏在所著的《古代中国的青铜文化》一书中注明，它们均出自河南辉县（今辉县市）的一个叫东石河村的地点。它距辉县城20千米，离安阳约为25千米。

十年前河南省的考古同行在辉县附近调查时在太行山支脉九山的南麓，百泉河（卫河）的东边发现了一座城址，保存尚好。东西两边的城垣各长5000米，总面积约有十五六万平方米，城内有丰厚的文化堆积。东城墙外的壕沟因北部山洪冲刷变得又宽又深。当地农民称它为东石河，河旁的村庄叫东石河村。城东半千米处为琉璃阁，50年代曾在那里发掘了一批商周墓葬。据文献记载，这座古城址被称为共（龚）城，现在又有龚铭铜器传出自该地，则它是龚的封地当不会有什么问题。

我们曾对商周时期的龙、龚铭铜器做过分析。发现同时期的有铭铜器上"子龙"与"子龚"、"工龙"与"工龚"、"龙子"与"龚子"之铭并见，而它们的形制、花纹诸多一致。特别是一件晚商铜觯的盖、器上均有铸铭，盖铭为"龚母子"三字，器铭则为"子龙"二字，说明了这些铜器铭文中"龚"字跟"龙"字有时确是相通的。所以，辉县发现共（龚）城，又有龚、龙铭铜器在这一带出土，说明在濮阳附近迟至3000年前后，尚有一些人以龙或龚作为他们的国族之名而在这里活动着。

其实，不只是龙或龚国族的居民尊崇神龙，就是商族居民对龙也是十分崇拜的。相传商人远祖以鸟为图腾，但从甲骨文中看到不少有关龙的记载。例如："桒龙"（粹483）。"……卜其兄（祝）龙，兹用。壬戌"（后下，6、14）。"甲子卜亚—戈—耳（聝）龙。每启其启，弗每又雨"（后上，30、5）。"丁亥卜龙佳若"（续1、31、5）。

从上述卜辞可以看出，他们是在祈祀龙神［柰、兄（祝）有祈祀之义，向龙卜问是晴是雨，每即晦，启有晴之意］。他们还希望龙神能顺应占卜者的意愿（若字，郭沫若、罗振玉均释作顺），风调雨顺，保佑商人的生活安宁。这是商王室进行龙崇拜的有力例证，也反映了龙的神奇力量和超凡的作用在商人的意识中被广泛认同。

商王跟龚国的关系也很友好，从卜辞中看到，商王曾亲往龚地巡视，还在那里进行占卜等活动。

从西周时期的龙、龚铭铜器的铭文可以看到，这个国族中的上层人物仍然活跃于当时的政治舞台。有的官居内史，这是掌册命典册的王官；有的享有"伯"的称号，被称为"龚伯""龙伯"。东周时期还有称"邧公"的，说明他们在政治上居于很重要的位置［参见《商周时期的龙龚铭铜器及相关问题》，《考古学文化论集》（三），文物出版社 1993 年版］。

龙在史前居民中究竟占有何等重要的位置，龙的超凡的神力又表现在哪些方面，今天已难以知晓。据《管子·水地篇》记载：龙"欲小则化为蚕蝎，欲大则藏于天下；欲上则凌于云气，欲下则入于深泉；变化无日，上下无时"。《管子》一书成书虽晚，但它的许多内容是很古老的。有关龙的这些说法，或反映了先秦时期古人对龙的认识。而且这种说法流传很广，因此许慎在《说文解字》中说："龙，鳞虫之长。能幽能明，能细能巨，能短能长，春分而登天，秋分而潜渊。"显然，他们说的许多内容是一致的。

四

那么，龙是怎么产生的呢？它是基于图腾崇拜还是别的什么原因？

我们认为龙的出现既有图腾崇拜的因素，也有其他因素。龙的出现是特定时代的产物。

古代先民的图腾崇拜可能是一种普遍的现象，不仅中国有，外国也有。每个族以某种动物或植物作为该族的标志。这些生物既是崇拜的对象，又是族与族之间相互区别的标志。这是以血缘为纽带的原始居民用以维系其内部团结，又与外族相区分的需要而引出的一个产物。从文献中看到，有关鸟、龙、虎等在族的起源中的作用可以说明图腾的存在。

相传黄帝和炎帝在与蚩尤的战争中曾经驱使熊、罴、貔、貅、貙、虎等一齐参战。这里若将它们理解为六个以野兽为图腾的族，比较起六种野兽更加恰当，因为当时的人们不可能去驯养或训练这些凶残的野兽并将它们用于战争。

中国古代先民的图腾崇拜，从商周青铜器上出现的"族徽"，也可证明它的存在。

从前面提到的龙形物出土情况看，黄河、长江、辽河诸流域的古代先民中均有龙崇拜的现象。不过，将龙作为图腾的可能只是其中的一小部分，有相当多的先民崇拜、供奉的龙与图腾无关。他们把它作为众多神灵（如天地、山川……）中的一个去顶礼膜拜。

那么是什么原因使龙具有如此巨大的魅力而被古代居民塑造出来并加以供奉呢？我们认为与当时出现的洪水泛滥有密切关系。

距今一二万年前的晚更新世最后一次寒冷期（冰期）结束以后，地球的气温逐渐变暖。在距今 6000 年前后的全新世中期是最温暖的阶段。根据现有资料，我国北方的气温比更新世最后一个寒冷期的年平均温度高出 8℃—10℃，即比现在的年平均温度还要高 2℃—3℃。因此海平面升高，沿海地区出现海侵。随之而来的，是我国平原上地势较低的地区，湖泊、沼泽有较大发展。这一期间的气温还有波动性变化。这些状况引起地表面自然环境的改观。例如渤海盆地在海侵之前是有森林、草原景观的河湖堆积平原。

在海侵过程中则成了陆缘浅海，在距今 6000 年前后，海水的最远处至少抵达现在的文安注及宝坻、武清、宁河一带运河下游地区，渤海西岸的位置比现在内侵 30—50 千米。与此相对应的是，平原低地出现了大量湖泊和大面积的沼泽。

应该说，上述变化是世界性的。所以在世界许多地方都有洪水传说。中国这块辽阔的国土，其地形地貌又有其特点。她的西部多高山丘陵，东部多平原。这使我国大片领土上每年都有一些地区遭受自然灾害，诸如水灾、旱灾或是热带风暴带来的灾害，等等。平原地区自古以来是居民聚居的地域，而这一地区遭受水、旱、风灾的次数也更多。当气温升高，海平面的水位随之提高并出现海侵时，水灾对人们的生产、生活构成巨大威胁。当时生活在这里的居民们对气候的波动性变化引起的一次次洪水袭击，除了惊慌失措，难有对策，他们对这些自然现象产生的原因无法知晓，却又想进行解释并寻找解决的办法。处在极落后的生产条件下，人们对他们面临的各种"怪异"现象的最好的解释是神。

这是一种看不见、摸不着，但在他们的意识中确信其存在并能发挥神奇而有超凡力量的东西。龙这种自然界本不存在的动物，就在这一背景下被创造产生了。

对于从事农业，农作物收成是他们生活主要来源的居民来说，只有风调雨顺才能确保他们每年的劳动获得好收成。旱灾、涝灾或是风灾，对他们来说往往都是致命的打击。面对这些自然灾害，人们通过各种方式祈求神灵来消灾免难，既反映了人们热爱生活、企盼安居乐业的强烈愿望，又是对各种自然力所做的一种原始的解释。这可能是龙在当时产生的直接原因。

《孟子·滕文公》云："当尧之时，水逆行，泛滥于中国，蛇龙居之。"《荀子·劝学篇》说："积水成渊，蛟龙生焉。"《管子·水地篇》也说"龙生于水"，这些记载都把龙的出现与水连在一起。所谓"水逆行"，显然与海侵有一定联系。因为当百川归海的现象变为海水倒灌时，水流出现了逆行。但气候的波动性变化，使一些地区出现时涝时旱的自然现象，这对农业生产、农作物生长同样是不利的。古人把这些自然现象解释为神龙在作怪，于是对龙进行供奉、祈求，希望以他们的虔诚膜拜去感动神龙，让它造福民众，求得风调雨顺。

由于龙在自然界并不存在，因而它是虚幻的、无形的。但在史前居民的意识中，大凡具有神奇力量的东西，都应是实际存在的。因此，在他们的心目中龙是具体的，常常是有形的，尽管他们中谁也没有见到过。

同时，人们为了对它进行供奉和膜拜，也必须有个实实在在的有形对象。于是以他们的想象而创造了具体的龙形物，这是原始居民思维方式的一大特点。

要把虚幻的东西具体化，人们就必须以某种已被认识的东西为原型。种种迹象表明，古人心目中的龙是似蛇非蛇的一种神物。说它似蛇，是因为龙跟蛇一样，除了有头有尖尾外，它的身躯是浑圆、修长而可以盘曲的；说它非蛇，则是龙的头比蛇大，长角，还有足。

应该说，史前居民对蛇的认识不是很充分，但他们对蛇具有置人于死地的攻击力以及神出鬼没的活动特点留有很深的印象。蛇能登高，攀缘在树木、房舍之上，也能钻入草丛、岩石的缝隙以至地洞之中；蛇能在陆地上爬行，也能在水面上穿行；天高气爽之时，它多不见，山雨欲来时，它纷纷出洞，凡此种种，使人们对蛇怀有强烈的恐惧感。所以自古至今，许多地方的居民对蛇的畏惧达到"谈蛇色变"的程度。一般地说，越是畏惧的东西，人们越不敢接近，因而它在人们的心目中也易于变成神秘莫测的怪异。

在史前居民看来，龙的神威比蛇要大得多。他们把许多不可知的怪异现象都附会到龙的身上，赋予它各种特殊的品格与魔力，并越传越神。试想，当今世人对"尼斯湖水怪"和"天池水怪"等尚且有许多离奇的想法（到底有没有这种水怪，至今尚未可知），那么基于史前居民的智力水平和对自然现象的无知，他们对龙的想象更为离奇也就不足为奇了。

在以往的讨论中，有人提出鳄鱼、蜥蜴为龙的原型。确实这两种动物与龙在形象上有些相似之处。例如它们的头较大，也有鳞片，特别是它们都有足，与龙的特征相一致。但这两种动物相对来说，躯体较短，身躯不是浑圆的，也不能盘曲，这是跟龙的形象相去甚远之处。

反之，龙以蛇的原型说似更充足些。因为龙的身躯修长、浑圆而可以盘曲的形态及有鳞等与蛇是一致的。龙有冬眠的特点，所以《易·系辞》说"龙蛇之蛰"。龙还有雌雄之分而且是卵生的。《淮南子·秦族训》中有"夫蛟龙伏寝于渊，而卵剖于陵"的记载。龙的这些性状跟蛇也是一致的。

龙以蛇为原型，从古人对其他神的描述中也可看出其端倪。例如《山海经》中所述的烛龙就是"人面蛇身赤色"。雷神为"龙身而人首"，甚至轩辕的形象也是"人面蛇身，尾交首上"。说明在龙出现的前后，古人崇拜的许多神均与蛇有瓜葛。

说龙的原型是蛇，不应理解为龙是由蛇变来的。事实上，原始居民在创造龙时，虽然将他们非常敬畏的蛇的形体特征的许多因素注入龙的造型之中，但是龙在先民们的意识中被赋予的特殊品格与神奇的力量是蛇所不具备的。它像鸟那样会飞，且飞得更快、更高、更远，能飞腾于云水之间；它像鱼那样能在水中游动，且可达于深渊；它还可以供人骑乘，并可通天达地；它充满活力，能大能小，能明能幽，变幻无穷，具有超凡的力量……

不过，纵观几千年来龙在中国历史上的地位乃至它的形象，也是不断变化的。史前时期的龙虽已具有通天达地的神力，但它的造型显得粗犷而有力；商周时期的龙形物已具有许多抽象的因素，表现出龙的形态的多变，但它与原型之间的联系仍很明显，反映了古代先民在造型艺术创作中的现实特性。秦汉以后的龙崇拜中加入较多统治者的意识，将君权神授与龙联系起来，在龙的造型上也出现了一些变化。尤其在宋代以后，龙与皇权的结合更为紧密，因而处于至尊的位置。龙的造型也出现了前面提到的九似之说，还出现了头忌低、嘴忌合、眼忌闭、颈忌胖、身忌短的五忌观。这时出现的龙的造型，神与形进一步统一，它的神性也就更足了。但它与原始时期的龙形象则相去更远了。

时代在变迁，进入文明时代以后人们对龙的造型不断注入新的内容，使龙的形式与内容都出现了不少变化。但龙在中华民族的历史上表现出的生命力之持久，为广大民众所接受则是不变的。与许多远古时期的崇拜神不同，它们在历史长河中纷纷退出了历史舞台，龙崇拜则达到了经久不衰的程度，这是一个特殊的现象。对于这个现象如何理解，需要从另外的角度进行探讨，这里就不赘述了。

本文原载《95"濮阳龙文化与中华民族"学术讨论会论文集》，中州古籍出版社2000年版

中国考古学·两周卷·绪论

以田野勘探和发掘为基础的近代考古学，于 20 世纪 20 年代传入中国后不久，我国的考古学家即着手对两周时代的遗存进行调查和发掘。1949 年以前开展的考古工作中，对两周时代的遗址进行发掘的地点，主要有河北易县燕下都遗址、河南浚县辛村卫国墓地、陕西宝鸡斗鸡台墓地、河南汲县山彪镇及辉县琉璃阁战国墓地等；并对陕西长安、岐山等地的一些遗址做了调查。老一辈考古学家对这些遗址的调查、发掘，初步揭开了黄河流域西周和东周时期考古学文化的面貌。他们还在发掘方法、资料整理、报告编写等方面，积累了很好的经验。虽然当时的两周考古尚处在初创阶段，但这些基础性工作，为以后两周时期的考古发掘与研究工作，创造了良好的条件。

金石学是中国考古学的前身。对商周青铜器铭文的研究，是金石学的重要组成部分。金石学的出现，可以上溯到宋代。中华人民共和国成立以前，我国的金石学家用传统的研究方法，对青铜器铭文的研究取得了很大进展。特别是清代出土了毛公鼎、散氏盘、大克鼎、虢季子白盘、大盂鼎、小盂鼎等一批铸有长铭文的铜器，引起金石学家的浓厚兴趣。他们结合文献资料和历代传世的有铭铜器，考释金文资料，研究器铭中所记的史事。加之河南安阳小屯村附近出土大批甲骨卜辞，人们对殷墟出土的甲骨卜辞和传世商周铜器及其铭文的研究，一时成为史学界研究的热点。

　　就金文而言，在 1949 年以前的半个世纪中，学者们在金文资料的汇集、文字的释读、与文献典籍的互证等方面，都取得了丰硕成果。商周时期的有铭铜器，以两周时期最多，商代铜器铸铭很少。有了这一基础，有研究者主要依据铭文内容，开始对有铭铜器进行分期断代的探索与研究。

　　郭沫若于 1931 年完成的《两周金文辞大系》一书，首次改变了过去以器分类的著录形式。它的上编所收西周铜器"仿《尚书》体例，以列王为次"；下编所收东周铜器，"仿《国风》体例，以国别为次"。这种方法在金石学研究中是一大创新。该书在1934 年增订时，郭氏提出了中国青铜时代大致可分为四期：滥觞期（约当商代前期）、勃古期（晚商至周初昭穆之世）、开放期（恭懿以后至春秋中叶）、新式期（春秋中叶至战国末年）。1945年，他又将后三期改成鼎盛期、颓败期、中兴期，并将战国末叶以后称作衰落期。中华人民共和国成立以后，随着新资料的不断出土，一些学者除了对西周铜器进行分期断代外，还在铜器断代的基础上，利用有纪年的铭文资料对西周列王的在位年代进行探索。

　　诚然，这时的铜器断代研究，无论在资料的数量方面，还是研究的手段方面，都不能与后来的考古分期相比。但是，借铜器铭文的内容推定王世，用"标准器断代法"对青铜器进行分期断代研究，与传统的金石学研究相比，的确是一大突破。它反映了学术界已不满足于对一器一字的释读与考订，试图通过分期断代的研究，把大量传世铜器置于特定的时空框架之内。他们从铭文所记的史事、涉及的人物及其他相关内容中，认识到相关铜器之间存在内在联系，从而提升了对这些资料的重要性的认识。同时，在正确释读铭文的基础上，借铭文的内容进行分期断代的研究，确实取得了很有价值的成果。这一成果，使铭文的释读与两周历史的研究更加紧密地结合起来。虽然对两周文化遗存的分期断代工作，最终是在田野考古中解决的，但这一时期对两周铜器及其铭文的研究取得的成果，使中国古文字学和商周青铜器作为学科分支的出现，起到重要的促进作用。

中华人民共和国成立以后，两周考古迎来了飞速发展的新时期。国家对历史文化遗产十分重视，在政府机关中设置专司文物事业的行政管理部门；考古研究机构的建立，把两周考古的研究列为重点课题；在高校中设置考古专业，为考古事业培养了一批批专业人才；凡此等等，为两周考古的发展创造了极为重要的条件。特别是大量两周时期的遗址在基本建设项目中陆续被发现，给两周考古的发展，创造了千载难逢的大好机会。

考古工作者在对这些文物进行发掘和研究的同时，出于学科发展的需要，以积极主动的精神，在田野考古工作中不断提出新的课题。正是在不间断的发现与研究中，逐步架构起两周考古的研究框架，并且推进了两周考古的研究进程。例如：20世纪50年代在陕西长安丰镐遗址、河南洛阳中州路墓地的发掘中，分别提出了对西周和东周文化遗存进行分期断代的课题。在自然科学的测年手段还不能提供准确的绝对年代的情况下，对两周文化遗存进行分期研究，是一项十分重要的基础性研究。因为只有在分期断代的研究中取得合理而准确的成果以后，才能将发掘工作中获得的物质文化遗存，在两周时期的时空框架中找到一个比较合适的位置。

考古学的研究对象是古代先民在各种活动中遗留下的各类实物资料，通过田野发掘获取尽可能多的资料，成为考古工作者的首要任务。

在20世纪，我国的两周考古，主要围绕中原地区的都城遗址和大型墓地开展了一系列勘探与发掘。考古工作者严格按照科学规程操作，将主动发掘与配合基本建设工程有机结合起来，使两周考古走上了良性发展的道路。两周考古以周人控制的实地——

中原地区为研究重点，并逐步向周边地区推进。在长期、不间断的工作中，随着中原地区考古工作的深入开展，对两周文化的认识也在不断加深。有了这一基础，在向周边地区开展考古工作时，为确认不同地区、不同时段的各考古学文化，提供了可以比较的基础材料。这使人们在对周边地区的考古学文化进行研究时，易于获得比较客观、准确的认识。在这个过程中，分布在不同地区的两周时期的文化遗存，不断地被发现并被正确地加以识别；它们的文化面貌及其特征，也得以比较全面地被揭示出来。所以，本卷中反映的不仅仅是周人创造的灿烂文化，还包括了目前已经认识的、活动在不同地区内各族人民创造的古代文化。

在对丰镐遗址、周原遗址和洛阳北窑等遗址进行的考古勘探与发掘中，发现了多种形制的大型建筑基址，数量可观的大、中、小型墓葬以及贵族死后陪葬的车马坑，颇具规模的铸铜作坊、制骨作坊及烧陶、制玉作坊遗址，还有祭祀遗迹、窖穴及其他用途的各种遗迹。同时还出土了数以千万计的各类遗物，包括青铜铸造的礼器、乐器、兵器、车马器、其他实用器具与装饰艺术品，用各色玉料制作的礼玉、用具与装饰艺术品，各种用途的成组陶器与原始瓷器，精美的木雕彩绘漆器；反映当时在土木建筑、丝绸纺织、冶金铸造、陶瓷烧造等不同行业的工匠们制作的各种遗物。此外，在各地发现了居民聚落、采矿遗址、冶炼遗址、养殖业遗址、祭祀遗址，以及反映与外界交通、交往等方面的遗存。这些遗存的出土，不仅使人们对这些遗址的文化内涵有了进一步了解，而且对西周时期的社会历史文化也有了相当丰富的认识。

这一期间又发现了一批窖藏青铜器，其数量之多和铭文内容之丰富，进一步推动了对西周青铜器及其铭文的研究。许多铜器上铸刻的长篇铭文，叙事记史，内容丰富，可补文献资料之不足，大大促进了对古文字的释读和史事的考证，廓清了一些过去含混不清的问题。对西周金文的深入研究，与发掘揭露的考古遗存相结合，使人们在对西周历史的研究与探讨方面，有了可以互证、互补的宝贵素材。

周原及其他几个地点发现的西周甲骨文，其数量虽不如安阳殷墟出土的甲骨卜辞那样丰富，却也填补了一个空白。

河南三门峡市上村岭虢国墓地、北京房山区琉璃河燕都遗址、山西曲沃天马—曲村晋都遗址、山东曲阜鲁故城及其他诸侯国遗址与墓地的发掘，证实了周初实行的分封制度。它们出土的各种遗迹、遗物，使人们对这些诸侯国的文化面貌及其特点有了较深的认识。在长江流域、南方地区进行的考古工作中，可以看到生活在长江流域与南方地区的居民，在西周时期与中原地区的居民有着广泛、密切的交往，周人的势力与影响随之不断向南方深入。在对北方地区进行的考古勘查与发掘中，也可看到这一地区的古代少数民族居民，在与中原居民的密切交往中，创造了极富特色的地方性文化。凡此等等，突出地反映了学术界对西周时期历史文化的认识，较前有了根本性的变化。

在 20 世纪，对东周时期的秦、晋、楚、齐、鲁、燕及韩、赵、魏等列国的都城遗址，都做过勘查与规模不等的发掘。通过这些工作，使人们对这些都城的规模、文化内涵，它们的形制与特点等有了初步认识。将它们与西周时期的城址进行比较，可以看到两周时期在社会政治方面发生的一些变化，也可了解到各国在经济、文化方面发生的变革与进步。这些都城不仅是列国的政治中心，而且成了经济、文化乃至商贸的中心。

湖南长沙、湖北江陵、河南淅川、安徽寿县以及其他一些地点发掘的楚墓，陕西咸阳等地发现的秦国墓葬，三晋地区与齐、鲁、燕等国发现的墓葬，以及湖北随州曾侯乙墓、河北平山中山王墓等，以其丰富的内容而使人们对这些诸侯国的社会状况有了许多新认识。对生活在江南地区和北方草原地区各族居民创造的文化遗存，也有了远比过去深刻得多的了解。一些地点发现的采矿、冶炼遗址，众多城址内发现的铸铜、铸铁作坊及制陶、制玉等各种手工业遗址，各地出土的大量铜器、铁器、金银器、玉石器、陶器、原始瓷器、漆木器以及丝织品，一些大、中型墓中出土的竹简以及帛书、帛画，反映各行各业采用新技术、新工艺后所获成果的其他遗物，等等，大大充实了人们对东周时期居民在物质生活与精神生活方面的认识，为研究东周时期的政治、经济、文化及社会形态等方面的问题，提供了相当丰富的素材。

上述成果，使学术界同仁对两周时期的文化面貌的认识不断深入，并使两周时期的考古研究向深、广两个方向正常推进。

在这种情况下，对武王克商、建立西周王朝以前，周人先祖创造的文化遗存——先周文化的探索，也适时地被提上考古工作的日程。考古工作者依文献提供的线索，在传说周族发祥的地域内进行调查与发掘。经过近20年的探索，现已经积累了不少资料。虽然目前对哪一个考古学文化是先周文化，在学术界尚未获得一致认识，但积累的这些资料，为最终解决这个问题创造了一些必要的条件。

从这个意义上说，20世纪两周考古取得的成果是丰硕的。在这一卷中，编写组将客观地论述两周考古的发现与研究的情况，并从若干方面对20世纪取得的成果与存在的问题做一总结性回顾。

诚然，由于不同地区间开展的考古工作很不平衡，所以各地区在两周考古中提出的问题，探索研究中获得的认识，还存在不同程度的差异。从学科发展的角度看，两周考古在许多方面还需在进一步积累资料的基础上，强化研究的进程和探索的力度。

编写组成员在本卷的撰写过程中，既受到材料的限制，又有对第二手材料如何消化的问题，因而在做回顾与总结时，遇到一定困难。书中提出的一些看法，只反映写作者目前对相关资料的认识，这些认识在未来的岁月中将经受检验。有些看法则将随新材料的发现而被修正。但是，本卷的编撰，记录了中国考古学从初创到发展过程中，人们对两周时期的考古发现与研究状况，这是很有意义的。从探求真知的长过程观察，书中的一些看法或许很不成熟。若在未来的新发现中一些看法不断得以修正，正说明两周考古在不断发展，是一种可喜的现象。

对两周考古在 20 世纪的发现与研究进行回顾，还可以让人们看到，在逝去的岁月中，几代考古学家在创业中曾经走过的艰辛路程和不懈努力。展望未来，今天进行的总结，对后人的进一步探求可以起到铺垫的作用。已经积累的资料，研究中取得的成果，考古实践中积累的经验，对人们在 21 世纪深入开展两周考古的发掘与研究，具有重要意义。它使人们进一步明确了今后的研究方向；认识到在推进田野工作时，应该主动地提出问题以推进研究；认识到多学科协作对学科发展的重要性。所有这一切，都将促使两周时期的考古研究，按学科发展的客观规律有序地发展下去，并在深入研究中争取更大的成绩。

回顾 20 世纪两周考古走过的道路，以下几个方面似需特别予以强调：

第一，考古学基础理论与方法的建立与应用，为两周考古的良性发展提供了有效的手段。

考古学和历史学一样，是"时间"的科学。因而，在对文化遗存进行发掘与研究时，对它的年代做出准确的判定，成为首要的任务。在自然科学的测年技术还不能对文化遗存提供准确的年代以前，用正确的方法对文化遗存进行分期断代的研究，成为两周考古研究的基础性工作。

1949 年以前的两周考古尚处于初创阶段。那时对两周遗址进行科学发掘的地点较少，研究资料的积累也不够丰富。人们对两周文化遗存进行分期断代的工作，虽已引起重视，终因条件不成熟而未能取得预期成果。在这种情况下，20世纪50年代开始的两周考古工作，其研究重点之一，不得不放在对两周文化遗存的分期断代方面。人们在发掘遗址或墓地时，注重按科学规程操作，依据层位关系明确、又有共存器物出土的典型单位，对各层的出土物进行分析排比。他们将地层学与器物类型学很好地结合起来，在分期断代工作中做了卓有成效的探索研究。以后，又将一个地点中获得的分期断代的结论，在其他考古遗址的发掘工作中进行检验，使有关认识得以深化。经过多次检验与修正，使有关结论更加合理与准确。这种做法的优点在于它改变了以往单纯地寻找器物间的"演变"途径，严格地依据地层叠压关系或遗迹间的打破关系，在分层的基础上探寻器物组合与形制变化的规律。对两周考古的文化分期与断代研究，坚持在实际工作中提出，又在实践中不断检验，从而使分期断代工作中揭示的器物形制的变化规律具有客观性。实践证明，这一研究成果，对两周遗址的考古发掘与研究，起到了积极的推动作用。

器物与生物不同，它们是无生命的。无论是动物还是植物，它们在自然界生存，必须适应自然界的客观环境与各种条件的变化。这些生物依据"适者生存"的法则，会随客观条件的变化而发生适应性变化。因而，人们从生物进化的过程中，可以找到生物演变的轨迹或规律。器物自身则不存在这样的"演变"，因为每一件器物的形制乃至纹样装饰，都是依据人们的特定需要而被制作出来的。它既然受人们的意识支配，那么同一功能的器物，在不同的人手中可以做出不尽相同的形制。考古发现证明，生活在不同时期或不同地区的人们，由于他们的意识存在差异，即使同一用途的器物，却被人们制成不尽相同的器形。事实是，无论是器物的形制、组合，还是在纹样装饰等方面，它们的制作与改变，均是由人们的意愿与需要决定的。这里，人的意识是第一位的、起主导作用的因素。

不过，人的意识又具有社会性。所以每个时期人们的需求与爱好，也存在共性。这种共性，决定了同一社会中的居民群体，他们制作的同类器物，其形制、组合、纹样装饰等方面往往也会表现出许多共性因素。从长过程中可以看出，不同时期器物上出现的变化，不论是它的形制、组合，或是纹样、装饰，都会随人的意愿与需要的改变而发生变化，有的还反映了制作技术的改进。因此，在分期中看到的器物形制、组合或装饰纹样的变化，在纵、横两个方面都会有所反映。横向方面可以看到共存器物间存在的共性特征，纵向方面则可以看到与前一时期器物间存在若干差异。这样，人们可以将这些共性特点，概括为各期的特征。这样的分期研究，因揭示了器物在不同时期的变化规律而被人们接受。这样做的结果，使人们在分期研究中避免了因单纯寻找"演变"途径而出现的形而上学的影响，确保了文化分期的结论具有客观性。

对两周时期物质文化遗存的分期研究，是 20 世纪 50 年代在长安的丰镐遗址和洛阳中州路墓葬的发掘与研究中提出的。1957年在沣河西岸的发掘中对西周遗存进行的分期，最初分为早、晚两期。1962 年在沣河东岸的发掘中，进而分为早、中、晚三期，将墓葬分为五期。东周遗存的分期，则是在 1959 年出版的《洛阳中州路（西工段）发掘报告》中正式提出的。报告依据墓葬中随葬陶器的形制、组合的差异，将东周遗存分为七期。上述分期研究的成果，在对其他两周遗址的考古发掘中经过检验，证明是合理、可信的，因而成为两周文化分期的标尺。

例如房山琉璃河、曲沃天马—曲村及其他西周遗址在发掘中提出的三期六段的划分，虽与丰镐遗址的分期略有差异，但总体来说仍颇为一致。

同时，人们基于地层叠压及各层中出土遗物的形态学排比，结合有铭铜器中可以推断王世的铜器，与西周文化遗存所分的早、中、晚三期对应起来，进而可推定各期所跨的王世：早期遗存约当武、成、康、昭诸王世，中期约当穆、恭、懿、孝、夷诸王，晚期为共和和厉、宣、幽诸王。

在洛阳中州路（西工段）东周墓地的发掘中，考古学家将东周时期文化遗存分为七期。就陶器组合而论，洛阳东周墓中看到有鬲、盆、罐，鼎、豆、罐，鼎、豆、壶，鼎、盒、壶这四种组合。基于上述组合，结合陶器的形制变化而提出的七期说，在许多地点发现的东周墓葬的出土物中都得到验证，从而证明这一分期合理、可信。

就青铜礼器而论，中州路墓地中第一期大型墓中使用的铜鼎，在二期的中型墓中也出现了。至第三期以后，即使小型墓中也普遍使用鼎随葬。这种组合变化，在其他地点也能见到。这种变化，折射出当时的社会政治与意识形态发生了深刻变化。从总体上看，尤以第三、四期之间，即春秋、战国之间的变化为大。由此可见，上述七期说不仅反映了各期之间的相对年代早晚，而且对揭示春秋、战国时代出现的社会变革，也具有重要价值。

此外，人们在对各地的诸侯国遗存进行发掘时，也立足于基本材料进行文化分期的研究。由于地区间居民生活方式不尽相同，各地的器物组合也存在一些差异。但它们的分期序列，与上述结论大体上是一致的，没有明显的抵牾。有了这一基础，东周时期青铜器的分期研究也取得了重要成果。目前，一般将春秋与战国时期的青铜器各分为早、中、晚三期。

1996 年启动的"夏商周断代工程"，是我国第九个五年计划中被列为国家重点攻关计划的项目之一。它的目标是通过多学科协作、联合攻关的形式，建立夏、商、周三代的年代学年表。在西周时代的年代学研究中，西周文化分期的研究成果，为建立西周的年代框架，推定部分王年的研究，提供了良好的条件。

中国古代的历史纪年，过去只能上推到西周晚期的共和元年，即公元前 841 年。"夏商周断代工程"为解决共和元年以前的西周早、中期的年代及西周列王在位的年代，设置了"西周列王年代学研究"的课题。课题组依据丰镐、琉璃河、天马—曲村等西周遗址的文化分期研究成果，按分期序列分别采选含碳样品，用碳十四测年方法进行测年，并经树轮校正曲线拟合、换算成日历年代后，获得了与西周文化分期序列一致的西周年代序列。由于这几个地点测得的年代序列与分期序列大体一致，并与商末的年代相衔接，有的年代还得到天文学研究成果的支持，因而西周年代学研究取得了预期的结果。在"夏商周断代工程"实施四年后，于 2000 年底公布了西周时期的年代框架和武王至厉王这十代周王的年表。

应该说，"西周列王年代学研究"课题的实施，对考古学家提出的西周文化分期的研究成果，是一次很严格的检验。但三个碳十四实验室分别进行的测年结果表明，上述几个地点测得的年代序列不仅与分期序列一致，而且几个地点测得的各期年代也比较接近。这说明，考古学家对这几个地点的西周遗存所做的文化分期是合理的。同时，也说明依据分期研究的成果提供的年代信息，经碳十四测年得到的年代，在年代学研究中可以发挥重要作用。"夏商周断代工程"公布的西周年代框架，因得到其他学科研究成果的支持而说明是可信的。从这个意义上说，西周考古的文化分期成果，为西周年代框架的建立奠定了基础。

此外，课题组利用西周时期有铭铜器中"年、月、干支、月相词"齐全的 60 余件铜器，在分期基础上进行了天文学计算，推定了一部分周王的年代。对这些王年自不可做出绝对化的理解（因为在缺乏直接证据的情况下，有的年代是推算或估定的），但需指出的是，有一些年代是可以信从的。例如，晋侯墓地 8 号墓中出土的晋侯苏钟，所刻铭文记录了晋侯苏随周王东征的事迹，铭文中还刻有"唯王三十又三年"的纪年。那么，它究竟是哪个周王的纪年？当时人们的看法颇不一致。后用该墓采集的含炭样品，经常规碳十四方法进行测年，得到的日历年代为公元前808±8年。据文献记载，晋侯苏死于周宣王十六年，即公元前812年。显然，碳十四测年给出的墓葬年代与文献所记晋侯苏的死亡年代是一致的。这一结果不仅解决了学术界围绕该墓究竟是厉王还是宣王时期的遗存而出现的争论，可以认定晋侯苏钟上所刻的"唯王三十又三年"为厉王的纪年；而且，也说明厉王在位至少有33年。课题组依据文献中厉王在位37年的说法，进而推定厉王元年为公元前877年。这一结果还说明了这样一个事实："夏商周断代工程"建立的西周年代框架与共和元年为公元前841年的纪年是一致的，二者是自然衔接的。

又如古本《竹书纪年》有"懿王元年天再旦于郑"的记载，有学者在1975年提出"天再旦"是黎明时发生日全食的天象记录。按这一说法，"天再旦"是指某一日清晨天刚放明，后因出现日全食而一度变黑，日食过后天空复又放明的现象。经天文学计算，在公元前1000年至公元前840年间发生的日食中，丰镐附近的"郑"地能看到"天再旦"现象的，应是公元前899年4月21日。为了验证"天再旦"是日全食的天象，"夏商周断代工程"利用1997年发生的一次日食，在新疆地区可在天明后观测日全食的机会，可以验证"天再旦"是日全食说的合理性，组织天文学家在新疆布点观测。结果证明，日全食确能形成"天再旦"的天象。这也说明，推定懿王元年为公元前899年是有一定道理的。

再如用琉璃河1193号大墓中保存良好的椁木，按年轮取样组成系列样品，经常规碳十四测年，获得的日历年代为公元前1000±15年。该墓为西周早期康王时期的遗存。碳十四提供的这个年代，可以推知成王在位年的下限，当不会晚于公元前1015年。

在这次多学科协作、联合攻关中，研究者采用的研究方法尽管很不一样，但得出的结论颇为一致。有了这样一些准确的绝对年代作支点，表明现在公布的西周年代框架，具有相当高的可信度。

　　"夏商周断代工程"经过四年时间的多学科联合攻关研究，已经取得了阶段性成果。2000 年公布的西周列王的年代为：

　　武王（公元前）1046—1043 年

　　成王　　　　　1042—1021 年

　　康王　　　　　1020—996 年

　　昭王　　　　　995—977 年

　　穆王　　　　　976—922 年

　　恭王　　　　　922—900 年

　　懿王　　　　　899—892 年

　　孝王　　　　　891—886 年

　　夷王　　　　　885—878 年

　　厉王　　　　　877—841 年

　　共和　　　　　841—828 年

　　宣王　　　　　827—782 年

　　幽王　　　　　781—771 年

　　诚然，"夏商周断代工程"中提出的上述西周列王的年代，是现阶段取得的成果。随着科学技术的进步和年代学研究的深入开展，不排除有的王年可能会有修正的可能。但是"夏商周断代工程"提出的西周年代框架，因有几个遗址的材料为基础，经碳十四测年提供了数量可观的年代数据为据，又有天文、历史等学科的研究成果支持，并与共和元年和商末的年代自然衔接，当不会有大的变动。

　　这个年代框架的提出，对西周考古与西周历史的研究，具有十分重要的意义。它改变了过去借用分期研究的成果推断遗存的相对早晚、缺乏绝对年代的状况。高精度碳十四测年方法与考古学分期研究相结合，使西周考古的年代判断更科学、更准确。事实证明，依据分期研究的成果，采选系列含碳样品，作高精度碳十四测年，经树轮曲线校正，可以获得相当准确的日历年代。今后在考古工作中继续采用这种方法测年，将使西周年代的研究不断朝精细化的目标推进，这方面的成果，会进一步推动两周考古的研究进程。

第二，对两周遗址开展的大规模科学发掘，使两周时期的各种遗存被人们大量发现。各地出土的各种遗迹、遗物，作为原始素材，为研究两周时期的历史积累了宝贵而丰富的资料。

地层学的运用，将一个个遗址中不同层位的遗存准确地区分出来，使这部"无字地书"一页页地被打开，供人们细细研读。文化分期的研究成果，使众多遗址中包蕴的丰富内容，因这一成果而把它们串联起来。这就为人们全面、正确地研究两周时期不同阶段的社会形态、政治制度、科技成果以及文化、艺术等方面的问题提供了便利，也为揭示其前后发展的轨迹创造了条件。这样，通过对这些不同地点、不同时段的遗存的分析研究，可以将淹没两三千年的两周历史，真实而颇为生动地逐步予以恢复。

必须指出的是，与半个世纪前相比，今天对两周时期历史文化的认识不再是支离破碎的了。在对西周时期的丰镐遗址和东周王城遗址的发掘中，发现了大型宫殿、宗庙遗址、居民聚落、各种手工作坊遗址、大型墓地及其他遗存。东周王城还发现宏大的城垣。丰镐遗址虽未发现城垣，但遗址面积之广，内涵之丰富，使人们认识到这个都城规模之恢宏。出土的大量文化遗物，包括青铜、玉石、骨角、陶瓷、漆木等不同质料的制品，以其数量之多、质量之精，反映了两周时期的社会生产能力比商王朝时期有了明显提高。加之对诸侯国都城与墓地的发掘清理，相当充分地反映了各级贵族与平民的生活状况与埋葬习俗，从而揭示了两周社会的阶级关系和等级划分。各地发现的采矿、冶炼、铸造遗址及反映各种手工行业的其他遗存，从另一侧面反映了两周时期社会经济的发展状况。养殖遗迹的发现，表明我国至少在西周时期出现了人工养殖鱼虾的行业。祭祀遗迹及相关遗存的发现，为研究周人的宗教信仰与意识形态等方面的问题提供了宝贵素材。对周边地区少数族群的文化遗存进行的勘探，将两周时期各族居民创造的多姿多彩的文化面貌呈现在人们的面前，并使人们对他们的生产方式、社会形态等也有了较多了解。这些发现使人们对两周社会及其文明的发展状况，各地考古学文化的多样性，周人与周边地区族群间因互动而产生的相互影响，等等，有了比过去更多的认识。这些认识促使人们对两周时期的政治、经济、科学、文化、艺术、社会生活等方面的问题，做更深层次的思索与探究。

诚然，诸如要搞清丰镐遗址、东周王城乃至列国都城的布局，还需做旷日持久的勘探与发掘。有关洛邑成周地望的勘查，揭开周代王陵之谜团等，也要做大量艰苦的工作。中原与周边地区在文化方面的互动，对社会进步产生了哪些深刻的影响？两周文明对后世文明的发展产生的影响有多深、多远？凡此等等，都需在进行大量工作之后，才能不断地充实或推进已有的认识。有关西周历史的不少问题，诸如围绕西周的社会形态、两周之际出现的社会变革等大课题，也有待做更深入的研究与探索。

但是，已经取得的一些研究成果，是突出的、值得充分肯定的。

由于文献中明确记载西周初年曾经进行分封，建立了许多诸侯国，所以在田野考古中寻找并确认诸侯国遗存的存在，就是一项很有意义的工作。20世纪50年代在江苏丹徒发现宜侯夨簋，因铭文记录了原处西部的虞侯，在康王时改封至江南宜地而引起学界的重视。近半个世纪以来，河南三门峡虢国墓地、平顶山应国墓地、陕西宝鸡茹家庄与竹园沟等地的弓鱼国墓地、甘肃灵台白草坡㵎伯墓、山东曲阜鲁国故城、北京房山琉璃河燕都遗址、山西曲沃天马—曲村晋国遗址、河北邢台葛家庄邢国墓地，以及东周列国的城址、墓葬等一批批诸侯国遗存的发现与发掘，不仅使人们对周代分封制的内容有了明确认识，而且从出土的大批文物中，对诸侯国的社会、经济、文化等有了许多新认识。例如，晋侯墓地发掘的9组19座晋侯及其夫人墓葬，从它们的早晚关系及有关铭文可与《史记·晋世家》记述的晋侯世系大致对应起来，这是很重要的发现。又如，三门峡虢国墓地发掘的200余座墓葬，以其规模大小、随葬品的多少，反映了虢国社会的阶级关系与等级差别。大、中型墓中随葬的青铜礼器中出现七鼎、六簋，五鼎、四簋，三鼎、二簋，及一鼎或二鼎等与其他器物配置的差异（一般小墓则不见青铜器随葬）。其中，随葬三鼎以上的墓中有车、马附葬，七鼎墓中还有乐器等随葬。由青铜器铭文可知，七鼎墓为虢国的公侯及虢太子所使用。天马—曲村墓地中发现的大、中型墓中也有类似现象，只是晋侯墓有用五鼎者，并有乐器随葬。这些情况表明，当时各国间的埋葬制度并不一致；即使当时实行的礼制，在不同国家间也存在一些差异与变化。

　　从两周时期的大小都邑入手，对它们进行勘查与规模发掘，无论对研究周王朝的社会历史，还是研究诸侯国的社会历史，甚至对周边少数民族的社会历史的研究，都具有重要的意义。因为这些都邑是各国、族的政治、经济或文化中心。这里各种遗存相对集中，而且具有典型性。对它们进行发掘与研究，对于探寻周代及各侯国、各少数民族的社会历史，可谓是最直接、有效的途径。

　　无论是秦、楚、齐、燕、晋（或韩、赵、魏）等大国，还是像中山这样的小国，它们的都城都颇具规模。城址的形制因地形地貌的差异而不尽相同，可分为几类，但共同的功能需要，又使它们具有若干共性。诸如依山傍水而建；都有高高的城墙与护城壕等防御设施；王室大贵族的居址选择在地势较高的地点，建有高台建筑，并与平民居住区分隔；城址内外有各种手工作坊及墓葬区，等等。但因各个城址所在地区的自然条件不同，所以各个都城中居民的生产方式、生活习俗也存在一定差异，反映在物质文化方面，各国自有其不同的特点。考古学家在对各国文化遗存的内涵进行分析时，既注意其共性的方面，又注意其差异性，这有特殊意义。由于共同性寄寓于差异性之中，所以只有深入揭示其间的差异性，才能更好地认识其共性。这种差异除了表现在日常使用的器皿外，还涉及建筑、葬俗、艺术乃至度量衡等许多方面。诚然，要想全面了解大小国家在各个方面的差异特点，还需要做许多工作。

过去对列国的都邑均做了一些勘查与发掘，但其工作量远不能适应课题研究与学科发展所提出的要求。中、小城市的考古勘查与发掘尤为薄弱，应加强它们的勘查与发掘。今后，若从了解城市的布局入手，将两周时期都邑考古作为大课题而列为两周考古的重点，组织各地、各方面的力量进行协作与研究，并与墓地、各种手工作坊及其他遗存的发掘与研究结合起来，对涉及社会生产与居民生活的各个方面做出更全面的揭示，相信会将两周考古的研究推上一个新的平台。

第三，在充分运用地层学的基础上，对器物或遗存作形态学分析，无论对文化分期的研究，还是对考古学文化及其类型的划分，都发挥了特定的作用。由于一个个考古学文化被确认、它们的文化特征被人们认识，所以用文化因素分析的方法对遗址中出土的遗存进行分析与梳理，可有效地把蕴含其中的不同文化因素区分出来。应该说，运用文化因素分析的方法，在这方面已经发挥了很好的作用。

随着对诸侯国遗存的认识不断深化，对它们的历史文化的认识也在趋于深入。同时，考古工作者在对诸侯国周边一些少数族地区的发掘中，也发现了各种遗迹、遗物，使人们对它们的文化面貌及其历史的认识在不断加深。从这个意义上说，对诸侯国文化遗存的确认，促进了对周边地区少数族居民创造的物质文化的认识。

　　资料的积累，由少及多需要一定时间，人们对它们的认识也有一个由浅入深的过程。在过去的工作中，因文化因素分析法的运用，使人们对不同地区、不同国族的遗存及其特点的认识，也随着田野考古的不断发展而扩展与提升。上面提到的诸侯国遗址的发掘中，人们很注意这些地点的遗存中是否存在其他文化因素。如有些西周遗址的出土物中除了有周文化因素外，还有商遗民留下的商文化因素，当地原住民创造的土著文化因素，甚至还有从周边地区少数族传入的文化因素，等等。这些情况反映了遗址内当时居住的民众，他们的构成成分可能并不单一。有的则反映了不同族群之间存在交换与交往的情形。有的还因不同国族间的实力有消有长，使考古学文化在遗址分布地域方面出现相应变化，同时其文化内涵也会出现某些新的变化。通过这些分析与研究，从静态的遗存中可以窥见因人们的交往而出现的文化交流，可以找到族群间出现融合的一些迹象，甚至可以寻觅因种种原因而出现人群流动的轨迹。这方面的探索与研究是极有意义的。

　　考古工作者对周边地区的考古勘查与发掘工作的开展，使人们对少数族居民创造的文化的认识不断深化。本卷中所列的周边地区诸文化的内容，反映了目前对所获资料进行分析后提出的初步看法。

　　现有的考古资料表明：这一期间，中原地区的居民与周边地区的居民间的联系已相当密切。在长江流域，当地居民与中原居民之间的交往一直在频繁进行。或许与周王朝对铜金属的需求量不断增长有关，周人对这一地区十分重视。在两周时期，交往与争战在交替进行，周人的势力及周文化的影响在数百年间不断向南方扩展。伴随着这一地区铜矿资源的大量开发和社会经济的发展，生活在这一地域的居民们创造了丰富多彩的物质文化与精神文化。例如建造了大型干栏式木构建筑，堆筑起颇具规模的土墩墓群，铸造了许多富有特色的青铜器具，烧造出数量可观的原始瓷器，织造了各种丝绸产品，制作了精致的漆木器和极富想象力的装饰艺术及绘画作品，等等。这些文化遗存的出土，从不同侧面反映了该地区居民在社会生产领域中不断取得进步，并使社会得以较快发展，文明程度也随之提高。

就北方草原地区而论，现有的出土物向人们揭示了这样的情景：创造了不同考古学文化的各个族群，有的过着"居无定所，逐水草迁徙"的游牧生活；有的虽以游牧生活为主，但也驯养家猪，反映了这部分居民过的是半定居生活；有的经营农业兼畜牧狩猎，已过上定居生活；有的则发现从事农业的中原居民与从事游牧的少数族居民埋在同一墓地，反映了游牧民族与农耕民族交错杂居的传统由来已久。这些族群的居民与燕、赵、晋、秦等国的居民频繁交往，使它们很快接受了中原文化中一些先进的科技成果。例如这些族群的战国时期遗存中，出土了不少从中原传入的铁质工具。它们的出土，表明中原居民制作的铁工具很快被这些族群的居民所接受，并将这些锐利的工具应用于生产领域，给北方地区的农牧业生产及人们的生活带来了明显好处。

这些情况还说明，各族群间的交往与交流，既促进了地区经济的发展，也有助于族群间的融合。

第四，随着两周考古发掘工作的不断扩大，出土的各种资料日益丰富，使我们看到两周时期社会经济较前有了很大发展。特别是自然科学手段应用于考古学和多学科协作的开展，使我们看到了两周时期因科学与技术的进步，社会生产力获得发展，有力地推动历史的车轮在不断地向前滚动。

如果说西周社会是在相对平稳中获得发展的话，那么东周社会是在社会发生动荡的态势下前进的。社会的动荡引发了巨大的社会变革。这一时期发生的社会大变革，其原因与条件应该是多方面的。虽然目前对这一社会大变革的过程还不能究其穷尽，但是科学技术的进步、生产力的发展、社会经济的繁盛，应是起主导作用的动因。当社会的生产关系不能适应生产力的发展时，人们只有改变与生产力不相适应的生产关系，才能摆脱它的束缚。考古发现的许多材料表明，这一期间因科学技术的进步，在农业与各种手工业领域中都出现了一些新技术、新工艺。这些新技术、新工艺，不仅促使社会生产有了较大发展，文明的程度有所提升，而且促使一种全新的生产方式的出现。

两周时期的青铜业，与商王朝时期相比又有新的发展。无论是铜矿开采与冶炼技术，还是青铜器具的铸造技术，都出现了许多创新，使青铜业生产的品种和产量大幅度增长。铜资源的大量开采和青铜铸造业的进一步发展，使中国的青铜时代出现了又一个高峰。铸造的青铜器具不仅广泛地运用于社会生活的各个方面，而且在社会生产、日常生活、商业贸易乃至大规模的战争中，都发挥了十分重要的作用。它的基础则是采矿与冶炼技术的进步。

对各地的古铜矿进行的发掘与研究表明，两周时期的采矿业，除有露天开采的作业外，主要的作业形式是坑下开采。人们开凿垂直的竖井，挖到矿脉后再开拓平巷或斜巷，为了从深处采掘矿石，又从平巷向下开拓盲井。他们用这种方法，从地下数十米的深处掘取矿石。为了保证坑下采矿人员的安全，工匠们在掘进过程中，采用了在采空区内预留矿柱的做法。为了从两种岩体的接触带中采掘富矿石，他们在井巷中架设了木质支护，以防止井巷周围的岩石塌落，伤及人身。工匠们在地面预制统一规格的方形木质支护用料，运到坑下后，按榫卯结构一节节组装，于井巷内的预定位置架设、固定。采掘过程中，人们用金属工具和石器开拓竖井和平巷。为了省力和提高功效，已使用辘轳提升矿石。为了排干井巷中的积水，人们用半圆形木槽组成排水系统或铺设专用排水巷道。他们利用井口高低不同形成的气压差来调节坑下的空气，以确保工匠们在坑道中采矿时对氧气的需求。他们利用矿石所含成分的比重不同，用重力选矿的方法判别贫矿、富矿，并从富集带中大量采掘高品位铜矿。

这一整套采矿作业系统和在富集带中揭露的一组组完整的井巷及其木质支护，不仅反映了采矿前的设计合理，而且在实施中证明安全可靠，说明古代工匠们掌握的坑采技术，已经达到相当高的水准。春秋以前的采掘工具，主要用青铜的斧、锛、凿等工具，一般的井巷的内径在70厘米上下。战国时期改用铁质工具后，锐利的钢铁工具使开凿井巷的工效提高了，井巷内的空间也随之增大，直径可达120厘米。同时，木质支护的加工技术也有了改进，如竖井中采用的"密集搭口式"木质支护，使竖井形成密闭的井筒，更加安全可靠，从而使井巷掘进的深度进一步提高，可以从更深的矿带中采掘铜矿石。所以，战国时期的铜产量较前有了进一步增长。

当时已掌握了用竖炉冶炼铜矿石的技术，改变了早期冶铜时一次只炼一炉的"杀鸡取卵"的冶炼方式。这种竖炉由炉基、炉缸和炉身这三部分组成，炉基下设有防潮沟，炉缸部设有排渣、放铜的"金门"。经模拟实验证明，这种竖炉的性能优越，操作简便。只要风量充足，即可确保炉内温度，并进行长时间冶炼。冶炼时可以持续加料，持续排渣，间断放铜。当时还掌握了配矿技术，即在冶炼时加入熔剂，以降低炉渣的黏稠度。经检测，铜绿山地表的古炉渣中的含铜量只有0.7%，且酸碱适度，表明当时的冶炼工艺已达到相当高的水准。这种竖炉可以长时间进行冶炼的性能，为硫化矿的冶炼创造了条件。

湖北、江西、安徽、辽宁、新疆等省、区的一些遗址中发现的冰铜锭和大量冰铜渣，反映了当时用硫化矿冶铜的事实。由于自然界赋存的硫化铜矿的资源远大于氧化铜矿，所以硫化铜矿资源的开发，使铜金属的产量大幅度提高。工匠们将采掘的矿石就地进行冶炼，既减少了采矿、冶炼过程中运送原料、燃料的投入，节省大量人力、物力、财力，也减轻了在都城冶铜时可能造成的污染。

长江流域的铜矿资源十分丰富，至今仍是我国主要的有色金属产地。在长江沿岸已发现许多古代铜矿，地面均有大量古炉渣堆积。例如铜绿山遗址中堆积的古炉渣，约有40万吨之多，估计冶炼的铜金属当在4万吨以上。

东周时期的青铜业生产达到前所未有的程度，为上层贵族的生活中大量使用青铜器具提供了条件。贵族生活中钟鸣鼎食、琴瑟喧嚣的奢华场面，因大型陵墓的发掘而得以再现。一座不大的曾侯乙墓中，埋放的青铜礼器、乐器及其他用具、兵器等，用铜量达10吨之多，反映了大贵族们的穷奢极侈的生活情景。

这时还将铜金属大量用于货币与铜镜的铸造，在作坊中生产后推向社会，被人们广泛运用。这也需要大量铜金属为原料。大批青铜器具的出土，反映了铜金属的大量消耗和社会对铜资源的大批量需求，但也说明当时的铜矿开采与冶炼业，已经向社会提供了充足的铜金属原料。

为了提高青铜器的生产效率，工匠们除了用传统的浑铸、分铸技术外，还创造了叠铸技术、蜡模熔铸（失蜡法）等新技术。此外，还出现了鎏金、错金银及焊接技术等，使青铜制造业更加兴旺，其产品也呈现出多姿多彩的新面貌。

冶铜技术的进步，客观上促进了冶铁业的发展。

中原地区迄今发现的最早人工冶铁制品，是三门峡虢国墓地中一座西周晚期大墓出土的铜柄玉茎铁剑。与西方相比，它的年代明显偏晚。这是用铁矿石在较低温度（约1000℃）的固体状态下用木炭还原法炼成的比较纯净的铁，称为"块炼铁"。这种块炼铁的结构疏松、性质柔软，只有经过锻造，提高其性能后才能制成用具。

但我国在春秋时期已出现了生铁。这是在高温（1146℃）液态下用木炭还原法得到的冶炼制品。生铁含碳2%，性能良好，能直接铸造各种器具。所以，生铁的出现，在历史上具有重要意义。欧洲从发明块炼铁到使用生铁，用了2500年，但我国出现生铁的时间却比欧洲早了2000年。这一发现，表明中国古代冶铁业的发展，同青铜业一样，也走出了一条与西方不同的发展之路。

生铁的出现，与青铜冶炼业中使用竖炉冶铜有密切关系。竖炉是近代高炉的雏形。用这种竖炉进行冶炼，不仅能较长时间进行冶炼，而且在增大风量后，炉内木炭充分燃烧，温度即可提高。当炉内温度足以使铁矿石熔化时，进行高温炼铁的条件就具备了。用高温冶炼得到的生铁，可以直接铸造器件，还使大量生产和铸造较复杂的器件成为可能。生铁的这一优越性能，使它出现以后很快被人们认识，因而铁工具在战国中期已被广泛使用于农业生产领域。为适应社会对铁工具的需求，还出现了用生铁制作模具，用于铸造铁器。同时，工匠们还掌握了渗碳、脱碳和淬火技术。钢铁制品的优良性能一旦被人们接受，社会对钢铁制品的需求量也不断增大，促使冶铁竖炉越造越大。到西汉早期已经出现了直径超过2米的大型竖炉。

钢铁业的发展，大量铁工具被用于农业，使农业的产量大幅度提高。在农耕社会中，农业生产为社会提供的剩余劳动产品越多，促使手工业生产与商贸活动愈加发展。各行各业的兴盛，有力地促进了城市的繁荣。

考古发现的东周遗存中，无论是漆木器、玉石器、原始瓷或釉陶器，还是土木建筑、车辆制作、纺织加工等工艺，其水准与产品质量都有很大提高。当时的丝绸纺织、乐器制作等技术，都有长足的进步。此外，科学技术的进步，还使农学、数学、地学、音乐学、绘画乃至天文学、医学等，都得到了较快发展。在这一时期的出土物中，有关这些学科的成就，都有不同程度的反映。其中，有不少出土物以其卓绝的创造性和工艺的先进性而引起世人的震惊！

这些信息提示人们，东周时期的社会大变革，是与生产力的提高、社会生产的发展密不可分的。金属工具的运用，特别是铁工具的广泛运用，使人们在与自然界的斗争中，进一步赢得了主动。铁工具的出现，有力地促进了犁耕农业与水利灌溉的发展，并使一家一户独立进行农耕生产成为可能。新型自耕农的产生，标志了一种新型生产关系的出现。

指出这一点并非没有意义，因为周王朝在上古史中居于重要的位置。它通过实行分封制开创了在当时看来甚为有效的统治格局，但最终以秦始皇统一六国而宣告结束。从更深的层面进行分析，统一是各国、各地区社会经济获得发展的必然趋势。因为封邦建国的分封制度，必然导致政治割据格局的出现；实行的世卿世禄制度，也因阻碍了社会生产力的发展而受到冲击。随着先进生产力的出现，社会经济的发展，必然将不适应生产力发展的生产关系摧垮。社会在经历了较长一段时期的阵痛之后，一种新的生产关系会出现于世。这样，当群雄割据、国与国间的壁垒严重阻碍经济发展时，只有打碎这些桎梏，创造统一的局面，才能满足民众的企盼和历史发展的总趋势。虽然这些方面因受资料的限制，目前还不能作比较深刻的分析与阐述，本卷中对这些方面的问题也很少涉及，但西周时期实行的分封制，因一些诸侯国的经济发展、国力强盛而导致大国争霸局面，最终在战争中实现了统一。这是一个不争的事实，也反映了分久必合的历史发展总趋势。在未来的岁月中，若能着眼于宏观，又从微观着手，围绕两周时期历史上一些深层次的问题进行探索，将是一个很重要的任务。

第五，对两周时期历史文化的研究进行到一定程度，必然涉及对周人的起源及其发展轨迹的探寻。在这种情况下，对周人入主中原前的文化遗存的探索工作，也在20年前被提上考古工作的日程。经过 20 多年的探索，已经积累了不少材料，并在学者中展开讨论，发表了不少意见。如有人认为山西太原附近的"光社文化"是先周文化，有人提出陕西长武碾子坡发现的遗存是先周文化，有人主张陕西武功郑家坡遗址为代表的"郑家坡文化"是先周文化，等等，意见甚为分歧。在缺乏实证的情况下，目前提出的各种看法，均属推论，当然不可能形成学界同仁的共识。所以，有关先周文化的探索还将继续进行下去。

考古工作者探寻的先周文化，是指周武王建立周王朝之前周族在其发祥地创造的物质文化遗存。因此，探索工作必须在周族的发祥地区内、在早于武王克商的、其文化内涵与周文化存在密切联系的考古学文化中去探寻。如果这一地区内同时存在两个以上考古学文化，那么就要对这些考古学文化进行区分、考辨，并寻找充分的证据，进而论证其中的某一个考古学文化为周族先民创造的先周文化。

这里，对周族发祥地的论证，对武王克商前某个特定年代的论定，对探索对象的文化属性的论证，都是一个复杂的过程。诸如周族的发祥地究竟在山西还是陕西，以及在其中的哪个地区？在这一地区内年代早于武王克商的考古学文化有一个还是几个？若有两个以上，它们之间存在何种关系？其中的某一个考古学文化若是先周文化，又有哪些证据证明它是周文化的直接前身？凡此等等，都应提出有说服力的证据，并逐一予以论证。只有这样做了，有关论点才能被学界同仁所接受。目前，虽然积累了不少资料，提出了一些问题，但要解决先周文化，还有许多工作要做。

基于目前的研究状况，在探索工作中应该特别注重科学的方法论。

提出探索先周文化的目的，既是从考古领域内探寻周人的族源及它在早期发展时创造的物质文化遗存，那么作为考古学的一个研究课题，必须用考古方法进行探索。为此，必须立足于对西周文化的分析，并遵循由已知达于未知的原则。探索的途径应以已经认识的西周文化为起点。所以，首先要确认哪些遗存是西周初年的物质文化遗存，并由此向前探寻。如果年代比周初早的考古学文化不止一个，而是几个时，那就需要对它们进行分析与鉴别。此中应以某个考古学文化的面貌与西周文化的关系最为密切而予以重视。

当然，探索过程中允许提出假说。但是一个假说是否合理、正确，取决于它与提出的相关条件是否吻合和是否具备强有力的证据予以支持。如果没有寻找到有力证据，那么它也仅仅是个假说或推论。在这种情况下，自然不可能被学界同仁们认可。对于研究者来说，应该客观地思考与审视这种假说的合理性。一旦发现这一假说不甚合理，就应及时修正，必要时应另辟蹊径，寻找新的探索对象。若想证明某个考古学文化是先周文化，只能靠证据并通过论证才具有说服力。

所以，只有遵循由已知达于未知的原则，一步步地往前推进，才能确保结论的合理与正确。如果抛开由已知达于未知的原则，认为在周族发祥地内发现的遗存，只要它的年代与商代晚期相当，它就是探寻中的先周文化，显然难以服人。特别是在一些遗存与周初文化遗存还存在缺环的情况下，既缺乏有力的证据，又不能严密地进行论证，结果只能是公说公有理，婆说婆有理，出现众说纷纭的局面。

回顾以往 20 年间先周文化的探索与研究，从发表的文章看，或与周人发祥地的地望不合，或因探索的对象与周文化的面貌差异较大，或它们的年代与周初的年代不能衔接，尤因缺乏有力的证据证明它是先周文化，所以至今未能达成共识。

1997 年在陕西长安马王村发现的先周晚期—西周早期—西周中期的文化层堆积，在一定程度上填补了探索对象与周初文化在年代上的缺环。但在周原、丰镐地区发现的先周晚期遗存，其数量仍相对较少，特别是缺乏有力物证，所以探索工作还需继续进行。今后应加强探索的力度，积累更多资料，深入分析研究，力争找到有力证据，使探索工作取得突破。

在先周文化的探索中，有文章借陶鬲的形制特点推定先周文化与姜戎文化的做法，很富创意。只是考古学文化与族属的关系，是个十分复杂的问题。长期以来学者们做了不少探求，迄今还没有见到考古学文化与族属结合成功的实例。说到陶鬲，它在考古断代方面确能起到重要作用，但它的形制能否提供族属的信息，考古学目前的研究手段还不能回答这个问题。运用现代科技手段能否破解这个难题，还有待今后的科技进步方可回答。

在先周文化的探索中，提出姜戎文化的问题是很有意义的。只是，无论是先周文化还是姜戎文化，它们的确认都需要证据。若能先确定姜戎文化，对确定先周文化来说，无疑缩小了探索的范围，在学术上有它特定的价值。但在没有证据的情况下，最好先不予冠名，仍沿用已经命名的考古学文化称呼为好，以免形成混乱。

把复杂的问题简单化，是研究工作的大忌。先周文化的探索与夏文化探索、先商文化探索一样，都需要获取必要的一个个证据（确切地说是证据链）并作充分论证，才能论定某一个考古学文化是先周文化。因此，有关周人族源的探索工作，有必要在总结前段工作的基础上，对思路与方法作些必要的调整。

总之，20 世纪对两周考古的发现与研究，已经取得了一系列重要成果。近代考古学在中国出现并获得发展，不仅将金石学家借有铭铜器研究两周历史中某个点或某个断面的状况，提升到全面恢复两周历史的高度，而且在长期开展的田野考古中，从理论与实践的结合上，为两周考古的良性发展奠定了坚实的基础。这就为在未来的岁月中推进两周考古的发掘与研究，创造了良好的条件。

人类社会的发展包括人与自然的关系和人与人的关系两个方面，其中人与自然的关系是最基本的关系。人类社会的发展始终依存于自然。在史前时期和历史时期的早期，人类对自然的依赖尤为突出。当然，人类的活动也影响自然，反过来又会影响人类自身。科学是社会实践的产物。随着人类社会实践的不断发展，形成了自然科学和社会科学的庞大学科体系。它们在漫长的社会发展中发挥了各自的作用。但是，科学的发展又要求自然科学工作者与社会科学工作者之间，实现协作或交叉结合。在今天，社会科学与自然科学相结合，已成为学科发展的必然。

为此，考古工作者在从事研究时，不仅要注重人与人之间的关系，还要注意并加强对人与自然的关系的研究。考古在社会科学各学科中，是最易于跟自然科学结合的一个学科。在过去的岁月里，考古工作者与自然科学工作者的协作已有很好的基础。诸如考古工作者提供的各种样品，在自然科学家手中用自然科学的手段对遗存的年代作了测定。在古人的食谱、农作物品种、古代的气候、古代先民的人种族属、环境对人类社会发展的影响等方面，也都取得了很好的成果。同时，在复原古代建筑，研究古代冶金技术、纺织工艺，推算天文历法等方面，因自然科学家的参与，也取得了令人瞩目的成绩。这些成果使两周考古中靠单一学科难以解决的难题，因与自然科学家的合作而得以解开。有了这种协作，也使一些看似普通的遗存，如陶瓷器、金属制品及其他一些工艺制品等，因它们蕴含的科技内容被揭示而大大提升了它们的研究价值。今后应进一步加强与自然科学家的协作，并在协作中促使学科之间相互渗透，提升研究的质量，使两周考古的研究领域更加开阔。

客观地说，目前在两周考古中提出的问题，比解决的问题要多。所以，带着问题去从事考古勘探，有目的地选择一些重要遗址或墓地进行规模发掘，在实践过程中不断发现问题与解决问题，以多学科协作、联合攻关的方式，有目的地解决发掘中提出的一些关键性问题，就显得十分重要。这样做的结果，将有助于有关研究课题向前推进，不断地将两周考古的研究引向深入。

随着研究进程的不断推进，相信 21 世纪的两周考古，必将开创一个新的局面，取得更多、更重要的成果！

原刊《中国考古学·两周卷》，中国社会科学出版社 2004 年版

商都亳研究论集·序

　　如果一个学术课题能解开一个历史事件，这样的课题是吸引人的。如果这个课题能解开一段历史，诸如涉及两个王朝之间的兴衰，并能为解开其中的某些问题提供线索，当然就更吸引人了。有关成汤所都之"亳"的问题，就是这样一个课题。它让许多人为之倾注心力，长年为探究其答案而到处奔忙。

　　夏商时期是中国古代居民告别野蛮时代，迈向文明社会并不断推进其发展进程的重要阶段。商王成汤正处在这一阶段之中。他率众推翻夏王朝，建立商王朝，在内政外交方面采取一系列有效措施，为古代文明的发展开创了新的局面。

　　考古学研究的成果已经证明：有商一代是我国青铜冶铸业获得快速发展的时期，文字的发育也相当成熟，还建造了空前规模的城垣、宫殿、王陵等大型建筑，铸造了数以万计的青铜器具，使古代中国进入青铜时代的繁盛时期。辉煌的商代文明极大地丰富了世界文化宝库。

　　可是，作为商王朝的开国君王，他的"亳"都在哪里？这个都城有多大规模？它的城垣及其布局又如何？迄今仍是一个谜团。

　　人们常常把都城视为反映王朝政治、经济、文化的一个缩影。一旦找到这个亳都，通过勘探与发掘，对它的城垣及各种遗迹、遗物的深入考察与分析，对研究商代的历史、商代文明发展程度乃至商代社会的经济形态等都会有新的认识。从某种意义上说，它对先秦史研究也将起到积极的推动作用。

历来的研究者大多从历史文献中搜寻相关材料，从各个方面对亳都进行考察、分析与研究，提出各自的观点。但是受时代与科技发展水准的限制，研究者虽百般努力，终因种种原因而难以破解。至于看法不同，当与他们在研究中占有资料的多少不同有关；或观察与思考问题的角度不尽一致；或在研究时使用的方法多有不同；或偏执于某个想法，不能从宏观的视角去审视等因素有关。史坛呈现众说纷纭的局面，正是科学繁荣的生动体现。客观地说，人们对汤都之亳提出的十多种不同说法，反映了人们希望尽早解开这个谜团的热切心情和走过的心路历程，在一定程度上也说明单一学科或用一般方法在破解这个问题时，遇到了一些难以逾越的障碍。

要破解汤都之亳，少不了各种条件。就探索对象而言，它应是一个颇有规模的城址，其地点应在传说商人的起源地内，它的主要文化堆积是早商文化遗存，它的年代应与成汤活动的年代一致。此外，还需有其他材料（如文字等）可以佐证，等等，这些条件是必须满足并缺一不可的。

如果此说不谬，那么它提出了一个问题：要想在这一问题上取得突破，单凭历史学或考古学这单一学科的力量是难以胜任的。

事实上，当今学科发展的趋势，一是学科的划分越来越细，一是不同学科间的渗透与协作在不断加强。因此，走多学科协作的道路，有助于推进研究的进程。这将是抵达彼岸、走向成功的有效途径。

所以，对未来的研究者而言，熟悉与掌握相关学科的知识，以便与相关学科的合作者有效沟通，在协作中推进研究进程，应为其责无旁贷的职责。

当然，对前人的探索之路进行总结与反思，从中寻觅正确的思路与研究方法，坚持科学的操作规程，对推进这一课题的研究进程也是不可缺少的。

基于这一认识，汤都之亳的探索需要史学家们从文献记录中寻找材料，并在可信性研究中经严密考证而提供地点；考古学家在发掘中获取尽可能多的文化遗存，在分析研究中对它的文化属性提出研究成果，并提供相关的物证；至于绝对年代或其他物证的研究与确认，则需要自然科学专家的介入。最好请他们进入考古现场，在考古专家的参与下采样、分析，以其特有的手段提供必要的立论依据。所以，这一问题的破解，将是一项综合各家研究成果而结出的硕果。这么说不是预测，而是笔者参加"夏商周断代工程"后的一点感悟。

这本文集记录了众多学者在探索之路上留下的深深脚印。它让读者了解到他们的艰辛跋涉，感知前人为追求历史真实而寻求科学之路所做的种种努力。同时也为后来的探索者提供多方面的思考：或提供有益的线索，或给人以继续探寻的启示，或从中获得某种警示以免重走弯路，或在反思中寻找新的方向时提供有助于抉择的某个亮点。总之，从科学发展的全过程看，文集在这些方面提供的价值，不论从哪个视角观察或从某个层面分析，都是必须予以肯定的。

时代在要求我们尽心尽责的同时，也给我们创造了许多有利条件。科学技术的进步，让人们告别了手工操作、在昏黄的灯光下奋笔爬格的模式。在强调科学发展的新形势下，相信未来的研究者在总结前人研究的基础上，沿着正确的道路踏实奋进，一定会解开这个谜团。

山东省菏泽地区原人大副主任潘建荣同志退居二线以后，致力于推进史学研究的工作。他告诉我一边撰写论文，一边与史学研究的同仁编一本有关亳都的研究文集，还谈到进一步推进研究的想法和举措。此举让我很是感动。他是看到中国社会科学院古代文明研究中心第 18 期通讯上刊发的《考古研究必须按科学的规程操作（节录)》一文而找到笔者的。他希望我为文集写一个序，使我感到突然与为难。但想到潘主任为推进史学研究，虽值盛夏酷暑，仍为该书编撰而忙碌；为找到笔者颇费周折，通话中热情洋溢，言辞恳切。故允诺并写此小稿，愿与学界同仁交流切磋！也祝愿潘主任及其团队在古史研究的探索之路上取得优异成绩！

原刊《商都亳研究论集》，国际炎黄文化出版社 2010 年版

关于具茨山岩画的思考

在具茨山发现大量岩画的消息公布以后，人们给予了广泛关注。这一发现不仅填补了过去在中原地区未发现岩画的一个空白，而且以其数量之多、内容之丰富引起学界同仁的浓厚兴趣。

世界上发现的岩画数量很多，有的年代还很早，已知年代最早的岩画，可上推至旧石器时代。著名的是在西班牙北部比利牛斯山区发现的阿尔塔米拉岩画，是一处旧石器时代晚期的岩画，距今已有 1 万余年。

这些岩画涉及的内容也相当广泛。每个地点的岩画都包含不同的画面，其内涵之丰富、表现手法之奇妙、寓意之神秘深邃，令人目不暇接、浮想联翩。

笔者就此谈几点想法。

第一，岩画一般多见于岩石的断面。这些地方当年可能有一些与岩画同时的遗存，唯因风雨侵蚀，今已不存。缺少与岩画制作年代共生的堆积或相关遗存，用传统的考古方法就难以对画作的年代做出判断。

当岩画的研究缺少了年代这根标尺时，使相关内容的研究就难以开展。因为人们在把某幅画作进行研究的时候，必须要把它置于特定的时间、地点、条件下进行考察。各地发现的岩画普遍遇到了年代难断的问题，一个时期以来，年代成了岩画研究中一道难以逾越的障碍。

与一般聚落相比，岩画所在地点一般比较偏僻，远离城镇，交通不便。对岩画的野外考察、采集资料、分析研究工作，比一般遗址投入的资金更多、考察难度也更大，对考察队员的知识结构的要求更高一些，一般需组织多个学科学者前往，取得的成果却往往较慢。这使一些决策者心存疑虑，担心付出很多而少有收获。研究者也常常由此而却步，转而投入他熟悉的一般遗址的调查、勘探之中。

中华人民共和国成立以来，我国经济建设发展迅速，需要配合开展考古工作的对象太多。其间，有很多遗址、墓地及其他遗存需要配合清理，且工期很短，任务很重。相对而言，岩画所在地点比较僻远，人迹罕至，人为破坏的情况较少发生。在这种情况下，各地的岩画大多采用原地保护的办法，以期在条件相对成熟的时候，再启动考察工作。在此情况下，考古学家对岩画的考察、研究不得不往后推移。

所以，岩画研究成了一个既诱人、又让人困惑的课题。目前出现的停滞状况是诸多因素造成的，并非考古学家不重视岩画。

第二，具茨山岩画作为先民留下的文化遗存，是考古学研究的重要对象之一。在条件成熟的时候，自应组织考古、地质、民族、绘画、文保等不同专业的学者前往考察。这是一项极有意义的事。

岩画本身的神秘特性与内容的多姿多彩，使人们在观赏的同时对它的内容提出各种推测。有人还从文献中寻找线索，力求给推测找些依据；有的则从神话传说中寻找旁证。但在每幅岩画的年代不能准确判明的时候，相关说法的依据多属推测，在无据可证的状态下，其结论自不能被人们所信从。因为这些说法不能准确回答岩画本身的各种问题，也不能破解古人以独特思维方式创作的岩画中所赋予的特定内容及其包蕴的深层含义。

考古、地质等学科之所以把它作为研究对象，是它包蕴的各种信息能为恢复当时的社会历史提供重要依据。

考古人拿起一块陶片、一件铜器，甚至从一张照片即可判定它是哪个考古学文化或哪个朝代之遗存等，是它包含的文化属性和年代等信息已被掌握之故。这些信息是我们借以研究恢复古史的基本元素。

不同族属的居民在不同时段制作的遗迹、遗物，同样包含各种信息。我们的任务是把这些信息提取出来，为研究提供准确的素材，在论证中可成为立论的依据。

当然，在很多情况下，靠单一学科难以完成。上面提到组织多学科学者前往考察，一是它们涉及的内容是多方面的。同时，通过多学科合作、互相渗透、联合攻关的方式开展研究，可以集思广益，有助于课题的破解。

在缺少纪年铭刻等情况下，对古代遗存的研究，考古分期研究只能提供它们之间的相对早晚的关系，不能提供绝对年代。"夏商周断代工程"启动以后，对二里头遗址、郑州商城、偃师商城、安阳殷墟等遗址进行的测年，将考古分期提供的年代信息，经碳十四测年而给出碳十四年代，再与树轮校正曲线拟合而转化为日历年代。三代年代框架的建立，对古史研究的作用，正日益显示出来。

这一实例说明：多学科合作、互相渗透、联合攻关建立的三代年代框架，使考古研究中长期未能解开的年代之锁，找到了一把有效的钥匙。

第三，考古学作为"时间"科学，研究中首要的任务是确定研究对象的年代。研究者想进入古代的奇妙世界，包括打开具茨山岩画创造者构建的神秘世界，这是需要打开的第一道大门。

具茨山岩画的分布范围很大。从已公布的材料看，它的材质、刻划的技术、岩画的内容等均有差异，说明岩画的年代并不单纯，是跨越很长时间遗留下来的古文化遗存。可是它到底跨越多长年代？是否包含了旧石器时代、新石器时代、青铜时代、铁器时代？这是需要逐一搞清的问题。当把它的年代搞清楚之后，对不同时期、包含有不同内容的岩画，才有可能开展有效的研究，诸如从岩画形态、内容、用材、技法等不同角度给出客观的富有特色的结论。

在年代未被确定之前，参考文献与传说去提出一些假说，是人们常用的一个办法。可是，这些说法的立论前提与假说的依据是不确定的，它们的结论也就很难具有说服力。

例如把它与黄帝联系起来，可黄帝的年代是未知的，岩画的年代是未知的。这种情况下，对它的解读与实际情况是"从未知到未知"的空转，不可能为他人所认同。

所以，为了揭开它的神秘面纱，必须下大力气在年代方面取得突破。传统方法既然不能回答它的年代，那就采用自然科学手段去探索研究。一旦对这批岩画包含的年代给出一个有早有晚的年代框架时，为岩画材料进行分类、梳理等工作铺设了一条道路。这对具茨山岩画的研究而言，无疑是迈出了至关重要的一步。

采用的自然科学手段可以有多种选择。据《具茨山岩画》一书介绍：这里还发现石砌的残垣断壁，属聚落一类遗存。在老山坪一带的五个山头上还分布有七个类似的聚落遗存。"其中六个聚落——共有 2000 多座房基，石屋之外还有外城墙和内城墙，两道城墙将五座山头连接起来，俨然为一严密、封闭的独立王国。"在这里或可采到一些古人留下的遗存，包括粮食、木炭、人骨、兽骨一类含碳样品。这些遗存是可以用碳十四测年方法进行测定的。碳十四测年方法是目前技术相对成熟、误差很小的一种方法。若用加速器测年，所需含碳样品很少。

当然，也可用其他自然科学手段去探索研究。采用不同的手段去探索，有助于在比较中对测年精度进行鉴别，也有利于促使具茨山岩画的年代问题早日取得突破。

第四，人的认识是一个"由已知达于未知"的转化过程。为了认识这些岩画，必须借助考古遗存中已经被人们认识的相关材料，特别是字符、刻画等材料，在比较研究中提供比对，成为立论的依据，有助于实现"由已知达于未知"的转化。

由于具茨山周围发现的各种遗存相当丰富，裴李岗文化、仰韶文化、龙山文化、二里头文化、商周文化乃至铁器时代的历史文化均有分布，特别是近年还发现二十多处旧石器时代的遗址，说明这一地区自旧石器时代以降，包括新石器时代、青铜时代、铁器时代一直有居民在附近活动。

这些居民在活动中留下不少遗存，包括刻划在陶器、石器、骨器、龟甲等不同器类上的字符、各种绘画制品及其他遗存。因此，具茨山岩画的出现应与上述不同时期居民的活动存在某种关系。把二者联系起来考虑是必然的，也是最为合理的。如果说具茨山岩画上下所跨的年代很长，是上起 1 万年前的旧石器时代，下至历史时期历代先民所为，当不会令我们感到惊异。

在对具茨山岩画进行考察和研究时，对已知的、不同时期的考古材料中有关字符、刻画、绘画等材料进行收集、整理、研究，是一项重要的工作。对它们的正确释读，有助于对岩画中的某些内容的认知。它们是把二者进行比较研究时不可缺少的宝贵素材。

为此，必须对这一地区发现的字符、刻画材料进行收集、梳理和研究，特别是新石器时代、青铜时代的字符、刻画材料，应列为课题。这些材料的收集、分类、释读，把它们编辑成册，将是这一课题的第一批成果。

这些已被认识的考古资料，在比较研究中是认识岩画中的字符、刻画材料的基础，也是研究其内涵的重要依据之一。对考古遗存中的字符、刻画等材料的认识越多，对具茨山岩画中的字符、刻画材料的研究也越有利，在对二者进行比较研究时，有一些岩画的字符或刻画材料将被人们认识，实现"由已知达于未知"的转化。

当然，在实际操作中还会遇到许多问题。诸如考古遗存中的字符、刻画等材料，有些也未被人们正确认读。它们也需从考古发掘中不断获取新的材料，在研究中扩大认识。尤因岩画的性质与考古遗址中见到的一般遗存的性质不同，那就需要另辟蹊径，从其他学科中寻求答案，从多视角、多侧面解读其中的特定含义。

具茨山岩画的研究需要多学科人士、用多种手段在协作中通力合作，方可在探索中寻求答案。只要探索与研究的工作持续有序地进行，会在逐步推进研究中寻求一个个突破，使这一个引人入胜的谜团取得最好的结果。

河南省、新郑市的领导决心对具茨山岩画组队勘查与研究，争取在年代方面取得突破，这是很重要的、具有战略意义的决策。一个无可回避的事实是：只要对具茨山岩画的年代没有明晰的说法，对这批岩画的研究就难以进行，对它们的价值就难以做出客观而正确的评估。

具茨山岩画的年代一旦破解，这些不同时期岩画的特点，也将在分析中被人们认识，它的内容为我们从另一视角观察历史提供了可能。它或许成为上下几千年间人们刻绘的一幅历史画卷，虽然它或许并不连贯，但它能展示历史长河中人们意识方面的种种变化也是很宝贵的。它是具象的，显现的效果会比较生动。

一旦取得突破，这项工作将为其他地点同类岩画的研究提供重要参考。这对最终破解岩画这一谜团具有示范意义。

岩画在其他国家也有发现，他们在研究中也遇到年代问题，也都在进行探索与研究。我们在探索与研究中取得突破，其意义重大并将引起不同凡响的反应。

目前对遗存年代测定的手段较少。但是不探索，年代问题将长久不能解决。只有不间断地开展年代学研究，才有可能在不久的将来取得突破，且能不断提高测年精度。

这次会上签订用新技术对具茨山岩画的年代进行探索与测定的协议书，这是一个可喜的消息。

真诚地希望具茨山岩画的年代能尽快获得突破！

原刊《具茨山与中华文明》，光明日报出版社 2014 年版

三

科技史与年代学

湖北铜绿山古铜矿

　　以前在中国，青铜器的研究和青铜器铭文的研究几乎是同义词。自北宋时代（11 世纪）以来，中国有许多学者研究古代青铜器，写下了一些著作，其中有些还流传到今天。自 20 世纪 20 年代起，中国引入了田野考古学，青铜器的研究便起了很大的变化。

　　田野考古学被引入以后不久，就显示了它的影响，青铜器研究的范围扩大了。从此，不仅青铜器的铭文要加以研究，并且它们的形态、用途、花纹、成分、铸造方法等，都要加以研究。田野考古学根据出土物的共存关系（地层学的研究和墓葬中器物组合的研究）和类型学的分析，将青铜器的研究提高到一个新的水平。今天，我们不仅研究青铜器本身的来源，即它的出土地点，还要研究它们的原料来源，包括对古铜矿的调查、发掘和研究。这是中国古代青铜器研究的一个新领域，也是中国考古学新开辟的一个领域。这篇文章便是介绍在湖北省黄石市铜绿山古铜矿进行的发掘工作。

　　铜绿山是"铜绿色的山丘"的意思。这里蕴藏有丰富的铜铁矿床，并与金、银、钴等有色金属共生，现今仍是我国一处重要的产铜矿区。这里发现古代采矿的遗迹和遗物，至少可以追溯到 1965 年该矿重新开采的时候，但一直到 1973 年发现铜斧（现认为是斧形铜凿，因为它的装柄办法和使用方法都与凿相同）以后，才引起人们的重视。1974 年配合矿山生产，在 1 号矿体的 12 号勘探线和 24 号勘探线清理了两处古矿井，有简报发表于 1974 年的《考古》第 4 期和 1975 年的《文物》第 2 期中。1979 年冬，我们考古研究所派了一个考古工作队和地方的考古队一起，在几个地点同时进行发掘。我们发掘的地点在Ⅶ号矿体的 1 号点，有简报发表于《考古》1981 年第 1 期中。1980 年除在Ⅶ号矿体 1 号点继续工作外，还在Ⅵ号矿体发掘冶炼遗址，清理了炼铜炉 1 座。在发掘的同时，进行了一次炼铜炉的模拟实验。关于发掘冶炼遗址和进行模拟实验的简报，将在《考古》1982 年第 1 期上发表。

铜绿山古矿区的范围，南北约 2 千米，东西约 1 千米（图一）。古矿井的附近还有古炼炉遗存，因被炉渣掩埋而保留下来。许多地点的表面，覆盖有 1 米多厚的古代炉渣，总量估计达 40 万吨左右。样品经过化验，平均含铜品位为 0.7%，但含铁达 50% 上下，知道是炼铜后弃置的炉渣。从古矿中挖出的"黄泥巴"的分析结果，知道含铜品位在 12%—20%，含铁 30% 左右。块状的孔雀石的含铜品

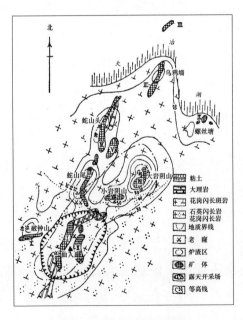

图一　铜绿山矿床地形图

位可达 20%—57%。就炼渣 40 万吨来计算，估计古代提炼的红铜当在 4 万吨左右。我们可以设想，这么多的红铜，可以铸造出多少件青铜器！

根据我们的调查和发掘，矿区里的古矿井大多集中在大理岩和火成岩（花岗闪长斑岩）的接触带上（图二）。矿体上部的铜已经氧化流失，变为富铁矿石，即所谓"铁帽"。在它的下面，则因淋滤作用而使铜含量自上而下逐渐变富。至氧化富集带中，铜一般含量在 5%—6%，局部可达 15%—20% 以上，包含有磁铁矿、孔雀石、硅孔雀石、赤铜矿和自然铜等。接触带中，因岩石破碎，容易开采。采掘过程中仅需解决的一项技术是设置矿井支架，以防止四壁围岩塌落，影响采掘。发掘中见到的"老窿"就设有这样一种木构方框支架。

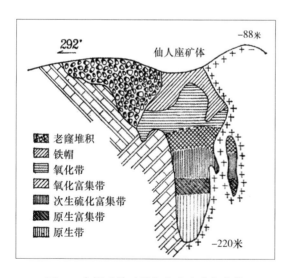

图二　含铜磁铁矿的氧化次生富集分带

我们的发掘工作是在采矿单位的密切配合下进行的。发掘地点上部 40 多米岩石，由采矿单位挖掘和移运。矿山原计划进行露天开采。我们发现的古代矿井，是由当年矿山的地面垂直向下开拓的，深达 40—50 米。这些竖井挖到含有富铜矿的地方，便向侧壁开拓横巷。一组组的井巷的揭露，使我们仿佛看到古采场的真实的活动情景。下面根据考古所工作队的发掘情况，并利用已公布的资料，对铜绿山古铜矿的采掘方法和冶炼方面的一些问题做一些探讨。

我们知道，未掘动的整体岩层是处于一种平衡状态下的。但当人们从地下深处挖取矿石而开拓巷道时，这种平衡就遭到破坏，在巷道的周围发生应力集中，使岩层出现裂缝、滑动或崩塌等情况。为了防止这种危险的变形，就要使用矿井支架。

我们在发掘中看到的竖井的木构支架，基本上有两种：早期的在Ⅶ号矿体1号点见到的方形框架，是由四根木料用榫卯法互相穿接而成（图三，1）。在凿有榫眼的两根木料的两端还削成尖端，以便楔入井壁而使框架固定下来。相邻两副框架之间约有40厘米的间距。竖井的四壁还衬以席子等物，并用细木棍别住。这个地点的框架，规格较小，内径约为60厘米。在1号矿体12线发现的一个斜井中所用的框架，形制与此种基本相同。晚期老窿中发现的主要是所谓"密集法搭口式"框架（图三，2）。它是把圆木的两端砍出台阶状搭口榫，由四根搭接成一副方框。整个竖井用这样的方框层层叠压而成。这种框架在1号矿体12线发现的有8座竖井。这里的矿井年代比Ⅶ号矿体1号点的要稍晚一些，直径约80厘米。24线发现的则比较大，井口长宽约110—130厘米，所用的木料也较前一种粗大。

有些竖井在挖到一定深度，发现没有理想的矿脉或因技术原因不再挖掘时就一走了之，竖井随之废弃。但当挖到矿脉或高品位矿层时，便向旁侧开拓横巷（或称平巷）。这些与横巷连接的竖井，它的底部都有"马头门"结构（图三，3）。这是由四根竖立着的圆木或方木用榫卯法穿接两副平放的方形框架而构成的立方形框架。早期竖井马头门所用木料较细，用圆木，晚期的用料粗大，出现方形木柱。它的高度与横巷的高度一致。在与横巷连接的一边或两边留作通道口，其余的都衬以横向的圆木棍或木板作为背板。

横巷有的接近水平，有的则有一定倾斜度。这种情形既与矿脉的走向有关，也跟排水等设施相联系。一般来说，较厚矿层中的横巷，以接近水平走向的居多。但无论横巷或斜巷，往往在它的一侧或两侧还分出若干条横巷。在这些巷中，为了防止四周围岩塌落，危及采掘过程，有圆柱形榫以榫卯法同上面的横梁和下面的地栿相连接（图三，4）。地栿和横梁都是方木或半圆木。在横巷中，每隔1米左右就竖立这样一副方框。方柱的外侧，一般用三五根横向的细木棍作背板；横梁的上面，排列有整齐的木棍构成顶板，木棍的方向与横巷的走向一致。在横巷拐弯或两条横巷连接的地方，顶板往往作十字交错排列。在24线看到的晚期横巷中的框架，不用榫卯法结合。两侧立柱的上端为支杈形，横梁就放在两侧顶部的支杈中。为了不使立柱内倾，在横梁的下面紧贴一根"内撑木"，两端撑住木柱。地栿的两端则用搭口式接头与立柱相接（图三，5）。至于立柱的外侧，除用木棍或木板作背板外，有的板外再加席子。横梁的上面，在排列整齐的细木棍的上面再铺木板。

把框架做成方形或接近方形，从力学的角度来说是最为合理的。晚期的框架变高变大，表明井巷的净采掘面增大了，矿井支架在承受压力方面的要求也更高了，因此是采掘工艺进步的反映。同时，从发掘的情况看到，无论是早期的，还是晚期的矿井支架，都没有塌毁伤人的现象，说明当时采取的这些支护措施，已经有效地承受了四周的压力，在采掘过程中较好地发挥了作用，基本满足了生产过程中的安全要求。

在横巷的底部，常常发现有向下挖掘的竖井。由于这些竖井的井口并不直通地面，所以称为盲竖井，简称盲井。这种井在Ⅶ号矿体1号点的发掘中发现很多，有时在一条不足10米长的横巷

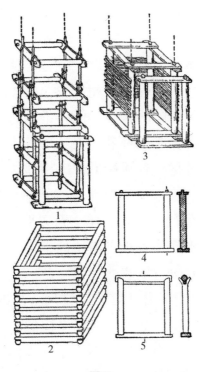

图三

1. 早期竖井井架　2. 晚期竖井井架　3. 马头门　4. 早期横巷框架　5. 晚期横巷框架

中发现 3 口。这些盲井大多用于向深部采掘矿石，但其中有些不排除作为储水仓的可能。因为有的盲井还没有挖到底，所以有的盲井或许是连接下层横巷的通道。不过，这还有待将来继续发掘时证明。

我们在发掘过程中特别注意井巷之间的组合关系。Ⅶ号矿体 1 号点的发掘中发现了这样的组合，如有一组是 7 条横巷围绕 3 口竖井作扇面形展开的，横巷的底部还有 7 个盲井（图四）。就在这一组中，还发现了相当完整的排水系统。从竖井的底部联结的交错而有序的横巷以及横巷底部挖有盲井的情形，使我们自然而然地联想起由竖井—横巷—盲井掘取矿石的过程以及为采掘矿石而在提升、排水、通风等方面采取的相应措施。显然这种组合被揭露，为探讨当时的采掘工艺提供了有说服力的、具有典型性的资料。

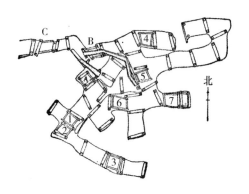

图四　一组完整的井巷平面图

A—C. 竖井　1—7. 盲井

　　在发掘时，竖井底部和横巷中均出土了一些采矿时留下的器具。这些物品使我们可以推想当年矿工们进行采掘工作的情况。

　　采掘的工具发现有金属的斧形凿（原报告中作"斧"，下同；早期的青铜制、晚期的铁制），此外，晚期巷道中还出有铁制的锤、四棱凿、锄（图五，6、1、3）。铜制斧形凿重3.5千克，安装方法和四棱凿一样，柄部直插入它的空銎内，刃部与木柄垂直，这种装柄方法和武器中的斧子或木匠用的斧子，都不相同。斧子的刃部与木柄平行，斧身与木柄垂直。铁锤重6千克。有一件铁制斧形凿的木柄上端仍保留四道（竹）篾箍，显然是为防止柄端开裂而套上去的。也有的木柄上因冲击而使木质纤维外翻，表明它们在剥离矿石时，是一种有效的工具。几件铁锄和一件残铜锄的锄板都很单薄，大概是用来扒取剥下的矿石或废石的。发现的木铲（锹）也可作同样用途。这些矿石用竹簸箕倾入竹筐或藤篓中，然后再提升至地面。12线的古矿井中，就曾见到装满孔雀石的竹篮（筐）。当然，这些筐、篓也可以搬运泥土和碎石。

在发掘过程中，还见到有的横巷在最后废弃之前已经人为地用红色粘土、废石、铁矿石等充填，并用木棍和青灰膏泥（高岭土）加以封堵。这些废弃的杂物应是在坑下选别后就近加以处理的。这样做的目的，首先是为了减轻工作面上采空区的压力，增强采掘工作的安全系数。同时也利于控制风流，使风流达到深部的作业面上。在坑下选出富矿运走，把贫矿和废土就近充填废巷，这也是减少搬运的一项措施。

从矿区的水文地质情况看，古矿井大多都挖在潜水面以上，但是雨雪水（尤其在多雨季节）的渗透及其他因素，使坑下采掘也不可避免地碰到排水问题。我们发现一些横巷的一侧贴背板的地方，往往铺有排水用的木槽（图五，7）。每节木槽的长度有65—260厘米不等。各节木槽互相连接，置于地袱之上，以一定的高差向水仓或排水井流去。每两节木槽连接的地方，都涂有一层青灰膏泥以防渗漏。当木槽不可避免地通过提升矿石的竖井或主巷时，就在这一段木槽的上面铺垫一层木板，使之成为一条暗槽。我们曾对一组水槽作了一次排水试验，发现它们仍能让水通过弯弯曲曲的木槽而流向排水井方向。同时，我们发现十几件装有提梁的木桶和木瓢（图五，11—13），木瓢可用来戽水，木桶则在装水以后，像前面所说的，可由竖井提升到地面。此外，还发现有专门用于排水的泄水巷道。

把矿石提升到地面的方法，也可以根据发现的遗物而推知其大概。最重要的发现是两根辘轳轴子。一根是采集的，另一根出于晚期的24线10号巷中。全长250厘米，可以横架在井口之上。轴木的两端砍成较小的轴头，以便安放在井口两侧的支架的立柱上面。轴木本身，近轴头处，两端各有两排环绕一圈的长方孔，孔眼可以插入长方形木条。这两排孔眼的疏密并不相同，外圈密（有14孔）而孔眼浅小，内圈稀疏（有6孔）而孔眼深大。据原发现人的推测，内圈孔眼上安插的木条，如果加以扳动，便可起

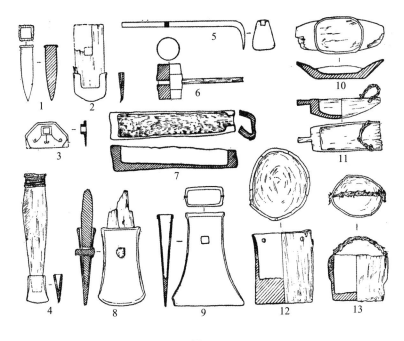

图五

1. 四棱铁凿　2. 凹字形铁锄　3. 铁锄　4. 铁斧　5. 铁耙　6. 铁锤　7. 木水槽　8、
9. 斧形凿　10. 船形木斗　11. 木瓢　12、13. 木桶

动绕于轴木中部的绳索，以提升或下放悬挂于木钩上的竹筐或藤
篓。外圈密孔上安插的木条，可能起到"制动闸"的作用。当辘
轳需要停止转动时，可以推上支架的"插销"，即可制止轴木转动
（图六）。我们认为这种复原是不合理的。密圈的孔眼既密又浅
（孔深2—3厘米、孔距1—2厘米），所插之木条恐难以起到"制
动闸"的作用。实际上，矿井上的辘轳，并不需要"制动闸"。
明人宋应星《天工开物》中矿井上的辘轳就没有设置"制动闸"。
16世纪德国学者阿格利科拉（Agricola）的《金属》一书中的插
图，也是如此。从明崇祯十年刊本《天工开物》所绘宝井取矿的
辘轳图形（另一幅"没水采珠"图上的辘轳也一样）看，密圈的
孔眼是为加粗辘轳直径而插入如车轮辐条那样的木棍的（图七）。
我们曾按原轴的规格制作了这样一个辘轳，证明在加了辐条式的

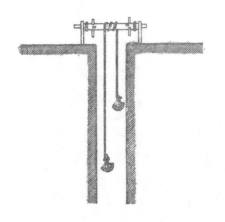

图六　使用辘轳提升的一种设想图

图七　《天工开物》（明崇祯十年刊本）所绘辘轳使用情况

木棍和车辋式的一圈木条之后，比原来的辘轳轴的直径增大一倍，则同样绕绳一圈，绳索的长度也增加了一倍。这样，既可减轻辘轳的重量（比同样直径的实心轴要轻），操作时又可省去一半的时间，应是提高功效的一种措施。至于疏圈的孔眼，深为6—7厘米，作按把和起动用的推测是合理的。铜绿山的这种辘轳设置按把是由于这里的矿井口径较《天工开物》插图中的为大，工人站在口沿上伸手到辘轳轴上是困难的。这样的辘轳将能够胜任从深井中提升矿石的功能（图八）。

在Ⅶ号矿体的发掘中，我们没有发现辘轳。早期是否已经使用辘轳，还需在今后的工作中证明。不过，木钩在早晚期的井巷中发现不少。有的钩柄上刻有浅槽，以便扎绑绳索。发现的绳索中，最长的一条残存8米。这些绳索系由植物纤维绞成，即先绞成直径1厘米的单股，再由三条单股的绞合而成，所以它们可以承受相当的重量。在晚期的竖井中，当年的矿工们已经知道使用辘轳，可能在绳索的两端各绑缚一件木钩，一上一下地来回提升或下放盛有矿石和支护用构件等东西的篓筐。前面已经提到，在矿体中开拓井巷的过程是竖井—横巷—盲井。提升的过程则应是

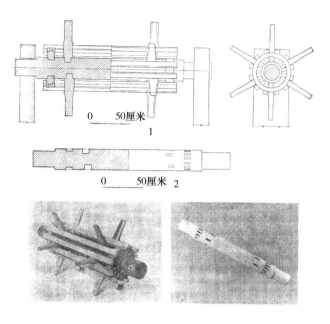

图八　辘轳复原图

盲井—横巷—竖井而达于地面的，而且可能是用分段提升的方法提升矿石的。

在巷道的充填物中，还曾出土一些竹签，一般都很短，一端有火烧的痕遗。这些竹签可能是矿工们在矿下用于照明的残余。不过，考虑到当时的通风情况，巷道又很窄小，在坑下长时间燃竹签照明的可能性并不大。

我们知道：氧气在一般空气中所占的体积为21%。当空气中的氧气下降至17%或二氧化碳达到3%以上时，矿工就失去长时间从事繁重劳动的能力。当时没有机械通风，只能靠井口高低不同产生的气压差所形成的自然风流来调节坑下的空气，确保氧气的供给。为此，如上面提到的，及早关闭废巷也是促使新鲜空气顺利通向深处采掘面的措施之一。但从总的情形来看，当年矿工们在坑下采掘矿石，所处的劳动条件还是相当差的。

在发掘过程中，我们注意了选矿问题。因为古矿井所在的范

围内，矿石的含铜品位是不平衡的。舍贫矿、取富矿，这是古今
矿工们采掘时的基本原则。在发掘中曾见到一些类似"淘金斗"
那样的船形木斗（图五，10）。这种木斗体积较小，装上矿土，在
水中淘洗，比重较大的矿物就沉在底部，借以进行"重力选矿"，
可以用来鉴定矿石品位高低以确定采掘方向。对于冶铜所需的、
数量较大的矿石如何选矿？有理由认为，凭经验进行目力选矿
（人工挑选）是可能的。同时，对"泥巴矿"用竹簸箕一类工具
用水淘洗也是一个有效的办法，可能已被采用。我们在模拟实验
时曾用这种淘洗的方法，结果泥土冲掉了，含铜品位可以提高一
倍多。这方面的问题，应在今后的发掘工作中继续探索。

　　在巷道中还发现了一些生活用具，如木制耳杯、葫芦瓢、竹
篮和陶器碎片，等等。其中以竹篮为常见，竹篾削得很细，编织
相当精致，当为盛置食物而被带进巷道的。矿井是采掘矿石的场
所，矿工们的居住遗址亦相去不远。Ⅶ号矿体所在的大岩阴山南
坡，地表就有很多陶片。可惜因地貌有了较大改变，原来的地层
被扰乱殆尽，已无法弄清其原貌了。

　　关于这些矿井的年代，我们曾经根据出土物而推定 1 号矿体
的 12 线老窿为春秋晚期，24 线老窿则属战国时代。由Ⅱ号矿体古
矿井中 1 件遗物（铜制工具的木柄）做碳十四测定，是距今 2485
±75 年（ZK297），树轮校正后为距今 2530±85 年，如果换算为
公元年代，则是公元前 465±75 年，校正后为公元前 580±85 年，
与我们最初的估计可说是相当符合的。最近又做了几个碳十四测
定（见附表），其中Ⅶ号矿体 1 号点所测的数据，有的与 12 线的
时代接近，有的则稍早，这与该地点矿体支架的规格较小，具备
某些早期特征是一致的。至于 24 线老窿的碳十四测定为距今 2600
±130 年（W. B. 79—36）、2575±175 年（W. B. 79—37）和 2075
±80 年（ZK561），当属战国至西汉时代。这与巷道中出土的其他
遗物一致，与原先估计的年代也相去不远。碳十四测定中 ZK559

距今 3205 年这个数据，其标准误差为 400 年，与出土物的时代不合，恐有问题。不过，有迹象表明（如 ZK758 的数值），古矿区内可能还有较春秋时代更早的矿井。

虽然岩石是人类最早进行加工的对象，被制成粗陋的石器，但是从岩石中识别可以利用的矿物，经过冶炼、提取金属，制成器具则只有几千年的历史。从矿石中提取金属的工艺，比起加工石材、制作石器来无疑要复杂得多。过去，对于我国古代的金属冶炼业（包括冶铜业）的了解很少，研究工作由于缺乏采矿和冶炼的实物资料，无法深入。因此，发掘古代的冶炼遗址，对古代冶铜工艺进行探索，是我们在铜绿山工作时要研究的又一个课题。

在铜绿山发现的早期古炉，主要是在Ⅺ号矿体。那里地表面覆盖有 1 米多厚的炉渣，下面埋有不少古代炼炉。前几年，地方考古队在该地清理了 6 座炼炉，有简报发表于《文物》1981 年第 8 期。我们清理的 10 号炉与他们清理的古炉的炉型和结构都很一致。10 号炉的热释光年代为 2895 ± 305 年、3014 ± 320 年，从地层和出土物推定，古炉的时代均属春秋时期。

这几座古炉的炉型为炼铜竖炉，它包括炉基、炉缸和炉身三部分（图九）。炉基在当时的地表之下，内设"一"字形或 T 形风沟（又称防潮沟）。风沟沟壁经过烘烤，质地坚硬，有的沟底还有木炭或灰烬。后经模拟实验证明，风沟的设置，对确保炼炉的炉温和防止炉缸冻结确实是有效的。

炉缸筑在炉基的上面，炉缸的截面有的为椭圆形，也有长方形的。炉缸内径，长轴约 70 厘米、短轴约 40 厘米。炉缸的侧壁上筑有金门。金门的形状是内宽外窄、内低外高、预呈拱形。在炉缸内壁和金门内口区一段，都加衬耐火材料，鼓风口由于炉缸残破，只发现一个，但很可能是一对，分别置于长轴两端。4 号炉风口的内口呈鸭嘴形，口径分别为 5 厘米和 7 厘米（见文后图版）。

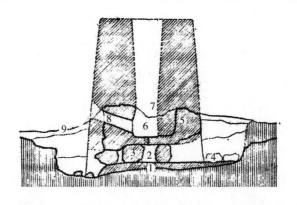

图九　第10号炼铜竖炉结构复原图（剖面）

1. 炉基　2. 风沟　3. 风沟垫石　4. 炉缸底　5. 炉壁　6. 炉缸　7. 风眼　8. 金门
9. 工作面

古炼炉周围的工作台面上还发现了不少遗迹。如有当年搭盖棚架时留下的柱穴，有碎矿用的石砧和石球。石砧长约45—70厘米，有凹面。石球直径6—8厘米，有凹窝，适于手握。石砧的旁边还有大小不等的浅坑，坑内堆放有粒度一致、直径为3—4厘米的铜铁矿石。此外，还有陶罐、铜锛、铜块、炉渣、铁矿粉和高岭土，等等。这些遗迹现象，使我们有可能推知当时炼铜生产的一些情形。

我们知道，古老的冶铜业，由于冶铜的技术水平不高，冶铜的原料只能是孔雀石和自然铜等含铜品位很高的矿石。铜绿山3号炉内清理出一块孔雀石和木炭的熔合物，说明孔雀石仍是当时炼铜的原料。可是，春秋时代的冶铜业是否仍然以富矿为原料？从古矿井采掘面上所取矿样的分析表明，很多矿样的含铜品位低于4%，而且多数是粉矿。虽然低品位的矿石经过选矿，可提高其品位，但这些低品位的数据使我们不得不考虑：当时除了用高品位铜矿石进行冶炼外，是否也用较低品位的矿石进行冶铜呢？在用块矿冶炼的同时，是否也兼用粉矿作为冶铜的原料呢？此外，古炉周围发现的炉渣大多冷凝成薄片状，表面有水波纹样，说明古炉渣排放时的流动性很好，但是古代工匠在冶铜时掌握配矿技术到了什么程度呢？就炼炉来说，古炉的炉缸底比金门口低，放铜时铜液必然不能放尽，那么古炉的这种设计是为"杀鸡取卵"似的破炉取铜呢？还是为连续进行冶炼而特意设置的呢？用这种炼铜竖炉进行正常的冶铜生产，需要具备哪些条件？古炼炉的性能如何？春秋时代的冶铜业达到了怎样的水平？……带着这样一些问题，我们组织进行了一次炼铜模拟实验。

这次实验是在对古炉进行仔细的解剖、搞清其形制、结构的基础上进行的。首先提出了春秋时代炼铜竖炉的复原设想和仿古实验炉的筑砌方案。在同时提出的两个方案中，凡是古炼炉已经提供的数值一概加以采用，不予变动；未知的部分（如炉身高度、风口的数量等）则在允许的范围内作尽可能合理的推测和假设，在实验中检验假说的合理性。

春秋炼铜竖炉的炉身是怎样的？这是我们在复原研究时着重考虑的一个方面。为便于比较，两个实验炉的炉身是不同的。一号炉做成口小腹大的正截锥体形；二号炉则在中腹向上短轴方向的一段炉壁，筑出 7° 的炉腹角（长轴方向的内壁仍保持垂直），炉口部分的内壁则上下垂直。对古炉复原方案中所做的上述考虑，是基于前者的炉壁与料柱之间缺乏摩擦力，不易控制物料的下降速度。二号炉炉身的设计则可避免这种情况。实验的结果表明，上述考虑并不是多余的。

作为模拟实验，如何使实验的全过程都力求仿古，不失真，是我们特别关注的另一个问题。为此，在筑炉的材料、筑砌的方法、冶炼用的燃料和原料等方面，都尽可能地创造与古代冶铜生产时比较接近的条件。为使实验炉的炉缸、金门、风沟等部位的形制与古炉保持一致，这些部位在夯筑时用木、竹等材料做了模具，筑入炉中（见文后图版）。

二号实验炉的冶炼过程是在阴雨有微风的条件下进行的。二号炉的炉身高 1.5 米，在短轴方向的对应部位设置两个风口，使用一台小型电动鼓风机同时向两个风口鼓风。冶炼时持续地投入物料，间断地排放炼渣和铜液。整个冶炼过程相当顺利。在十余小时的冶炼过程中，共投入矿石等物料 1300 余千克，木炭 600 余千克，先后排渣 14 次、放铜 2 次，炼出红铜 100 多千克。经化验：红铜中铜含量为 94%—97%，炉渣平均含铜为 0.837%。实验取得预期的结果（图版贰，3、4）。

冶炼的过程是通过化学和物理化学方法使原料中主要的金属与其他金属或非金属的元素化合物分开、从矿石中提取金属的过程。这次模拟实验提供的资料，使我们对春秋时代的炼铜工艺技术有了初步的了解。

这次实验所用的原料和燃料与冶炼遗址中见到的原料和燃料基本上是一致的，所以实验的结果，证明了铜绿山发现的炼铜竖炉，其冶炼工艺是铜的氧化矿的还原熔炼。使用这种竖炉炼铜，只要保证必要的风压、风量，使炉内木炭燃烧充分，就能进行正常的冶炼过程。诚然，所用风压、风量的大小，则跟炉身的高矮和炉腔的大小有关，确切地说，跟投入炉内的物料的粒度及由这些物料形成的料柱的粗细高矮直接有关。古炉没有专门的排渣孔和放铜口。实验证明，渣和铜的排放都通过金门。由于渣、铜的比重不同，铜液沉在炉缸下部，渣则浮在上部。排放时只需在金门的上部或下部分别开口，即可将渣和铜分别排放炉外。用这种竖炉冶炼，操作的方法也比较简便。

冶炼过程中，我们投入的原料有含铜 20% 以上的高品位矿石，也有含铜仅 7% 或更低的矿石，并有一部分粉矿（冶炼前用人工团成直径 3—4 厘米的泥团）。实验结果证明，用这种竖炉炼铜，只要炼炉熔化带中保持足够的温度，那么无论是高品位的还是低品位的矿石，也不论块矿还是粉矿，都可以炼出红铜。这种情况说明，春秋竖炉具有较高的冶炼能力。

　　由于发现的几座古炉，它们的缸底都低于金门口，因而使人们对当时的冶炼方法提出种种推测。这次实验的重要收获之一还在于证明了这种竖炉并非每炉只炼一次，便要破炉取铜。而是可以连续投料、连续排渣、间断放铜，持续地进行冶炼的。古炼炉的这种设计，正是为确保炉缸内的温度在排渣放铜时不致骤然下降，影响持续冶炼而在实践中总结出来的有效措施。这种设计，使竖炉的生产效率大为提高。若按实验的情况推算：如果一天投入炼炉的物料为 3000 千克，矿石的含铜品位平均 12%，在正常情况下一天一炉约可熔炼红铜 300 千克。而且，这种炼炉的炉龄可能比较长，检修也比较简便。3 号古炉清理时曾发现有补炉痕迹，说明炼炉经检修以后还可进行冶炼。

　　春秋时代配矿技术达到什么程度？我们在实验过程中还做了以下试验：有的未加熔剂，有的则加了熔剂。从排渣情况看，未加熔剂时，渣稠、流动性很差；加配熔剂以后，炉渣的流动性明显改善，并冷凝成薄片状，表面有水波纹样，与古炉渣十分接近。根据这种情况，或可以推测古代工匠在冶铜时，已经掌握了较好的配矿技术。这个问题，准备在今后的工作中做进一步的探索。

　　虽然模拟实验的情况还不能完全说明春秋时代的炼铜技术，但是通过这次实验，使我们对古炼炉的性能和冶炼技术的很多方面有了比过去远为具体、深刻的认识。实验告诉我们，由于这种炼铜竖炉的结构合理、炉衬材料选用能适应高温熔炼的不同耐火材料，因而使古炉具有生产效率较高、炉龄较长、操作比较简便等优点。在对古炉所做的解剖过程中，古代工匠的筑炉技术给我们留下了很深的印象。据分析，古炉渣的含铜量为 0.7%，其他化学成分也相当稳定，酸度适宜，渣型合理，这是当时的冶铜技术达到较高水平的又一佐证。所有这一切，说明两千多年前的工匠们在筑砌技术和冶炼技术方面都掌握了较高的工艺。他们为创造灿烂的古代文明做出了杰出的贡献。

　　铜绿山古铜矿所在的地点，交通也很便利。矿山脚下的大冶湖与长江相通，从水路可以抵达沿江各地。从调查可知，在离铜绿山不远的一些地点有东周时期的铸造遗址。不过有理由认为，当时铜绿山矿生产的红铜一般不在当地铸造青铜器，而是分运各地的。矿山脚下多次采集到重约 1.5 千克的圆饼形铜锭，可能就是古代外运时遗失所致。

　　铜绿山古铜矿的发现和发掘，对了解我国古代的社会生产，尤其是青铜业的生产具有重要意义。它证实了我国商周时代青铜器铸造业与采矿、冶炼业是分地进行的，并在采矿、冶炼和铸造业之间，甚至它们的内部都已有了分工。从铜绿山古铜矿获得的丰富资料，还说明东周时期的楚国在铜矿的开采和冶炼方面都已达到较高的水平，从而对于像曾侯乙墓出土的青铜器具，总重量达到十吨之多的惊人数字也就有了更深的理解。

附表　　　　　　铜绿山出土标本的碳十四测定年代数据表

顺序号	实验室标本号	距今年数 （半衰期 5730 年）	出土地点	标本材料	参考文献
1	ZK758	3260 ±100	VII·2	坑木	[6] 4 期 84 页
2	ZK559	3205 ±400	XI·炉 6	木炭	考·80·4·376
3	W. B. 79—35	2795 ±75	VII·2	竖井坑木	[6] 4 期 84 页
4	ZK560	2735 ±80	VH. 1	竖井坑木	考·80·4·376
5	ZK877	2720 ±80	VII·I·巷 19	背板	[3] 23 页
6	ZK876	2705 ±80	VII·I·井 2	背板	[3] 23 页
7	W. B. 79—36	2600 ±130	I·24	平巷坑木	[6] 4 期 84 页
8	ZK878	2575 ±80	VII·I·巷 28	平巷背板	[3] 23 页
9	W. B. 79—37	2575 ±175	I.24	铁斧木柄	[6] 4 期 84 页
10		2530	VII·2	竖井坑木	[6] 4 期 84 页

续表

顺序号	实验室标本号	距今年数 （半衰期 5730 年）	出土地点	标本材料	参考文献
11		2508	VII · 3	平巷坑木	[6] 4 期 84 页
12	ZK879	2475 ± 80	VII · I · 巷 32		[3] 23 页
13		2475	VII · 6	铁斧木柄	[6] 4 期 84 页
14	ZK297	2485 ± 7575	I · 12	铜斧木柄	考 · 77 · 3 · 202
15	ZK561	2075 ± 80	I · 24	坑木	[6] 4 期 84 页

　　夏鼐附记：1980 年 6 月 2 日，我在纽约大都会博物馆召开的中国古代青铜器的学术讨论会上宣读了《铜绿山古铜矿的发掘》的论文。这次发表的便是那篇论文的增订稿。矿山部分，增入 1980 年下半年及 1981 年发表的简报及论文的一些内容。木辘轳的复原，是我与友人王振铎同志的谈话中受到了他的启发后设计的。

　　复原的模型由我所白荣金同志依照我的复原方案做成的。炼炉部分由我所主持发掘和模拟试验的殷玮璋同志重新写过。然后我们二人共同商量定稿。插图由我所绘图室描绘。对于协助我们的各位同志，都致以谢意。又本文曾以我们二人的名义在 1981 年 10 月 13 日在北京召开的中国古代冶金史会议上宣读过。

注释

　　[1] 湖北省博物馆：《湖北古矿冶遗址调查》，《考古》1974 年第 4 期，第 251—254 页。

　　[2] 铜绿山考古发掘队：《湖北铜绿山春秋战国古矿井遗址发掘简报》，《文物》1975 年第 2 期，第 1—12 页。

　　[3] 考古研究所铜绿山工作队：《湖北铜绿山东周铜矿遗址发掘》，《考古》1981 年第 1 期，第 19—23 页。

　　[4] 考古研究所铜绿山工作队：《湖北铜绿山古铜矿再次发掘》，《考

古》1982 年第 1 期，第 18—22 页。

　　［5］杜发清、高武勋：《战国以前我国有色金属矿开采概述》，《有色金属》第 32 卷第 2 期（1980），第 93—97 页。

　　［6］杨永光、李庆元、赵守忠：《铜绿山古铜矿开采方法研究》，《有色金属》第 32 卷第 4 期（1980），第 84—92 页，《有色金属》第 33 卷第 1 期（1981），第 82—86 页。

　　［7］黄石市博物馆：《湖北铜绿山春秋时期炼铜遗址发掘简报》，《文物》1981 年第 8 期，第 30—39 页。

　　［8］卢本珊、华觉明：《铜绿山春秋炼铜竖炉的复原研究》，《文物》1981 年第 8 期，第 40—45 页。

　　［9］周保权、杨永光等：《从铜绿山矿冶遗址看我国古代矿冶技术的成就》（铅印稿）。

　　［10］考古研究所实验室：《湖北大冶铜绿山古炼铜炉的热释光年代》，《考古》1981 年第 6 期，第 551 页。

原刊《考古学报》1982 年第 1 期

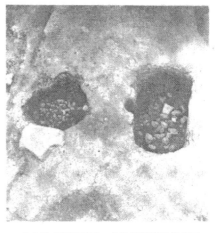

3.古炉南侧的石砧、小坑及粉碎后的矿石

1.剥去围岩后看到的竖井与平巷顶板
2.从外向里看金门

湖北铜绿山的古铜矿

4.在夯筑中的二号实验炉

图版壹

1.一组完整的井巷

2.采掘面上纵横交错的古巷道

湖北铜绿山的古铜矿

3.冶炼过程中的二号实验炉

4.二号实验炉排渣时的情景

图版贰

铜绿山古矿址的发现在古史
研究中的意义

中华文明是人类历史上独立起源的古文明之一，源远流长。商周时代先民创造的辉煌的青铜文明，在古代世界也最为灿烂。这使它在人类文化宝库中占有重要地位，受到世人的广泛赞誉。

20世纪的考古发掘中，在6000年前的陕西临潼姜寨遗址出土了原始黄铜，证明我国的先民当时已经掌握了人工冶铜术。在5000年前的甘肃东乡林家遗址中发现的青铜刀，是铜锡合金，用模具铸成，表明当时已经掌握了用青铜铸造工具的技术。4000年前已能铸造出铜容器和乐器（铜铃），说明当时出现了用几块范、芯装配后铸造铜器的尝试，并获得成功。到了3000年前的商代，青铜业得到很大发展，能铸造各种各样的青铜制品，还出现了铜、铅、锡三元合金。

偃师二里头遗址、郑州商城、安阳殷墟都发现了颇具规模的铸铜作坊，发现了工作台面、水井、大型熔炉等遗迹，出土了大量陶质模具（范、芯）、坩埚及多种工具。这些作坊中铸造了大量青铜制品，留传至今的数以万计。它们包括工具、兵器、礼器、乐器、车马器、装饰品、艺术品，等等，其用途几乎涉及社会生活的各个方面。当时铸造的司母戊大方鼎，重达850千克，在古代世界创造了一个奇迹。到了周代，青铜业更加繁盛，诸侯国内也发现有铸铜作坊，铸造了各具特色的青铜器具。

但是，当时制作青铜器的原料从哪里来？考古人四处寻觅，难获踪迹。

一个偶然的机会，有色金属总公司所属铜绿山铜铁矿在采掘过程中发现的古代"老窿"等遗存，为考古学家带来了喜讯。这一发现，要归功于铜绿山矿的领导，是他们把一柄采矿用的大铜斧寄到北京，引起有关方面的重视，组织了调查与发掘。经过大家的努力，终于揭开了中国古代工匠如何采掘铜矿的谜团，使全世界的学界人士，认识到它的真正价值。一时间这一消息迅速传遍世界，成为学术界关注的热点。

那么，铜绿山古铜矿的发现，具有哪些价值与重大的意义？我以为有以下几个方面：

第一，它的发现，为中国青铜时代的研究，为中国矿冶史的编撰，填补了空白。

从1928年发掘安阳殷墟以后，考古学家们曾经寻找了很久，一直没有结果。人们从都城遗址中只见到铸铜遗迹，不见冶炼遗址，从而提出了当时可能将冶炼与铸造在异地进行的假说。可是，它们又在哪里冶炼？又是怎么开采铜矿的呢？

从铜绿山古铜矿现场，我们看到在采矿场附近进行冶炼的遗存。通过发掘与研究，了解到当时的采矿与冶炼工艺及其水准，使我们对青铜时代的研究，评估其文明发展的程度，有了新的具有说服力的资料。所以其意义是不同凡响的。

举个例子：2001年春天在纽约苏富比拍卖行，有一件失盖的商代铜罍，是20世纪30年代湖南宁乡出土的，几经周折流失海外。它的盖至今还在湖南省博物馆。这一件商代铜罍上铸有6行8字铭文。但在盖、器分离的情况下，仍拍出900多万美元，折合人民币7000多万。为什么会有如此高的价格呢？因为它是3000年前的工匠做的，代表了中国青铜时代的工艺水准，就研究价值、工艺水准及品相来说，是物有所值的。

为什么说这一发现为中国冶金史的编撰填补了空白？因为如柯俊院士所说：在铜绿山古铜矿发现以前，中国冶金史只能称中国铸造史，因为采矿和冶炼的情况是空缺的，当时只能从传世的铜器去研究历代的铸造发展史。但铜绿山古铜矿的发现，第一次找到了采矿和冶炼的遗存，从而填补了一个空白。

这一发现还证实了3000年前已经出现了采矿、冶炼与铸造在异地进行的情况。而且采矿、冶炼与铸造在异地进行的布局表明：先民们选择在采矿地进行冶炼，节约了运输成本，充分利用了资源，减少了城市的污染。

铜绿山古铜矿的发现，说明在矿产资源丰富的地方进行冶炼，已成为先秦时期矿产业的共识，具有规律性。因此在江西、湖南、内蒙古、安徽、陕西、新疆等省、区的一些地点发现的古矿遗址，几乎都发现了采矿与冶炼遗址。

第二，铜绿山古铜矿的发现，为中国先秦时期的青铜业，找到了一个十分重要的原料产地。仅铜绿山一个地点堆积的数十万吨古炉渣，就说明这里曾向社会提供了几万吨铜金属。中国青铜文明何以能较快发展，这与大量金属原料的生产有关。当时之所以出现繁盛的青铜业，正是因为有了许多像铜绿山古铜矿这样的原料基地，源源不断地向中原及其他地区供应金属原料。

第三，我在主持铜绿山古铜矿的发掘时，还与黄石的同志一起在周围做了调查，发现在采矿、冶炼地点的附近，也有一些铸造作坊。这说明3000年前后的黄石地区除了发展采冶业外，也在当地铸造青铜制品。这些行业的生产，对拉动当地的经济起到了重要作用。

为什么这么说呢？因为青铜业在当时是"高、精、尖"项目。它的产品的质量高下，一定意义上成为当时社会经济发展的标志。同时，由于青铜工具的出现，使社会生产力大为提高。

距大冶不远的江西新干大洋洲发现的一座商代墓中，出土的手工工具就有 5 种 74 件，农具有 11 种 53 件。农具包括耒、耜、铲、镢、锸、镰、耨、犁铧等。这些工具是配套的，它用于手工业与农业生产，可大大推动生产的发展。所以，当时黄石地区的社会生产状况，与中原相比并不逊色。

例如，2300 年前一个不大的曾国，它的君侯——曾侯乙死后用了 10 吨铜料铸造各种器具，许多制品（如尊盘、大铜缶等）都是当时社会经济发展的标志性物品。一座墓中能用这么多铜料铸造礼器、乐器、工具、兵器、车马器、装饰品、艺术品等，既反映了铸造工艺的进步，也证明了当时的采矿、冶炼业的兴盛。

第四，铜绿山古铜矿的发现，向世人提供了一个证明古代先民掌握高水平采矿工艺的、富有说服力的实例。它把中国古代采矿的先进性展示在世人面前，并为大家所确认。

例如，它证明中国古代工匠为在破碎带中采掘铜矿石，创造了一整套木质支护技术，并解决了通风、提升、排水等技术。这种独具特色的创造，为后世的采矿工艺开了先河。结合其他采矿场的情况，说明当时从不同地质构造中采掘铜矿时，采用了不同的采掘方法。

第五，铜绿山古铜矿的发现与研究，还向世人证明当时的冶炼技术也达到了很高的水准。铜绿山古炉渣中的含铜品位达到 0.7%，表明当时已经掌握了配矿技术。这在当时居于世界领先的地位。发现的炼炉经过研究和模拟实验，表明可以持续加料、持续排渣、间断放铜，能长时间持续进行冶炼，而且操作简便。用这种竖炉炼铜，使产量大为提高。

青铜业的发展有力地促进了社会进步，也为中国青铜时代在东周时期出现另一个高峰注入了活力。

第六，铜绿山古铜矿的发现，还说明青铜冶铸技术方面的成就，直接影响了中国铁器时代的发展。例如，世界各国最初出现的冶铁术，都是在较低温度（约 1000℃）的固体状态下用木炭还原法冶炼的比较纯净的铁，称为"块炼铁"。这种铁的结构疏松，质地柔软，只有经过锻造，提高其性能之后才能制成可用的器件。当铁矿石在高温（1146℃）下用木炭还原法冶炼时，就能炼出生铁。生铁能直接铸造器件，并可广泛用于生产领域。如在战国中期，各地农业中已普遍使用铁工具，从而有效提高社会生产力。因此，高温炼铁技术的出现，对社会发展具有重要意义。

欧洲从低温炼铁到高温炼铁用了 2500 年。中国出现低温炼铁的时间比西方略晚，在西周晚期。但东周时期就出现了生铁制品，出现的时间比欧洲早了 1900 年。这是中国古代工匠的一大贡献。它的出现，与当时已经用竖炉冶铜是分不开的。铜绿山发现的竖炉只要稍加改进，炉内的温度达到熔炼铁矿石的要求时，就可以炼出生铁。所以，东周时期发现的生铁制品，应是用竖炉进行冶铁的产品。到了西汉时期，还出现了直径超过 2 米的竖炉，这比西方出现同样规模的炉型早了 1000 多年。因此，不仅中国古代青铜业的发展，具有独特的工艺技术；而且在此基础上，使中国的钢铁业也走出了一条与西方不同的发展道路。

钢铁冶铸技术的进步有力地推动了社会生产的发展。它为中国在中世纪出现的社会繁荣、创造的汉唐盛世打下了坚实的基础。

第七，铜绿山古铜矿的发现，还为中国考古学开创了一个学科分支——矿冶考古学。在铜绿山考古工作中积累的经验与研究情况，为以后其他地点发现与发掘古矿冶遗址提供了可以借鉴的宝贵经验。

例如，今天在西方风行的无隔梁发掘方法，在 1980 年的铜绿山古矿址发掘中就已经使用了。

第八，铜绿山古铜矿的发现与研究情况，受到世人的广泛关注。国内外许多学者及旅游者前来这里参观考察，在客观上大大提升了黄石和大冶市的知名度。人们都说，大冶之名，名不虚传。

第九，铜绿山古铜矿的发现与遗址博物馆的建立，是中国政府、湖北省、黄石市、大冶市各级领导和中国有色金属总公司、铜绿山矿干群为弘扬民族文化、保护古代文化遗产做出的重要范例。这是尊重历史文化，为人类文化宝库做出的一个贡献。今天，它成为传播历史知识、弘扬民族文化、进行爱国主义教育的基地。它集中反映了两三千年前先民们向自然界索取资源，以造福于自身，创造了先进的青铜文明的成就。这是世上存量不多的珍贵历史文化遗产。

在科学昌盛的今天，人们对过去的认识已趋于模糊。在铜绿山矿区建立这个遗址博物馆，对今人乃至子孙后代了解人类历史发展的进程，认识到古人曾经创造的辉煌，都有它特定的巨大意义。

随着历史的车轮滚滚向前，子孙后代对今天的认识也会逐渐模糊。所以，把各种历史文化遗产保护好，让子子孙孙"永宝用享"是个历史责任，也是一个重要的使命！

让这份优秀的历史文化遗产在历史长河中发扬光大，因为这样的地点本不很多，将来也会越来越少！

今天，黄石市领导提出矿冶文化的研究课题，我认为十分重要，也很有意义。人类社会的发展史记录的是人类从自然资源中获取原料、从事物质资料生产，创建美好生活进程的历史。获取各种资源，在创新与发明中建造新生活，这是社会进步的动力。

在人类历史上，约在二三百万年间，人们一直用石头进行加工，制成工具，从事劳动生产。这个时代被称作石器时代。但当人们从矿石中提取铜金属而制成工具，从事劳动生产时，这在生产领域是个大飞跃。它意味着人类在与自然界的斗争中，比以前更具活力，并逐渐转向主动，人们的生活水平也相应提升。

随着人类进入青铜时代，人们迈入文明历史时期。与此相应的是，社会出现了阶级划分，滋生出国家形态。历史的车轮也因此而加速向前滚动。

为了搞好矿冶文化这个研究课题，对铜绿山古铜矿的保护与开发十分重要。早在1980年，夏鼐先生就提出将安阳殷墟与铜绿山古铜矿申报为世界物质文化遗产，并让我起草文稿。最初，安阳市领导的态度不如黄石市领导积极，但在五年前出现转变。经过几年努力，安阳殷墟在去年7月已"申遗"成功，成为中国第一个申报"世遗"成功的古代遗址。

铜绿山古铜矿从1979年提出保护，到中央批准将七号矿体1号点原地不动，围绕搬与不搬的问题，争论了10年。争论的核心是上部占地1平方千米的遗址重要呢？还是下面价值20亿的铜矿重要？最后，中央做出了原地、永久保护铜绿山古铜矿的决策。

客观地说，这一决策是绝对正确的。因为这个遗址反映了两三千年前的采冶水平，那是无价之宝。试想：20世纪30年代在湖南宁乡出土的一件商代铜器在美国纽约拍出了7200余万元的高价，而且是在失盖（其盖至今仍在湖南省博物馆）的情况下成交的。为什么？因为它是3000年前铸造的高水准的青铜制品。在3000年前，当世界很多地区还不知道青铜为何物的时候，我国先祖已经铸造出十分精美的青铜礼器，收藏者出此高价是很自然的。

在铜绿山古铜矿遗址现场，见到的是古人开凿竖井和平巷时用于防止塌陷而设置的木质支护，它反映了当时进行坑采的情景。有人认为"破木头一堆"，没啥意思。可是，这是2000余年前的遗存，是人类创造文明社会的许多实证中最难能可贵的一个。2000多年前的坑木保留至今，这种稀缺性是世上罕见的，它从另一个侧面向世人展示了青铜时代的风貌。有了这样的遗址，中国青铜时代及其文明发展的风貌才能全面地展示出来。

　　15 年前，我曾提出在铜绿山矿区建设文化园区的设想：把大露天矿坑变成人工湖，周围是反映历代采冶水准的景点，既有公园绿地，又有展厅、画廊。人们到此，在旅游、休憩中感受到几千年间采矿、冶炼、铸造业的发展进程。这是极有意义的。如今，黄石市领导提出矿冶文化的研究课题，跟我的想法有很多相同之处。如果提到战略高度去对待，这将是一个颇有创意，又独具特色的工程。过去几年中，我看过有关铜绿山矿区开发利用的多个规划，都未能实施。究其原因是多方面的，但很重要的一点是前瞻性与可操作性方面存在缺陷。

　　必须看到，黄石市提出这个课题，有不少条件可谓得天独厚：这里有我国第一个列为国保单位的古矿冶遗址；有我国第一个古矿冶遗址博物馆；正在建设一个反映矿冶文化的新陈列馆；有一支从事矿冶考古的队伍；多年的工作，已积累了相当丰富的资料；黄石市内还有不少能反映历代采冶水准的古矿冶遗址；特别是铜绿山古铜矿的发掘，使它已经具备了较高的知名度。这些条件是其他地方无法比拟的。如今，如果制定一个切实的规划，既考虑到未来的各种发展趋势，又能有序地进行操作，逐步推进这一进程，相信会做出很好的经济效果和社会效果的。

　　自 1978 年以来，我来黄石已有十多次了。每次到来，黄石的变化都给我留下很好的印象。看到这一期间发生的巨大变化，我很兴奋。这次黄石市领导提出矿冶文化的课题，使我尤其高兴。因为随着人们物质生活水准的提高，对精神生活的需求也会不断提升。这就要求我们开拓思路，引导人们向真善美的境界去追求，满足人们的多方面的要求。前两年，听说大冶市领导提出了经济转型的想法，这次黄石市领导提出矿冶文化的课题，我以为都很有创意。我希望两市的领导同志从国家利益出发，密切合作，共同赋予这一课题以更多内涵。

　　相信在你们的领导下，一定会把黄石建设得更加美丽，使这个城市更具生气与活力。

　　在此，我由衷地祝愿：创造了辉煌过去的黄石人民，在未来的岁月中能再创辉煌，为"振兴中华"做出新的贡献！

　　　　　　　原刊《中国青铜古都大冶》，文物出版社2010年版

概述矿冶考古四十年辉煌成果

在历史上，有些重大的科学发现往往是在偶然间出现的。

考古同仁常常为这种现象感慨：想找的东西怎么也找不到，不经意间出现的一个发现却在学坛引起震动：或填补一个空白，或揭开了一段历史，甚至开创一个学科！

大冶铜绿山古铜矿的发现就是这样一个实例。

为什么这么说呢？因为自1928年开始对河南安阳殷墟进行发掘之后，面对不断出土的青铜器具，人们就在思考这些铜器的原料从哪里来？铜矿石是怎么开采的？先民们又怎样将铜矿石冶炼成铜金属的？

考古工作者这么想是有道理的。金属冶炼业的出现，是社会生产发展的一个巨大进步。在人类告别野蛮时代、走向文明的进程中，金属冶炼业起到重要作用，被视为跨入文明门槛的重要标志之一。同时，金属冶炼业取得进展的程度，又是考察社会文明化进程的重要依据。在考察与判断人类文明发展阶段的时候，成了有标志意义的重要方面。

考古成果已经证明：人类最早制作的工具是用石块制成的，人们把它称为石器时代。当人们掌握用矿石提炼出铜金属、制成各种金属工具的时候，人类在与大自然的斗争中跨出了重大的一步。它意味着人类的生产能力取得长足进步，并引起人们的生产

方式和生活方式发生变化。所以，青铜器的生产与应用，在人类
发展史上是个巨大的飞跃。

为了叩开青铜时代的大门，考古学家作了许多努力。在安阳
殷墟发掘的初期，见到遗存中有孔雀石和坩埚碎块的时候，人们
怀疑它们或与冶铜有关。但在以后的发掘中一直未见到冶炼遗存。
20世纪50年代在安阳殷墟的苗圃北地发现大量陶范、坩埚碎片及
与铸铜有关的工作台面等遗存时，很快被确认是个铸铜作坊址。
由于那里不见铜矿石、冶炼炉、炼渣等遗存，人们意识到铸造业
与采矿、冶炼业可能在异地进行。不过，在殷墟周围的考古调查
中，一直未见到同时期的采矿与冶炼遗址。

此后，在河南郑州商城、偃师二里头、洛阳北窑、山西侯马
等地陆续发现商周时期的铸铜遗址，出土物中都不见铜矿石、冶
炼炉、炼渣等遗存。人们加深了铸铜与采矿、冶炼在异地进行的
推论。他们在这些地点的周围进行考古调查，希望能找到同时期
的采矿与冶炼遗址。

正当人们踏破铁鞋而没有结果的时候，大冶有色金属公司铜
绿山铜铁矿的工程技术人员在生产过程中发现了采矿遗存，出土
有青铜斧等采掘工具。1973年，在他们把铜斧寄往中国历史博物
馆的那个瞬间，铜料生产地的谜团被他们揭开了。大冶铜绿山发
现古铜矿的消息，很快受到学界同仁的关注。

发掘与研究的成果使铜绿山古铜矿的价值被人们进一步认识。
1979年底，在Ⅶ号矿体1号点清理出成组的井巷系统之后，它的
重要性又一次引起人们的重视。1980年，我所夏鼐所长在纽约大
都会博物馆宣布在湖北大冶铜绿山发现古铜矿的消息之后，立刻
引起世人的重视，各国媒体迅速做出反应。

1982年，在北京召开第一届国际冶金史研讨会，来自国内外
的冶金史专家欢聚一堂，共同分享铜绿山古矿冶遗址的发掘与研
究成果。会后还参观了发掘现场。从此，大冶铜绿山这个默默无

闻的地点，因这一发现而成了国内外媒体关注的对象。

在铜绿山古矿冶遗址发现 40 年后的今天，回顾这一发现过程，探讨其重大价值是很有意义的。大冶同志提出把各方人士请来一起研讨，回顾 40 年来的探求之路，总结成绩、寻找差距，共同展望学科未来的发展，这是一个很好的想法，得到中国社会科学院考古研究所领导的大力支持。

这里，我就矿冶考古从起步到发展的历程，概述 40 年间取得的成绩。目的在推动铜绿山古铜矿的发掘与研究取得新进展，祝愿我国的矿冶考古在今后取得更大成果。

不妥之处，欢迎赐教。

一

说到铜绿山古矿冶遗址发现的价值与影响，在流逝的岁月中发生的一些事情，已经做出了说明：

第一，铜绿山古铜矿是我国发现的第一个矿冶遗址。它的发现不仅填补了过去对采矿、冶炼遗址的缺失，还以全新视角开拓了研究古史的领域。由此，可从采矿、冶炼、铸造的实物资料中提取各种信息，对青铜时代展开全面、深入的探索与研究；围绕冶金术的发生、发展与变化，去揭示古代先民在艰苦条件下取得的一系列创新成果及其重大价值。

同时，以铜绿山古铜矿的发现为契机，不少省、自治区的考古人在野外调查中发现了一大批矿冶遗址。它使人们从冶金术的视角展示各地先民在开发利用矿产资源方面的成就，深层次地揭示我国青铜时代走过的道路，以及它对中国古代社会的发展产生的深刻影响。

第二，从冶金史的角度观之，这一发现改变了过去偏重铸造史研究的原状。在铜绿山古铜矿发现以前，中国的冶金史研究

（尤其对先秦时期冶金史的研究）严重偏向于铸造史方面。铜绿山古铜矿的发现，首次找到了采矿和冶炼遗存。这些资料填补了冶金史中的一块空白。

40年来，伴随各地矿冶遗址的发现，冶金史研究蓬勃开展。古代先民在冶铜、冶铁方面创造的许多重要成果被一一公诸于众。这些研究成果已引起国外学术界的关注与认可。

第三，对于一个矿床包裹体来说，在它未被扰动的时候岩层是处于平衡状态的。当人们为挖取矿石而开凿竖井和平巷的时候，这种平衡被破坏了，于是在井巷的周围发生应力集中，岩体会出现裂缝、滑动或垮塌等情况。这对采掘者的生命安全构成威胁。

从发掘中看到：工匠们在采掘矿石时已经认识到安全的重要性。他们在竖井、平巷、斜巷中采用方形木质框架作支护，用于抵御围岩四周的压力，以保证工匠的人身安全。

这是在长期实践中总结出来的一项发明。在江西瑞昌铜岭的商代井巷中已经使用这种木质支护，表明至少在3400年前的商代中期即已出现。但铜绿山古铜矿的井巷中采用的方形木质框架支护，已经形成相当完善的系统。

这些古矿井中设置的支护构件，其材料都按统一规格在地面制作后运送到井巷的采空区，在掘进过程中按榫卯组接，一一楔入井巷周壁的围岩。这些方形木质框架支护的内径较小，但因规格统一、组装规范，竖井上下的垂直度很高，使矿石和物料在提升与下降时十分顺畅。它们在保障采掘作业安全的同时，有效地提高了掘进与提升的速度。

这种支护系统性能良好，架设简便，使它在后世采矿作业中被继续沿用，在采矿史上留下了浓重的一笔！

第四，铜绿山古矿冶遗址的发掘与研究还表明：2500年前采用的方形木质框架支护已突破一井一巷或二井一巷的布局，出现了围绕三个竖井在坑下作扇面形开拓多条巷道、底部还有7个盲井的"井巷组合"。用竖井—平巷—盲井的方式掘进与回采，把深部 100 多平方米内的矿石采掘一空。

在这里，工匠们利用井口高低的压差，有效地解决了作业区的通风问题；铺设了两条排水木槽，把采空区中的水排往储水仓中，再用木桶把水提升至地面。这样的组合，反映了工匠们从一次采掘活动中，可从距地表 40 多米的深处掘取更多矿石。同时，在开凿巷道、组装支护、进行回采的过程中，用辘轳运送矿石、物料，流程合理。这说明春秋时期的采矿工艺达到相当高的水准。

第五，铜绿山古铜矿的发现，让人看到采矿和冶炼遗存出现在同一地点的实例，证实了先秦时期的都城只有铸铜作坊，采矿、冶炼在异地进行的推断。

把铸造与采矿、冶炼设在异地进行，是先民们的智慧选择。它避免了把矿石、木炭用车船长途运往都城的劳顿，也免除了冶炼时的废气废料对城市的污染。在采场附近就地冶炼，可有效地利用当地的木材与其他资源，大大降低了成本。他们把成品制成铜锭输往各地，又从外界换回所需的物品。大冶湖旁发现的铜锭，是从水路把成品输往外地的一个例证。

作为重要的产铜地，它在与各地的交换与交往过程中与外界社会融为一体。在这个过程中，学习各地的各种先进技能，也促进了自身的发展。

在冷兵器时代，铜金属是重要的战略物资，被视为富国强兵的重要资源。采矿、冶炼、铸造业的发展，使铜兵器大量装备军队的目标成为可能。在列国争雄、战争频繁、政治重组的东周时代，战争在兼并与统一的过程中扮演了重要的推手。从这个意义上说，青铜业的繁荣从另一角度对政治历史的走向起到独特的作用。

第六，按照铜绿山古矿冶遗址中春秋冶炼炉的结构进行的仿古模拟实验，证明它在确保风量的情况下，可以持续加料、持续排渣、间断放铜，进行长时间持续冶炼。这种炉型结构合理、操作相当简便，无论矿石的品位高低，都可以炼出红铜。它向人们表明：用它进行炼铜，冶炼过程具有高效、稳定的特点。

炼渣中含铜量的高低，是冶炼水准高下的反映。实验还证明当时已经掌握了配矿技术。铜绿山古炉渣中的含铜品位只有0.7%，是冶铜过程中运用配矿技术的结果。它反映了当时的冶炼技术已达到相当高的水准。

据大冶有色金属公司铜绿山铜铁矿的工程技术人员勘察估算，铜绿山矿区地表堆积了40万吨古炉渣，向社会提供了几万吨铜金属。虽然我们无法弄清楚当时的年产量有多少，但已知铜绿山矿的周围乃至长江中下游的许多同时代的铜矿，都在开采与冶炼中向社会提供红铜。铜料的充裕，促进了铸造业的进一步发展。它为我国青铜业在东周时期出现又一个高峰，创造了必要条件。所以，一个不大的曾侯乙墓用了10吨铜料铸造各种青铜器具；焊接、鎏金等新技术在这一时期出现，也就不会让我们感到惊讶了。

第七，铜绿山古铜矿的发现有其偶然性，但在发达的青铜时代的大背景下，它在现代采矿生产中被发现又有其必然性。长江流域是我国最重要的有色金属宝库之一，储量丰富，采掘历史悠久。如今，沿江各省的许多地点已发现了大量先秦时期的古矿冶遗址。

铜绿山古铜矿的发现，为寻找同类遗址提供了启示。冶炼与采矿地点在同地进行的规律一旦被人们认识，散落在地面的炼渣就成了考古调查中寻找古矿的重要线索。不久，在湖南、江西、安徽、内蒙古、新疆等省、自治区的一些地点都发现先秦时期的古铜矿。经过发掘之后，这些遗址的内涵大大丰富了人们对先秦时期采矿与冶炼业的认识。

各地的地质构造、成矿条件不同，不同地区的先民在采矿时用的方法也不一样。所以，这些差异反映了各国、各地的采矿、冶炼技术各具特点，也说明先秦时期各国对铜金属的重视和青铜业发展走出的不同步伐。

就生产技能而言，先秦时期各地的采矿业存在发展不平衡的状况。与同时期的其他地点相比，铜绿山古铜矿的采冶技术表现出一定的先进性。在反映东周时期采冶水准方面，它具有代表性。

第八，铜绿山古矿冶遗址的发现，使中国考古学出现了一个学科分支——矿冶考古学。

铜绿山古铜矿发现以后，如何进行发掘成了我们面临的全新课题。在考古工地采用"无隔梁发掘法"获得成功，为同类遗址的发掘提供了可供参考的一个实例。采用这种方法比隔梁法发掘的要求更高，工作中提出的问题需尽快求得答案，以不误发掘与研究的进程。所以需要不断取样、不断检测，把发掘中提出的问题尽量在发掘过程中解决。

矿冶考古是一个跨学科的学科分支。今天，考古工作者与冶金史工作者在实践中密切合作，逐步改变一方发掘，把样品给另一方检测的状态。不同学科的学者为共同的学术目的进行合作，在交流中实现学科间的相互渗透，既促进了研究，也使研究者的知识结构发生了变化。

40年来，矿冶考古在发掘与研究方面有不少创新，推动了学科分支的发展进程。一支新型的科研队伍正在形成。随着这支队伍的壮大，他们在矿冶考古的探索与研究中定会发挥更大的作用，成为学科建设的中坚力量。

第九，铁器的出现经历了低温冶炼到高温冶炼的过程，西方用了2500年才完成。我国在西周晚期出现低温冶炼的"块炼铁"，但春秋晚期就出现了高温冶炼的生铁，使我国出现生铁的时间比西方早了1900年。为什么？这与当时的冶铜技术密切相关。

仿古模拟实验证明：铜绿山发现的炼铜炉已不是"杀鸡取卵"式的破炉取铜。这种冶铜竖炉的性能良好，可以长时间冶炼。它不仅能对氧化矿进行冶炼，也具备了对硫化矿进行冶炼的能力。只要稍加改进，在特定条件下即可进行高温冶铁，炼出生铁。

铜绿山古铜矿的冶炼技术及其水准，折射出在青铜时代向铁器时代转化中起到承前启后的机缘。从发现的汉代冶铁炉可以看出，它的炉型结构与铜绿山古炉在许多方面是一致的。

铜绿山古铜矿的战国井巷中已经发现生铁工具，它们款式多样，十分锐利。虽不清楚哪些是当地的产品，但战国时期的井巷规格比春秋时期的井巷增大4倍，方形木质支护采用叠压套接的方式，能从更深的矿带中掘取矿石。这说明这时的采矿技术又上了一个台阶。究其原因，当与铁工具的使用密不可分。

商周两代铸造的青铜器具造型精美、工艺独特，广受世人的喜爱。它的发展走出了一条与西方不同的道路。冶铁业的发展有了成熟的冶铜技术为基础，使我国生铁出现的时间大大提前。战国时期还出现了生铁制作的模具，用它铸造工具，不仅促使产量大增，而且促使铁工具较快得到普及。我国的冶铁技术与发展路径也走出了与西方不同的道路。从这一意义上说，商周时期发达的青铜业为铁器时代的到来创造了良好的条件。

第十，矿冶考古40年间取得的研究成果，使我们对以往流行的某些论点有可能提出修正。

有一个说法常常被人们引用：青铜器不能像铁器那样对社会生产发生巨大作用。理由是铜矿的储量不如铁矿丰富；青铜工具不够锐利；它产量太小，不如铁器那样易于普及。

这一说法影响到许多问题的探讨，包括古史分期等重大课题，可谓影响史坛几十年。

但是，我国的考古学家从商周遗址中发现了数以十万计的青铜器具。其器类之丰富、用途之广泛，已涉及社会生活的各个方面。

科学技术是生产发展的第一生产力。青铜业作为商周时期的

"高、精、尖"行业，是推动生产发展、社会进步的重要动力。铁器的功能之所以被人们认可，在于它的使用涉及社会生产、生活的各个方面。商周时期的青铜制品同样出现于社会生产生活各个方面的史实，理应对青铜工具在先秦时期的作用给出合理、客观的评估。

必须强调：社会是按对立统一的规律正常运转的。生产的发展离不开社会的需求；社会需求越多，反过来又促进生产的发展。社会的生产能力与社会的需求之间经常处于平衡状态。所以，商周两代出土的青铜制品的品种越来越丰富，数量越来越多，从一个侧面反映了青铜业长久保持上升发展的势头。

商周时代铸造的青铜器具的数量越大，要求铜原料的供应也越多。铜绿山一地堆积了约40万吨古炼渣，表明向社会提供了数万吨红铜。它的周围乃至长江中下游两岸的成矿带中的先秦采冶遗址，也在提供铜金属。说明当时对铜料的需求很大，采矿与冶炼业在持续发展。

早在商代中晚期，青铜制品已包括工具、兵器、礼器、乐器、实用器具、车马器、建筑构件、印章、铜镜及各种装饰、艺术品，等等。进入东周时期，上层贵族专用的礼器、乐器，因"礼崩乐坏"而扩大了使用范围，平民墓葬中也出现了青铜"礼器"随葬。度量衡器、铜镜、货币等流通性很强的物品，也因社会需求而大量生产。用途之广泛，已涉及社会生产、生活、流通等各个领域。特别是青铜货币在社会上广泛流通，对经济的发展产生强大作用。各国经济的繁荣，反过来对青铜制品提出了更大的要求。

必须强调指出：农业是一切社会发展的基础。任何一个社会的发展都以农业能为社会提供多少剩余产品为前提。如果农业不能向社会提供大量剩余农产品，商周时期就不可能创造如此灿烂的青铜文化。

那么，是什么促使当时的农业能够提供大量剩余农产品的呢？

勤劳智慧的人民和各种生产工具是社会生产力的两大要素。其中配套的金属工具的出现，是一个重要因素。

江西新干大洋洲发现的晚商墓中出土的手工工具就有 5 种 74 件，农具有 11 种 53 件。农具中包括耒、耜、铲、镢、锸、镰、耨、犁铧，等等。这些功能不同的工具出现于一座墓中，反映它们同时应用于手工业和农业生产的各个环节，对生产全过程起到特定的作用。有人解释这是礼仪用器，似无实用价值。其实，礼器源于实用器具，是从长期应用的实用器中"升华"而来。没有实用器，哪来的礼器！

铜金属出现之后，最先制作的就是工具与兵器。已知的年代最早的青铜器就是一柄青铜刀，这种传统一直为后人所继承。

所以，新干大洋洲商代墓中出土的成套工具与农具，不是昙花一现的产物，恰好说明 3000 年前已有成套的工具使用于手工业与农业生产之中。它们在后世被继续延用，体现出它们的使用价值得到后人的普遍认同。

有人以出土的工具数量很少为由，支持青铜工具在生产领域未发挥重要作用的说法。其实，出土物中工具的数量不多，与金属工具的特性有关。它在残断、损坏以后，一般都把它熔化后再铸，使它的使用价值得以充分利用。50 年前的中国农村，家家户户在春耕前后把铁镰、铁锄等农具和刀、斧一类工具检查一遍，把残损者送到铁匠铺加工改制，是同一个道理。与礼器类物品要"子子孙孙永宝用"的意识不同，古代的工具和农具的反复铸注成器的做法，使它们很少有丢弃者，留传至今的成品自然很少。但若注意到当时挖掘的墓葬、灰坑、窖藏的四壁常常留下的铜工具、农具的痕迹，自会给出不同的结论了。

铜绿山古矿中发现的几十把大铜凿，从另一个侧面说明它是春秋时期开凿井巷的重要工具。它与战国井巷中出土的铁工具起到同样的功用。

商周遗址中发现的大型宫殿、墓葬中的棺椁，乃至代步的马车等，它们的制作都离不开成套的青铜工具。江西瑞昌、湖北大冶、阳新等地井巷中的方形木质框架支护与辘轳、木铲、木斗、木确，都是用成套手工工具制作而成的。

当年在铜绿山及其周围的古铜矿中有多少人在开采与冶炼，今天已难以搞清。但他们的采矿、冶炼生产是以农业提供数量可观的剩余农产品为前提的。任何地点的采矿、冶炼、铸造业的发展，乃至商周王朝与诸侯国政权的正常运行，无不建立在农业向社会提供足够数量的剩余农副产品这一基础之上。

青铜工具和农具的出现与应用，在城市宫苑、陵园建造、道路建设和开垦荒地、挖掘沟洫、改良土壤、兴修水利等方面，都能发挥很大作用。它的广泛应用，促使一座座城市兴起，也促进了农业生产的发展，确保向社会提供更多的农副产品。

因此，有理由给出这一结论：青铜工具、农具对我国商周两代的发展起到重要的作用，它与铁器对秦汉社会发展所起的作用是一样的。

只有承认这一事实，商周两代出现巨大城垣、宫殿、陵园，宽阔的交通干道、奔驰各地的马车，还有以发达的文字系统为代表的辉煌的青铜文化，等等，才能给予合理的解释。

这一切说明：上面提到的观点只适合西方一些国家，并不适用于中国。

综合考古发掘与冶金史研究而给出的这一结论，或可视为矿冶考古40年的又一收获。

二

鉴于这类工业遗址十分罕见，夏鼐所长在1980年提出把铜绿山古矿冶遗址列入世界文化遗产名录，并让我把它和安阳殷墟一起写一申报材料，报送国家文物局。后来，联合国教科文组织派人前来现场考察，因种种原因而搁置下来。

2012 年冬，铜绿山古矿冶遗址再次列入世界文化遗产名录的后备名录。这对铜绿山古矿冶遗址来说，在发掘、研究、保护等方面提出了新的、更高的要求。

对铜绿山古矿冶遗址来说，过去的 40 年是个节点，进行回顾、总结与反思是必要的。但它又是一个起点，应该把过去已经提出、还未探索与研究的项目，按整体规划组织实施，使发掘、研究、保护工作有序地进行。在研究方面，应严格按科学的规程操作，实事求是地给出客观、合理的结论，使课题研究不断推向纵深。

加强对铜绿山古铜矿周围地区的调查与勘探，并与邻省的采矿、冶炼遗址进行比较研究，从宏观与微观的结合中一面厘清本地区考古文化谱系，一面探寻金属冶炼业的起源与早期发展阶段走过的历程。

金属冶炼从产生到发展有一个过程。商周时期发达的青铜业是长期发展的结果。从这一地区早期遗址中探索金属冶炼业的起源，揭示它的发展脉络，不仅可以回答铜绿山古矿冶遗址研究中提出的问题，也为中华文明探源研究提供新的途径。

鄂东地区矿冶遗址十分丰富，它蕴含的大量信息需要在调查、发掘中不断提取。获取的信息越多，给出的成果越大，也越能彰显出这些遗存在科技史上的价值。相信这正是大家都企盼的！

原刊《湖北理工学院学报》2014 年第 1 期；又：《铜绿山古铜矿遗址考古发现与研究》（二），科学出版社 2014 年版

记北京琉璃河遗址出土的西周漆器

漆器是我国古代先民创造的手工制品中一种引人注目的杰出作品。它有着悠久的历史和古老的传统。

我国东周时代的漆器发现很多，已知的 60 多个出土地点遍及江、淮、河、汉和珠江流域的广大地域。其中江汉流域的楚墓中出土漆器的数量尤为可观，引起不少研究者的重视。

黄河流域、北方地区的黄土地带多属碱性土壤，不利于漆器的保存，发现时胎骨都已糟朽，所以出土的完整漆器比较少。商代和西周时代的漆器出土更少。

但是，漆器既为我国古代先民所创造，那么我国最早的漆器出现于何时何地？早期的髹漆工艺又是怎样的呢？这样一些问题是只能靠考古工作者在田野工作中不断获取和积累实物资料来说明的。

安阳殷墟、藁城台西、敖汉大甸子、偃师二里头等地的商代或夏商时期的墓葬中都发现过漆器或漆制品。西周漆器见于报道的有浚县辛村、长安普渡村、张家坡、蕲春毛家嘴、洛阳庞家沟和北京琉璃河等地。其中大甸子、张家坡、庞家沟等地发现的漆器经过仔细清理，尚能复原和看到它的形制，说明中原和北方地区的漆器虽然保存不佳，但只要仔细清理，还是有可能看到其完整器形的。

　　最近三年，我们在北京琉璃河的西周墓中发现了一批漆器。本期发表的简报中介绍的三件漆器，就是这一期间获得的漆制品中的一部分。[1]它们的出土，丰富了我们对早期漆器的认识。本文拟根据新发现的这些漆器和其他材料，就早期漆器和涉及的其他问题谈一些不成熟的看法。

　　漆器的胎骨有木胎、夹纻胎、皮胎、竹胎等。琉璃河遗址目前发现的漆器都是木胎。其他地点出土的漆器以何种质地的材料为胎骨，有关简报多未交代，可能也以木胎居多。

　　琉璃河遗址新出土的漆罍和漆觚都是朱漆地、褐漆花纹。漆豆则是褐地朱彩。这三件漆器的外表都有嵌饰。豆盘上用蚌泡和蚌片镶嵌，与上下的朱色弦纹组成装饰纹带；豆柄则用蚌片嵌出眉、目、鼻等部位，与朱漆纹样组成饕餮图案。喇叭形的觚身上除了由浅雕的三条变形夔龙（内髹褐漆）组成的花纹带外，上下还贴有金箔三圈，并用绿松石镶嵌。漆罍的装饰纹样最为繁缛。除在朱漆地上绘出褐色的云雷纹、弦纹等纹样外，器盖上还用细小的蚌片嵌出圆涡纹图案；颈、肩、腹部也用很多加工成一定形状的蚌片，嵌出凤鸟、圆涡和饕餮的图形。此外，在盖和器身上还有附加的牛头形饰件，器身中部有鸟头形器把。这些鸟兽形象的附件上也用蚌片镶嵌，使牛头和凤鸟的形象更加突出。

　　洛阳庞家沟的西周墓中曾经出土一件朱黑两色的漆器，盘和柄上镶嵌两排蚌泡，分别与上下的两道平行弦纹组成装饰纹带。简报在介绍这件漆器时说"漆痕上还放一个圈足已失的瓷豆盘"，认为"这件镶嵌蚌泡的漆器应当是瓷豆的器托"[2]。不过，从所附的插图看，当不排斥是漆豆的可能。

　　漆豆在长安张家坡的一座西周墓中出过两件。豆盘的外表镶嵌有八枚蚌泡，蚌泡以红彩画圈，豆柄中部镶嵌两枚菱形蚌片和四枚小蚌泡，小蚌泡上也涂红彩。同时出土的还有漆杯和漆俎，俎的"四周方座上镶嵌各种形状的蚌饰组成图案，漆色暗褐"[3]。

在20世纪50年代初发掘长安普渡村的西周墓时也曾发现漆器的残片，棕黑色的漆皮上镶嵌有蚌泡。报告作者根据出土情况，"推测当时在漆皮里面有一层木质或纤维编织的腔，外涂漆皮，再镶蚌泡"[4]。虽然未能确知其器形，但是有关情况的客观描述是很有用的。从附图介绍的一件"圆笛状"残片看，漆片上镶嵌有蚌泡，很像是豆盘的形状。类似现象在发掘浚县辛村的西周墓时也有发现。[5]在陕县上村岭发现的西周晚期至春秋早期的墓中，也出土了多件漆器。能看出器形的有四件，漆豆的外表也有镶嵌蚌泡的。[6]

蕲春毛家嘴发现的漆杯，呈圆筒形，有圈足，"器底部器壁作弧形凸出，圈足是器壁的延长，外视似无圈足"。这件漆器在黑色和棕色地上绘红彩，颜色鲜艳。纹饰分为四组，每组均由云雷纹或回纹组成纹带。第二组中还绘有圆涡纹蚌泡状装饰。每组纹饰之间均用红色彩线间隔。[7]

从上面介绍的这些西周漆器可以看出：当时制作的漆器，普遍用朱红和褐色（或黑色）两种颜色。加之使用蚌片和绿松石作嵌饰，有的还贴有金箔，这就使漆器的色彩又增加了白、绿和金黄三种颜色。不难看出，制器者充分利用这些色调的强烈对比，使漆器显得光彩夺目。琉璃河遗址新出土的这批漆器在古代漆器中更具有代表性。特别是那件漆罍，不仅造型优美，纹饰繁缛精致，而且器盖和器身上还有形态生动的牛头、凤鸟形象的饰件。如今看到的漆罍虽然略有变形，但是无论器表彩绘和镶嵌的图案花纹，还是附加的鸟兽形饰件，其工艺之精，形态之美，都是很突出的。这是我国早期漆器中一件罕见的精品。

这批漆制品的发现，为我国古代艺术宝库又增添了一批珍品。

商代墓葬中也曾发现漆器，可惜的是保存也不理想。

安阳殷墓中一再发现在木棺上髹漆的现象。"棺上一般涂红、黄色漆，有的涂漆数层。少数棺上还有彩绘，有粉红、杏黄、黑、白等四种颜色，彩绘的图案不甚清晰，多以三角、圆圈、圆点等几何形花纹组成。"[8]出土的漆制器皿则以藁城台西的商代墓葬中发现的漆器残片比较重要。发掘者指出:"有盘和盒两种,花纹有饕餮、夔纹、雷纹、蕉叶纹等几种,都是朱红地黑彩花,有的花纹上还镶嵌有磨成圆形、方圆形、三角形的嫩绿色的松石,色彩绚丽鲜明,漆面乌黑发亮,很少杂质,朱地粉状颗粒细而难辨,花纹纤细精巧,比例匀称"[9],具有相当水平。在另一篇简报中,作者补充说台西发现的漆器有四件,分长方形和圆形盒两种。花纹有饕餮、圆点和云雷纹三种。M14出土的一件圆盒朽痕中有一段半圆形的金饰片,厚不到0.1厘米,正面阴刻云雷纹,"显然是原来贴在漆器上的金箔"[10]。

从藁城台西出土的漆器知道,商代的漆制器皿也是用红、黑两种颜色。器表装饰有饕餮、云雷、夔纹等多种纹样,并且出现了在漆器上镶嵌绿松石和贴金箔的技术。因此,西周时代的髹漆工艺应是继承了商代的传统而又有新的发展。商代漆器上所用的彩绘、镶嵌等技术到西周时期运用得更普遍、更成熟了。

目前已知的西周漆器有觚、豆、罍、杯、俎等多种器形,而以豆的数量最多。虽然迄今出土的漆器数量相对来说还比较少,但它们的出土具有重要的意义。

这些漆器绝大多数都出自大、中型墓,跟青铜礼器、玉器等随葬品一起出土,说明漆器在当时也是礼器,使用者多为生前有一定身份的人。尽管目前出土的漆器数量不多,但有迹象表明,当时在墓中放什么漆器或放置多少,似不无规律可寻。我们从实际工作中得到这样一个印象:漆器作为随葬品,它在西周时代的大、中型墓中是比较多见的。它们作为礼器,与青铜器一起组成一定的组合而放置墓中。

因此,完整的西周漆器的发现,对于研究当时的葬制、葬俗以至分期、断代等问题,无疑增添了新的材料,提供了可以探讨的新的领域。例如,有的研究者注意到琉璃河遗址的西周墓内以往出土的青铜礼器中未见到瓿这种器物；[11]有的研究者试图从商周青铜礼器的差异中探索商周文化的不同特点，提出了晚商的青铜礼器以瓿、爵为基本组合形式，西周的青铜礼器以鼎、簋组合为基础，进而把西周墓中出土瓿、爵的现象解释为"受了商文化的影响"或殷代贵族"保留了某些商文化原有的礼制"[12]等引人注意的论点。现在，由于琉璃河遗址新发现漆瓿和其他漆器而提出了新的问题。同时，如从礼器的角度探讨有关问题时，这些漆礼器的存在及其与铜礼器的配置情形，就是不容忽视的了。

　　完整的早期漆器的发现，使我们看到了它们在形制与装饰纹样等方面的特征。将它们与青铜器进行比较，其间存在的一致性也是明显的。例如漆瓿与青铜瓿的器形特征是完全一致的。几个地点出土的镶嵌蚌泡的漆豆，在这一时期的铜豆中也能找到类似的器形：传出自山东费县的一组铜器中有一件铜豆和宝鸡茹家庄弢伯墓出土铜豆[13]；《商周彝器通考》等书收录的鳞纹豆、重环纹豆[14]，这些豆盘外壁，都有类似漆器上镶嵌蚌泡那样的装饰纹样。琉璃河新出土的漆罍，在朱红地上，除了绘有褐色的云雷纹、弦纹等装饰纹样外，又用蚌片镶嵌出圆涡（盖、肩、上腹部）、凤鸟（颈部）、饕餮（腹部）等图案。这些图案略高于器表，突出于地纹之上，是又一层装饰纹样。此外，在盖和器身上附加有牛头、凤鸟形的饰件，上面也用蚌片镶嵌和彩漆绘出花纹图案。需要指出的是，这样一些装饰纹样，从格局至形态，都与铜罍等礼器的装饰纹样颇为一致。难怪有同志看到这些漆器以后，马上提出了它们是"仿铜"之作的说法。

　　就个别器物而言，古代工匠在制作某件漆器时，当不排斥仿照某件铜器而作的可能。不过，有一个问题是必须由我们在考古学上回答的：青铜礼器的造型和它表面的装饰纹样是仿照什么而作或从哪些器物假借来的呢？我们知道，青铜器是以铜、锡、铅等金属为原料，在特定的铸型中浇铸出来的。铸造一件青铜器，它的第一道工序就是塑模。但工匠们在塑模时，应是以生活中实际存在的器物为原型，不可能是臆想之作。过去人们多认为青铜器是仿照陶器或木、石器而作。然而，人们对铜器上装饰的"两层花"或"三层花"系因何而作，始终不甚理解。因为陶器或者石器都不能完全回答这样的问题。这些完整漆器的发现，则为我们提供了回答这个问题的重要途径。有理由认为，商周时代有相当一部分铜礼器及其装饰纹样是仿照当时富于色彩的漆器而作的。正如我们在上面介绍的那样：无论是漆器的造型（包括雕琢的牛头、凤鸟形象的饰件的造型），还是漆器表面的彩绘花纹和镶嵌图案，都为理解青铜器的造型和多层次的装饰纹样提供了有益的启示。

诚然，也许有人会问：用西周漆器怎能回答商代铜器上提出的问题呢？为此，有必要对我国古代使用漆器的情况作进一步考察。

相传，我国在虞舜时代就已用漆器作食器。《韩非子·十过》篇云："尧禅天下，虞舜受之，作为食器，斩山而财之，削锯修之迹，流漆墨其上，输之于宫，为食器。……舜禅天下，而传之于禹。禹作为祭器，墨染其外，朱画其内。"根据这段记载，可知舜时作的漆器涂的是黑漆，禹时用作祭器的漆器，用了红、黑两种颜色。从考古发现提供的线索看，这种说法恐不无道理。

据报道：浙江余姚河姆渡遗址的"第三层有1件木碗，造型美观，腹部瓜棱形，有圈足，内外有朱红涂料，色泽鲜艳。它的物理性能和漆相同"[15]。江苏吴江的梅堰遗址发现的彩绘陶尊，"用金黄、棕红两色绘出二道弦间丝绞纹"。另一件纯用棕红色，有一道花纹。据鉴定，彩绘原料与漆的"性能完全相同"，用法是"先在黑陶表面涂上一层稀薄棕色漆，然后在上面用厚漆加绘图纹，厚薄不匀"。据该文提到，这种漆绘彩陶在吴江团结村也曾发现。[16]此外，在常州市圩墩遗址发现的两件喇叭形木器，一件涂黑色涂料，另一件上端涂黑色、下端涂暗红色。"黑色表面还微有光泽，直观同现在的漆没有什么差别。"[17]

在中原和北方地区，近年来在山西襄汾的陶寺遗址也发现了彩绘木器。器表所用的涂料，"剥落时呈卷状，与漆皮相似"[18]。在内蒙古敖汉旗的大甸子遗址发现了两件涂朱漆觚。[19]在河南偃师二里头的二期墓葬中出土了漆器四件，包括钵两件，觚和鼓各一件。"朱红漆皮"上未见到装饰纹样。其中漆鼓"呈长筒形，束腰，通长54厘米"[20]，是器形较大的一件。在陶寺和大甸子两地，还发现了不少彩绘陶器，普遍施以红、黄、白等多种颜色，并绘有龙纹、涡纹、卷云纹、回纹等后来见于青铜器上的一些装饰纹样。[21]

以上几个地点发现的实物，有的肯定是漆器（如大甸子和二里头出土的觚、钵、鼓等）；有的还有待鉴定后确定（如陶寺出土的彩绘木器上的涂料等），但它们的绝对年代都比商代要早。这些发现至少向我们传递了这样一个信息：我国古代先民发明和使用漆器的历史可以上溯至铜石并用时代甚至新石器时代。也就是说，早在青铜礼器出现之前，漆器即已被制造和使用。富于装饰特点的漆器的存在，对青铜礼器的造型和装饰所给予的影响应该是容易理解的。

虽然商代漆器尤其是早商漆器至今发现甚少，但是藁城台西发现的漆器，已经绘有饕餮、夔纹、云纹、蕉叶等比较复杂的装饰纹样，并已掌握了贴金箔和镶嵌松石的技术，表明当时的制漆业达到了较高的水平，在这之前是应该有一段发展过程的。所以，本文前面提出的有些青铜礼器系仿照漆器而铸造的推论，可能与实际情况相去并不太远。我们期待有更多的商代或更早的漆器在古墓中被发现、出土。

按照传统的看法，漆器的金银嵌是受金银错铜器的影响而出现的。但从藁城台西、北京琉璃河遗址出土的漆器上使用贴金箔和熟练地掌握镶嵌技术的情况分析，漆器的金银嵌应是商代和西周已经使用的贴金和镶嵌技术发展的产物。同时，有理由认为，金银错铜器的出现，也是受了在漆器上使用贴金和镶嵌技术的影响。

需要指出的是，商周时代的青铜铸造业和制漆业之间可能已有分工，但它们之间的关系是很密切的。青铜工具的出现和使用，促进了漆器生产的发展。而漆之富于装饰的特点，也有将它用于青铜器上的。如河南罗山蟒张发现的商代墓葬中，多件铜鼎的腹部都用漆填嵌地纹，[22] 在烘托铜器的主要纹样方面达到了很好的效果，另有一番装饰特色。

最后，我们还想就商周时代的镶嵌技术的运用，对螺钿漆器的起源谈一点看法。

用一种或多种物体作嵌饰的都称为镶嵌。镶嵌技术在古代的漆器、青铜器和骨牙器上都能看到。明清流行的用金银、珍宝、翠玉、竹木、象牙、珊瑚等饰物镶嵌漆器而称为"百宝嵌"的，是一种比较高级的镶嵌工艺。

用蚌片镶嵌的漆器有悠久的历史，在漆器中占有一定地位。它独立形成一个较重要的髹漆品种，一般称为螺钿漆器。黄成的《髹饰录》螺钿条说：螺钿"即螺填也。百般文图，点、抹、钩、条，总以精细密致如画为妙。又分载壳色，随彩而施缀者，光华可赏。又有片嵌者，界郭理皴皆以划文。又近有加沙者，沙有细粗"。可知螺钿是指以螺片为镶嵌原料（有的螺片上还加刻划纹，也有的加用螺壳的碎屑），并按一定要求拼嵌出各种花纹图案的漆器。

关于我国螺钿漆器的起源，历来存在不同的看法：有说我国的螺钿漆器是从日本传入的；有说螺钿是从波斯经印度传入的；有认为是从唐代的金银平脱发展而来[23]；有认为西周墓中出土的镶嵌蚌泡的漆器是螺钿漆器，因而主张"把螺钿漆器的历史上溯到西周"[24]；有人指出以往西周墓出土的"漆豆等物，它所镶嵌的蚌泡，既非片，又无刻纹，也未构成任何图形，所以称它为螺钿是值得商榷的"。他们认为"螺钿镶嵌技术在南北朝时已经运用，……到中唐时期就达到了成熟的阶段"[25]。也有的文章把西周墓出土的镶嵌蚌泡的漆豆等器物称为"螺钿漆器的远祖"[26]。

螺钿既是一种镶嵌漆器，那么考察螺钿漆器的起源，势必涉及镶嵌技术在历史上出现和运用的情况。从现有的资料可知，早在新石器时代，人们就想出了在骨片上粘嵌石英片制作工具的办法。到了商代，镶嵌技术的运用已比较普遍了。如在妇好墓出土的遗物中，有在青铜戈的内部和虎形饰件上镶嵌绿松石的；有在骨雕的蛙上用绿松石珠嵌出双目的；有在夒鋬象牙杯的杯身和鋬上用绿松石片镶嵌出饕餮、夒纹和鸟、兽形图案的。[27]河南偃师二里头遗址的早商遗存中，有一块直径17厘米的圆形铜牌上发现用绿松石嵌出13个"十"字形图案；[28]近年在更早的二里头二期墓葬中，出土了一块铜牌，上面用二三百块"不同形状的绿松石片粘嵌排列成兽面"图案，[29]工艺相当精巧。以上实例，说明在商代甚至更早的时候，工匠们就已相当熟练地掌握了镶嵌技术。

然而，在青铜或象牙器上镶嵌饰物比在漆器上镶嵌饰物，其难度显然要更大一些。由于漆这种物质具备粘固的性能，适宜用镶嵌的技术作漆器的装饰，所以在漆器上镶嵌饰物比在青铜、象牙器上镶嵌饰物出现的时间可能更早一些。藁城台西商墓中出土的漆器已使用绿松石镶嵌，是否使用螺片作嵌饰尚待实物证明。不过琉璃河新出土的漆罍和漆豆，器表镶嵌的蚌饰都经锯割或截切成片，并磨成长方形、圆形、三角形或其他特定的形状，拼嵌出饕餮、凤鸟、圆涡等图案纹样，有的蚌片上还有划纹，符合螺钿的特定含义，确是螺钿漆器无疑。所以，这批漆器的出土，把我国使用螺钿漆器的时间至少上推到西周时期，把我国古代先民创造螺钿漆器的历史，从南北朝时期提早了1500年。

　　《髹饰录》螺钿条下杨明注说:"壳片古者厚而今者渐薄也。"这种说法符合螺钿漆器的发展过程。琉璃河遗址出土的罍、豆等漆器,镶嵌的蚌饰大多是磨成厚不足 2 毫米的薄片,镶嵌的图案纹样工整精致。反映了西周时代的工匠们在制作螺钿漆器时已经掌握了熟练的技术,达到了相当高的水平。所以,这些漆器的出土,不仅说明西周时代已经出现螺钿漆器,而且再现了距今 3000 年前后古代工匠在髹漆工艺方面取得的杰出成就,又一次展示了我国劳动人民的创造才能及对人类文明的卓越贡献!

注释

　　[1]《1981—1983 年北京琉璃河西周燕国墓地发掘简报》,《考古》1984 年第 5 期,第 427 页,图版贰。

　　[2] 洛阳博物馆:《洛阳庞家沟五座西周墓的清理》,《文物》1972 年第 10 期,第 22 页。

　　[3] 中国社会科学院考古研究所沣西队:《1967 年长安张家坡西周墓葬的发掘》,《考古学报》1980 年第 4 期,第 474—475 页。

　　[4] 石兴邦:《长安普渡村西周墓葬发掘记》,《考古学报》(1954 年)第八册,第 123—125 页。

　　[5] 郭宝钧:《浚县辛村》,科学出版社 1964 年版,第 66—67 页;郭宝钧:《浚县辛村古残墓之清理》,《田野考古报告》(1963 年)第一册,第 194 页。

　　[6] 中国科学院考古研究所编著:《上村岭虢国墓地》,科学出版社1959 年版,第 19 页。

　　[7] 中国科学院考古研究所湖北队:《湖北圻春毛家咀西周木构建筑》,《考古》1962 年第 1 期,第 7 页。

　　[8] 中国社会科学院考古研究所安阳队:《1969—1972 年殷墟西区墓葬发掘报告》,《考古学报》1979 年第 1 期,第 39 页。

　　[9] 河北省博物馆、河北省文管处台西发掘小组:《河北藁城县台西村商代遗址 1973 年的重要发现》,《文物》1974 年第 8 期,第 47 页。

［10］河北省文物管理处台西考古队：《河北藁城台西村商代遗址发掘简报》，《文物》1979 年第 6 期，第 37 页。

［11］晏琬：《北京、辽宁出土铜器与周初的燕》，《考古》1975 年第 5 期，第 274 页。

［12］宋建：《关于西周时期的用鼎问题》，《考古与文物》1983 年第 1 期，第 72—76 页。

［13］程长新等：《北京拣选一组二十八件商代带铭铜器》，《文物》1982 年第 9 期，第 34 页；宝鸡茹家庄西周墓发掘队：《陕西省宝鸡市茹家庄西周墓发掘简报》，《文物》1976 年第 4 期，第 39 页，图版陆：3。

［14］容庚：《商周彝器通考》，哈佛燕京学社 1941 年版，第 369 页，图 397、398。

［15］《余姚河姆渡村发现距今七千年的原始社会遗址》，《光明日报》1978 年 5 月 19 日三版。

［16］江苏省文物工作队：《江苏吴江梅堰新石器时代遗址》，《考古》1963 年第 6 期，第 313 页。

［17］吴苏：《圩墩村新石器时代发掘简报》，《考古》1978 年第 4 期，第 233 页。

［18］中国社会科学院考古研究所山西队等：《1978—1980 年山西襄汾陶寺墓地发掘简报》，《考古》1983 年第 1 期，第 38 页。

［19］转引自王世襄《中国古代漆工杂述》，《文物》1979 年第 3 期，第 49 页。

［20］中国社会科学院考古研究所二里头队：《1981 年河南偃师二里头墓葬发掘简报》，《考古》1984 年第 1 期，第 39—40 页。

［21］中国社会科学院考古研究所辽宁队：《敖汉旗大甸子遗址 1974 年试掘简报》，《考古》1975 年第 2 期，第 99—101 页。

［22］信阳地区文管会：《河南罗山县蟒张商代墓地第一次发掘简报》，《考古》1981 年第 2 期，第 115、118 页。又，《中原文物》1981 年第 4 期，第 4—13 页。

［23］周南泉等：《螺钿源流》，《故宫博物院院刊》1981 年第 1 期，第 53、58 页。

［24］转引自王世襄《中国古代漆工杂述》，《文物》1979 年第 3 期，第 49 页。

［25］周南泉等：《螺钿源流》，《故宫博物院院刊》1981 年第 1 期，第 53、58 页。

［26］金琦：《试谈古代漆器》，《南京博物院集刊》1982 年第 5 期，第 119 页。

［27］中国社会科学院考古研究所编著：《殷墟妇好墓》，文物出版社 1980 年版，第 107、108、214—217 页。

［28］中国社会科学院考古研究所二里头队：《偃师二里头遗址新发现的铜器和玉器》，《考古》1976 年第 4 期，第 260—261 页。

［29］中国社会科学院考古研究所二里头队：《1981 年河南偃师二里头墓葬发掘简报》，《考古》1984 年第 1 期，第 39—40 页。

原刊《考古》1984 年第 5 期

琉璃河遗址的文化分期与西周年代

面对一个研究对象，考古工作者的首要任务是搞清它的年代。这是开展研究时立论的基础与前提。

1980 年琉璃河遗址开工前，夏鼐所长就提出要求：目前琉璃河遗址的年代多有争议，要尽早解决这个问题。

在联合组建考古队之后，我与田敬东同志就遗址的考古工作做了规划和布署：对黄土坡村西、京广路两侧的墓地进行发掘；进行钻探，搞清城址的范围和规模；对城址进行发掘，确认其年代。经过全队同仁的努力，用考古地层学与考古类型学对出土遗存做了分析研究，给出了三期六段的分期结论。

这一分期成果表明：琉璃河古城为西周早期所建，1193 号大墓是西周早期遗存。该墓出土的两件有铭铜器，记录了周王册封太保为匽侯与授民授疆土的史实，证明城址的出现与周王"封召公于北燕"的史事密切相连。

这一结论使琉璃河古城成为当时发现的西周时期最早的封国都邑。同时，它把北京建城的历史从 800 年前的金代向前推至3000 年前的西周早期，成为世界上建城年代最早的首都。1990 年亚运会召开前夕，在前门箭楼向全世界发布这一消息。

为了弘扬我国的历史文化，开展北京建城的纪念活动，在公元前 841 年以前夏、商、西周的绝对年代尚不清楚的情况下，从学界给出的 40 多种"武王伐纣"的说法中选择公元前 1045 年为西周始年说，并于 1995 年召开了北京建城 3040 年国际学术研讨会。

算起来 20 年过去了。这一期间，琉璃河遗址的考古工作时断时续，但研究工作并未停止。在"夏商周断代工程"中为架构三代年代框架，国家组织大批学者进行联合攻关。其中，西周时期的年代框架就是用琉璃河遗址的文化分期进行碳十四测年，并经树轮校正曲线拟合而从碳十四年代转化为日历年代的。这是碳十四测年技术运用于考古学研究取得的一大突破。

值北京建城 3060 年学术研讨会召开之际，这里就这一成果作些介绍。

年代对于古史研究犹如人体需要骨骼一样重要，因为没有年代作支撑，历史老人是站不起来的。

中国号称五千年文明古国，但历史纪年只能上溯到公元前 841 年。此前的夏、商、西周的年代一直未能破解，成了一个历史谜团。为了改变这一情况，时任国家科委主任的宋健同志提出由人文社会科学与自然科学相结合，以多学科协作的形式对夏商周的年代进行联合攻关，寻求突破。1996 年 5 月 16 日启动的"夏商周断代工程"，正是为填补公元前 841 年以前的年代空白而实施的我国第一个由人文社会科学与自然科学相结合，进行年代学研究的重大科研项目。它的目标是制定一个有科学依据的夏商周三代年表。

"夏商周断代工程"由历史、考古、天文和物理学的专业人员组成，对设置的相关课题进行联合攻关。在实施过程中，各学科的专业人员围绕同一课题，各自用不同手段在课题研究中分工合作，进行攻关。历史学家就相关文献的可信性提出研究报告；天文学家就文献记载的天象记录进行计算；考古学提供夏、商、西周时期诸遗址的分期研究成果；物理学家依考古分期选取含碳标本作碳十四测年，提出与分期序列一致的碳十四年代序列；把这些年代数据经树轮校正曲线拟合，使这些碳十四年代转化为日历年代。

课题研究在不同学科的专业人员的手中，以其独特手段进行研究，分别给出各自的结论，结果有不少结论是相同或一致的。这些结论在进行论证，并检验其合理之后，再对各课题的结果作综合论证，最后产生了三代年表。

在这个过程中，考古学家与物理学家承担了大量工作。课题确定的各个遗址，考古人要按分期提供含碳样品，开展了发掘与分期；碳十四测年工作者则按分期采选样品并进行高精度测年；再用树轮校正曲线拟合把碳十四年代转化为日历年代。"夏商周断代工程1996—2000年阶段性成果报告"公布的三代年代框架，正是从夏、商、西周时期遗址的考古分期中取样进行测年而给出的。由于给出的年代序列与分期序列一致，又有天文学研究成果的多个支点支撑，可证其结论的客观与可信。

那么，为什么要用碳十四测年技术来破解三代年代？它的原理是什么？

考古界用于测定年代的方法有好多种，但它们的精度不高，误差较大，不能用于历史时期的年代测定。碳十四测年技术是迄今使用的几种测年技术中最为准确的一种。

自然界存在三种碳的同位素，它们的重量比例是12：13：14，分别用碳十二、碳十三、碳十四来表示。前二者是稳定同位素，碳十四则有放射性。它存在于大气之中，在大气高空层因宇宙射线中子和大气氮核作用而生成。在大气中与氧结合成 $C_{-14}O_2$ 分子，与二氧化碳（CO_2）的化学性能是相同的。因此，它与二氧化碳混合一起，参与自然界的碳交换运动。它因光合作用而被植物吸收、并贮存在植物之中。人和动物需要食用植物，于是在人体和动物体内存留下来。

动物与植物在存活期间不断地从大气中获取这种放射性碳，但任何一种动物或植物一旦死亡就停止吸收，而且会使存留体内的这种放射性碳不断减少。约在 5730 年间，它的含量可衰减一半。因此，物理学家将 5730 年称为"半衰期"。

由此可知，只要用仪器测出树木、谷物、人骨、兽骨等生物遗骸标本中现有的碳十四含量，与它原始的碳十四水平相比，就可以推算出他们在多少年前死亡，进而可以推断与它们共存的遗存（诸如建筑遗址、墓葬或其他遗物）距今已有多少年了。

碳十四测年技术在过去的半个多世纪中取得长足的进步，特别是近 30 年来因技术改进精度得到提高，使历史时期的年代测定成为可能。在"夏商周断代工程"启动之前，我所一些同志就在考虑利用考古学分期成果提供的年代信息，采用碳十四测年技术对三代年代进行研究。1995 年在偃师召开的国际商文化学术研讨会上，仇士华教授就提出与考古分期结合进行测年，以解开三代年代疑团的设想。

碳十四测年技术在 20 世纪 50 年代就已出现，我所在 20 世纪 60 年代引入这一技术，建立了全国第一个碳十四实验室。最初测出的年代数据一经公布，就受到考古界的普遍重视。诸如当时围绕仰韶文化的半坡类型和庙底沟类型孰早孰晚的争论，因测定的年代作了客观的说明，自然而然地平息下来。碳十四测年技术引入考古学，被称为是史前考古的一次革命。

可是，当时的碳十四测年技术的精度还不够高，误差比较大。历史时期发生的事件是在很短的时间内完成的，需要用准确的绝对年代来说明。如果误差达 100 年甚至更多，这样的年代就没有什么价值了。

进入 20 世纪 90 年代以后，碳十四测年技术有了很多改进，精度大为提高。"夏商周断代工程"实施期间的常规碳十四的测年方法的精度已达到 0.3%，加速器质谱仪的测年精度达到 0.5%。另外，采用系列样品与树轮校正曲线拟合，使碳十四测定的年代数据换算成日历年代时，精度也比单个数值进行拟合时大为提高。

在这种情况下，研究三代年代的条件比以前成熟了。

需要指出的是：大气中的碳十四浓度并非一成不变。用几千年树龄的大树依不同的年轮取样作碳十四测年，所得的碳十四年代与树轮的实际年代存在差别，其实际差距从2000年前的基本一致，到7000年前偏近约800年。为此，各国的科学家们在准确测定树木年轮的年代之后，将碳十四年代与精细的树轮年代学方法进行比较，从中找到了误差的规律。这种用树轮对碳十四年代作精确校正的方法，就是树轮校正方法。

1965年问世的树轮校正曲线在30多年间几经改进，综合1000多对由不同实验室测定的数据，建立了统一的曲线和表。1982年开始建立高精度树轮年代—碳十四年代校正曲线，并于1989年国际碳十四会议上确认该曲线为国际通用。

因此，对每个含碳标本测得的碳十四年代数据，必须与树轮校正曲线进行拟合才能换算成日历年代。但在单个数据与曲线拟合时，因曲线的一些部位作锯齿状，拟合时对应的范围较大，因而误差也比较大。这次改用系列样品测得的若干年代与树轮校正曲线拟合，因若干系列数据的连线也是曲线，将它与树轮校正曲线拟合，成了曲线与曲线的拟合，这使校正误差明显缩小。

"夏商周断代工程"中测定了数百个碳样，用上述方法拟合，证明其误差比过去大为缩小。这就确保了所得日历年代的准确与可信。

在"夏商周断代工程"启动之后不久，为了使参加课题的考古与测年工作者在合作研究中确保采样时统一步调、认识一致，专家组的第一次会议就是在韩村河宾馆召开的。会上，仇士华教授做了主题发言，讲述应按分期早晚、选择有遗物可判定期别的单位。这次主要的采选对象是人骨，但最好是木材，用期别清楚的标本进行测年，以给出与分期序列一致的碳十四年代序列。会上也讲到碳十四年代序列经树轮校正曲线拟合而转化为日历年代的原理。为了确保测年数据的稳定与可信，会上就糖炭等相关因素提出了要求。

把上述原理与实际操作结合起来，用事实证明其合理，是工作中最具说服力的做法。20世纪80年代发掘黄土坡墓地时收集的一大批人骨、木椁板以及陶器等随葬物品，都在我所北京队的库房中堆放。当年发掘时虽未想到在15年后会有一个"夏商周断代工程"，但考古队决定把墓地中能够提取的各种遗物全都作为标本收集起来的做法，是企盼它们的价值能够在未来研究中被人们发现与应用。不成想它因"夏商周断代工程"的启动而受到重视。这正是选择在韩村河宾馆召开会议的原因，因为它离北京队的驻地很近。作为现成的教材与测年对象，无论是参观还是取样，都很方便。

开会期间大家就上述思路进行讨论，与会人员还到北京队库房观摩、接触这些实物，并结合分期断代进行切磋研讨。会后，考古所和北京大学的碳十四测年专家从这批人骨和木材中按各墓的期别选取含碳标本。它们经碳十四测年而给出与分期序列一致的碳十四年代序列，并经树轮校正曲线拟合而转化为日历年代。这就是今天在《夏商周断代工程1996—2000年阶段性成果报告》中看到的琉璃河遗址的分期与测年数据表。

琉璃河燕国墓地分期及常规碳十四测年数据

分期		单位	样品	实验室编号	碳十四年代（BP①）	拟合后日历年代（BC）
西周早期	第1段	M509	人骨	ZK5802	2890±35	1040—1006
		M503	人骨	ZK5800	2878±33	1040—1007
	第2段	M1082	人骨	ZK5807	2851±31	1015—972
		M1026	人骨	ZK5806	2850±32	1015—970
		M1115	人骨	ZK5808	2844±20	1010—972
		M513	人骨	ZK5804	2830±31	1010—950

续表

分期		单位	样品	实验室编号	碳十四年代（BP①）	拟合后日历年代（BC）
西周中期	第3段	M512	人骨	ZK5809	2840±32	957—922
		M1022	人骨	ZK5812	2832±44	960—918
	第4段	M1088	人骨	ZK5817	2830±80	935—850
		M1003	人骨	ZK5811	2751±35	920—855
西周晚期	第5段	M1045	人骨	ZK5822	2713±37	852—810
	第6段	M1140	人骨	ZK5826	2626±32	820—795
		M403	人骨	ZK5803	2540±31	800—750

　　木材是碳十四测年工作最理想的采选与测年对象。1193号大墓的椁板保存良好，用它的最外层测年，给出的年代为公元前1000年±15年（1015BC—985BC），误差很小。又有该墓出土的铜器，明确记有周王封燕的史事为证，故在推定西周始年的研究中，它就是一个很好的支点。

　　1996年在H108中出有"成周"二字的龟甲，用该坑出土的木炭经AMS测年，结果是1053BC—954BC，与1193号大墓的年代一致。对中、晚期遗存的测年的结果也与上述数据相一致，可证其结论客观与合理。

琉璃河遗址居址区分期及AMS测年数据

分期	单位	样品	实验室编号	碳十四年代（BP）	拟合后日历年代（BC）
西周早期	96LG11H108③	木炭	SA98129	2843±50	1053—974
	96LG11H108①	木炭	SA98127	2803±50	1048—954
西周中期	96LG11H49⑤	木炭	SA98134	2747±50	935—867
	96LG11H49④	木炭	SA98135	2800±50	979—899
	96LG11H49③	木炭	SA98136	2826±41	963—914
西周晚期	96LH11H86②	木炭	SA98149	2758±37	879—830
	96LH11H86①	木炭	SA98147	2606±67	834—759

按"夏商周断代工程"设定的目标，西周时期的研究要"提出比较准确的年代"。这个要求是很高的，参加者对此颇多疑虑。这次会议让与会者明确了双方在分工中围绕年代进行合作的方向，又在如何采选断代明确的样品、如何与树轮校正曲线拟合等方面统一了认识，对推动课题的研究起到积极的作用。会后把会上达成的原则推广到其他采样地点。

琉璃河遗址的分期与测年结果，得到了天马—曲村、丰镐遗址的分期与测年结果的支持。以琉璃河遗址、天马—曲村、丰镐遗址的文化分期为基础，经碳十四测年而建立起来的西周时期年表，不仅与"武王伐纣""商后期"两个课题的年代自然衔接，而且与公元前841年顺利对接，足见这些研究成果是客观而合理的。因而在年表公布以后受到学界同仁广泛认同。

还需提到：各国的碳十四测年工作者此前对采用骨料为测年样品多存疑虑。这次用琉璃河遗址出土的人骨按分期成果进行测年的思路取得成功，是碳十四测年工作的一大突破。后来在国际碳十四测年工作者中获得很好的反响。

这个年表的建立，也是琉璃河考古研究的一次突破。它因自然科学手段的参与而把考古分期包蕴的年代信息在碳十四测年中给出碳十四年代，再经树轮校正曲线拟合而将碳十四年代转化为日历年代。这是我国科学工作者第一次用人骨进行碳十四测年给出的高精度年代数据。它使考古人在面对物质文化遗存时，实现了从相对年代到绝对年代的跨越，能够用绝对年代去复原历史事件。这一成果改变了过去借分期断代而出现的不确定性，为打开古代历史的大门提供了一把钥匙。这是考古人长久以来一直企盼解决的难题，因"夏商周断代工程"的实施而取得了重大的突破性进展。

三代的年代问题曾为历代学者所困扰，试图用许多方法进行探索，终因种种原因未能获得满意的结果。"夏商周断代工程"实施中用多学科协作、联合攻关的方式将三代的年代框架架构起来，是我国在年代学研究中取得的一大成果。"夏商周断代工程1996—2000年阶段性成果报告"的发布受到各界人士的好评。在2000年召开的科学大会上，这一成果经两院院士评选而获得国家科技大奖。

记得20年前在讨论1193号大墓的墓主的时候，有人在提出结论的同时，还提出它的年代可"上不封顶"的说法。这一说法自然存在瑕疵，因为年代是立论的基础与前提，在年代未有定论的情况下是不能立论的，犹如民警在寻找失踪者时不知其年龄不可能找到失踪者是同一道理。但这一事例正说明年代不明会给研究带来多大的困惑。

尽管这个年表中还有一些问题有待补充与提高，但西周时期提出的年代数据比夏、商时期详细得多，达到了原来设定的"比较准确的年代"要求。这个过程中，用琉璃河遗址的分期成果进行的碳十四测年，因给出的年代序列与分期序列相一致，使工程参加者提升了信心。这些数据又因得到天马—曲村、丰镐遗址的测年结果的呼应与支持，还得到天文学家给出的多个支点作支撑。

这一成果，无论对今后琉璃河西周燕都遗址的研究，还是对西周考古与古史研究，都具有重要价值！

《北京建城3060年学术研讨会论文集》待刊

三代年代学研究的新突破

　　"夏商周断代工程"（以下简称"工程"）是20世纪末组织的，由人文社会科学和自然科学的专家学者联合实施的系统工程。在过去的四年间，来自历史、古文字、天文、历史地理、考古和碳十四测年等不同学科的170位专家，在9个课题40多个专题的研究中，对夏代、商代和西周共和元年以前的年代进行联合攻关，取得了初步结果，并在前些时候公布了"夏商周断代工程1996—2000年阶段性成果报告"。

　　这一成果受到许多学者的欢迎与鼓励，也听到一些批评意见。应该说，出现这种情形是很正常的。在短短四年间要把2000年来一直在争讼的问题都予以解决，那是不可想象的。既然是阶段性成果，某些结论还有待完善。

　　这里就"工程"实施过程中的研究情况，向大家作一介绍。

一

　　众所周知，年代对于历史，犹如人体需要骨骼一样重要。当我们说到中华民族有5000年文明历史而绝对年代只能上推到公元前841年的时候，每个人都会因二者的差距而感到某种缺憾。

　　2000年来，中国历代的学者以及西方的汉学家们，在这方面做了许多研究。他们都想对中国上古时期的年代做些贡献，可以改变上述状况。可是，他们受时代的局限，大多从文献中寻找答案，或靠单一手段去研究，所得的结论均难以被人接受，形成共识。因此，有关三代的年代问题一直没有解决。

中国考古学的发展使人们越发认识到中国历史的久远、文化遗存的丰富和多彩。碳十四测年技术引入我国之后，在 20 世纪 70 年代就着手架构史前时期的年代框架，并把中国史前时期的考古学文化谱系初步建立起来。只是限于当时碳十四测年的精度还达不到必要的高度，对夏、商和西周共和元年（公元前 841 年）以前的年代，未能进行测定与研究。

最近十余年间，随着碳十四测年技术的改进，精度得以提高。1980 年建立的树轮校正曲线在 1989 年国际碳十四会议上破确认为国际通用。这样，考古学家提供的含碳系列样品测得的碳十四年代数据，经与树轮校正曲线拟合换算成日历年代时，可将年代的误差缩小到 0.3%。

1995 年春天，仇士华、蔡莲珍二位教授在河南偃师召开的中国商文化国际学术讨论会上提交了一篇论文，向考古学家们提出了用上述方法研究解决夏商周纪年的问题。文中还用偃师二里头遗址以往测定的碳十四数据做了拟合研究，提出了看法。

1996 年，国家科委（今科技部）组织实施的"夏商周断代工程"，以多学科协作、联合攻关的方式，对夏商周三代的年代开展研究。"工程"实施过程中，历史学家将文献中有关三代年代与天象记录的材料做了系统整理，开展可信性研究；天文学家对文献所记的相关天象记录，从天文学的角度作了计算；考古学家从夏、商、西周时期多个遗址的文化分期入手，对照各个遗址所分的期、段采选系列含碳标本，供物理学家进行测年；从事碳十四测年的物理学家则在改造碳十四测年技术的基础上，用常规（液闪）碳十四和 AMS（加速器）法对碳样进行测年，经高精度树轮校正曲线拟合后换算成日历年代。经过四年的时间，在参与攻关的各学科学者的努力下，建立起夏商周三代的年代框架。同时，对商后期和西周一些君王的在位年代也作了推算。"工程"实施中采用多学科协作解决夏商周三代年代所取得的结果与积累的成功经验，为今后进一步开展中国历史年代学研究奠定了良好的基础。

历史经验证明，靠单一学科或单一手段是无法解决像夏商周三代年代这样复杂的问题的。考古学本身通过地层的叠压关系和不同文化层中出土的器物做类型学分析，只能解决它们之间的相对年代。但是，依据考古分期序列采选含碳标本供碳十四测年，所得的碳十四年代序列经过树轮校正曲线拟合，就可以换算成与分期序列一致的日历年代序列。

采用系列样品进行碳十四测年，所得到的结果在与树轮校正曲线拟合时，将是两条曲线的拟合。这使碳十四测年的精度大为提高。虽然碳十四测年还不可避免地存在一些误差，用上述方法得到的还是一个年代范围，但因精度大为提高，研究对象的年代范围较过去大为缩小。当年代的误差缩小到0.3%—0.5%的时候，使建立夏商周三代的年代框架成为可能。

二

"夏商周断代工程"实施过程中依据考古分期研究的成果，采选系列含碳样品进行碳十四测年，获得的是与考古分期序列一致的碳十四年代序列，再经树轮校正曲线拟合即可换算成与分期序列一致的日历年代。

这一结果为三代年代框架的建立做出了贡献。它显示了不同学科间的密切合作与联合攻关是成功的、有生命力的。

例如，武王伐纣的年代是划分商周王朝的分界点，它的解决对夏商周三代的年代学研究具有重要的意义。

从西汉的刘歆算起，2000多年来中外学者的研究，至少形成了44种不同的伐纣年代：最早的为1130B.C，最晚的为1018B.C，前后相差112年。

1997年在陕西长安县沣河西岸的马王村进行的发掘，探方中发现一组有年代早晚的文化层堆积。根据各层包含的文化遗物的特点，考古学家判定它们分别属先周文化晚期、西周初期、西周早期、西周中期。

其中先周文化晚期与西周初期的文化层中间，没有发现因自然因素形成的地层堆积，表明上述地层是在不长的时间内由先民们在该地活动时连续堆积起来的，堆积形成的年代应在武王克商前后的一段时间。测年的结果，它们所跨的年代为1050BC—1010BC。

这一结果产生时，用天文方法计算宾组卜辞记录的五次月食的结果也产生了，虽然后者推算得到的是商王武丁的年代，而依据马王村典型地层得到的是涵盖武王伐纣事件在内的年代范围，但是二者相差200年（其间相隔八个王世），至少说明二者的年代是不矛盾的。

诚然，武王克商的年代单凭这一组数据尚不足以立论。作为三代年代中的重要一环，它必须与其他地点、其他时段的年代一致或互不矛盾才行。

随着河南安阳殷墟文化分期测得的商后期年代系列、北京房山琉璃河西周时期的年代系列、山西曲沃天马—曲村的西周年代系列的产生，武王克商的年代范围得到了校正。其中，殷墟文化分期中第四期遗存的年代为1080BC—1040BC，琉璃河西周墓葬所分三期六段中一期一段（西周初期）的年代为1040BC—1006BC、天马—曲村遗址所分的一期一段（西周早期）的年代为1020BC—970BC。考虑到殷墟第四期所得年代的下限可到西周初期，琉璃河一期一段的年代不能晚于1020BC，因此推定武王克商的年代在1050BC—

1020BC 这一范围之内。

必须指出，中国社会科学院考古研究所碳十四实验室和北京大学所属的碳十四测年机构给出的年代是一致的，并在反复验算中证明上述年代范围不可推移。这一结果比起前面提到的 44 种说法所跨的 112 年，明显缩短了许多。

"夏商周断代工程"是个系统工程，每个朝代的始末都应前后衔接、不能抵牾；每个王年的确定也应与文献所记前后的世系相一致而不能出现祖孙颠倒的情形。这次按考古分期序列进行的碳十四测年所得的年代序列，在这方面完全达到了要求，真实地反映了所测年代的客观性。

例如，曾有人提出武王伐纣的年代范围 30 年是否太短？课题组同仁提出各种可能方案进行验算，结果无一例外，从而证论其可信。

晋侯墓地中 8 号墓是西周晚期的一座墓葬。墓中出土的随葬品中有青铜铸造的编钟，为晋侯苏所做故称晋侯苏钟。钟上刻有铭文 355 字，记有"唯王三十又三年……"等纪年。西周晚期诸王中，在位年代超过 33 年的只有厉王和宣王。那么，铭中所记的"唯王三十又三年"是指厉王还是宣王的三十三年呢？学术界曾有不同看法。用常规碳十四方法对墓中木炭进行测年，所得的日历年为公元前 808 ± 8 年，后用 AMS 方法测年，所得的日历年为 830B. C. —802B. C.，二者的年代一致。据《史记·晋世家》记载，晋侯苏死于周宣王十六年，即公元前 812 年。

这一测年结果是很有意义的，它不仅说明晋侯苏钟所记的 33 年为厉王之世，而且也证明了公元前 841 年为共和元年。这样就将碳十四测年所得的日历年与公认的历史纪年连接了起来，使"工程"目标中规定的解决共和元年（公元前 841）以前的夏、商、西周年代的任务，自然地从公元前 841 年往上追溯和推定。

这样，在 1050BC—1020BC 这一范围内一旦推定克商之年，就为推定西周时期的武—成—康—昭—穆—共—懿—孝—夷—厉这十个王的在位年，确定了一个范围。

同样的道理，武丁至帝辛的年代也可由克商之年向前追溯。

武王伐纣的绝对年代是由天文学家依据文献所记克商时的天象记录推算的。著名的《利簋》铸有"武王征商，唯甲子朝，岁鼎，克闻夙有商"的铭文，记录了武王征商的战事，发生在甲子日的早晨。对铭中"岁鼎（贞）克闻夙有商"这一句的意思，于省吾、张政烺教授认为"岁"指岁星，即木星，"鼎"谓当义，指那天凌晨，岁星正当其位，即周的星土分野鹑火。天文学家又据《国语·周语下》伶州鸠所说"昔武王克商，岁在鹑火，月在天驷，日在析木之津，辰在斗柄，星在天鼋"的天象，做了研究和计算。推算出武王克商的日期有 1044.1.9BC 和 1046.1.20BC 两个结果。这两个结果均有合理之处，而且二者的年代很接近。只是后一个结果与工程所排的西周历谱衔接较好，与文献所记历日也能相容，故将 1046BC 选为武王克商之年。

西周时期武王至厉王诸王世的年代，主要是依据铸刻有年、月、日名干支与纪时词语（习称"月相"）四要素俱全的 50 余件西周青铜器铭文，结合文献，用天文方法推定的。

这些青铜器由考古学家从器形特征、纹饰风格、铭文字体与内容等方面先认定它们在西周铜器分期中所属早、中、晚期的位置，然后由天文学家依每件铜器的四要素进行历日推算，排出西周历谱，进而推定诸王的在位年代。

对这些年代的准确性，自不能作绝对化理解。但结合琉璃河遗址提出的西周时期文化分期（三期六段）测得的年代系列、天马—曲村遗址考古分期的年代系列进行比对和检验，不难看出两者是一致的或十分接近的。

例如，用金文历谱推算出西周早期武、成、康、昭四王的年代为 1046BC—977BC，碳十四测年数拟合后的日历年为 1023 ±

17BC—970±30BC。这里不能完全对应的原因，是由这样一个因素造成的：即考古学家在采集含碳样品时，不可能采选到可以判定是武王元年或昭王十九年的标本。但就具体单位而论，有些年代是比较接近或一致的。

例如琉璃河1193号大墓因出土铜器上铸有周王褒扬太保、册封燕侯的内容，被推定为第一代燕侯。燕侯死于康王之世。用墓中木椁测得的年代为1000±15BC，与金文历谱推算的康王在位之年1020—996BC是相当接近的。

商后期的年代框架主要依据殷墟文化分期和甲骨文分期的研究成果建立起来的。考古学家从殷墟文化所分的四期遗存中采选断代明确的含碳标本，又从甲骨文所分五期中采选断代明确的卜骨（如有年祀；有天象记录；有重要贞人或重要事件；有称谓，断代明确；或地层关系清楚，有其他遗物可供断代的无字卜骨等）进行碳十四测年。测年数据与树轮校正曲线拟合换算成日历年代后，得到了与分期序列一致的年代序列。

由于殷墟的四期文化遗存中有的单位伴出刻辞甲骨，按甲骨分期可以判断王世，所以殷墟文化所分的四期遗存与甲骨文所分的五期遗存大体可以对应起来。例如：殷墟文化第一期晚段文化层中曾出土武丁早期的后组、午组卜辞，因而推断第一期晚段文化层的年代与后组、午组卜辞同时，同为武丁早期遗存；第二期文化层中发现的墓葬，铜器铭文中有宾组卜辞中见到的妇好、子渔等人物，从而推断第二期文化遗存与宾组卜辞的年代一致，约与武丁晚期至祖庚、祖甲相当；第三期文化层中出土了康丁、武乙的卜辞，故而推定第三期文化层的年代为廪辛、康丁、武乙、文丁时期的遗存。基于上述认识，进而推断第一期早段当与盘庚、小辛、小乙的年代相近。第四期是殷墟文化中最晚的遗存，推断为帝乙、帝辛时期。

上述推断虽有根据，是否正确却需在年代学研究中予以检验。

"工程"实施过程中所做的碳十四测年提供了验证的机会。测年的结果虽因数据量不够多，还不能完全对应起来，但从现已提供的年代看，二者是不矛盾的，有的还是很接近的。

例如，被推断为廪辛、康丁、武乙、文丁时期的殷墟文化分期第三期 13 个标本中，12 个的年代在 1205B. C—1080B. C 的范围之内（只有一个的下限为 1070B. C.），而甲骨三、四期的五个标本，其年代为 1200B. C. —1085B. C. 。一旦将采集的含碳样品全部测完，有可能看到更多的一致。

天文学家对宾组卜辞所记五次月食进行的研究与计算，从另一个角度为商后期年代学研究做出了贡献。这一研究是在古文字学家的参与下完成的。先由古文字学家对这五次月食进行研究，排出次序，然后由天文学家进行计算。得到的年代为：

癸未夕月食：1201. 7. 12B. C；

甲午夕月食：1198. 11. 4B. C；

己未夕皿庚申月食：1192. 12. 27B. C；

壬申夕月食：1189. 10. 25B. C；

乙酉夕月食：1181. 11. 25B. C。

按这一组年代，可以推断武丁之世的年代为：

1239B. C. —1118B. C。（假设它最晚的乙酉夕月食发生在武丁末年）

1250B. C. —1192B. C。（即为一些学者主张的壬申夕、乙酉夕发生的月食均在祖庚之世）

尽管月食发生的频率较高，世界上每个地方几乎每年都可能见到一次，而且上述五次月食的排列次序不同，可以产生许多不同的结果。不过，武丁是个有名的君王，文献记载他在位 59 年，多无异议。因此，任何组合的年代只要超过 59 年，自然被排除在外。即使其他的组合也在 59 年之内，但它与上述年代不同，那么它们中哪一个年代正确，将由碳十四测定的武丁时期遗存与其中哪一组年代一致而得以鉴别。

同时，盘庚迁殷至帝辛亡国的总年数，文献中有 273 年、275 年、253 年、251 年等不同说法，其中哪一个说法比较准确？我们无法考订。但盘庚迁殷之年距武王克商之年必在 275—251 年之间，应是比较合理的解释。武丁是盘庚之侄，其间相隔的年代不会很长，太长必不合理。把这几个方面合起来考虑，互相检校，可以验证上述年代的可信度。

这就是多学科联合攻关的优越之处。事实上，碳十四测定武丁晚期至祖庚、祖甲时期遗存的年代为 1255B. C. —1195B. C.，与天文学计算出宾组月食的年代相当接近。这说明，有关武丁的年代研究与推算是可信的。

关于商后期武丁至帝辛的诸王在位年代，文献中有一些记述。但各书所记多不一致，且多系后人之说，其根据何在，不得而知，也难以辨别其是非正伪。

"工程"实施过程中确定的武丁年代与武王克商的年代，表明商后期武丁至帝辛的在位年代必在 1250—1046B. C. 这个范围之内。

有关商代王世在位年的推定，主要是用甲骨卜辞和铜器铭文的材料推定的。甲骨卜辞和铜器铭文均是当时的史官所记，比起后世的文献更为可信。因此，"工程"组织历史学家就黄组卜辞中记录的商王祭祀先王及其配偶的材料进行研究，排出周祭祀谱。

由于商王用五种祭祀方法祭祀先祖，是按固定顺序、周而复始地轮番进行，一个祭祀周期称为一祀，它的长度与一个太阳年相近，因而被称为周祭。根据这些周祭材料，排出祀谱，只要知道某王进行了多少个祭祀周期，即可用来推定某王的在位年代。

为了进行验证，天文学家依据这些周祭祀谱做了历日推算。例如，根据甲骨卜辞和铜器铭文排出的帝辛二祀至十一祀的一段祀谱，它在历法上符合阴阳合历的原则，周祭中祭祀与季节基本相符。经研究，二祀正月初一的干支（商代采用干支记日）应是丙辰或丁巳。考虑到岁首与月首的可能情况，得到帝辛元祀的年代有 1085B. C. 、1080B. C. 、1075B. C. 、1060B. C. 等多种可能。帝辛祀谱中有二十五祀的材料，故帝辛在位之年不得少于 25 年；这样从武王克商之年 1046B. C. 上溯，选定 1075B. C. 为帝辛元祀。

采用相同的方法，用帝乙二祀到十祀的周祭材料排出这期间的祀谱和月份，将帝乙祀谱与帝辛祀谱连接，得到帝乙有 21 年、26 年两种结果。但前者的月份和周祭与季节均不对应；后者月份与季节虽不对应，但周祭与季节基本对应，因而帝乙在位之年选择 26 年说。由 1075B. C. 上溯，帝乙元年为 1101B. C. 。

应该说，只要对材料的判断准确、设定的条件合理、计算的方法正确，其结论是可信的。

按"工程"原来的计划，武丁至帝辛这九世君王都要排出比较准确的在位年。

但因用 AMS 法测定甲骨的工作量很大，测年工作还未全部完成；有些商王在位时间较短，目前的碳十四测年精度还不能达到解决这些王年的程度，所以这次只公布了一部分商王的年代，其余部分留待今后继续研究解决。

商前期和夏代的年代学研究，比起商后期和西周时期的条件更差一些。例如它们均缺乏西周年代学研究中可供排比的一批四要素俱全的有铭铜器，也没有商后期年代学研究中用做分析排谱的卜辞或直接可供测年的卜骨，甚至文献资料也不如它们丰富。因此，"工程"规定的目标也只要求建立年代框架。

在"工程"实施过程中，主要的工作是从夏商时期的文化层堆积中采集系列含碳样品，供碳十四测年，经拟合成日历年后再推定有关年代框架。只是夏文化探索虽然进行了四十余年，并以二里头文化、河南龙山文化为对象，作了一定规模的发掘，也发现了许多重要的遗存。但是对夏文化的认识存在多种推论，迄今还没有发现文字等重要物证，因而在学术界没有形成共识。

对夏商两代的分界问题，在考古界也存在不同看法，无法统一。文献所记商代积年有 576 年、526 年、496 年等不同说法，对这几种说法孰是孰非，也难作判断。所以目前提出的 1600B.C. 为夏商分界，是依据文献中商的积年、从武王克商年上推取整估定的。

夏代起始年代也是根据文献中所记的夏代王世的积年往上推得的。关于夏的积年主要有 471 年、472 年、431 年、432 年等几种说法。前两个和后两个各差一年，或传抄致误。取年代较早的记载，则可认为有 471 年和 431 年两种说法。关于二者相差 40 年的原因，历来有两种解说：一种是 471 年包括了后羿、寒浞代夏的“无王”阶段，431 年则不包括“无王”阶段；另一种是 471 年系从禹代舜事起算，431 年是从夏启元年起算。工程取前一种解说，由 1600B.C. 上溯 471 年为 2071B.C.，为取整数，用了 2070B.C.。

这样做是符合实事求是的原则的。

<h1 style="text-align:center">三</h1>

从上面的介绍可以看出，这个年代框架是多学科结合的产物，但各个学科、各个专题都是独立进行的。

事实上，参与“工程”各学科的专家们对夏、商、西周年代的研究与框架的构建所做的工作，远比上面介绍的要多得多。

夏商周三代文献中涉及年代与天象记录的内容，历史学家对其可行性进行分析研究，天文学家则进行了计算研究。例如，被称为世界上最早日食记录的仲康日食，在 2250B.C.—1850B.C. 年间洛阳地区可见到符合“季秋”的大食分日食，计算出有 11 次之多。其 中 2043.10.3B.C.、 2019.12.6B.C.、 1970.11.5B.C.、

1961.10.26B. C. 这几次，对推定夏的年代都有参考价值。

关于禹时五星聚的记录，推算出公元前 1953 年的 2 月中旬至 3 月初，每天黎明时分的东方地平线上都可看到土星、木星、水星、火星、金星排成一列的罕见天象，其中 2 月 26 日这五大行星之间的角距小于 4 度。这些有可能提供年代的资料，在"工程"实施期间都由专人负责研究。承担专题的专家在总结前人成果的基础上做了深入研究和高精度计算，得出了有说服力的结论。

虽然他们的结论没有反映在夏商周三代年表上，但从专题研究的角度衡量，这些专题都是完成得很好的。

夏商周三代年代框架的建立，是做了前人从未做过的一项工作。由于它与以前的历史纪年自然地衔接起来，可信度是很高的。参与研究的各学科的专家们，在各自的领域内独立地进行研究，用各自的结论相互检校、验证，在许多地方是一致的，因而达到了殊途同归的目的。

虽然目前建立的夏商周三代年代框架中还有一些年代需要在以后的研究中予以充实，有的年代可能因挖掘出新的证据而予以修正——如同国外的年代学研究中曾经出现的情况那样——但是这个年代框架把中国的历史纪年往前推进了一大段，这个结果是可喜的。

应该说，组织实施"夏商周断代工程"的意义，远远超出这个年代框架本身。

夏商周三代年代框架的建立，说明单一学科解决不了的一些重大课题，用多学科协作、联合攻关的方式可以解决，表明用多学科协作的方式是攻克一些重大课题的有效方式。

夏商周三代年代框架的建立，对一些学科，特别是历史学、考古学的研究产生影响。诸如过去十年间围绕郑州商城早还是偃师商城早这样的争论，将因碳十四测定的年代而可以逐渐平息。

多学科协作的过程，还是各学科互相学习与渗透的过程。这种协作对各个相关学科的发展将是极有意义的。虽然我们今天还不能就它对相关学科今后的发展产生的影响做出评估，但是这种影响将是很深远的，会在今后的岁月中逐渐显现出来。

随着阶段性成果的公布，反映了四年来各专题取得的一系列成果的总报告也将发表。"工程"专家组决定将这些成果出版，将使世人对"夏商周断代工程"有个全面的了解。这些资料对于后人继续研究这些问题，也有重要的参考价值。

原刊《考古》2001 第 1 期

郑州商城的年代问题

年代问题是考古研究中首先要回答的问题。考古工作者面对发掘中清理出的每个遗存，他们首先要做的是对这些遗存给出准确、合理的年代判断。如果对它们的年代不能给出一个正确判断，涉及这些遗存的其他问题，也就难以作正确的历史评价了。

在自然科学的测年方法应用到考古学之前，对史前及夏商周三代遗存的断代工作，只能依地层叠压或遗迹间的打破关系去判断其间的相对早晚，不能给出绝对年代。这对考古研究十分不利。因此，人们一直在探寻，可否将自然科学的测年方法用于考古学，以解决绝对年代的问题。

碳十四测年方法出现之后，很快被用于中国考古学，并对史前时期考古学的研究起到重要的推动作用。不过，由于当时的测年精度不够高，对历史时期遗存的测年工作只做了一些尝试，未能广泛采用。这样，对三代遗存的年代推断，只能依靠文化分期研究给出相对早晚。年代问题成为令人困惑的拦路虎，严重影响了研究工作的进程。

"夏商周断代工程"（以下简称"工程"）的实施，标志了碳十四测年技术有了很大突破，可以对历史时期遗址出土的碳样进行较准确的测年了。"夏商周断代工程"公布的三代年表，表明测年技术的改进、精度的提高，使历史时期进行测年的工作成为可能，并且取得了预期成果。

由此，我们有理由、有必要对过去用常规碳十四测年（液闪法）技术测得的年代及应用方面的问题进行反思与讨论。

一　问题的提出

1950 年，在郑州二里岗发现商代遗址，曾在我国考古界引起广泛关注。在它发现之初，就被考古工作者判断为商代遗存。在当时仅见安阳殷墟等少数几个商代遗址的情况下，它的发现给商代考古增添了新的内容。因此人们对这一发现十分重视，并期待这一发现的重要性随遗址的进一步发掘而得以提升。

不过，它比安阳殷墟早还是晚呢？在当时人们的看法并不一致。

在郑州人民公园发现的文化层叠压关系，初步回答了这一问题——二里岗商文化层堆积被商后期文化层所压，考古工作者据此认为，二里岗商文化遗存的年代，比殷墟时期的遗存要早。

1953 年后的考古工作，主要围绕新发现的郑州商城而展开，搞清了它的形状为长方形，周长 6960 米，规模宏大；城内东北部发现大型夯土基址，判断为商城的宫殿区；白家庄等地的墓葬及杜岭等地窖藏坑中发现同时期的精美青铜礼器，反映了当时的青铜业已能浇铸各种不同用途的铜器；二里岗等地出土了刻字骨片，虽然数量不多，但反映了文字已被人们掌握；在商城的南、北两侧，即今天称为南关外、紫荆山的地方发现同时期的铸铜作坊址，说明商城出土的青铜器具，有不少是当地铸造的；在铭功路西发现密集分布的烧陶窑址，说明该地是同时期烧制陶器的作坊址；如此等等。这些发现说明这个商代城址的规模很大，它的物质文化的发展已达到相当高的水准。研究者据此提出：它是继安阳殷墟之后发现的商代又一个王都，并推测为商王仲丁所都之隞。包括后来提出郑州商城汤都之亳说的学者，当时也认为是仲丁所都之隞。

由于在发掘中不断找到反映其年代的信息，并在研究中找出与安阳殷墟遗存之间的传承关系等直接或间接证据之后，郑州商城遗址比安阳殷墟要早的结论被学界同仁广泛接受。原先认为郑州商城出土铜器的制作简朴，是青铜业由繁至衰而表现的退化现象，不是早期青铜器所具的原始性状的学者，最终改变了看法，也认同郑州商城的年代比安阳殷墟要早的结论。

这说明对郑州商城遗址的年代，从一开始就有不同的认识。

诚然，郑州二里岗发现的遗存，与殷墟所见的商文化的内涵既有一致之处，又有明显的特点，因而发掘者称它为"二里岗文化"。对这些遗存进行的分期研究，最初将它分为早、晚两期，即二里岗文化下层和二里岗文化上层。同时对郑州市发现的古文化遗存——洛达庙、南关外等文化遗存进行了分期与断代。这些分析及其结论，说明商人在郑州地区的活动，前后延续了相当长的时间。

随着发掘工作的推进，研究者的认识也在深化。经过进一步分析，考古工作者将二里岗文化分为三期、两期四段或四期。在洛达庙发现比二里岗下层文化更早的遗存，被称作"洛达庙类型"。在偃师二里头发现更为典型的遗存后，洛达庙类型遗存被改称为"二里头文化"。洛达庙类型所分的早、中、晚三期遗存，被认为与二里头文化的二、三、四期相当。

与此同时，人们对郑州商城的年代又出现了分歧。从发表的文章看，有人定在二里岗下层二段，有人定在二里岗下层一段，有人定在南关外期。出现这些分歧，涉及的年代就有数十至上百年的差距。其中，安金槐先生长年从事郑州商城遗址的发掘，他提出的商城建于二里岗文化下层二段的说法，多认为是可信的。

文化分期研究对于一个遗址及其前后发展过程的认识具有重

要意义。但是分期本身仅能提供相对早晚的关系，不能提供准确的绝对年代。它可以告诉人们二里岗文化的下层比上层早，郑州商城比安阳殷墟要早，等等。即使借用甲骨卜辞的资料，也只能认定郑州商城的年代比商王盘庚迁殷的年代要早，具体早多少年，或属哪一个王世，就很难说清楚了。

用常规碳十四测年方法对郑州商城遗址的含碳样品进行测年，提供了一些年代数据。一方面，当时测得的年代误差较大，人们认为不能回答或解决城址的年代问题；另一方面，引用者对碳十四年代数据缺乏正确理解，将碳十四测年专家提供的误差较大的年代，置误差于不顾，作绝对化处置，致使对郑州商城年代的判断，出现了不同解释。有人认为郑州商城为商代中期构筑的遗存，有人则认为是商代早期遗存。于是，围绕该城是哪个商王之都，人们得出了不同的结论，并在近30年间引起了热烈争论。

面对这种情况，碳十四测年技术在考古研究中究竟具备何种意义？它在何种条件下可供判定商王世系作佐证？这些问题成为研究中极待澄清的方面。

二　如何理解碳十四测年提供的年代数据

1978年，有研究者依据郑州商城遗址内战国文化层出土的"亳"字陶文，认为这个"亳"字是指商汤所都之亳，并与郑州商城遗址联系起来，提出郑州商城乃成汤所都之亳。人们对这一见解简称为"郑亳说"。这样，围绕郑州商城遗址，出现了隞都说与亳都说两种不同观点，并引起了争论。这一争论持续至今未有共识。

回顾这场争论，人们自然会联想到其他相关问题：二里岗文化是商代早期文化还是中期文化？郑州商城是成汤所都之亳还是仲丁所都之隞？对这些问题该如何做出判断？这些分歧的背后，又反映了一些什么问题？

笔者认为，围绕郑州商城遗址的争论，表面上是观点之争，实际上是方法之争。不过，本文对研究方法不作全面讨论，只想就年代问题作些分析。因为对郑州商城遗址的年代的判断，在这场讨论中起到重要的作用。

"郑亳说"是将郑州发现的战国陶文"亳"字与商城联系起来而提出的郑州商城为成汤所都"亳"的假说。为了建立这一假说，作者提出一个用常规碳十四测年技术提供的商城测年数据作为立论的佐证。这个年代，即 CET7 第 5 层（城墙夯土层）木炭测得的公元前 1620（±140）年。不仅如此，作者还认为公元前 1620 年是商代的"始年"。不难看出，这一个年代是作者用来支持"郑亳说"的年代证据。但这还不是唯一目的。如有文章指出：只要能确定郑州商城为何王所都，实际上就为商城上下诸文化层提出了绝对年代标准。在这种情况下，有论者在二里头遗址出土碳样测得的碳十四年代中，选择第四期中 H87 出土的木炭测得的一个年代公元前 1625（±130）年，作为二里头第四期遗存是夏代文化遗存的佐证。显然，这个年代数据也是支持"郑亳说"的。因为它既比商的"始年"还早，已进入夏代纪年，于是成为推论二里头遗址一至四期遗存为夏代遗址的依据，二里头遗址也被指认为夏代都城。

用推定郑州商城遗址为商王成汤之都，进而去推测比郑州商城遗址的年代更早的都城遗址（二里头遗址）为夏代之都，这种方法被称为"都城分析法"。

至于隞都说者，基本上是用文化分析法进行研究的，即从商代文化的内涵进行排比之后，推论郑州商城遗址为商中期遗存，二里头上层文化为商代早期遗存。他们也注意碳十四测定的年代数据。在对若干数据做了分析之后，推测该城建于距今 3500 年左右，公元前 1500 年前后。他们认为郑州商城遗址与成汤之亳都扯不上关系，它的年代与成汤立国的年代相去甚远。当然，他们认为郑州商城也不可能是早期遗存。这部分学者认为，若将商代遗存分为早、中、晚三期的话，郑州商城遗址应是商中期遗存。若将商代文化分为前后两期的话，郑州商城遗址可称为商代前期遗址。

鉴于二者都将常规碳十四测年方法测得的年代作为立论的根据，那么，如何正确理解这些年代数据，就凸显其价值与意义了。

首先，郑州商城范围内出土的战国陶文"亳"字与郑州商城遗址之间是否存在内在的有机联系？这是可以讨论的。一般认为，陶文的年代在战国时期，与郑州商城所处的年代相距千年之久。"郑亳说"者并没有提供有力证据去证明二者之间存在必然联系，因而充其量只是一种假说。这个问题在此暂不作讨论，但是，"郑亳说"者对引用的那一个年代数据，做了绝对化处理，这是不妥的。

客观地说，将夏商的分界推定在公元前1620年，并非没有道理。"夏商周断代工程"实施过程中对商代积年做了研究，提出576年、496年、552年三种说法。若采商代积年576年说、公元前1046年为武王克商之年的话，商的始年则为公元前1622年，与公元前1620年十分接近。但因上述三种算法均有一定道理，"夏商周断代工程"专家组在综合分析商代积年并参照常规碳十四测得的年代之后，最后粗略地划在公元前1600年。

不过，郑亳说论者引用的上述两个碳十四年代，测年专家在公布这两个测年数据时，明确地指出年代之后标明"正负"的是它的年代范围：前者为公元前1620（±140）年，说明它的误差范围在280年之间。这就意味：郑州商城的构筑年代在公元前1620年前后各140年的范围之内，或者说是在公元前1760年至公元前1480年这一范围之内的某一年，并无专指公元前1620年的意思。至于二里头四期灰坑的那个年代数据为公元前1625（±130

年），它的误差范围也有 260 年，同样是这个意思。所以，把表示年代范围的数据，作为一个确切的绝对年代使用，是很不妥的。

其实，迄今公布的碳十四年代数据，因有一定误差，它们都只提供年代范围，并非确切的绝对年代。拿这些数据与过去推测的"约当某某世纪"相比，因划出了一个年代范围，提供了一个与真实年代接近的近似值，显然是很有意义的。但因碳十四测年过程中影响年代数值的因素很多（诸如测年样本是木炭的芯材还是边皮、样品是否污染、样品的处理是否干净，等等），所以对碳十四测年的数据，是需要进行仔细分析之后方可引用的。

对公布的这些年代数据，碳十四测年专家早就指出单个碳十四数据是不可随意引用的，原因就在于好些因素都可以干扰年代数据的准确度，从而使数据出现不同程度的误差。如上面引用的两个数据，其误差范围均超过了 250 年，显然不能随意引用。正由于此，20 世纪 90 年代之前，碳十四测年技术并没有大量用于历史时期的测年，因为它不可能满足三代时期历史对年代的要求，尽管学术界极为迫切希望能提供这些年代。

"夏商周断代工程"启动以后，不少友人对"工程"中使用碳十四测年技术能否解决历史时期的年代，建立夏商周三代的年代框架持怀疑态度，原因之一也在于此。

目前，用自然科学进行测年方法有好多种，如古地磁、热释光测年等，但客观地说，用于测定一万年之内的年代，碳十四测年方法是目前唯一比较成熟的方法。

当常规碳十四测年方法用于史前考古学时，它被认为在史前考古中引发了一场革命。因为这种测年方法用于史前考古学时，破天荒地将不同地区发现的考古学文化间的早晚关系理出了头绪，从而使考古学家能够梳理出史前时期考古学文化的谱系。这一成果不仅使人们对史前时期诸考古学文化有了比较全面的认识，而且在理清其间关系的基础上，可以对史前时期的考古学文化展开深层次的综合分析与研究。关于这一点，只要回顾我国史前考古在常规碳十四测年方法运用前后的情况就很清楚。

常规碳十四测年方法在我国出现，已有 40 年的历史。尽管 20 世纪 90 年代以前测出的年代数据误差较大，但对史前时期的考古学文化的认识及史前考古学文化谱系的建立，做出了卓越的贡献。今天打开碳十四测年的年代数据集，就可看到其中史前考古学文化的数据占了绝大多数。在这些年代数据中虽然有少量历史时期的年代数据——如上面提到的二里头遗址、郑州商城、偃师商城的数据等，唯因它们的误差甚大，很难用于判定某一史事、某个王世的年代。所以碳十四测年工作，在较长一段时期内对三代遗址的测年工作，并未广泛开展。

为了改变这种情形，20 世纪 90 年代初，仇士华先生等在三代考古的测年方面做了富有成效的突破性探索。他既着眼于提高测年精度，又提出了许多想法：诸如遗址中采集的炭块往往是芯材，测出的年代普遍偏老，他提出了选用墓葬中人骨测年的可能性；为使年代精细化，考虑选用殷墟卜辞中分期明确的牛胛骨测年的可能性；为了与树轮校正曲线拟合时缩小误差，提出采用系列含碳样品进行测年，再与树轮校正曲线进行拟合、校正等。1995 年在偃师召开的商文化国际研讨会上，仇士华、蔡莲珍两位先生提交了一篇名为《解决商周纪年问题的一线希望》的文章，首次提出按考古分期采选系列含碳样品进行测年并与树轮校正曲线拟合以缩小误差的想法，受到与会者的重视。

所以，到 1996 年启动"夏商周断代工程"时，碳十四测年技术与操作思路，比过去有了很大改进与创新，已具备了承担"工程"设置的各课题中提出的一个个测年要求、建立三代年代框架的任务。

事实上，随着科学的发展、技术的改进，碳十四测年的精度确实在不断提高。至 20 世纪 90 年代中期，常规碳十四测年的测试精度可以达到千分之三（3‰）。在"夏商周断代工程"实施过程中，常规碳十四测年的测试精度一直稳定在3‰上下。这是工程取得成功很重要的一个原因。

高精度测年技术的出现，为突破三代的年代瓶颈创造了条件。考古学家对夏商周三代遗存所做考古分期的研究成果，也可以从相关遗址中采选成系列的含碳样品。这些样品在用常规碳十四测年方法进行测年之后，可以给出相应的、与分期序列一致的年代序列。

实践证明："夏商周断代工程"构建的三代的年代框架，因遗址之间对应的分期一致，所取碳样测得的年代相当一致，不同实验室的数据误差相应一致，并有若干个不可推移的支点作支撑，因而表明它的年代是可信的。

这是20世纪在年代学研究中取得的一项十分重要的成果！它还证明了碳十四测年方法用于考古学，只要具备一些必要的条件，分期研究成果包含的年代信息是可以转化为日历年代的。

诚然，碳十四测年技术虽有很大提高，但至今仍有一定误差（3‰），因而还不可能提供十分确切的日历年代。如武王克商的年代，依据沣西马王村发掘的先周晚期、西周早期、西周中期等文化层中提取的系列含碳样品进行测年，获得了这一事件发生在公元前1050—前1020年间的年代范围。这个年代范围因受到殷墟四期与西周早期年代的限制，是难以移动的。因此，就年代学研究而言，将武王克商的年代圈定在这30年之内，与过去学者研究武王克商的结论相比（前后相差100余年），已是个巨大的进步。但武王克商之绝对年代在这30年中的哪一年？碳十四测年技术尚无法回答。在"夏商周断代工程"实施过程中，天文学家依据文献记载的相关天象记录进行推算，在这个年代范围内，提出了两个绝对年代：公元前1044年1月9日和公元前1046年1月20日。由于天文学家在推算时设定的条件有所不同，因而出现了两个结论。"工程"报告最后"选用"了后一个结论。

"夏商周断代工程"中用常规碳十四测年方法给出的武王克商年代的范围，缩小到 30 年，与上面提到的两个数据均超过 250 年的范围相比，显然是个巨大的进步。这是科学发展、测年技术提高的结果。这一成果使碳十四测年技术应用于考古领域的范围更广了，可信度也更高了。

"夏商周断代工程"中三代年代框架的建立，表明碳十四测年技术可以在历史时期的考古工作中运用。这样，犹如 20 世纪 60 年代围绕仰韶文化半坡类型与庙底沟类型孰早孰晚的争论，因碳十四测年数据的公布而得以平息一样，它使 20 余年间围绕郑州商城与偃师商城孰早孰晚的争论，也可以落下帷幕。

"夏商周断代工程 1996—2000 年阶段性成果报告"中公布了这两个商城的测年结果。今年《中原文物》第 1 期上张雪莲、仇士华、蔡莲珍三位发表了《郑州商城和偃师商城的碳十四年代分析》一文，结合近两年的测年成果，得出了"郑州商城二里岗文化和建城的年代上限在公元前 1500 年前后，而偃师商城小城——的年代——要早于郑州商城，但偃师商城早期仍未到公元前 1600年"的结论。这一结论是大量测年所得的结果，是有说服力的。

当学界同仁不再围绕这两个商城孰早孰晚而进行争论时，将促使大家去探索深层次的问题，这不能不说是个明显的收获！

三　在运用碳十四年代数据方面
应该进行必要的反思

众所周知，"夏商周断代工程"中最重的任务是构建三代年代框架。为了完成这项任务，工作量最大的是用碳十四测年技术对十余个三代时期的遗址中按分期采选的一批批含碳样品进行高精度测年。

　　为了使参加者对测年工作的思路与方法有清楚的了解，"工程"启动后不久，专家组在房山举行了有关碳十四测年方法的研讨会。参加者除了"工程"中从事碳十四测年的课题组成员，还有部分考古工作者。会上，大家就如何落实"工程"要求的测年任务，怎样高标准开展测年工作等问题做了充分讨论。仇士华先生在会上提出了比较完整的思路。会议选在房山区韩村河召开，是为了就近参观我所设在琉璃河的驻地。20 世纪 80 年代在琉璃河遗址的发掘中，我们将全部墓葬的人骨及木质椁板等做了收集，并对墓地的墓葬作了早、中、晚三期（六段）的划分。所以，研讨会上涉及用人骨测年及采选木质含碳系列样品等问题时，就组织与会者前往发掘队驻地，结合这些遗存做深入的分析探讨。

　　会后，考古所实验室承担了用常规碳十四方法进行测年的任务，第一个提上日程的工作就是参照琉璃河墓地三期六段的划分，从这批材料中采选含碳系列样品。测年结果，获得了与分期序列一致的年代序列，为西周年代学研究提供了一份基础原始数据。

　　这一批年代数据，可参见 2000 年出版的阶段性成果报告。由于这批年代数据与分期序列完全一致，并与稍后从天马—曲村、丰镐等遗址采集的含碳样品测得的碳十四年代数据进行比对，得以验证与充实，最终构建起西周时期年代框架。

　　上面介绍的这些情况，目的是要说明：从事碳十四测年的科学家们，为了提高测年精度，在改进技术等方面曾经想了很多办法，做了许多实验。他们的努力是卓有成效的，如在"工程"启动前对长白山天池火山最后一次大喷发的木炭进行测年研究，已使误差缩小到正负 10 年。

　　"夏商周断代工程"的实施、测年数据的公布，证明碳十四测年技术因精度提高而可以用于三代年代学研究。各个遗址中测得的年代序列均与考古分期一致，同类遗址在不同碳十四实验室之间的测年结果可以匹配，证明这种测年方法对历史时期的年代学研究是有成效的。

　　像"夏商周断代工程"这样重大科研项目的实施，各个研究课题的开展，对相关学科（包括考古学科在内）以前进行的研究状况都是个检验。"工程"结果的产生，也促使科学工作者对过去的研究工作进行深刻的反思。只有这样，才能促进相关学科的进步。

　　然而，近年来出现了一些有趣的现象：一方面是介绍"夏商周断代工程"年代学研究的成果不断见诸报端；另一方面则是仍在引用过去公布的、已被证明很不准确的数据做文章，郑州等市甚至举行了建城 3600 年纪念会等活动。如果在当年尚未公布常规碳十四测年数据时，召开这类会议是可以理解的，但当新的、精度更高的数据已经出现，测年专家提出原先的数据误差过大时，匆匆忙忙地搞起这类活动，这不能不让人感到难以理解了。

　　今天，常听到一些朋友说，新公布的这些数据与过去公布的年代数据相比普遍偏低，很不好理解。其实，问题就出在"理解"二字上。

　　上面已经指出：碳十四测年提供的是一个年代范围。如郑州商城的年代过去是公元前 1620（±140）年，与今天提的公元前 1500 年前后，实际上并不矛盾。因为前者是指商城建造的年代在公元前 1760 年至前 1480 年之间，显然，它包含了公元前 1500 年这个年代。

　　举个例子：如果我们面对某位老人，见他鹤发童颜，知其寿高，但大家不知其确切年龄。于是人们依据各自对老人的认知程度，出现了多种说法：有人用 100 岁（±20）来表述，也有人用 88（±8）岁来表述，有人知道他与另一位 84 岁的先生相差不会超过 1 岁，所以提出 85（±2）岁。从表面上看，三者似乎差别颇大，但实际上并无出入。因为后两个对老者估算的年龄，都被涵盖在第一个年代 80—120 岁这一范围之内了。他们的差异，实际上反映了估算者对老人年龄的准确度有所不同而已。就精度而言，第三个推测的误差只有 4 年，显然比第一个估算者（40 年）和第二个估算者（16 年）少，反映了它的准确度最高。由于它与实际年龄最为接近，第三个说法应该成为我们的首选。

但若有人认为第一个估算年龄才是正确的，把他称为百岁老人，我想当事者本人大概也不会承认。显然，如果认为第三个说法与第一个说法相比，说这偏低了，太年轻了，因而持怀疑态度而不敢相信，这只能使人感到匪夷所思。

作为科学工作者，面对上述情况，有些方面是值得我们注意的。面对碳十四测年这样一些陌生的事物，首先要去了解它。在过去的岁月中，我们常常听到两种完全不同的声音：一是认为碳十四测年方法根本不可信，理由是如果正负 200 年，岂不把一个朝代都跨过去了吗。另一种是把某个误差很大的数据，用作一个事件或王朝的分界点，将年代数据做了绝对化处理。这两种做法显然都是不妥当的。

有鉴于此，应该实事求是地正视过去的"不理解"，正确面对今日的研究成果，尊重物理学家们在提高测年技术方面做出的贡献。他们为提高测年精度而付出的汗水与辛劳，应该受到尊重。

上述分析还给我们以重要启示：我们应该学习自然科学家严谨的工作态度和客观准确的叙述。他们对每个结论的表述，均以其与实际情况的近似度而给出恰当的评估，或以量化的形式表示。在已公布的每个年代数据之后，在"拟合后日历年代"下，都注明 68.3%。68.3% 是标准偏差。如果是 95% 的话，则比 68.3% 的标准偏差要大 1 倍。这种反映某个数值准确率的做法，正说明他们对研究成果的表述是客观的、实事求是的。对这种做法，应引起我们对测年专家的尊敬。因为他们为对读者负责，对成果的交代十分客观，无虚妄之处。老一辈考古学家曾一再提示我们：有多少材料说多少话，有几分证据就告诉读者有几分真实性。对这些提示，是值得我们铭记的。

在科学探索的道路上，是允许用不同的方法进行探索的。探索的结果是否正确，则取决于思路是否正确、方法是否对头等多种因素。衡量一个探索的结论是否正确，并不以个人的主观意志为转移，而是由证实相关因素是否合理的证据决定的。

因此，对考古工作者而言，我们在引用碳十四测年的成果时，先要了解碳十四测年这一自然科学手段的原理、特性及其功效。这对我们在新形势下实现多学科合作与渗透，是极有意义的。

今天，随着科学的发展，使不同学科间的交叉与渗透成为必然趋势。这就要求人们除了注重知识的不断积累，还应要求我们的知识随时代的发展而不断更新！只有这样，才能跟上时代前进的步伐，并适应学科发展的需要。

原刊于《安金槐先生纪念文集》，大象出版社 2005 年版

中国考古的世纪回顾

金石学的出现在中国有千余年的历史，但以田野调查与发掘为基础的近代考古学的出现，还不足百年。它是 20 世纪二三十年代从西方传入中国的。

中国地下保存的丰富历史宝藏，使近代考古学在中国出现的那天起，就以强大的生命力而扎下了根。今天，在中国的科学百花园中，考古学已成为一棵枝繁叶茂的大树。

在过去的 70 余年间，中国考古学经历了从初创到发展的过程。

1949 年以前是中国考古学的初创时期。这一期间发掘的地点虽然不多，但有几个地点的发现已永垂史册。如在北京房山周口店发现的旧石器时代遗址及"北京人"化石，在河南渑池仰韶村发现的仰韶文化、山东历城龙山镇发现的龙山文化、浙江余杭良渚镇发现的良渚文化等新石器时代遗址，在河南安阳发现的商后期都城，以及陕西宝鸡斗鸡台、河北易县燕下都等遗址，初步揭开了古代中国，特别是史前时期古代文化的面纱，使一度盛行的疑古思潮为之一扫。

周口店发现的"北京人"属旧石器时代早期的遗存。探索人类起源是旧石器时代考古的主要任务。在这之前曾在印尼的爪哇岛发现了命名为"爪哇人"的古人类化石，但因传统观念的束缚和没有共存遗物，对它的进化地位未得到学术界的公认。"北京人"的发现，特别是中国学者裴文中在 1929 年 12 月发现的一个完整的头盖骨和随后发现的大量打制石器和用火遗迹，使直立人的存在得到肯定，并基本上明确了人类进化的序列，为"从猿到人"的学说提供了有力的证据。1933 年在周口店山顶洞发现的晚期智人——"山顶洞人"化石，其体质形态与蒙古人种颇多接近，为蒙古人种的起源提供重要依据；由共存的磨制石器等遗物，推断为旧石器时代晚期遗存。

早在 1899 年发现的甲骨文，经过多年的调查，终于探明它的出土地在河南安阳的小屯村。1928 年开始对安阳殷墟的考古发掘，在前后进行的 15 次发掘中，发掘了宫殿区、王陵区，出土了刻辞甲骨、青铜器、陶器、骨器、玉石器及马车等重要而丰富的遗存，证明这个规模巨大的遗址是商代后期的王都故址。

仰韶文化、龙山文化、良渚文化等史前文化的确认，使学术界认识到在历史时期以前还有更早的文化遗存存在；特别是在安阳后岗发现商文化—龙山文化—仰韶文化的三个文化层叠压关系，第一次明确了中原地区在商代以前，还有两种新石器时代文化。这一发现所揭示的三种遗存的相对年代，为中原地区古文化研究打下良好的基础。

不过，这些发现还没能建立起完整的中国考古学体系。正如著名学者尹达在 20 世纪 50 年代末所指出，如果说 1949 年以前的中国考古有体系的话，那也是支离破碎的。中国考古学体系的建立是中华人民共和国成立以后的事。

1950 年开始，中国考古学迎来了发展时期。由于我国政府十分重视历史文化遗产的发掘、保护与研究，使中国考古的发掘与研究，在全国各地蓬勃开展。同年在中国科学院内设立考古研究所，基于学科发展的需要，对一系列重要的遗址、墓葬进行主动发掘。不久在北京大学历史系设立考古专业，培养高素质专业考古人才。随着基本建设项目的大规模进行，埋藏地下的史前时期与历史时期的文物大量出土，使考古学家们不停地进行清理、发掘。这一期间，许多重大的考古发现，令全世界的学界人士震惊不已。

在这一过程中，中国考古学本身在理论与实践的结合，发掘方法与研究手段的改进，学科门类的配置与各种专业人才的培养，成果的刊布和与历史的结合，乃至与国外同行的交流与合作，都取得了长足进步。中国考古学的发展过程连同它所取得的成果，广为海外人士所瞩目。

在全国二十余个省、市、自治区发现的旧石器时代遗址，已建立起旧石器文化早、中、晚期发展变化的谱系。它不仅改变了过去在大学课程中借用欧洲旧石器文化谱系的材料授课的状况，而且还注意到各地区旧石器文化发展的不平衡和南方与北方地区旧石器文化的差异，提出了一些有价值的看法。发现的直立人（如巫山人、元谋人、兰田人、北京人等）、早期智人（如大荔人、丁村人、长阳人、马坝人等）、晚期智人（如山顶洞人、资阳人、柳江人、河套人等）化石不仅数量众多，而且揭示了在这块土地上曾经生存过的人类连续进化过程中演变的轨迹。

中国是世界上发现直立人化石最多的国家之一，在人类起源的研究方面，发现的古人类化石可上推到 200 万年前。年代更早的古猿化石在中国不断发现。因此有中国学者提出：位处东亚的这块土地是人类又一个重要的起源地区。这对传统的人类起源非洲说无疑是个挑战。众多晚期智人化石的发现，为研究蒙古人种的起源提供了丰富的资料。这些发现，反映了远古人类在中国这块土地上艰苦劳动、生生不息，走过了漫长的道路，并在两万年前后开创新生活的史实。

新石器时代遗址在各省、市、自治区均有发现，总数超过 1 万处，命名的考古学文化也不少于 50 个。其中不少遗址已经发掘，并用碳十四方法进行测年。在对各地史前文化及其年代进行研究的基础上排出的史前文化的谱系，使人们对史前时期先民们在这块土地上的活动、居民的分布规律以及它们之间的关系等，有了比较全面的认识。

考古工作者提供的实物说明：早在1万年前，生活在这块土地上的居民已经发明了原始农业，烧造出陶质器皿。而且，中国是栽培稻的故乡，改变了过去流传的水稻起源于印度的说法。在七八千年前已形成南稻北粟的农产品格局，还出现了家畜饲养、原始纺织、琢玉和髹漆工艺。6000年前的木构建筑上出现了榫卯结构、发明了夯筑技术，出现了颇具规模的城堡，这为以后大型土台木构建筑的出现做了技术准备。在长期烧造陶器的基础上，创造了多姿多彩的彩陶文化。用铜铅锌矿冶炼的早期黄铜的出土，表明已经掌握了原始冶铜术。

到了5000年前，先民们发明了青铜铸造工艺，铸造出铜锡合金的青铜工具，还出现了桑蚕饲养和将蚕丝用于纺织的史实。至少在4000年前，文字已经出现。因而回望百年前发现的3000年前已十分成熟的甲骨文时，就能较好地予以解释。这时期夯筑的城址已发现了数十座，面积在几万平方米至二十几万平方米不等。

到了3000年前，面积达二十几万平方千米的大都邑出现了；都城内外有大型宫殿区、墓葬区、平民聚落以及烧陶、制骨、铸铜、制玉作坊等，已有一定布局。出土的双轮独辕马车作为交通工具，已在各地往来。铸铜作坊中用浑铸、分铸技术铸造出数以万计的青铜器具，其品种之多，应用范围之广，几乎涉及社会生活的各个方面，反映了青铜时代进入繁盛时期。铸铜作坊中出土的陶范品种相对单一，表明青铜制品的生产出现专业化，意味着青铜业内部已出现分工。江西瑞昌铜岭发现商代古铜矿，在竖井、平巷、斜巷中发现相当完好的木质支护，说明能深入地下20余米的氧化富集带中挖取铜矿，并用木槽选矿提高矿石的含铜品位，反映了当时的采矿业也已达到较高水准。

　　考古学以古代留下的物质文化遗存为主要研究对象，这就决定了它的研究方法与历史学不同。在取得这些资料以后，要按出土时的不同层位进行整理，先作分期研究。若某一文化层中出有文字资料，或可判定该层的年代；一般情况下则只能判定各层之间的相对早晚。但是，考古分期所含的年代信息十分可贵。从前不久公布的《夏商周断代工程 1996—2000 年阶段成果报告》中可以看出，夏商周三代年表的建立，是依据夏商周遗址的分期研究成果，从各期遗存中采选含碳系列样品，经碳十四测年得到的年代系列（它与分期序列完全一致）为基础架构起来的。中国考古学在 20 世纪末为解决三代年代做出的贡献，显示了中国考古学的成熟，也说明考古学在解决我国历史的疑难问题方面能够发挥重要作用。

　　尽管在西周晚期出现了人工冶铁，但东周时期的青铜业仍然兴盛不衰，还出现了鎏金、焊接等新工艺。2600 年前发明的蜡模熔铸技术（失蜡法），使铸造精密的器件成为可能。仅湖北大冶铜绿山古铜矿地表堆积的古代炉渣，估算达 40 万吨，冶炼的成品铜约在 4 万至 10 万吨。尤其重要的是，古炉渣冷凝成薄片状，渣中的含铜量仅千分之七，表明已经掌握了配矿技术。春秋矿井已能深入地下四五十米采矿；战国至汉代的矿井中使用的木质垛盘式井架，形同一个封闭的木壁深井筒，开采的深度又大大超过春秋古矿井。对春秋时期冶铜竖炉进行的模拟实验，证明用这种炉型冶铜能连续加料（铜矿石和木炭）、连续排渣、间断放铜，一昼夜可冶炼 300 多千克红铜。不久，工匠们又掌握了用硫化矿冶铜的技术。这些遗存的发现，让人看到了当时冶铜业的盛况和工艺水准，从而对一座不算很大的曾侯乙墓中随葬的青铜器竟达到 10 吨之多的现象有了较好的理解，也使人们对 2000 年前的古代工匠创造的灿烂多姿的青铜文明有了更好的认识。

人工冶铁业在东周时期有了长足进步。至公元前 4 世纪时，铁质的工具、农具已大量使用，对社会生产起到了很大的推动作用。秦汉帝国的出现，使冶铁业得到进一步发展。

最初出现的铁制品叫块炼铁，这是在较低温度（约 1000℃）的固体状态下用木炭还原法炼出的比较纯净的铁，在西周晚期即已出现。东周时期出现了用块炼铁在炭火中渗碳而锻造成中碳钢、高碳钢制品，还掌握了淬火技术。但至迟在春秋晚期，我国已出现生铁。这是用铁矿石在炼炉中在高温（1146℃）液态下用木炭还原法炼出的产品。

生铁的出现，在历史上具有重大意义。因为生铁可以直接铸造器件，广泛用于各生产领域。同时，用炼炉冶铁，使大量生产和铸造较复杂的器件成为可能。长沙窑岭出土的春秋晚期的铁鼎就是用白口生铁铸成的。不久，还发明了生铁柔化技术。战国时期已发现多处冶铁遗址，出土冶炼炉、鼓风管等遗存。登封告成（韩阳城）发现的冶铸遗址中，残存的炉基部分，直径尚有 1.44 米。汉代的冶铁炉的炉型更是数倍于此，郑州古荥镇发现的一座炼炉中残留在炉缸底部的铁块，就重达 20 多吨。

世界各国冶铁技术的发展，一般都经历低温炼铁和高温炼铁两个阶段，先发明锻铁，后出现铸铁。在欧洲，从发明块炼铁到使用生铁用了 2500 年，我国使用块炼铁的时间虽比西方晚，但目前发现的生铁制品比西方早了 1900 多年。至迟在西汉时期已掌握了炼钢技术。这是我国冶金史的一大特点，说明中国古代冶铁业的发展也走出了一条与西方不同的道路。

考古工作中取得的这些成果，对我们认识秦汉乃至唐宋以后很长一段时期出现的繁盛局面不无好处。从铁器出现以后的 2000 年间，中国正处在铁器时代。当时以铁金属为原料制作各种生产工具，用于社会生产的各个领域。我国的钢铁业在许多方面都处于世界领先地位。钢铁业的兴盛，对社会生产的发展和历史文明的进步起到巨大的推动作用。在这种情况下，创造了中国历史乃至世界历史上少见的辉煌成就。今天，无论是汉唐两京（长安、洛阳）的考古，还是汉代兴建的巨大陵园（有在山体中开凿的河北满城的中山靖王墓、江苏徐州的楚王墓、河南永城的梁王墓等；有用人工堆起的高大坟丘，如马王堆汉墓、唐代的乾陵及其太子、公主墓等），以及墓中出土的各种精美物品，只是反映汉唐盛世的一个个窗口。但是，这些建筑的出现，各种珍贵文物的出土，都与钢铁业的发展有着直接或间接的关系。

限于篇幅，这里不再对汉唐两京的城池宫殿的发掘进行介绍。被称作世界奇迹的秦始皇陵兵马俑坑、2000 年古尸不腐的马王堆汉墓，以及发现金缕玉衣的满城汉墓和明十三陵中的定陵，等等，均为读者所熟悉。在发掘与研究中提出的"世界之最"，例如发现了世界上最老的地图、最古的纸张、最早的瓷器、最先发明活字印刷的实物、为防止铜器腐蚀而最先发明了用铬化合物处理的技术、最先掌握镍白铜的冶炼工艺，等等，也不能一一枚举了。

回顾中国考古学在 20 世纪走过的道路，使我们看到了一门年轻学科的成长过程。这个学科虽然不如那些尖端学科那样响亮，但它与其他学科一样，在学科建设与考古实践方面取得的许多成果都为世人瞩目。随着它的发展而分出的众多学科分支，表明它像一棵小树那样成长，已经枝繁叶茂。由于它的发展，还带动了其他学科的早期历史的研究，诸如农史、建筑史、冶金史、纺织史、陶瓷史、科学技术发展史，等等。

考古学与其他学科有所不同。很多学科面向未来，争创新高，而考古学家挖掘的一条条探沟，犹如凿开了一条条时光隧道，把人们的目光引向遥远的过去。历史长河的涡流把古人创造的辉煌变成废墟；在考古学家的手下，腐朽的遗痕也能神奇地得以恢复，从废墟中再现历史的辉煌。它使国人重新认识中国历史上曾经创造的许多业绩，也让外国人士从中更好地认识中国人民在历史上创造的辉煌。它和其他学科一起，让人们认识到中国人民无论在过去还是现在，都在为人类文明的创新、丰富世界文化宝库做出自己的贡献。

即将到来的 21 世纪，将给中国考古学的发展带来巨大空间。随着科学技术的进步，许多自然科学的手段将深深地融入考古学。那时测定年代的精度会更高，给出的年代也更准确。遥感技术与地质雷达运用于田野考古，将使一个区域的自然条件与聚落分布的规律乃至都邑内外的布局，从宏观与微观两个方面提供重要依据，以回答都邑选址与早期文明中心出现的动因与背景。孢粉分析与动物遗骸的检测等手段的应用，为古人选择的居住地的生态环境提供有说服力的依据。DNA 技术结合体质人类学测定，对历史上发生的居民群体的迁移、混合等现象将提供重要信息。对金属器具的科学分析结合矿源调查，不仅可以了解它们的产地，还可为文明起源是一元还是多元做出有根据的分析。用古代土壤作农作物硅酸体分析，可提供农作物品种的信息。对人骨的碳十三和氮十五的同位素分析，可以提供古代居民的食谱。凡此等等，未来的中国考古学将在开拓研究新途径、新领域的基础上，为中国历史的研究做出新的贡献。

在 21 世纪即将到来之际，祝愿中国考古学与伟大的祖国一起，在未来的岁月中再创辉煌！

原刊《人民日报》（海外版）2000 年 12 月 26 日